中华传世藏书

【图文珍藏版】

春秋左傳

〔春秋〕左丘明⊙原著

王艳军⊙主编

第四册

线装书局

哀公四年

【原文】

[经]四年春,王二月庚戌,盗杀蔡侯申。蔡公孙辰出奔吴。葬秦惠公。宋人执小邾子。夏,蔡杀其大夫公孙姓、公孙霍。晋人执戎蛮子赤归于楚。城西郛。六月辛丑,亳社灾。八月甲寅,滕子结卒。冬,十有二月,葬蔡昭公。葬滕顷公。

【原文】

[传]四年春,蔡昭侯将如吴,诸大夫恐其又迁也,承公孙翩逐而射之,入于家人而[1]卒。以两矢门之,众莫敢进。文之锴后至,曰:"如墙而进,多而杀二人。"锴执弓而先。翩射之,中肘,锴遂杀之。故逐公孙辰而杀公孙姓、公孙盱。

夏,楚人既克夷虎,乃谋北方。左司马眅、申公寿馀、叶公诸梁致蔡于负函,致方城之外于缯关,曰:"吴将溯江入郢,将奔命焉"。为一昔之期,袭梁及霍。单浮余围蛮氏,蛮氏溃。蛮子赤奔晋阴地。司马起丰、析与狄戎,以临上雒。左师军于菟和,右师军于仓野,使谓阴地之命大夫士蔑曰:"晋楚有盟,好恶同之。若将不废,寡君之愿也,不然,将通于少习以听命。"士蔑请诸赵孟。赵孟曰:"晋国未宁,安能恶于楚?必速与之。"士蔑乃致九州之戎,将裂田以与蛮子而城之,且将为之卜。蛮子听卜,遂执之,与其五大夫,以畀楚师于三户。司马致邑立宗焉,以诱其遗民,而尽俘以归。

秋七月,齐陈乞、弦施,卫宁跪救范氏。庚午,围五鹿。九月,赵鞅围邯郸。冬十一月,邯郸降。荀寅奔鲜虞,赵稷奔临。十二月,弦施逆之,遂堕临。国夏伐晋,取邢、任、栾、鄗、逆畤、阴人、盂、壶口,会鲜虞,纳荀寅于柏人。

【注释】

①而:亡。

【译文】

四年春天,蔡昭公打算到吴国去。大夫们害怕他又要迁移,尾随公孙翩追赶蔡昭公而用箭射他,蔡昭公逃进民众家中就死了。公孙翩拿着两支箭守在门口,大家不敢进去,文之锴后到,讲:"并排像垛墙一样往前走,至多只能杀害我们两个人。"文之锴拿着弓走在前面,公孙翩射他,射中肘部。文之锴就杀掉了公孙翩,并由此驱赶了公孙辰而杀掉了公孙姓、公孙盱。

夏天,楚国人攻下夷虎之后,就打北方的主意。左司马眅、申公寿馀、叶公诸梁在负函集合蔡国人,在缯关集合方城山外的人,说:"吴国将要溯江而上进到郢都,大家都要奔走听命。"规定一晚上的期限,袭击梁地与霍地。单浮馀带兵包围蛮氏,蛮氏溃散。蛮子赤逃跑到晋国的阴地。司马征召丰地、析地人与狄戎入伍当兵,逼近上雒。左翼部队屯驻在菟和,右翼部队屯驻在仓野,派人对阴地的命大夫士蔑说:"晋国与楚国有过盟约,喜爱与厌恶彼此一样。要是这个盟约不废除,这是寡君的愿望。不这样,我们准备打通少习山再来听取你们的命令。"士蔑请示赵孟,赵孟讲:"晋国没有安定,哪儿能跟楚国搞坏关系?必定要快点把人交给他们!"士蔑便召集九州之戎,说即将分给蛮子土田而在那里筑城,并且准备为这件事情占卜。蛮子前来听取占卜,就抓捕了他与他的五个大夫,在三户交给楚军。司马装着给蛮子城邑与建立宗主,来引诱分散的民众,而后全部俘虏回去。

秋七月,齐国的陈乞、弦施、卫国的宁跪救助范氏。十四日,包围五鹿。九月,赵鞅包围邯郸。冬十一月,邯郸投降。荀寅逃跑到鲜虞,赵稷逃窜到临地。十二月,弦施迎接赵稷,便拆毁了临地的城墙。国夏攻击晋国,占领了邢地、任地、栾地、鄗地、逆畤、阴人、盂地、壶口,会合鲜虞,把荀寅送到柏人。

【讲评】

蔡昭侯联吴攻楚,遭到楚国的报复,蔡国被迫迁都州来。蔡国大夫害怕昭侯再次迁国,就发动叛乱,杀了昭侯。

哀公五年

【原文】

[经]春,城毗①。

[传]春,晋围柏人,荀寅士吉射奔齐。初,范氏之臣王生恶张柳朔②,言诸昭子③使为

柏人[4]，昭子曰："夫非而雠乎？"对曰："私雠不及公，好不废过，恶不去善，义之经也，臣敢违之。"及范氏出[5]，张柳朔谓其子："尔从主，勉之，我将止死，王生授我矣[6]！吾不可以僭之。"遂死于柏人。

[经]夏，齐侯伐宋[7]。

[经]晋赵鞅帅师伐卫。

[传]夏赵鞅伐卫，范氏之故也，遂围中牟。

【注释】

①此经无传。

②张柳朔：范氏的家臣。

③昭子：范吉射。

④柏人：派张柳朔做柏人宰。

⑤及范氏出：范氏由柏人出奔齐国。

⑥王生授我矣：王生给我死节之地。

⑦此经无传。

【译文】

春天，鲁国修筑毗的城池。

春天，晋国围了柏人城，荀寅同士吉射逃到齐国去了。最初的时候，范氏的家臣王生甚恨张柳朔，告诉士吉射使他作柏人宰。士吉射问："他不是你的仇人吗？"回答说："私仇不能连到公事，喜好一个人，不废除他的过错，厌恶一个人，不抹杀他的好处，这是义理的正常道理，我臣哪里敢违背呢？"等到范氏出奔，张柳朔对他的儿子说："你随着他去吧！我将不出奔而死，王生已给我死节之地啦，我不可以骗他！"就死在柏人。

齐侯伐宋国。

晋国赵鞅率领军队伐卫，这因为范氏的原因，就围了中牟。

【原文】

[经]秋九月癸酉，齐侯杵臼卒。

[传]齐燕姬生子不成而死[1]，诸子鬻姒之子荼嬖[2]，诸大夫恐其为大子也，言于公曰：

"君之齿长矣！未有大子若之何？"公曰："二三子间于忧虞，则有疾疢，亦姑谋乐，何忧于无君？"公疾，使国惠子，高昭子[③]，立荼，寘群公子于莱[④]。秋，齐景公卒。冬十月，公子嘉、公子驹、公子黔奔卫，公子鉏、公子阳生来奔。莱人歌之曰："景公死乎不与埋，三军之事乎不与谋，师乎师乎？何党之乎[⑤]？"

[传]郑驷秦富而侈，嬖大夫也，而常陈卿之车服于其庭，郑人恶而杀之。子思[⑥]曰："诗曰：'不解于位，民之攸塈[⑦]。'不守其位而能久者鲜矣。商颂曰：'不僭不滥，不敢怠皇，命以多福[⑧]。'"

[经]冬，叔还如齐。

[经]闰月葬齐景公[⑨]。

【注释】

①燕姬生子不成而死：燕姬是齐景公夫人，生了儿子没有行冠礼就死了。

②诸子鬻姒之子荼嬖：庶公子是景公的妾鬻姒的儿子，名字叫荼，很受宠爱。

③国惠子、高昭子：国惠子是国夏，高昭子是高张。

④莱：《汇纂》说："今山东黄县东南有莱子城。"

⑤师乎师乎，何党之乎：众多的人到哪里去呢？

⑥子思：是子产的儿子国参。

⑦不解于位，民之攸塈：《诗经·大雅·嘉乐》篇的一句诗。意思是说如果对他职位不懈怠，人民就能够安息。

⑧不僭不滥，不敢怠皇，命以多福：这是《商颂》的一句诗。意思说不差池，也不敢满溢，不敢懈怠闲暇，就可以得到上天所命很多的福气。

⑨此经无传。

【译文】

齐景公的夫人燕姬生了儿子不及年就死了，他的妾鬻姒的儿子荼甚得宠爱，大夫们恐怕他成了太子，对景公说："你的年纪大了，没有太子怎么办呢？"公回答说："你们不要发愁，发愁容易有病，何不常想快乐，何必怕没有君呢？"公有病，叫国夏同高张立荼，叫公子们都到莱去。秋，齐景公死了。冬十月，公子嘉、公子驹同公子黔都逃到卫国去，公子鉏同公子阳生逃来鲁国。莱人为他们歌唱说："景公死了呀不能参加葬礼，三军的事呀不能与计谋,这一群人将往哪里去呀!”

郑国驷秦富而且侈,他只是嬖大夫,可是常在他庭中陈列卿的衣服及车,郑人怨恨就杀了他。国参说:“《诗》说过:‘在位若不懈怠,人民就能安息了。’在位子上不能慎守,而能长久的甚少。《商颂》说:‘不差错也不自满溢,不敢懈怠闲暇,上天自然降下给他多种福气。’”

冬天,叔还到齐国去了。

闰月,为齐景公举行下葬礼。

【讲评】

郑驷秦因为奢侈僭越而被杀,子思评论他不安其位,必不得好结果。

哀公六年

【原文】

[经]六年:春,城邾瑕。

晋赵鞅帅师伐鲜虞。

吴伐陈。

夏,齐国夏及高张来奔。

叔还会吴于柤。

秋,七月庚寅,楚子轸卒。

齐阳生入于齐。

齐陈乞弑其君荼。

冬,仲孙何忌帅师伐邾。

宋向巢帅师伐曹。

【原文】

[传]六年,春,晋伐鲜虞,治范氏之乱也[①]。

吴伐陈,复修旧怨也。楚子曰:“吾先君与陈有盟,不可以不救。”乃救陈,师于城父[②]。

齐陈乞为事高、国者，每朝必骖乘焉[3]。所从必言诸大夫，曰："彼皆偃蹇[4]，将弃子之命。皆曰：'高、国得君，必偪我，盍去诸？'固将谋子，子早图之。图之，莫如尽灭之[5]。需[6]，事之下也[7]。"及朝，则曰："彼虎狼也[8]，见我在子之侧，杀我无日矣[9]。请就之位。"又谓诸大夫曰："二子者祸矣！恃得君而欲谋二三子，曰：'国之多难，贵宠之由[10]，尽去之而后君定。'既成谋矣，盍及其未作也，先诸？作而后悔，亦无及也。"大夫从之。

【注释】

①治：惩治，惩罚。

②城父：春秋陈夷邑，在今安徽亳县东南。

③骖乘：乘坐同一辆车。

④偃蹇：骄横，傲慢。

⑤莫如：不如。

⑥需：等待。

⑦事之下：事情的下策。

⑧虎狼：比喻穷凶极恶的人。

⑨无日：不日，不久。

⑩贵宠：指得宠的权贵。

【译文】

六年春季，晋国进攻鲜虞，这是为惩治鲜虞帮助范氏作乱。

吴国攻打陈国，这是为了报复旧怨。楚昭王说："我们先君和陈国有过盟约，不能不去救援。"于是就救援陈国，驻军在城父。

齐国的陈乞伪装出侍奉高氏、国氏的样子，每逢上朝，一定和他们同坐一辆车。每次跟从一定要说到大夫们，说："他们都很骄傲，打算抛弃您的命令。他们都说：'高氏、国氏受到国君的宠信，必然要逼迫我们，为什么不除去他们？'可见这些人早就想要打您的主意，您要早点考虑对策！最好是全部灭亡他们。犹豫等待是下策。"到了朝廷上，就说："他们都是虎狼，见到我在您的旁边，很快就要杀死我了，请让我靠到他们那边去。"到了大夫们那里，又对大夫们说："这两位要出事了！仗着得到国君的宠信而要打您几位的主意，说：'国家的患难多，这是由贵臣和宠臣造成的，全部去掉他们然后国君才能安定。'现在已经定下计划了,为什么不乘他们没有发动而抢在他们前头先下手呢?等他们动手了再后悔,也来不及了。”大夫们听从了。

【原文】

[传]夏,六月,戊辰,陈乞、鲍牧及诸大夫,以甲入于公宫。昭子闻之,与惠子乘如公,战于庄,败。国人追之,国夏奔莒,遂及高张、晏圉、弦施来奔。

秋,七月,楚子在城父,将救陈,卜战不吉[1],卜退不吉[2]。王曰:“然则死也。再败楚师,不如死。弃盟逃仇[3],亦不如死。死一也,其死仇乎[4]!”命公子申为王,不可;则命公子结,亦不可;则命公子启,五辞而后许[5]。将战,王有疾。庚寅,昭王攻大冥[6],卒于城父。子闾退,曰:“君王舍其子而让群臣,敢忘君乎?从君之命,顺也[7]。立君之子,亦顺也。二顺不可失也。”与子西、子期谋,潜师闭涂[8],逆越女之子章,立之而后还。

【注释】

①卜战:占卜战争的吉凶。

②卜退:占卜退兵的吉凶。

③弃:背弃。逃:逃避。

④死仇:死于仇敌之手。

⑤五辞:辞谢五次。

⑥大冥:古书中北方泽名。

⑦顺:顺乎情理。

⑧潜师:秘密出兵或转移部队。闭涂:封锁道路。

【译文】

夏季六月二十三日,陈乞、鲍牧和大夫们率领甲士进入公宫。高张听说了,和国夏坐车到齐侯那里去。在庄街作战,国夏被打败。国内的人们追赶他们,国夏逃亡到莒国。不就又和高张、晏围一起逃亡到我们鲁国。

秋季七月,楚昭王驻在城父,准备救援陈国。占卜战争的吉凶,不吉利。占卜退兵的吉凶,不吉利。楚昭王说:“那么只有死了。如果再次让楚军失败,不如死。抛弃盟约逃避仇敌,也不如死去。同是一死,还是死在仇敌手里吧!”命令公子申继承王位,公子申不同意，就命令公子结，公子结也不同意，又命令公子启，公子启辞谢五次后同意。将要作战，楚昭王得了病。十六日，楚昭王进攻大冥，死在城父。子闾退兵说："君王舍弃他的儿子而让位给兄长，臣下们怎么敢忘记君王呢？服从君王的命令，这是顺乎情理的；立君王的儿子，也是顺乎情理的。两种顺乎情理都不能丢掉。"和子西、子期商量，秘密转移军队，封锁有关的通路，迎接越国越王勾践的女儿所生的儿子章，立他做国君，然后退兵回国。

【原文】

[传]是岁也，有云如众赤鸟①，夹日以飞②，三日。楚子使问诸周大史。周大史曰："其当王身乎！若禜之，可移于令尹、司马。"王曰："除腹心之疾③，而寘诸股肱，何益？不穀不有大过，天其夭诸④？有罪受罚，又焉移之？"遂弗禜。

初，昭王有疾。卜曰："河为祟⑤"王弗祭。大夫请祭诸郊，王曰："三代命祀，祭不越望⑥。江、汉、雎、章，楚之望也。祸福之至，不是过也。不穀虽不德，河非所获罪也。"遂弗祭。

【注释】

①赤鸟：红色的大鸟。

②夹日以飞：夹在太阳两侧飞翔。

③腹心之疾：生于要害部位的疾病，比喻严重的祸患。

④夭：夭折。

⑤河：黄河。祟：作怪。

⑥越望：超越本国的山川。

【译文】

这一年，有云彩好像一群红色的鸟，夹在太阳两边飞翔了三天。楚昭王派人询问成周的太史。成周的太史说："恐怕要应在君王的身体上吧！如果禳祭，可以移到令尹、司马官身上。"楚昭王说："把心腹的疾病去掉，而放在大腿胳臂上，这有什么好处？我没有犯重大的过错，上天能让我夭折吗？有罪受到处罚，又能移到哪里去呢？"于是就不去禳祭。

当初，楚昭王有病，占卜的人说："黄河之神在作怪。"楚昭王不去祭祀。大夫们请求在郊外祭祀。楚昭王说："三代时规定的祭祀制度，祭祀不超越本国的山川。长江、汉水、睢水、漳水，是楚国的大川。祸福的来到，不会超过这些地方。我即使没有德行，也不会得罪黄河之神。"于是就不去祭祀。

【原文】

[传]孔子曰："楚昭王知大道矣[①]。其不失国也，宜哉！《夏书》曰：'惟彼陶唐[②]，帅彼天常[③]。有此冀方[④]，今失其行。乱其纪纲[⑤]，乃灭而亡。'又曰：'允出兹在兹，由己率常可矣。'"

八月，齐邴意兹来奔。

陈僖子使召公子阳生。阳生驾而见南郭且于，曰："尝献马于季孙，不入于上乘，故又献此，请与子乘之。"出莱门而告之故。阚止知之[⑥]，先待诸外。公子曰："事未可知，反与壬也处。"戒之，遂行。逮夜至于齐[⑦]，国人知之。僖子使子士之母养之，与馈者皆入。

【注释】

①知大道：理解大道义。

②陶唐：古帝名。即唐尧。帝喾之子，姓伊祁，名放勋。初封于陶，后徙于唐。为古代传说中的圣主。

③天常：天的常道，常指纲常伦理。

④冀方：古泛指中原地区。

⑤纪纲：网罟的纲绳。引申为纲领。

⑥知之：知道这件事。

⑦逮夜：等到了晚上。

【译文】

孔子说："楚昭王真可谓是深明大义了。他所以没有失去王位也是理所当然的了！《夏书》说：'那位古代的君王陶唐，遵循天道纲常，拥有这片中原的国土。现在失去了他的踪迹，扰乱了他的纲纪，就因此而灭亡。'又说：'付出了什么，就会收获什么。'由自己来遵从天道，这就可以了。"

八月，齐国的邴意兹逃亡到鲁国来。

陈僖子派人召见公子阳生。阳生套上车去见南郭且于，说："我曾经献马给季孙，但没有能列入他的上等乘马之中，所以又奉献这几匹，请和您一起坐上车试试。"出了莱门然后把原因告诉南郭且于。公子阳生的家臣阚止知道了这件事，先在城外等着。公子阳生说："事情是好是坏还不能知道，回去，和我的儿子壬在一起。"告诫了阚止，就动身了。等到夜里，到达齐国，国内的人们就知道他到了。陈僖子让子士的母亲照料阳生，又让阳生跟着送食物的人一起进入公宫。

【原文】

[传]冬，十月，丁卯，立之。将盟，鲍子醉而往[①]。其臣差车鲍点，曰："此谁之命也？"陈子曰："受命于鲍子。"遂诬鲍子曰[②]："子之命也。"鲍子曰："女忘君之为孺子牛而折其齿乎[③]？而背之也！"悼公稽首，曰："吾子奉义而行者也。若我可，不必亡一大夫；若我不可，不必亡一公子。义则进，否则退，敢不唯子是从？废兴无以乱[④]，则所愿也。"鲍子曰："谁非君之子？"乃受盟。使胡姬以安孺子如赖，去鬻姒，杀王甲，拘江说，囚王豹于句窦之丘。

公使朱毛告于陈子，曰："微子则不及此。然君异于器[⑤]，不可以二。器二不匮[⑥]，君二多难[⑦]。敢布诸大夫。"僖子不对而泣，曰："君举不信群臣乎？以齐国之困，困又有忧。少君不可以访，是以求长君，庶亦能容群臣乎！不然。夫孺子何罪？"毛复命，公悔之。毛曰："君大访于陈子，而图其小[⑧]，可也。"使毛迁孺子于骀，不至，杀诸野幕之下，葬诸殳冒淳。

【注释】

①醉：喝醉酒。

②诬：诬赖，诬陷。

③孺子牛：儿童游戏时牵着走的由大人扮成的牛。折其齿：折断自己的牙齿。

④废兴：盛衰，兴亡。指官吏的晋升和黜退。

⑤器：器物。

⑥匮：少，匮乏。

⑦难：灾难，祸患。

⑧图其小：谋划决定小的事情。

【译文】

冬季十月二十四日，立阳生为国君。将要盟誓，鲍子喝醉了前去。他管车的家臣鲍点说："这是奉谁的命令？"陈僖子说："接受鲍子的命令。"于是就诬赖鲍子说："这是您的命令！"鲍子说："您忘记先君为荼做牛而折掉牙齿吗？现在又要违背先君吗？"齐悼公叩头，说："您是按照道义办事情的。如果我可以做国君，不必杀死一位大夫。如果我不可以做国君，也不必杀死一个公子。合于道义就前进，不合就罢，一切听从您的安排。废黜或兴立都不要因此发生动乱，这就是我的愿望。"鲍子说："你们有谁不是先君的儿子呢？"于是就接受了盟约。悼公让胡姬带着安孺去到赖地，把鬻姒送到别处，杀死王甲，拘捕江说，把王豹囚禁在句窦之丘。

齐悼公派朱毛告诉陈僖子，说："没有您，我不能到这一步。然而国君和器物不一样，不能有两个。有两件器物就不愁缺少，有两个国君祸难就多了，谨斗胆向您陈述。"陈僖子不回答而哭泣，说："国君不相信他的臣下们吗？齐国贫困，贫困而又有忧患，不能请示年幼的国君，因此才找来年长的，大约还能够对臣下们加以容忍吧！不这样，荼有什么罪过？"朱毛向悼公复命，悼公后悔失言。朱毛说："您大事征求陈子的意见，小事情自己拿主意就行了。"悼公派朱毛把荼迁移到骀地。没有到达，便把他杀死在野外的帐篷里，葬在殳冒淳。

【讲评】

楚昭王也是《左传》精心刻画的一位贤君，孔子对他功绩的评价十分恰当："楚昭王知大道矣。其不失国，宜哉！"楚昭王生于忧患，年幼即位之时正逢国家风雨飘摇之际，他接受郢亡的沉痛教训，重用子西、子期、子闾等人，改革政治，与民休息，发展生产，使楚国得以迅速复苏，重新步入争霸强国行列，为楚国成为战国"七雄"之一奠定了基础。通过《左传》中有关楚昭王典型事例如出征、病重、立嗣等的记叙，我们看到了一位个人魅力鲜明的君主形象，他深谙内外形势，行事认真谨慎，不迷信鬼神，处处以国家前途命运为重，在待人处事注重细节，休恤臣下，赢得臣民将士的忠心拥戴。楚国重新强盛，楚昭王功莫大焉。

哀公七年

【原文】

[经]七年春,宋皇瑗帅师侵郑。晋魏曼多帅师侵卫。夏,公会吴于鄫。秋,公伐邾。八月己酉,入邾,以邾子益来。宋人围曹。冬,郑驷弘帅师救曹。

【原文】

[传]七年春,宋师侵郑,郑叛晋故也。晋师侵卫,卫不服也。

夏,公会吴于鄫。吴来征百牢,子服景伯对曰:“先王未之有也。”吴人曰:“宋百牢我,鲁不可以后宋。且鲁牢晋大夫过十,吴王百牢,不亦可乎!”景伯曰:“晋范鞅贪而弃礼,以大国惧敝邑,故敝邑十一牢之。君若以礼命于诸侯,则有数矣;若亦弃礼,则有淫者矣。周之王也,制礼,上物不过十二,以为天之大数也。今弃周礼而曰必百牢,亦唯执事。”吴人弗听,景伯曰:“吴将亡矣,弃天而背本。不与,必弃疾于我。”乃与之。太宰嚭召季康子,康子使子贡辞。太宰嚭曰:“国君道长,而大夫不出门,此何礼也?”对曰:“岂以为礼?畏大国也。大国不以礼命于诸侯,苟不以礼,岂可量也?寡君既共命焉,其老岂敢弃其国?大伯端委以治周礼;仲雍嗣之,断发文身,裸以为饰,岂礼也哉?有由然也!”反自鄫。以吴为无能为也。季康子欲伐邾,乃飨大夫以谋之。子服良景伯曰:“小所以事大,信也;大所以保小,仁也。背大国,不信;伐小国,不仁。民保于城。城保于德,失二德者,危,将焉保?”孟孙曰:“二三子以为何如?恶贤而逆之?”对曰:“禹合诸侯于涂山,执玉帛者万国。今其存者无数十焉,唯大不字小[①]、小不事大也。知必危,何故不言?鲁德如邾,而以众加之,可乎?”不乐而出。

秋,伐邾。及范门,犹闻钟声。大夫谏,不听。茅成子请告于吴,不许,曰:“鲁击柝闻于邾。吴二千里,不三月不至,何及于我?且国内岂不足?”成子以茅叛。师遂入邾,处其公宫。众师昼掠,邾众保于绎。师宵掠,以邾子益来,献于亳社;囚诸负瑕,负瑕故有绎。邾茅夷鸿以束帛乘韦,自请救于吴,曰:“鲁弱晋而远吴,冯恃其众,而背君之盟,辟君之执事,以陵我小国。邾非敢自爱也,惧君威之不立。君威之不立,小国之忧也。若夏盟于鄫衍,秋而背之,成求而不违,四方诸侯其何以事君?且鲁赋八百乘,君之贰也;邾赋六百乘，君之私也。以私奉贰，唯君图之！”吴子从之。宋人围曹。郑桓子思曰：宋人有曹，郑之患也。不可以不救！

冬，郑师救曹，侵宋。初，曹人或梦众君子立于社宫而谋亡曹；曹叔振铎请待公孙强，许之。旦而求之曹，无之。戒其子曰：“我死，尔闻公孙强为政，必去之！”及曹伯阳即位，好田弋。曹鄙人公孙强好弋，获白雁，献之，且言田弋之说，说之。因访政事，大说之。有宠，使为司城以听政。梦者之子乃行。强言霸说[2]于曹伯，曹伯从之，乃背晋而奸宋。宋人伐之，晋人不救；筑五邑于其郊，曰黍丘、揖丘、大城、钟、邘。

【注释】

①字：养，安抚。

②言霸说：谈论称霸的策略、方法。

【译文】

鲁哀公七年春季，宋军袭击郑国，是由于郑国背叛晋国的原因。晋军袭击卫国，是由于卫国不顺从。

夏季，鲁哀公在地会见吴国人。吴国人前来求取百牢，子服景伯答复说：“先王没有这样的先例。”吴国人说：“宋国献给我们百牢，鲁国不能落在宋国后头。并且鲁国献给晋大夫的超过十牢，吴王一百牢，不也能行吗？”景伯讲：“晋国的范鞅贪婪而背弃礼义，拿大国威胁敝国，故而敝国给他十一牢。君主要是对诸侯依礼发布命令，那么就有一定的数目。要是也丢弃礼义，那么又比晋国更加过分了。周朝统治天下，制定礼仪，上等的物品不超过十二，觉得这是天道的极数。要是如今背弃周礼，而说非百牢不可，也只好唯命是从。”吴国人不听。景伯说：“吴国将灭亡了，由于它抛弃天道而违背根本。不给他们，必定会加害于我国。”于是送给他们百牢。吴国太宰嚭召见季康子，季康子派子贡去拒绝。太宰嚭说：“国君长途跋涉，而大夫不出国门，这是什么礼制？”子贡答复说：“哪儿是把它作为礼制，是由于畏惧大国。大国不按礼来向诸侯发令，要是不按照礼，难道能够用礼衡量？寡君已经来此奉行命令，他的大臣凯敢抛下国家外出？太伯穿戴着礼服礼帽来实施周礼，仲雍继承了他，剪去头发在身上刺画花纹，赤裸身体进行装饰，难道是礼吗？是有缘由才这样的呀。”子贡从地回来，觉得吴国是无所作为的。季康子想要攻击邾国，就宴享大夫来进行谋划。子服景伯讲：“小国用来事奉大国的，是信用；大国用来安抚小国的，是仁义。背离大国，是不讲信用；攻击小国，是不仁义。民众靠城池保护，城池靠德行保全，失去了信用、仁义两种德行的人，便有危险，将靠什么保护?”孟懿子说：“您几位认为如何？哪位说的好就接受他的。”大夫答复说：“夏禹在涂山会合诸侯，拿着玉帛前来的有一万个国家。现在还存在的，没有几十个了，就是由于大国不抚育小国，小国不事奉大国。晓得必有危险，为何不说？鲁国的德行跟邾国相同，却要用武力侵袭他，行吗?”大家不欢而散。

秋季，鲁国攻击邾国，到达范门，还听得到钟乐声。大夫进谏，邾隐公不听从。茅成子请求向吴国报告，也不答应，说：“鲁国敲梆子的声音在邾国都能够听见，吴国则相距两千里，没有三个月赶不到，如何能顾及我们？何况国内的力量难道不足够?”成子领着茅地的人叛变，鲁军就进到邾国，住在他们的公宫。各路军队在大白天抢劫，邾国的群众在绎地防守。鲁军在晚上劫掠；带了邾隐公益回来，在亳社献功，而后把他囚禁到负瑕，负瑕故而有了绎地人。邾国的茅成子带来了束帛乘韦自行到吴国去请求救援，说：“鲁国觉得晋国软弱而吴国遥远，依靠他们人多，而背弃了跟君王订立的盟约，轻视君王的下臣，来欺负我们小国。邾国并不敢爱惜自己的利益，而是担忧君王的威严不能建立。君王的威言不能建立，是小国的担忧。要是夏季在衍接盟，秋天就违背它，而且成全他们的欲望而不反对，那四方诸侯将用什么事奉君主？并且鲁国有战车八百辆，等于是君子的敌人；邾国有战车六百辆，等于是君王的部属。把部属奉送给敌人，希望君王思考这一点。”吴王听从了茅成子的话。宋国人包围曹国，郑国的桓子思讲：“宋国人一旦占有曹国，是郑国的忧患，不能不救助。”

冬季，郑国军队救助曹国，偷袭宋国。起初，曹国有人梦见一群贵族站在社宫，商议灭掉曹国。曹叔振铎请求等等公孙强，大家同意了。早上起来后寻找这个人，曹国都城中没有。做梦的人告诫他的儿子讲：“我死后，你听见公孙强主持政事，必定要离开他。”等到曹伯阳就位后，喜欢打猎射鸟。曹国边城人公孙强爱好射猎，射得一只白雁，献给曹伯阳，而且谈到田猎的技艺。曹伯阳听了很欢喜，就向他询问关于政事的意见，非常喜欢他。对他很宠信，让他做司城来主持政事。做梦人的儿子便走了。公孙强向曹伯阳论说称霸的方法，曹伯阳听从了，于是背离晋国而入侵宋国。宋国人攻击曹国，晋国人不去救助，公孙强在国都的郊外修建了五个城邑，称为黍丘、揖丘、大城、钟、邗。

【讲评】

曹国先是出了曹共公，为人轻佻而没有政治眼光，由于对流亡的晋公子重耳(后来的晋文公)无礼而招致晋国的报复,险些亡国。曹国的末代君主伯阳又是个好大喜功而才能平庸之主,他对国内外形势都缺乏正确的认识,被宠臣公孙彊的称霸计划说得耳热,不考虑曹国的实力,背弃大国的支持而贸然以弱犯强,进攻宋国,结果被宋国所灭,实在是咎由自取。这是曹君对外政策的致命失误,而曹人梦社为整个亡国事件蒙上了神秘奇诡的色彩。

哀公八年

【原文】

[经]八年春,王正月,宋公入曹,以曹伯阳归。吴伐我。夏,齐人取讙及阐。归邾子益于邾。秋七月。冬十有二月癸亥,杞伯过卒。齐人归讙及阐。

【原文】

[传]八年春,宋公伐曹,将还,褚师子肥殿。曹人诟之,不行,师待之。公闻之,怒,命反之,遂灭曹,执曹伯阳及司城强以归,杀之。

吴为邾故,将伐鲁,问于叔孙辄,叔孙辄对曰:“鲁有名而无情,伐之,必得志焉。”退而告公山不狃,公山不狃曰:“非礼也。君子违,不适雠国未臣而有伐之,奔命焉,死之可也。所托也则隐。且夫人之行也,不以所恶废乡。今子以小恶而欲覆宗国,不亦难乎?若使子率,子必辞,王将使我。”子张疾之。王问于子泄,对曰:“鲁虽无与立,必有与毙。诸侯将救之,未可以得志焉。晋与齐、楚辅之,是四雠也。夫鲁,齐、晋之唇,唇亡齿寒,君所知也,不救何为?”

三月,吴伐我,子泄率,故道险,从武城。初,武城人或有因于吴竟田焉,拘鄫人之沤菅者,曰:“何故使吾水滋[1]?”及吴师至,拘者道之,以伐武城,克之。王犯尝为之宰,澹台子羽之父好焉,国人惧。懿子谓景伯:“若之何?”对曰:“吴师来,斯与之战,何患焉?且召之而至,又何求焉?”吴师克东阳而进,舍于五梧,明日舍于蚕室。公宾庚、公甲叔子与战于夷,获叔子与析朱鉏,献于王。王曰:“此同车,必使能,国未可望也。”明日,舍于庚宗,遂次于泗上。微虎欲宵攻王舍,私属徒七百人,三踊于幕庭,卒三百人,有若与焉。及稷门之内,或谓季孙曰:“不足以害吴,而多杀国士,不如已也。”乃止之。吴子闻之,一夕三迁。

吴人行成，将盟，景伯曰："楚人围宋，易子而食，析骸而爨，犹无城下之盟。我未及亏，而有城下之盟，是弃国也。吴轻而远，不能久，将归矣，请少待之。"弗从。景伯负载，造于莱门。乃请释子服何于吴，吴人许之，以王子姑曹当之，而后止。吴人盟而还。

齐悼公之来也，季康子以其妹妻之，即位而逆之。季鲂侯通焉，女言其情，弗敢与也。齐侯怒。夏五月，齐鲍牧帅师伐我，取讙及阐。

或谮胡姬于齐侯曰："安孺子之党也。"六月，齐侯杀胡姬。

齐侯使如吴请师，将以伐我，乃归邾子。邾子又无道，吴子使太宰子馀讨之，囚诸楼台，栫[②]之以棘。使诸大夫奉太子革以为政。

秋，及齐平。九月，臧宾如如齐莅盟。齐闾丘明来莅盟，且逆季姬以归，嬖。

鲍牧又谓群公子曰："使女有马千乘乎？"公子诉之。公谓鲍子："或谮子，子姑居于潞以察之。若有之，则分室以行；若无之，则反子之所。"出门，使以三分之一行；半道，使以二乘。及潞，麇[③]之以入，遂杀之。

冬十二月，齐人归菼及阐，季姬嬖故也。

【注释】

①菼：污浊。

②栫：篱笆。

③麇：捆绑。

【译文】

八年春天，宋景公攻击了曹国，准备撤兵回去，褚师子肥走在最后。曹国人辱骂他，他便停下不走。全军等着褚师子肥。宋景公听说了这件事，生气了，命令回兵，灭掉曹国，抓捕了曹伯阳和司城公孙疆回去，杀死了他们。

吴国为了邾国的原因，准备进攻鲁国。吴王询问叔孙辄，叔孙辄答复说："鲁国有名而无实，攻击他们，必定能如愿以偿。"退出来告诉公山不狃。公山不狃说："这是不合乎礼的。君子离开自己的国家，不到敌国去。在鲁国没有尽到臣下的本分而又去攻击它，为吴国奔走听命，这就能够死去。有这样的委任就要避开。并且一个人离开国家，不应当由于有所怨恨而祸害乡土。如今您因为小怨而要颠覆国家，不也很难吗？要是派您领兵先行，您必定要推辞。君王将会派我去。”叔孙辄悔恨自己说错了。吴王又问公山不狃。公山不狃答复说：“鲁国平时即使没有亲近的盟国，危急的时候却必定会有愿意共同抵御的援国。诸侯将会救援它，是不能如愿以偿的。晋国跟齐国、楚国会帮助它，这便是吴国的四个敌国了。鲁国是齐国与晋国的嘴唇，唇亡齿寒，这是您所知晓的，他们不去救助还干什么？”

宋景公

三月，吴国攻击我鲁国，公山不狃派兵先行，故意从险路进军，经过武城。先前，武城人有人在边境上种田，拘捕了浸泡菅草的国人，说：“为何把我的水弄脏？”到了吴军来到，被拘捕的那个人领着吴军攻击武城，攻下了这个城邑。王犯一度做过武城的地方官，澹台子羽的父亲与王犯友好，国内的人们害怕。孟孙对景伯说：“如何办？”景伯答复说：“吴军来就跟他们作战，怕什么？并且是去找他们来的，还要求什么？”吴军攻下东阳而后前进，驻在五梧。第二天，屯驻在蚕室。公宾庚、公甲叔子与吴军在夷地作战，吴军抓捕了叔子和析朱鉏，把尸体献给吴王。吴王说：“这是一辆战车上的人，鲁国必定任命了能人。鲁国还不能觊觎呢。”第二天，住在庚宗，就在泗水边上屯驻。微虎想要夜袭吴王的住处，让他的私人部队七百人在帐幕外的庭院里，每人向上跳三次，最后挑选了三百人，有若也在里边。出发抵达稷门之内，有人对季孙说：“如此做不能够危害吴国，反倒让许多国内突出的人物送了命，不如不干。”季孙便下令阻止。吴王知道这情况，一晚上迁移了三次住处。

吴国人求和，鲁、吴两国即将订立盟约。子服景伯讲：“楚国人包围宋国，宋国人交换儿子来吃，劈开尸骨烧饭，尚且没有订立城下之盟。我们还不到损耗得不能作战的地步，而有城下之盟，这是抛弃国家。吴国轻易地离本土很远，不能持久，即将回去了，请稍等一下。”不听，景伯背着自己草拟的盟书，去到莱门。鲁国便请求把子服景伯留在吴国，吴国人同意了，鲁国又要求用王子姑曹相抵，最后是两边罢手不再交换人质。吴国人订立了盟约而后回国。

齐悼公来鲁国的时候，季康子把他的妹妹嫁给悼公，悼公就位之后来迎接她。季鲂侯跟她私通，这个女人向季康子讲出了私通的情形。季康子不敢把她送到齐国去。齐悼公生气。夏五月，齐国的鲍牧领兵攻击鲁国，占据了讙地与阐地。

有人在齐悼公那儿诬陷胡姬说："她是安孺子的同党。"六月，齐悼公杀死胡姬。

齐悼公派人到吴国请求发兵，即将用来攻击鲁国，鲁国送回了邾子。邾子还是无道，吴王派太宰子馀征讨他，把他囚禁在楼台里，用荆棘做成篱笆围起来，让大夫们服侍太子革执政。

秋天，与齐国讲和。九月，臧宾如去到齐国参加结盟。齐国的闾丘明前来参加结盟，并且迎接季姬回去，对她很宠爱。

鲍牧又对公子们说："要让你拥有四千匹马吗？"公子们告诉了齐悼公。齐悼公对鲍牧讲："有人说您的坏话，您暂时住在潞地以待调查。要是有这件事，您就把家产的一半带走出国，要是没有，就回到原来的地方去。"鲍牧出门，让他带着家产的三分之一动身。走到半路，只让他领着两辆车子走。抵达潞地，就把他捆绑了回来，杀害了他。

冬十二月，齐国人把兹地与阐地归还给鲁国，这是因为季姬受到宠爱的原因。

【讲评】

鲁国攻打宿敌邾国，邾是吴国的属国，吴国因而进攻鲁国。鲁国挑选勇士准备袭击吴军，夫差为此而一夜迁徙三次。但是鲁国主和派意见压过了主战派，结果吴、鲁达成了和议。

哀公九年

【原文】

[经]春王二月，葬杞僖公[1]。

[传]春，齐侯使公孟绰[2]辞师于吴。吴子曰："昔岁寡人闻命，今又革之，不知所从，将进受命于君。"

[经]宋皇瑗帅师取郑师于雍丘。

[传]郑武子賸之嬖许瑕求邑[3]，无以与之，请外取，许之，故围宋雍丘[4]，宋皇瑗围郑师，每日迁舍[5]，垒合，郑师哭。子姚[6]救之大败。二月甲戌，宋取郑师于雍丘，使有能者无死，以郑张与郑罗归。

【注释】

①此经无传。

②公孟绰:齐大夫。

③武子賸之嬖许瑕求邑:武子賸就是罕达,他一个喜欢的属臣叫许瑕,想要一块田地。

④雍丘:《一统志》说:"今河南杞县县治。"

⑤每日迁舍:每天作垒成了以后,就迁往另一处再作垒,为的使雍丘外边能够合围。

⑥子姚:即罕达。

【译文】

春王二月,为杞僖公行葬礼。

齐侯派公孟绰到吴国去辞谢派军队。吴王说:"以前已奉有命令,现在又有改变,不知若何办法,将前往请命。"

郑罕达的宠爱人要求一个封邑,他已经没有了,无法给他,许瑕请求到国外去寻找,罕达答应了,所以围了宋国的雍丘。宋皇瑗围了许瑕的军队,每次造垒成功就迁地方,等到全垒合围,郑国军队都哭了。罕达来救,被宋师打得大败。二月甲戌,宋在雍丘的地方占领了郑国的军队,叫有能力的不要死,把有能力的郑张同郑罗带回到宋国。

【原文】

[经]夏,楚人伐陈。

[传]夏,楚人伐陈,陈即吴故也。

[经]秋,宋公伐郑。

[传]宋公伐郑[①]。

[传]秋,吴城邗沟[②],通江淮。

[传]晋赵鞅卜救郑,遇水适火,占诸史赵、史墨、史龟[③],史龟曰:"是谓沈阳[④],可以兴兵,利以伐姜,不利于商[⑤],伐齐则可,敌宋不吉。"史墨曰:"盈水名也,子水位也,名位敌不可干也[⑥]。炎帝为火师,姜姓其后也。水胜火,伐姜则可。"史赵曰:"是谓如川之满,不可游也。郑方有罪,不可救也。救郑则不吉,不知其他。"阳虎以周易筮之,遇泰䷊之需䷄[⑦],

曰:“宋方吉,不可与也。微子启帝乙之元子也。宋郑甥舅也。祉禄也,若帝乙之元子,归妹而有吉禄,我安得吉焉?”乃止。

[经]冬十月。

[传]冬,吴子使来,儆师伐齐。

【注释】

①宋公伐郑:为报复雍丘的战役。

②邗沟:按即今日江都县南之瓜州,至淮阴北神堰间之运河。

③史赵、史墨、史龟:全是晋太史。

④是谓沈阳:因为火是阳遇到水就沉下去,所以叫沉阳。

⑤不利于商:对于伐宋国不合适。

⑥名位敌不可干也:两个水全茂盛,所以不能干犯。

⑦遇泰☷之需☵:遇见泰卦变成了需卦。

【译文】

夏天,楚人伐陈,陈国与吴联络的缘故。

宋公伐郑,因为报复雍丘的缘故。

秋天,吴在邗沟筑城通长江与淮水,这是后来运河的开始。

晋赵鞅占卜伐郑,遇见水同火的兆,问着史赵、史墨同史龟,史龟说:“这名为沉阳,可以兴起军队,对于伐姜有利,而不利于伐商,伐齐就可以,敌抗宋国就不吉祥。”史墨说:“盈是水的名,子是水的位,名位皆盛不可以侵犯。炎帝为水师,姜姓是炎帝的后人,水可以胜火,所以伐姜就可以。”史赵说:“这是等于河水方满,不可以去游水,郑方有罪,不可以去救,救郑就不吉,其他都不知道。”阳虎又用《周易》来占卜,遇见泰卦☷变到需卦☵,说:“宋方吉,不可与交战,微子启是帝乙的大儿子,宋与郑又是甥舅的国家,祉是福禄,若是帝乙的大儿子嫁他的妹妹而有吉禄,我又如何能得到吉呀?”就止着不打仗。

冬天,吴王派人告诉鲁国预备军队伐齐。

【讲评】

邗沟是连接长江和淮河的古运河,也是中国最早见于明确记载的运河,系吴王夫差为北上争霸而开通，次年打败齐国。吴国末年北上与齐国和晋国的一系列争霸战争对牵涉其中的几个国家的政治局势影响深远。《史记》中饶有兴味地记叙了孔门高弟子贡在各国之间奔走游说、穿针引线的完美策划。子贡头脑敏锐，通达事理，能言善辩，为了解除齐国伐鲁的威胁，他准确地分析了国际形势和各个游说对象的弱点，先是以私利游说急于捞取政治资本、铲除异己的齐相田常，劝田常乘吴国进犯之机消灭齐国内部的其他权贵。又抓住吴王夫差好胜求霸的心理，成功说服吴国进犯齐国，并主动替吴国安抚越国，解除吴王担心后院起火的后顾之忧。越王正思谋复国，自然同意这种损耗对手吴国实力的计划。接下来子贡又游说晋定公积极防备吴国打败齐国后的入侵。后来整个事件的发展正如子贡所料，《史记·仲尼弟子列传》评论说："子贡一使，使势相破，十年之中，五国各有变。"即鲁国得存，齐国内乱，吴国被灭，晋国图强，越国称霸。

哀公十年

【原文】

[经]春王二月，邾子益来奔。

[经]公会吴伐齐。

[传]春邾隐公来奔，齐甥也，故遂奔齐。公会吴子、邾子、郯子伐齐南鄙，师于鄎[①]。

[经]三月戊戌，齐侯阳生卒。

[传]齐人弑悼公，赴于师，吴子三日哭于军门之外，徐承[②]帅舟师，将自海入齐，齐人败之，吴师乃还。

[经]夏宋人伐郑[③]。

[经]晋赵鞅帅师侵齐。

[传]晋赵鞅帅师伐齐，大夫请卜之，赵孟曰："吾卜于此起兵[④]，事不再令[⑤]，卜不袭吉[⑥]，行也！"于是乎取犁[⑦]及辕[⑧]，毁高唐[⑨]之郭，侵及赖[⑩]而还。

【注释】

①鄎：在今山东蒙阴县之北，复兴县境。

②徐承：吴大夫。

③此经无传。

④吾卜于此起兵：就说去年曾经占卜伐宋不吉，伐齐就可以动兵。

⑤事不再令：不必再求。

⑥卜不袭吉：占卜也不会重复的吉祥。

⑦犁：《续山东考古录》说："在今济阳县西南五十里。"

⑧辕：《续山东考古录》说："在今山东齐河县西北二十五里之瑗县故城。"

⑨高唐：《一统志》说："在今山东禹城西北。"

⑩赖：《方舆纪要》说："今山东聊城市西有赖亭。"

【译文】

十年春王二月，邾隐公奔到鲁国来，他是齐国的外甥，所以又从鲁国逃到齐国。鲁哀公会合吴王郑子，同郑子伐齐国的南边，驻军队在鄎这地方。

齐人弑齐悼公，以讣送到军队中，吴王在军门的外面哭了三天，吴大夫徐承率领着舟师从海上攻入齐国，齐国军队将他打败了，吴国舟师就退回国了。

夏天，宋国军队征伐郑国。

夏，晋赵鞅率军队伐齐国，大夫请求占卜。赵鞅说："去年我已经占卜伐齐动兵，事情不要再求，占卜不会再遇到吉兆，去吧！"就占领犁同辕，毁了高唐的外城，侵略到了赖，就回来了。

【原文】

[经]五月，公至自伐齐[①]。

[经]葬齐悼公[②]。

[经]卫公孟彄自齐归于卫[③]。

[经]薛伯夷卒[④]。

[经]秋，葬薛惠公[⑤]。

[传]秋，吴子使来复儆师。

[经]冬楚公子结帅师伐陈。

[经]吴救陈。

[传]冬，楚子期伐陈，吴延州来季子救陈，谓子期曰："二君[⑥]不务德，而力争诸侯，民

何罪焉？我请退以为子名，务德而安民。”乃还。

【注释】

①此经无传。

②此经无传。

③此经无传。

④此经无传。

⑤此经无传。

⑥二君：指楚君、吴君。

【译文】

鲁哀公从伐齐回来。

齐国为齐悼公行葬礼。

卫国公孟彄从齐国回到卫国。

薛惠公死了。

为薛惠公行葬礼。

秋天，吴王派人来鲁国再求预备军队。

冬天，楚公子伐陈，吴季札救陈，对子期说：“吴楚两君不务德行，而力争诸侯，人民有何罪呀？我将退下使你得名，务德行而安定人民，那就好了！”吴国军队就退走了。

【讲评】

春秋后期，晋卿赵氏为拓展东南疆域，与齐、卫等发生多次战争。哀公十年，赵鞅率军进攻齐国，一直打到赖地。

哀公十一年

【原文】

[经]春，齐国书帅师伐我。

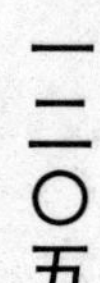

[传]春,齐为鄎故[1],国书,高无丕帅师伐我。及清[2],季孙谓其宰冉求[3]曰:“齐师在清,必鲁故也,若之何?”求曰:“一子守,二子从公御诸竟。”季孙曰:“不能。”求曰:“居封疆之间。”季孙告二子[4],二子不可。求曰:“若不可,则君无出,一子帅师,背城而战,不属者非鲁人也。鲁之群室[5],众于齐之兵车,一室敌车优矣,子何患焉?二子之不欲战也宜,政在季氏。当子之身,齐人伐鲁而不能战,子之耻也,大不列于诸侯矣。”季孙使从于朝,俟于党氏之沟[6],武叔呼而问战焉,对曰:“君子有远虑,小人何知?”懿子强问之。对曰:“小人虑材而言,量力而共者也。”武叔曰:“是谓我不成丈夫也!”退而蒐乘,孟孺子泄[7]帅右师,颜羽御,邴泄[8]为右,冉求帅左师,管周父御,樊迟[9]为右。季孙曰:“须也弱!”有子[10]曰:“就用命焉!”季氏之甲七千,冉有以武城人三百为己徒卒,老幼守宫,次于雩门[11]之外,五日右师从之[12]。公叔务人[13]见保者而泣曰:“事充[14],政重[15],上不能谋,士不能死,何以治民?吾既言之矣,敢不勉乎?”

【注释】

①齐为鄎故:在去年鄎的战役。

②清:《方舆纪要》说:“清亭在山东长清区东南。”

③冉求:鲁人,孔子弟子。

④二子:指叔孙、孟孙。

⑤群室:都城所住的。

⑥党氏之沟:《方舆纪要》说:“庄公台在今曲阜市东北八里,庄公三十二年,筑台临党氏,见孟任是也。”

⑦孟孺子泄:孟懿子的儿子孟武伯。

⑧邴泄、颜羽:全是孟氏家臣。

⑨樊迟:鲁人,孔子弟子。

⑩有子:就是冉求。

⑪雩门:鲁都城南门。

⑫五日右师从之:五日以后,右师才追上。

⑬公叔务人:是公为。

⑭事充:工作很多。

⑮政重:赋税很重。

【译文】

十一年的春天，齐悼公因为鲁国伐郳的缘故，派国书、高无丕率领军队讨伐鲁国。到了清这地方，季孙对他的家宰冉求说："齐兵在清，一定是为我鲁国的缘故，怎么办呢？"冉求回答说："你季孙一人守国，派叔孙、孟孙二人跟了公抵御在边境上。"季孙说："我无法调动他们的。"冉求说："那么叫他们在境内近郊的地方抵抗。"季孙便告诉叔孙、孟孙，二人不肯。冉求说："如果二人不肯，鲁君也不必亲自出兵，只你一人领兵背着城和齐一战便了。不跟你战的，便不是鲁人。鲁国都邑的居家，总要比齐国的兵车多些，一家对敌了一车，总有余的了。你为什么要忧患呢？他们二人的不要战，是应该的，现在政权都在你季氏身上；当你执政的时候，齐人来伐，却不能打仗，这是你的羞耻，恐怕大大的不能列在诸侯中了。"季孙便使冉求跟自己去朝，等在党氏的沟边；叔孙州仇看见冉求，便喊着问战事。冉求回答说："君子有远大的计虑，我们小人知道什么呢？"孟孙何忌又强问他，冉求回答说："小人是估计了材具才说话，打量了能力才供事的。"州仇说："这分明是说我不成个丈夫了。"退下去便大阅他的军队。孟孺子泄领了右师，颜羽赶着兵车，邴泄做了车右。冉求领了左师，管周父驾了兵车，樊迟做了车右。季孙肥说："樊须太怯弱。"冉求说："须年少，能够听话的。"季氏的兵甲共有七千，冉有又把三百个武城人做了自己的亲兵，老的小的，都坐守宫室，扎兵在南城门外，过了五天，右师方才出来跟上。公为看见守城池的痛哭说："公事真烦，租税真多，只苦着百姓，在上位的不能谋算国事，士人又不能出死力，怎样可以治民呢？我既说了他人，自己敢不竭力吗？"

【原文】

[传]师及齐师战于郊，齐师自稷曲，师不逾沟[①]。樊迟曰："非不能也，不信子也。请三刻而逾之。"如之，众从之。师入齐军，右师奔，齐人从之。陈瓘、陈庄涉泗[②]。孟之侧后入以为殿，抽矢策其马曰[③]："马不进也。"林不狃之伍曰："走乎？"不狃曰："谁不如？"曰："然则止乎？"不狃曰："恶贤？"徐步而死[④]。师获甲首八十，齐人不能师。宵，谍曰："齐人遁。"冉有请从之三，季孙弗许。孟孺子语人曰："我不如颜羽，而贤于邴泄。子羽锐敏，我不欲战而能默[⑤]。泄曰：'驱之。'"公为与其嬖僮汪锜乘，皆死，皆殡。孔子曰："能执干戈以卫社稷，可无殇也[⑥]。"冉有用矛于齐师，故能入其军。孔子曰："义也。"

【注释】

①逾沟:越过沟。

②泗:泗水。

③矢:箭。策:鞭策。

④徐步:缓慢地步行。

⑤默:沉默。

⑥殇:夭折。

【译文】

鲁军和齐军在郊外作战。齐军从稷曲攻击鲁军,鲁军不敢过沟迎战。樊迟说:“不是不能,是不相信您,请您把号令申明三次,然后带头过沟。”冉求照他的话办,大家就跟着他过沟。齐军被鲁国围攻。

鲁国右军奔逃,齐人追赶。陈瓘、陈庄徒步渡过泗水。孟之侧在全军之后最后回来,他抽出箭来打他的马,说:“我走在最后是马不肯往前走。”林不狃的伙伴说:“逃跑吗?”不狃说:“谁不该逃跑?”伙伴说:“那么留下作战吗?”不狃说:“留下作战就高明吗?”缓慢行走而被杀。

鲁军砍下甲士的脑袋八十个,齐国人不能整顿军队。晚上,侦探报告说:“齐国人逃跑了。”冉有三次请求追击,季孙没有答应。

孟孺子对别人说:“我不如颜羽,但比邴泄高明。颜羽精明敏捷,我不想作战,也只能不说话,邴泄却说‘赶着马逃走’。”公为和他宠爱的小僮汪锜同坐一辆车,一起战死,都加以殡敛。孔子说:“能够拿起干戈保卫国家,可以不作为夭折来对待。”冉有使用矛攻杀齐军,所以能攻进去。孔子说:“这是合于道义的。”

【原文】

[传]夏,陈辕颇出奔郑。初,辕颇为司徒,赋封田以嫁公女。有余[1],以为己大器[2]。国人逐之,故出。道渴[3],其族辕咺进稻醴、梁糗、腵脯焉[4]。喜曰:“何其给也?”对曰:“器成而具。”曰:“何不吾谏?”对曰:“惧先行。”

【注释】

①有余:有剩余。

②大器:珍贵的器物,指铸造钟鼎。

③道渴:路上口渴。

④稻醴:稻米酿造的醴酒。

【译文】

夏季,陈国的辕颇逃亡到郑国。当初,辕颇做司徒,对封邑内的土地征收赋税为哀公的女儿出嫁之用;还有剩余的,就用来为自己铸造钟鼎。国内的人们驱逐他,所以出国。在路上口渴,他的部下辕咺奉上稻米甜酒、小米干饭、腌肉干。辕颇高兴地说:"为什么饭菜这样丰盛?"辕咺回答说:"器物铸成就准备好了。"辕颇说:"为什么不劝阻我?"辕咺回答说:"我怕被你先赶走。"

【原文】

[传]为郊战故[①],公会吴子伐齐。五月,克博,壬申,至于嬴。中军从王,胥门巢将上军,王子姑曹将下军,展如将右军。齐国书将中军,高无丕将上军,宗楼将下军。陈僖子谓其弟书:"尔死,我必得志[②]。"宗子阳与闾丘明相厉也[③]。桑掩胥御国子。公孙夏曰:"二子必死。"将战,公孙夏命其徒歌《虞殡》。陈子行命其徒具含玉。公孙挥命其徒曰:"人寻约[④],吴发短。"东郭书曰:"三战必死,于此三矣。"使问弦多以琴,曰:"吾不复见子矣。"陈书曰:"此行也,吾闻鼓而已,不闻金矣。"

【注释】

①郊战:郊外作战。

②得志:如愿,实现志愿。

③相厉:互相劝勉。厉通"励"。

④寻约:八尺长的绳子。

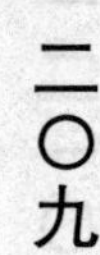

【译文】

为了在郊外作战的缘故，鲁哀公会令吴王进攻齐国。五月，攻下博地，二十五日到达嬴地，中军跟随吴王，胥门率领上军，王子姑曹率领下军，展如率领右军，齐国的国书率领中军，高无丕率领上军，宗楼率领下军，陈僖子对他的弟弟陈书说："你要是战死，我一定能够如愿。"宗子阳和闾丘明也互相勉励。桑掩胥为国书驾驭战车。公孙夏说："这两个人一定会战死。"将要开始战斗，公孙夏命令他的部下唱《虞殡》，陈子行命令他的部下准备好含玉。公孙挥命令他的部下说："每人拿起一根八尺的绳子，吴国人头发短。"东郭书说："打仗打三回，一定得战死，在这里是第三回了。"东郭书派人拿琴做礼品去问候弦多，说："我不会再见到您了。"陈书说："这一回，我听到的只是进军鼓声，听不到退军的锣声了。"

【原文】

[传]甲戌，战于艾陵[①]，展如败高子，国子败胥门巢。王卒助之，大败齐师。获国书、公孙夏、闾丘明、陈书、东郭书，革车八百乘，甲首三千[②]，以献于公。将战，吴子呼叔孙，曰："而事何也？"对曰："从司马。"王赐之甲、剑铍[③]，曰："奉尔君事，敬无废命。"叔孙未能对，卫赐进曰："州仇奉甲从君。"而拜。公使大史固归国子之元，寘之新箧[④]，褽之以玄纁[⑤]，加组带焉。置书于其上曰："天若不识不衷，何以使下国？"

【注释】

①艾陵：春秋齐地，在今山东泰安县博县故城南。

②甲首：甲士的首级。

③铍：兵器。双刃刀。一说是大矛。

④箧：竹子做成的小箱子。

⑤褽：垫在下面。

【译文】

五月二十七日，两军在艾陵作战。展如打败高无丕，国书打败胥门巢。吴王率领的部队救助胥门巢，大败齐军、俘虏了国书、公孙夏、闾丘明、陈书、东郭书，革车八百辆，三千个甲士，用来献给哀公。

快要进入战斗时，吴王喊叔孙说："你担任什么职务？"叔孙说："司马官。"吴王把甲、剑、铍赐给他，说："认真地承担你们国君交给的任务，不要废弃命令。"叔孙不知该怎么样回答，子贡走向前面，说："州仇接受铠甲跟随君王。"叔孙叩头接受了赏赐。

哀公派太史送回国书的头，放在新做成的竹箱里，下面垫上黑色和红色的丝绸，加上绸带，在上面放上一封信，说："上天如果不了解你们行为不正，怎么能让南方的国家得胜？"

【原文】

[传]吴将伐齐，越子率其众以朝焉，王及列士皆有馈赂[1]。吴人皆喜，惟子胥惧，曰："是豢吴也夫[2]！"谏曰："越在，我心腹之疾也。壤地同而有欲于我。夫其柔服，求济其欲也，不如早从事焉。得志于齐，犹获石田也，无所用之。越不为沼，吴其泯矣[3]。使医除疾，而曰必遗类焉者，未之有也。《盘庚》之诰曰：'其有颠越不共，则劓殄无遗育[4]，无俾易种于兹邑[5]。'是商所以兴也。今君易之，将以求大，不亦难乎！"弗听。使于齐，属其子于鲍氏[6]，为王孙氏。反役，王闻之，使赐之属镂以死。将死，曰："树吾墓槚[7]，槚可材也，吴其亡乎！三年，其始弱矣。盈必毁，天之道也。"

【注释】

①馈赂：赠送礼物。

②豢：豢养。

③泯：泯灭，灭亡。

④劓：割除。殄：灭绝。遗育：留下后代。

⑤易种：留下传播种族。

⑥属：嘱托，托付。

⑦槚：槚树，即山楸。

【译文】

吴国将要攻打齐国，越王率领他的部下前去朝见，从吴王直到众甲士都送有礼。吴国人都很兴奋，只有伍子胥忧心忡忡，说："这是在养肥吴国啊！"就劝谏说："越国在我们

这里，是心腹大患，同处在一块土地上而对我们有所欲望。他们的驯服，是为了达到他们的欲望。我们不如早点下手。在齐国如愿以偿，就好像得到了满是石块的土田，没法使用。我们不把越国变成池沼，吴国就会被灭掉了。好比让医生治病，绝不会有医生这样说'一定要留下病根'，这种事是从来没有的。《尚书》的《盘庚》篇告诫说：'如果有癫狂捣乱不听话的，就统统铲除不留后代，不要让他们在这里留下逆种。'这就是商朝所以兴起的原因。现在您的做法相反，想要用这种办法来求得称霸的大业，不是太困难了吗？"吴王夫差不听劝告，派伍子胥到齐国去。伍子胥把儿子托付给齐国的鲍氏，改姓王孙氏。伍子胥从齐国回来，吴王听说这件事，便派人把一把名叫"属镂"的宝剑赐给伍子胥让他自杀。伍子胥临死的时候说："在我的坟墓上种植檟树，檟树可以成材的时候吴国大概就要灭亡！三年以后，吴国就要开始衰弱了。骄傲自满必然失败，这是自然的道理啊。"

【原文】

[传]秋，季孙命修守备[①]，曰："小胜大[②]，祸也。齐至无日矣。"

冬，卫大叔疾出奔宋。初，疾娶于宋子朝，其娣嬖。子朝出，孔文子使疾出其妻而妻之[③]。疾使侍人诱其初妻之娣，寘于犁[④]，而为之一宫，如二妻。文子怒，欲攻之，仲尼止之。遂夺其妻。或淫于外州，外州人夺之轩以献[⑤]。耻是二者，故出。卫人立遗，使室孔姞。疾臣向魋，纳美珠焉[⑥]，与之城鉏。宋公求珠，魋不与，由是得罪。及桓氏出，城鉏人攻大叔疾，卫庄公复之。使处巢[⑦]，死焉。殡于郧，葬于少禘。

【注释】

①修：修缮，整顿。守备：守御戒备。

②小胜大：小国战胜大国。

③出其妻：休掉自己的妻子。

④犁：在今山东临邑县西，春秋齐犁邑，亦曰犁丘。

⑤轩：古代一种前顶较高而有帷幕的车子，供大夫以上乘坐。

⑥美珠：指珍珠。

⑦巢：春秋卫地，在河南睢县南。

【译文】

秋季，季孙命令整顿防务，说："小国战胜大国，这是祸患，齐国没有几天就会来到的。”

冬季，卫国的太叔疾逃亡到宋国。起初，太叔疾娶了宋国子朝的女儿，她的妹妹受到宠爱。子朝逃亡出国，孔文子让太叔疾休弃了他的妻子，而把女儿嫁给他。太叔疾派随从劝诱他的前妻的妹妹，把她安置在犁地而为她造了一所房子，好像有两个妻子一样。孔文子十分生气，想要攻打太叔疾，孔子加以劝阻，孔文子就夺回了女儿。太叔疾又在外州和另外一个女人通奸，外州人夺走了他的车子献给国君。太叔疾为这两件事感到羞耻，所以逃亡出国。卫国人立了他的弟弟遗做继承人，让他娶了孔姞，即孔文子的女儿。太叔疾做了向魋的家臣，把珍珠献给向魋，向魋赠给他城鉏，宋景公索取这珍珠，向魋不给，因此得罪了宋景公。等到桓氏逃亡出国，城鉏人攻打太叔疾，卫庄公又让他回卫国去，让他待在巢地，死在那里。棺材停放在郧地，安葬在少禘。

【原文】

［传］初，晋悼公子慭亡在卫，使其女仆而田[①]。大叔懿子止而饮之酒，遂聘之，生悼子。悼子即位，故夏戊为大夫。悼子亡，卫人翦夏戊。孔文子之将攻大叔也，访于仲尼。仲尼曰：“胡簋之事[②]，则尝学之矣。甲兵之事[③]，未之闻也。”退，命驾而行，曰：“鸟则择木[④]，木岂能择鸟？”文子遽止之，曰：“圉岂敢度其私？访卫国之难也。”将止，鲁人以币召之，乃归。

【注释】

①仆：驾车。田：大猎。

②胡簋：古代祭祀时盛粮食的器皿，胡簋之事这里指祭祀的事。

③甲兵之事：打仗的事情。

④择木：鸟兽选择树木栖息。常用以比喻择主而事。

【译文】

当初，晋悼公的儿子慭逃亡在卫国，让他的女儿为他驾车打猎。太叔懿子留他喝酒，就聘他的女儿做妻子，生了悼子。悼子即位，所以夏戊做了大夫。悼子逃亡，卫国削去夏戊的官爵和封邑。

孔文子快要攻打太叔的时候，去征求孔子的意见。孔子说：“祭祀的事情，我略知一二;打仗的事情,我一无所知。”退下去,叫人套上车子就走,说:“鸟要选择树木,树木哪里能选择鸟?”孔文子立刻阻止他,说:“圉哪里敢为自己打算,为的是防止卫国的祸患。”孔子打算留下不走,鲁国人用玉帛礼物来召请他,于是就回到鲁国。

【原文】

[传]季孙欲以田赋①,使冉有访诸仲尼。仲尼曰:“丘不识也②。”三发,卒曰:“子为国老③,待子而行,若之何子之不言也?”仲尼不对,而私于冉有曰:“君子之行也,度于礼,施取其厚,事举其中,敛从其薄④。如是,则以丘亦足矣。若不度于礼,而贪冒无厌,则虽以田赋,将又不足。且子季孙若欲行而法,则周公之典在。若欲苟而行,又何访焉?”弗听。

【注释】

①田赋:按田亩征税。

②不识:不知道,不懂得。

③国老:掌教化的官。

④施:施惠。厚:丰厚。举其中:做得恰如其分。敛:赋敛,赋税。薄:少,微薄。

【译文】

季孙想要按田亩征税,派冉有征求孔子的意见。孔子说:“丘不懂得这个。”问了三次,最后说:“您是国家的元老,等着按您的意见办事,为什么您不说话呢?”孔子不公开的回答,私下告诉冉有说:“君子的行使政权,按礼节来度量,施舍取他最厚的,事情举行中间的,赋税用最微薄的,如此讲起来,就按着丘来上税也可以够了。要是不顺着礼节,又贪图无厌,虽然用着田亩来上税,赋税又将不足用。且你季孙若将行你的法度,周公的旧典已经存在,要想着苟且来做,又何必问呢?”不听。

【讲评】

吴、齐艾陵之战是春秋时期规模最大也最为彻底的围歼战,此次战役的结果对交战双方的政治局势都有深远影响。战败的齐国损失惨重,国内权力得以重新分配,旧贵族国氏、高氏因此战几乎扫荡一空,权力逐渐落于新兴的田氏家族手里。战胜的吴国声威大震,经过阖庐与夫差父子的奋战,吴国终于实现了西破强楚,北威齐、晋,南服越人的宏伟目标，成为赫赫一时的中原霸主。但此战给吴国带来的负面影响也是巨大的，好大喜功的吴王夫差从此更加穷兵黩武、骄纵逸乐，热衷于霸主的虚名，终被越国所灭，使吴国彻底退出了历史舞台。

艾陵之战在军事史上有重要意义，它是中国战争史上较早使用预备队的战例之一。夫差不愧为有谋略的军事家，具有清醒的军事头脑，显示出高超的指挥艺术，在兵力部署方面区分为诱敌、接战和预备力量三种，自己直接节制机动主力部队，突破了前人三军正面作战的陈规，分为四军，把中军作为预备队，完全出乎敌人意料，以训练有素的步兵对抗战车，全歼齐军十万之众，战果超越前人。

哀公十二年

【原文】

[经]十有二年春，用田赋。夏五月甲辰，孟子卒。公会吴于橐皋。秋，公会卫侯、宋皇瑗于郧。宋向巢帅师伐郑。冬十二月，螽。

【原文】

[传]十二年春，王正月，用田赋。

夏五月，昭夫人孟子卒。昭公娶于吴，故不书姓。死不赴，故不称夫人。不反哭，故不言葬小君。孔子与吊，适季氏。季氏不絻，放绖而拜。

公会吴于橐泉，吴子使太宰嚭请寻盟。公不欲，使子贡对曰："盟所以周信也，故心以制之，玉帛以奉之，言以结之，明神以要之。寡君以为苟有盟焉，弗可改也已。若犹可改，日盟何益？今吾子日必寻盟，若可寻也，亦可寒也。"乃不寻盟。

吴征会于卫。初，卫人杀吴行人且姚而惧。谋于行人子羽。子羽曰："吴方无道，无乃辱吾君，不如止也。"子木曰："吴方无道。国无道。必弃疾于人。吴虽无道，犹足以患卫，往也。长木之毙，无不摽也。国狗之瘈，无不噬也，而况大国乎！"

秋，卫侯会吴于郧。公及卫侯、宋皇瑗盟，而卒辞吴盟。吴人藩卫侯之舍。子服景伯谓子贡曰："夫诸侯之会，事既毕矣，侯伯致礼，地主归饩[①]，以相辞也。今吴不行礼于卫，而藩其君舍以难之，子盍见太宰？"乃请束锦以行，语及卫故，太宰嚭曰："寡君愿事卫君，卫君之来也缓，寡君惧，故将止之。"子贡曰："卫君之来，必谋于其众，其众或欲或否，是以缓来。其欲来者，子之党也；其不欲来者，子之雠也。若执卫君，是堕党而崇雠也，夫堕子者得春志矣。且合诸侯而执卫君，谁敢不惧？堕党崇雠而惧诸侯，或者难以霸乎！"太宰嚭说，乃舒卫侯。卫侯归，效夷言。子之尚幼，曰："君必不免，其死于夷乎！执焉而又说其言，从之固矣。"

冬十二月，螽，季孙问诸仲尼。仲尼曰："丘闻之，火伏而后蛰者毕。今火犹西流，司历过也。"

宋、郑之间有隙地焉②，曰弥作、顷丘、玉畅、岩、戈、鍚。子产与宋人为成，曰："勿有是。"及宋平，元之族自萧奔郑，郑人为之城岩、戈、锡。九月，宋向巢伐郑，取锡，杀元公之孙，遂围岩。十二月，郑罕达救嵒。丙申，围宋师。

【注释】

①归：通馈，饩：食物。

②隙地：空地，未开垦之地。

【译文】

十二年春天，周历正月，采用按田亩征税的制度。

夏五月，鲁昭公夫人孟子死了。昭公在吴国娶妻，故而《春秋》不记录孟子的姓。死了没有发讣告，故而不称夫人。安葬之后没有回到祖庙号哭，故而不说葬小君。孔子参加吊唁，到了季氏那儿。季氏不脱帽，孔子除掉丧服下拜。

哀公在橐皋会见吴国人，吴王派太宰嚭请求重温过去的盟约。哀公不愿意，派子贡答复说："盟誓，是用来巩固信用的，故而用诚心来约束它，用玉帛来奉献它，用言语来完成它，用神灵来保证它。寡君觉得要是有了盟约，就不能更改了。要是还是能够更改，每天盟誓又有什么好处？如今您说'必定要重温过去的盟约'，要是能够重温，它同样是能够冷下去的。"于是便没有重温盟约。

吴国召集卫国参加诸侯见面。先前，卫国人杀了吴国的行人且姚因而害怕，就与行人子羽商量。子羽说："吴国正在无道的时候，或许会羞辱我们国君。不如不干。"子木讲："吴国正在无道的时候，国家无道，必定加害于人。吴国就算无道，还能够祸害卫国。去吧！高大树倒下，碰到的东西没有不受击打的；最好的狗发疯，没有不咬人的，而何况是大国呢?"

秋季,卫侯在郧地会见吴人。哀公与卫侯、宋国皇瑗结盟,而终于拒绝了与吴国结盟。吴国人围住了卫出公的馆舍。子服景伯对子贡讲:"诸侯的会面,事情完了,盟主礼宾,所在地的主人馈送食物,以此相互辞别。如今吴国对卫国不执行礼节,反倒围住他们国君的馆舍使他为难,您何不去见太宰?"子贡请求给了他五匹锦,就去了。讲到卫国的事情,太宰嚭讲:"寡君愿意服侍卫国国君,不过他来晚了,寡君害怕,故而要把他留下。"子贡说:"卫君前来,必定跟他的臣下们商量,有的人有的愿意他来,那些不愿意他来,故而才来晚了。那些愿意的人,是您的朋友,那些不愿意的人,是您的仇人。要是拘禁了卫国国君,这是毁了朋友而抬高了仇人,那些想毁坏您的人就得意了。并且会合诸侯却拘留了卫国国君,谁敢不怕?毁坏了朋友,抬高了仇人,而又让诸侯害怕,也许很难称霸吧!"太宰嚭欢喜了,便释放了卫出公。卫出公回国,学说夷人的话,子之当时还年幼,说:"国君一定不能免于灾难,或许会死在夷人那里吧!被他们拘禁还喜欢学他们的话,跟他们走是必定的了。"

冬十二月,蝗虫成灾。季孙向孔子请教这件事。孔子说:"丘听说,大火星下去之后昆虫也蛰伏结束。如今大火星还经过西方,这是司历官的过失。"

宋国与郑国之间有些空地,称为弥作、顷丘、玉畅、岩、戈、锡。子产与宋国人讲和,说:"不要这些地方了。"到了宋国平公、元公的族人从萧地逃跑到郑国,郑国人为他们在岩地、戈地、锡地筑了城。九月,宋国的向巢攻击郑国,占取锡地,杀死元公的孙子,并进而包围了岩地。十二月,郑国的罕达救助岩地。二十八日,包围了宋军。

【讲评】

崛起的吴国战胜了楚国和越国后,意欲北上中原争霸,频频进攻齐国、鲁国等,召集鲁国和卫国在橐皋会盟,为次年的黄池会盟做铺垫。

哀公十三年

【原文】

[经]十有三年:春,郑罕达帅师取宋师于嵒。

夏，许男成卒。

公会晋侯及吴子于黄池。

楚公子申帅师伐陈。

於越入吴。

秋，公至自会。

晋魏曼多帅师侵卫。

葬许元公。

九月，螽。

冬，十有一月，有星孛于东方。

盗杀陈夏区夫。

十有二月，螽。

【原文】

[传]十三年，春，宋向魋救其师。郑子剩使徇曰："得桓魋者有赏。"魋也逃归，遂取宋师于嵒，获成讙、郜延。以六邑为虚。

夏，公会单平公、晋家公、吴夫差于黄池。

六月，丙子，越子伐吴，为二隧[①]。畴无馀、讴阳自南方，先及郊。吴大子友、王子地，王孙弥庸、寿於姚自泓上观之。弥庸见姑蔑之旗，曰："吾父之旗也。不可以见仇而弗杀也。"大子曰："战而不克，将亡国。请待之。"弥庸不可，属徒五千，王子地助之。乙酉，战，弥庸获畴无馀，地获讴阳。越子至，王子地守。丙戌，复战，大败吴师。获大子友、王孙弥庸、寿於姚。丁亥，入吴。吴人告败于王，王恶其闻也，自刭七人于幕下[②]。

【注释】

①隧：通"队"。

②自刭：亲自杀死。

【译文】

十三年春季，宋国的向魋救援他们的军队。郑国的武子剩派人通告全军说："抓到向魋的有赏。"向魋就逃走回国。郑国就在岩地全部歼灭宋军，俘虏了成讙、郜延，把六个城邑掳掠一空,然后两国都不加管辖。

夏季,哀公在黄池会见单平公、晋定公、吴王夫差。

六月十一日,越王攻打吴国,兵分两路,越国的畴无馀、讴阳从南边走,先到达吴国国都的郊区。吴国的太子友、王子地、王孙弥庸、寿于姚在泓水上观察越军。弥庸见到姑蔑的旗帜,说:"那是我父亲的旗帜。我不能见到仇人而不杀死他们。"太子友说:"如果作战不能取胜,国家将会灭亡,请等一等。"王孙弥庸不同意,集合部下五千人出战,王子地帮助他。二十日,两军交战,弥庸俘虏了畴无馀,王子地俘虏了讴阳。越王勾践率军到达,王子地防守。二十一日,再次交战,越军大败吴军,俘虏了太子友、王孙弥庸、寿于姚。二十二日,进入吴国。吴国人向吴王报告战败的消息。吴王非常害怕诸侯听到这个消息,亲自把知道这一情况的七个人杀死在帐幕里边。

【原文】

[传]秋,七月,辛丑,盟,吴晋争先。吴人曰:"于周室,我为长。"晋人曰:"于姬姓,我为伯。"赵鞅呼司马寅曰:"日旰矣,大事未成,二臣之罪也。建鼓整列①,二臣死之,长幼必可知也。"对曰:"请姑视之。"反曰:"肉食者无墨。今吴王有墨②,国胜乎?大子死乎?且夷德轻③,不忍久,请少待之。"乃先晋人。

【注释】

①建鼓整列:竖起旗帜整顿队列。

②墨:气色暗沉。

③德轻:性情不沉着。

【译文】

秋七月初六日,吴国和晋国争执歃血的先后。吴国人说:"在周王室中,我们的辈分大。"晋国人说:"在姬姓之中,我们是霸主。"赵鞅对司马寅说:"天已晚了,大事没有成功,是我们两个臣下的罪过。现在唯一的办法就是竖起旗帜整顿队列,我们两人战斗到死,次序先后一定可以见到分晓。"司马寅说:"请姑且到吴王那里观察一下。"回来,说:"高贵的人的气色没有灰暗无神的。现在吴王气色灰暗,是他的国家被敌人战胜了吗?或许是太子死了吧?而且夷人轻佻不沉着,不能长久忍耐,请稍等一等。"吴国人就让晋国人先歃血。

【原文】

[传]吴人将以公见晋侯,子服景伯对使者曰:“王合诸侯,则伯帅侯牧以见于王[①]。伯合诸侯,则侯帅子男以见于伯。自王以下,朝聘玉帛不同。故敝邑之职贡于吴,有丰于晋,无不及焉,以为伯也。今诸侯会,而君将以寡君见晋君,则晋成为伯矣,敝邑将改职贡[②]。鲁赋于吴八百乘。若为子男[③],则将半邾以属于吴,而如邾以事晋。且执事以伯召诸侯,而以侯终之,何利之有焉?”吴人乃止。既而悔之,将囚景伯。景伯曰:“何也立后于鲁矣。将以二乘与六人从,迟速唯命。”遂囚以还。及户牖[④],谓大宰曰:“鲁将以十月上辛,有事于上帝先王,季辛而毕。何世有职焉,自襄以来,未之改也。若不会,祝宗将曰[⑤]:‘吴实然。’且谓鲁不共,而执其贱者七人,何损焉?”大宰嚭言于王曰:“无损于鲁,而衹为名[⑥],不如归之。”乃归景伯。

【注释】

①牧:君长。

②职贡:进贡之物。

③子男:指爵位低的小国。

④户牖:在今河南兰考县。

⑤祝宗:掌管祝享的官吏。

⑥衹:只是,只能。

【译文】

吴国人要带着哀公进见晋定公,子服景伯对使者说:“天子会合诸侯,那么就由霸主率领诸侯进见天子;霸主会合诸侯,那么诸侯就率领子、男进见霸主。从天子以下,朝聘时所用的玉帛也不相同。所以敝邑进贡给吴国的,要比晋国丰厚,而没有比不上的,因为把吴国作为诸侯的霸主。现在诸侯会见,而君王准备带领寡君进见晋君,那么晋国就成为诸侯的霸主了,敝邑将会改变进贡的数量:鲁国进贡按八百辆战车给贵国,如果变成子、男,那么将会按邾国战车的一半作为贡品,而按邾国战车的数来侍奉晋国。而且执事以霸主的身份召集诸侯,而以一般诸侯的身份结束,这有什么好处呢?”吴国人就没有那么做。不久又后悔了，打算囚禁景伯。景伯说："我已经在鲁国立了继承人，打算带两辆车子和六个人跟随你们去，早走晚走唯命是听。"吴国人就囚禁了景伯，并将景伯带回去。到达户牖，景伯对太宰嚭说："鲁国将要在十月的第一个辛日祭祀天帝和先王，最后一个辛日完毕。我世世代代都在祭祀中担任一定的职事，从鲁襄公以来没有改变过。如果我不参加，祝宗将会说'是吴国关押了景伯'，而且贵国认为鲁国不恭敬，而只逮捕了他们七个卑微的人，对鲁国有什么损害呢？"太宰嚭对吴王说："对鲁国没有损害，而只能造成坏名声，不如把放他回去。"所以就放回了景伯。

【原文】

［传］吴申叔仪乞粮于公孙有山氏。曰："佩玉縈兮[①]，余无所系之。旨酒一盛兮[②]，余与褐之父睨之[③]。"对曰："粱则无矣[④]，粗则有之[⑤]。若登首山以呼曰，庚癸乎[⑥]！则诺。"

王欲伐宋，杀其丈夫，而囚其妇人。大宰嚭曰："可胜也，而弗能居也。"乃归。

冬，吴及越平。

【注释】

①縈：下垂。

②旨：甜美。

③褐：粗毛布。睨：斜视。

④粱：细粮。

⑤粗：粗粮。

⑥庚癸：军粮的隐语。

【译文】

吴国的申叔仪到公孙有山氏那里讨粮食，说："佩玉往下垂啊，我没有地方系住它；甜酒一杯啊，我和贫苦的老头只能斜视着它。"公孙有山氏回答说："细粮已经没了，粗粮还有一些。如果你登上首山喊'还有吃的吗'，就答应你。"

吴王夫差想要攻打宋国，杀死那里的男人而囚禁妇女，太宰嚭说："我们虽然可以战胜，但不能在那里久留。"吴王这才同意回国。

冬季，吴国和越国讲和。

【讲评】

黄池会盟是吴王夫差称霸的顶峰，他凭借强大的军事实力，与晋国争夺诸侯盟主地位，赢得了表面风光。然而吴国的心腹大患越国乘着此时吴国国内空虚大举进攻，逐渐占了上风，吴国的灭亡已不可避免。

哀公十四年

【原文】

[经]十有四年春，西狩获麟。小邾射以句绎来奔。夏四月，齐陈恒执其君，置于舒州。庚戌，叔还卒。五月庚申朔，日有食之。陈宗竖出奔楚。宋向魋入于曹以叛，莒子狂卒。六月，宋向魋自曹出奔卫。宋向巢来奔。齐人弑其君壬于舒州。秋，晋赵鞅帅师伐卫。八月辛丑，仲孙何忌卒。冬，陈宗竖自楚复入于陈，陈人杀之。陈辕买出奔楚。有星孛。饥。

【原文】

[传]十四年，春，西狩于大野[①]，叔孙氏之车子鉏商获麟[②]，以为不祥，以赐虞人[③]。仲尼观之，曰："麟也。"然后取之[④]。

小邾射以句绎来奔，曰："使季路要我[⑤]，吾无盟矣[⑥]。"使子路，子路辞。季康子使冉有谓之曰："千乘之国，不信其盟，而信子之言，子何辱焉[⑦]？"对曰："鲁有事于小邾，不敢问故，死其城下可也。彼不臣而济其言，是义之也。由弗能。"

【注释】

①大野：在山东钜野县北五里。又名钜墅，亦曰巨泽。

②车：驾车之人。获：捕获。麟：麒麟，古代传说中的一种动物。形状像鹿，头上有角，全身有鳞甲，尾像牛尾。古人以为仁兽、瑞兽，拿它象征祥瑞。

③赐：赏赐。虞人：古掌山泽苑囿之官。

④取：收下。

⑤要:约定。

⑥盟:盟誓。

⑦辱:屈辱。

【译文】

十四年春季,在西部的大野打猎,叔孙氏的驾车人子鉏商猎获一只麒麟,认为不吉利,赏赐给管山林的人。孔子细看后,说:"这是麒麟。"然后收下它。

小邾国的大夫射献上句绎逃亡到鲁国来,说:"派季路和我口头约定,可以不用盟誓了。"派子路去,子路推辞不去。季康子派冉有对子路说:"一千辆战车的国家,而对它的盟誓不相信反而相信您的话,您有什么屈辱呢?"子路回答说:"如果鲁国和小邾国发生战事,我不敢询问原因曲直,战死在城下就行了。他不尽臣道,反而使他的话得以实现,这是把他的不尽臣道当成正义了,我不能那么办。"

【原文】

[传]齐简公之在鲁也,阚止有宠焉。及即位,使为政。陈成子惮之,骤顾诸朝[①]。诸御鞅言于公曰:"陈、阚不可并也[②],君其择焉[③]。"弗听。子我夕,陈逆杀人,逢之[④],遂执以入。陈氏方睦,使疾而遗之潘沐[⑤],备酒肉焉[⑥],飨守囚者[⑦],醉而杀之而逃。子我盟诸陈于陈宗。

齐简公

【注释】

①骤顾:屡次回头看。

②并:并列,并立。

③择:选择。

④逢:碰到,遇到。

⑤潘沐:洗头用的淘米水。

⑥备:准备,备有。酒肉:酒和肉,亦泛指好的饮食。

⑦守囚者:看守牢房的人。

【译文】

齐简公在鲁国的时候，阚止受到宠信。等到简公即位，就让阚止执政。陈成子惧怕他，在朝廷上一次次回头看他，担心发生意外事故。御者鞅对齐简公说："陈氏、阚氏不能并列，你还是从二者中选择一个。"齐简公不听他的劝告。

阚止晚上朝见齐简公，正好碰见陈逆杀人，就把他逮捕，带进公宫。当时陈氏一族都很和睦团结，族人就让陈逆假装生病，并送去洗头的淘米水，备有酒肉。陈逆请看守的人吃喝，看守喝醉以后就被陈逆杀了，然后逃走。阚止和陈氏族人在陈氏宗主家里结盟，以防陈逆回来成为祸患。

【原文】

[传]初，陈豹欲为子我臣，使公孙言己[①]，已有丧而止[②]。既而言之[③]，曰："有陈豹者，长而上偻[④]，望视[⑤]，事君子必得志。欲为子臣，吾惮其为人也[⑥]，故缓以告[⑦]。"子我曰："何害？是其在我也。"使为臣。他日，与之言政，说[⑧]，遂有宠。谓之曰："我尽逐陈氏[⑨]，而立女，若何？"对曰："我远于陈氏矣[⑩]。且其违者，不过数人，何尽逐焉？"遂告陈氏。子行曰："彼得君[⑪]，弗先，必祸子。"子行舍于公宫。

【注释】

①言己：给自己说话，即推荐自己。

②丧：丧事。止：停止，中止。

③既而：不久之后。

④长：高大。上偻：背上部弯曲。

⑤望视：远视，仰视。

⑥惮：害怕，忌惮。为人：做人处世接物，指人品。

⑦缓：迟，推迟。

⑧说：同"悦"，高兴。

⑨尽逐：全部驱逐。

⑩远：疏远，远支。

⑪得君：得到君王信任。

【译文】

起初，陈豹想要当阚止的家臣，让公孙推荐自己。不久陈豹有丧事，就停下来，丧事办完了，公孙又对阚止谈起这件事说："有一个叫陈豹的人，身高背驼，眼睛仰视，侍奉君子一定能让人满意，想要当您的家臣。我怕他人品不好，所以没有马上告诉您。"阚止说："这有什么害处？品行好坏全在于我如何使用。"便让他做了家臣。过了些日子，阚止和他谈政事，很高兴，于是就宠信他。阚止对陈豹说："我把陈氏全部驱逐而立你做继承人，怎么样？"陈豹回答说："我在陈氏中是远支，而且他们不服从的不过几个人，为什么要把他们全部驱逐出去呢？"就把话告诉了陈氏，子行对陈成子说："他得到国君信任，不先下手，必然要嫁祸于您。"子行就在公宫里住下。

【原文】

［传］夏，五月，壬申，成子兄弟四乘如公①。子我在幄②，出逆之。遂入，闭门。侍人御之③，子行杀侍人。公与妇人饮酒于檀台，成子迁诸寝④。公执戈，将击之。大史子馀曰："非不利也，将除害也⑤。"成子出舍于库⑥，闻公犹怒，将出⑦，曰："何所无君⑧？"子行抽剑曰："需，事之贼也。谁非陈宗⑨？所不杀子者，有如陈宗！"乃止。

【注释】

①四乘：四人同坐一辆车。
②幄：帷幄，帷帐。
③御：抵御。
④寝：寝宫。
⑤除害：除掉坏人。
⑥舍于库：住在府库。
⑦将出：将要出逃。
⑧何所：哪里，什么地方。
⑨宗：宗主。

【译文】

夏季五月十三日，成子兄弟四人坐一辆车到齐简公那里去。

阚止正在帐里，出来迎接他们，成子兄弟就走进去，把阚止关在门外。侍者抵御他们，子行杀了侍者。齐简公和女人在檀台上喝酒，成子要让简公等人迁到寝宫里去。简公不干，便拿起戈，就要击打他们。太史子余说："陈氏兄弟不是要对国君不利，而是要除掉有害的人。"成子搬出去住在府库里，听说简公还在生气，就准备逃亡，说："哪个地方没有国君？"子行抽出剑，说："迟疑软弱，必定贻误大事。您要走了，谁不能做陈氏的宗主？您走，我就杀了您，我对宗主发誓！"陈成子就停下没有走。

【原文】

［传］子我归，属徒攻闱与大门[①]，皆不胜，乃出。陈氏追之，失道于弇中[②]，适丰丘。丰丘人执之以告，杀诸郭关[③]。成子将杀大陆子方，陈逆请而免之，以公命取车于道。及耏，众知而东之。出雍门[④]，陈豹与之车。弗受，曰："逆为余请，豹与余车，余有私焉[⑤]。事子我而有私于其仇，何以见鲁、卫之士？"东郭贾奔卫。

庚辰，陈恒执公于舒州。公曰："吾早从鞅之言，不及此[⑥]。"

【注释】

①属徒：集合部下。闱：古代宫室、宗庙的旁侧小门。

②失道：迷路。弇中：在山东益都县城南，一名弇中谷。

③郭关：外城的城关。

④雍门：城门名。

⑤私：私交。

⑥及此：到这种地步。

【译文】

阚止回去，集合部下，攻打宫墙的小门和大门，都没有得胜就逃走了。陈氏追赶他，阚止在弇中迷了路，到了丰丘。丰丘人拘捕他，报告陈成子，把他杀死在外城城关。陈成子准备杀了阚止的家臣大陆子方，陈逆请求不杀而赦免了。子方用简公的名义在路上得到一辆车，到达耏地，陈氏发现了就逼他东行退回。出了雍门，陈豹给他车子，他不同意，说："逆为我请求，豹给我车子，这说明我和他们有私交。侍奉子我而和他的仇人有私交，怎么能和鲁国、卫国人士相见？"子方就逃亡到卫国。二十一日，陈成子在舒州拘捕了齐简公。简公说:“我要早听了御鞅的话,不会到这地步。”

【原文】

[传]宋桓魋之宠,害于公。公使夫人骤请享焉[①],而将讨之。未及,魋先谋公,请以鞍易薄[②]。公曰:“不可。薄,宗邑也。”乃益鞍七邑,而请享公焉。以日中为期,家备尽往[③]。公知之,告皇野曰:“余长魋也。今将祸余,请即救。”

司马子仲曰:“有臣不顺,神之所恶也,而况人乎?敢不承命。不得左师不可,请以君命召之。”左师每食击钟[④]。闻钟声,公曰:“夫子将食。”既食,又奏。公曰:“可矣。”以乘车往,曰:“迹人来告曰[⑤]:‘逢泽有介麇焉[⑥]。’公曰:‘虽魋未来,得左师,吾与之田,若何?’君惮告子。野曰:‘尝私焉。’君欲速,故以乘车逆子。”与之乘,至,公告之故,拜不能起。司马曰:“君与之言。”公曰:“所难子者,上有天,下有先君。”对曰:“魋之不共,宋之祸也。敢不唯命是听。”司马请瑞焉,以命其徒攻桓氏。其父兄故臣曰:“不可。”其新臣曰:“从吾君之命。”遂攻之。子颀骋而告桓司马。司马欲入,子车止之,曰:“不能事君,而又伐国,民不与也,祇取死焉[⑦]。”向魋遂入于曹以叛。

六月,使左师巢伐之,欲质大夫以入焉。不能。亦入于曹取质。魋曰:“不可。既不能事君,又得罪于民,将若之何?”乃舍之。民遂叛之。向魋奔卫。向巢来奔,宋公使止之,曰:“寡人与子有言矣,不可以绝向氏之祀。”辞曰:“臣之罪大,尽灭桓氏可也。若以先臣之故,而使有后[⑧],君之惠也。若臣则不可以入矣。”

【注释】

①骤:突然。享:享礼。

②鞍:春秋齐地。易:交换。

③家备:臣下私家的军队。

④击钟:敲打乐钟。

⑤迹人:指探子。

⑥逢泽:古泽薮名,在今河南商丘南,古睢水所积,春秋宋地。麇:麇鹿。

⑦祇取死:只是找死。

⑧有后:有继承人。

【译文】

宋国桓魋受宠而扩充势力，发展到损害宋景公的地步。宋景公让夫人突然邀请桓鞍参加享礼，打算乘机讨伐他。还没有来得及，桓魋先打宋景公的主意，请求用鞍地交换薄地。宋景公说："不行，薄地，是宋国殷商祖庙所在的城邑。"同意把周围的七个城邑并入魋地。桓魋装作高兴的样子，请求设享礼答谢宋景公，以中午作为期限，桓魋把自己私家的兵器铠甲全部搬到了那里。宋景公知道了，告诉皇野说："我把桓魋养育大了，现在他要加祸于我，请马上救我。"皇野说："臣下不服从君命，这是神明都厌恶的，更何况人呢？怎么敢不接受命令。但不得到左师官的支持是不行的，请用您的名义召见他。"左师每次吃饭，要敲打乐钟。听到钟声，宋景公说："那一位快要吃饭了。"吃完饭以后，又奏乐。宋景公说："行了。"皇野坐一辆车子去了，说："猎场的人来报告说：'逢泽有一只麋鹿。'国君说：'即使桓魋没有来，有了左师，我和他一起打猎，你看怎么样？'国君难于直接告诉您。我说：'我试着私下和他谈谈。'国君想要快一点，所以用一辆车子来接您。"左师便和皇野同乘一辆车，到达后，宋景公把原因告诉他，左师下拜，不能起立。皇野说："君王要和他盟誓。"宋景公说："我决不让您遭到祸难，我对上天发誓，对地下先君发誓。"左师回答说："魋不恭敬，这是宋国的祸患。岂敢不唯命是听。"皇野请求兵符，以命令他的部下攻打桓魋。他的父老兄长和旧臣说："不行。"他的新臣说："服从我们国君的命令。"皇野就出兵。子颀纵马奔告桓魋。桓魋想要往宫里攻打宋景公，子车劝阻他，说："不能侍奉国君，而又要攻打公室，百姓是不会亲附你的，只能找死。"桓魋就进入曹地叛变。六月，宋景公派左师向巢攻打桓魋，左师想要得到大夫送到曹地做人质，没有得到允许。他便也进入曹地，准备取得曹地的人作为人质。桓魋说："这样做不行，既不能侍奉国君，又得罪了百姓，这可怎么是好？"于是就释放了人质，百姓就背叛了他们。桓魋逃亡到卫国。向巢逃到鲁国来，宋景公派人留下他，说："我跟您有盟誓了，不能断绝向氏的祭祀。"向巢辞谢说："我的罪过大，君王把桓氏全部灭亡也不为过。假如看在先臣的面子上，而让桓氏有继承人，那就是君王的恩惠。像我，那就不能再回来了。"

【原文】

［传］司马牛致其邑与圭焉[①]，而适齐。向魋出于卫地，公文氏攻之，求夏后氏之璜焉[②]。与之他玉，而奔齐，陈成子使为次卿[③]。司马牛又致其邑焉，而适吴。吴人恶之而

反。赵简子召之，陈成子亦召之，卒于鲁郭门之外，阮氏葬诸丘舆[④]。

甲午，齐陈恒弑其君壬于舒州[⑤]。孔丘三日齐，而请伐齐三。公曰："鲁为齐弱久矣，子之伐之，将若之何?"对曰："陈恒弑其君，民之不与者半[⑥]。以鲁之众，加齐之半，可克也。"公曰："子告季孙。"孔子辞。退而告人，曰："吾以从大夫之后也，故不敢不言。"

【注释】

①邑：封邑。圭：玉圭。

②璜：古玉器名，是一种弧形的玉器，古代贵族朝聘、祭祀、丧葬、征召的玉制礼器，也作佩饰。

③次卿：低于卿的政务官。

④丘舆：春秋鲁邑，在山东费县西。

⑤舒州：春秋齐地，亦作徐州，在山东滕县。

⑥不与：不归附。

【译文】

桓魋的弟弟司马牛把他的封邑和玉圭交了出来后，就到了齐国。桓魋逃亡到卫国，公文氏攻打他，向他索取夏后氏的玉璜。桓魋给了公文氏别的玉，随之逃亡到齐国，陈成子让桓魋做次卿。司马牛又把封邑交还齐国而去了吴国，吴人不欢迎他，他无奈又回到宋国。晋国的赵简子召唤他去，齐国的陈成子也召唤他去，在途中死在鲁国国都的外城门附近，阮氏把他葬在丘舆。

六月初五，齐国的陈桓在舒州杀了他们的国君壬。孔子斋戒三天，三次请求攻取齐国。哀公说："鲁国被齐国削弱已经很久了，您攻打他们，打算怎么办?"孔子回答说："陈桓杀了他们国君，百姓不归附他的有一半。以鲁国的群众加上齐国不服从陈桓的一半，是可以取胜的。"哀公说："您告诉季孙。"孔子辞谢，退下去告诉别人说："我由于曾经列于大夫之末，所以不敢不说。"

【原文】

[传]初，孟孺子泄将圉马于成[①]。成宰公孙宿不受，曰："孟孙为成之病，不圉马焉。"孺子怒，袭成[②]。从者不得入，乃反。成有司使，孺子鞭之。秋，八月，辛丑，孟懿子卒。成

人奔丧，弗内[3]。袒免哭于衢[4]。听共，弗许。惧，不归。

【注释】

①圉马：养马。成：春秋鲁邑，在今山东宁阳县东北九十里。

②袭：袭击。

③弗内：不接受。

④衢：大路。

【译文】

当初，孟孺子泄准备在成地养马，成地的宰臣公孙宿不接受，说："孟孙由于成地贫困，不在这里养马。"孺子非常生气，侵袭成地，跟从的人们没能攻进去，就回去了。成地官员派人去，孺子鞭打了去的人。秋季八月十三日，孟懿子死了，成地的宰臣去奔丧，孺子不接纳。成地的宰臣脱去上衣、帽子而在大路上号哭，表示愿供驱使，孺子仍然不答应。成地的宰臣害怕，不敢返回成地。

【讲评】

麒麟是中国传说中的神兽，也是仁兽，与"龙、凤、龟"并列四灵，在中国文化中占有重要的位置。在民间传说中，麒麟与孔子关系密切，纬书说孔子降生时是麒麟送子。而哀公十四年的获麟事件中，据说孔子为麒麟"出非其时"而感慨哲人的穷困和时世的没落，就此绝笔，不再作《春秋》，故《春秋》又别称"麟史""麟经"。唐代诗人李白在《古风诗》中有"希圣如有立，绝笔于获麟"的诗句，即指此传说而言。

哀公十五年

【原文】

［经］十有五年春，王正月，成叛。夏五月，齐高无丕出奔北燕。郑伯伐宋。秋八月，大雩。晋赵鞅帅师伐卫。冬，晋侯伐郑。及齐平。卫公孟彄出奔齐。

【原文】

[传]十五年,春,成叛于齐。武伯伐成。不克,遂城输。

夏,楚子西、子期伐吴,乃桐汭[①]。陈侯使公孙贞子吊焉,及良而卒[②]。将以尸入,吴子使大宰嚭劳,且辞曰:“以水潦之不时,无乃廪然陨大夫之尸[③],以重寡君之忧[④]。寡君敢辞上介[⑤]。”芋尹盖对曰:“寡君闻楚为不道,荐伐吴国,灭厥民人。寡君使盖备使,吊君之下吏[⑥]。无禄,使人逢天之戚,大命陨队[⑦],绝世于良,废日共积,一日迁次[⑧]。今君命逆使人曰:‘无以尸造于门。’是我寡君之命委于草莽也[⑨]。且臣闻之曰:‘事死如事生,礼也。’于是乎有朝聘而终,以尸将事之礼,又有朝聘而遭丧之礼。若不以尸将命,是遭丧而还也,无乃不可乎!以礼防民,犹或逾之。今大夫曰:‘死而弃之’,是弃礼也。其何以为诸侯主?先民有言曰:‘无秽虐士。’备使奉尸将命,苟我寡君之命达于君所,虽陨于深渊,则天命也。非君与涉人之过也[⑩]。”吴人内之。

【注释】

①桐汭:即今桐水,在安徽广德县西北。卒:死。

②良:良地,春秋地名,在今江苏邳州市北六十里。

③廪然:水泛滥貌。廪,通“滥”。

④重:加重,增加。

⑤上介:古代外交使团的副使或军政长吏的高级助理。

⑥备使:充任使臣,一说副使。下吏:低级官吏,属吏。

⑦陨队:陨落,死亡的婉称。

⑧迁次:移居,从一处搬到另一处。

⑨草莽:草丛。

⑩涉人:船夫,此处指官员。

【译文】

十五年春季,成地背叛孟氏而投靠齐国。孟武伯攻打成地,没有攻下,于是就在输地筑城。

夏季,楚国的子西、子期攻打吴国,到达桐汭,陈闵公派公孙贞子去吴国慰问,到达良地就死了，副使准备把灵柩运进城里。吴王派太宰嚭慰劳而且辞谢说："由于雨水不合时令，恐怕大水泛滥而毁坏大夫的灵柩，增加寡君的忧虑，寡君谨此辞谢。"副使芋尹官盖回答说："寡君听说楚国无道，多次攻打吴国，杀害你们百姓，寡君派盖充任使臣，向君王的官吏慰问。不幸，正使正逢上天的忧伤，丢了性命，在良地去世。我们耗费时间积聚殡敛的财物，又怕耽误使命而加紧赶路。现在您命令迎接使臣说'不要让灵柩到城门里来'，这就把寡君的命令丢弃在杂草丛中了。而且下臣听说：'侍奉死人像侍奉他活着一样，这是礼。'正因为如此，才有了朝聘过程中使臣死去，仍要由尸体完成使命的礼仪，同时又有在朝聘过程中，遇到所聘国家发生丧事的礼仪。如果不侍奉灵柩完成使命，这就像是遇到受聘国家发生丧事就回国一样了，恐怕这样不合适吧！用礼仪来防止百姓，还恐怕有所逾越，现在您说'死了就丢弃他'，这是丢掉礼仪，还怎么能当诸侯的盟主？从前有句话说：'不要把死者看成污秽。'我奉着灵柩完成使命，如果我们寡君的命令能上达于贵君那里，即使让我坠入深渊，也心甘情愿，因为也是上天的意志，不是君王和官吏们的过错。"吴国人接纳了他们和灵柩。

【原文】

[传]秋，齐陈瓘如楚。过卫，仲由见之，曰："天或者以陈氏为斧斤[①]，既斫丧公室[②]，而他人有之，不可知也。其使终飨之，亦不可知也。若善鲁以待时[③]，不亦可乎？何必恶焉？"子玉曰："然，吾受命矣。子使告我弟。"

冬，及齐平。子服景伯如齐，子赣为介[④]，见公孙成，曰："人皆臣人，而有背人之心。况齐人虽为子役，其有不贰乎？子，周公之孙也。多飨大利，犹思不义。利不可得，而丧宗国[⑤]，将焉用之？"成曰："善哉！吾不早闻命。"

【注释】

①斧斤：斧子。

②斫丧：摧残，伤害。公室：君主之家，指诸侯。

③待时：等待时机。

④介：副使。

⑤宗国：同姓诸侯国，因与天子同宗，为其支庶，故称。这里指祖国。

【译文】

秋季，齐国的陈瓘到楚国去，经过卫国，仲由拜见他，说："上天或许是用陈氏作为斧子，把公室砍削，然后使他人坐享其成，很难预料；也许是让陈氏最后享有整个国家，这也是很难预料的。假如你们和鲁国保持友好关系，以等待时机，不也是一种良策吗？为什么要交恶呢？"陈瓘说："对。不过我已经接受命令了。你可以派人去告诉我的弟弟。"

冬季，鲁国和齐国讲和。子服景伯到齐国去，子赣做副使，拜见公孙成，说："同样都是做别人的臣下，尚且有背叛主人的念头，何况齐国这样的外国人。他们虽然愿意为您帮忙，能没有别的心吗？您是周公的后代，享有不尽的荣华，还想做不义的事情。您这样做不但利益不能得到，反而会失掉了祖国，何必要这样呢？"公孙成说："对啊！遗憾的是我没有早听到您的话。"

【原文】

［传］陈成子馆客[①]，曰："寡君使恒告曰，寡人愿事君如事卫君。"景伯揖子赣而进之。对曰："寡君之愿也。昔晋人伐卫，齐为卫故，伐晋冠氏，丧车五百，因与卫地，自济以西，禚媚、杏以南，书社五百[②]。吴人加敝邑以乱，齐因其病，取讙与阐。寡君是以寒心[③]。若得视卫君之事君也，则固所愿也。"

成子病之，乃归成。公孙宿以其兵甲入于嬴[④]。

卫孔圉取大子蒯聩之姊，生悝。孔氏之竖浑良夫，长而美，孔文子卒，通于内。大子在戚[⑤]，孔姬使之焉。大子与之言曰："苟使我入获国，服冕乘轩[⑥]，三死无与。"与之盟，为请于伯姬。

【注释】

①馆客：在宾馆会客。

②社：村子，村落。

③寒心：因失望而痛心。

④兵甲：指士兵，军队。嬴：春秋齐嬴邑，在山东芜市嬴县西北。

⑤戚：春秋卫邑，今河北省濮阳县北有戚城。

⑥服冕：穿着冕服。乘轩：乘坐大夫的车子。

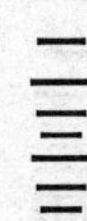

【译文】

陈成子亲自到宾馆会见鲁国客人，说："寡君派恒报告您说：'我愿意侍奉君王就像侍奉卫国国君一样。'"景伯向子赣作了个揖，示意他向前对答。子赣回答说："这正是寡君的愿望。从前晋国人进攻卫国，齐国为了卫国的缘故，进攻晋国的冠氏，丧失了五百辆战车。并且因为这样就给了卫国土地，从济水以西和禚地、媚地、杏地以南，一共五百个村子。当吴国人把动乱加于敝邑，齐国却乘人之危，占取了讙地和阐地，寡君因此而寒心。如果贵国能比照卫君那样侍奉寡君，那本来就是我们所希望的。"陈成子感到愧恨，就把成地归还给鲁国。公孙宿带了他的兵器铠甲进入嬴地。

卫国的孔圉娶了太子蒯聩的姐姐，生了悝。孔氏的小僮浑良夫个子高又长得漂亮，孔圉死后，浑良夫就和孔姬私通。太子在戚地，孔姬派浑良夫前去，太子对他说："如果让我回国即位，给你大夫的冠服、车子，赦免死罪三次。"浑良夫和太子盟誓，为他向孔姬请求。

【原文】

[传]闰月，良夫与大子入，舍于孔氏之外圃[①]。昏，二人蒙衣而乘[②]，寺人罗御[③]，如孔氏。孔氏之老栾宁问之，称姻妾以告。遂入，适伯姬氏。既食，孔伯姬杖戈而先[④]，大子与五人介，舆豭从之[⑤]。迫孔悝于厕，强盟之，遂劫以登台。栾宁将饮酒，炙未熟[⑥]，闻乱，使告季子。召获驾乘车，行爵食炙[⑦]，奉卫侯辄来奔。

【注释】

①圃：菜地，菜园子。

②昏：黄昏，指天黑以后。蒙衣：以巾蒙头。

③寺人：古代宫中的近侍小臣，多以阉人充任。罗：为寺人的名字。

④杖戈：拄着戈。

⑤舆：车。豭：公猪。

⑥炙：烤肉。

⑦行爵食炙：在车上喝酒吃肉。

【译文】

闰月，浑良夫和太子回到国都，住在孔氏家外面菜园子里。天黑以后，两个人用头巾盖住脸，伪装成妇人，乘坐车子，由寺人罗为他们驾车，到了孔氏家里。孔氏的家老栾宁问他们，他们说是姻戚家的侍妾，就进了门。到了孔姬那里，吃完饭，孔姬拄着戈走在前面，太子和五个人身披皮甲，用车装上公猪跟着，把孔悝逼到墙角里强迫他发誓，就劫持他登上台去。栾宁正要喝酒，肉还没有烤熟，听说有动乱，便派人火速报告子路。并叫卫国大夫召获驾使着国君的乘车，在车上喝酒吃肉，侍奉卫侯辄逃亡到鲁国来。

【原文】

[传]季子将入，遇子羔将出，曰："门已闭矣。"季子曰："吾姑至焉。"子羔曰："弗及，不践其难[①]。"季子曰："食焉[②]，不辟其难。"子羔遂出。子路入。及门，公孙敢门焉，曰："无入为也。"季子曰："是公孙也，求利焉而逃其难。由不然，利其禄，必救其患。"有使者出，乃入。曰："大子焉用孔悝？虽杀之，必或继之[③]。"且曰："大子无勇，若燔台[④]，半，必舍孔叔。"大子闻之惧，下石乞、盂黡敌子路。以戈击之，断缨[⑤]。子路曰："君子死，冠不免[⑥]。"结缨而死。孔子闻卫乱，曰："柴也其来，由也死矣。"孔悝立庄公。庄公害故政，欲尽去之。先谓司徒瞒成曰："寡人离病于外久矣，子请亦尝之[⑦]。"归告褚师比，欲与之伐公，不果。

【注释】

①践：踩，踏，引申为遭受。
②食焉：食其俸禄。
③继：接替。
④燔台：放火台。
⑤缨：系在脖子上的帽带。
⑥免：除去。
⑦尝：尝试。

【译文】

子路正要进入国都，遇上子羔正要出奔，说："城门已经关上了。"子路说："我姑且去一下。”子羔说：“已经晚了，不要去遭受祸难！”子路说：“既然拿了孔氏的俸禄，就不应躲避祸难见死不救。”子羔就出去，子路进入。到达孔氏大门口，公孙敢在那里守门，说：“不要进去做什么了。”子路说：“那个公孙氏啊，在这里谋求利益而躲避祸难。我不会这样，我吃了人家的俸禄，就一定要救援他的患难。”这时有使者出来，子路就乘机进去，说：“太子哪里用得着劫持孔悝呢？就算他被人杀了，一定有人接替他。”而且说：“太子没有勇气，如果放火烧台，烧到一半，必然会释放孔叔。”太子听到了，很害怕，让石乞、盂黡下台和子路搏斗，用戈击中子路，把帽带也斩断了。子路说：“君子死，帽子不能摘掉。”因此子路结好帽带就去世了。孔子听闻卫国发生动乱，说：“柴能回来，由去世了。”

孔悝立了卫庄公。庄公认为以前的大臣靠不住，想要全部除去，先对司徒瞒成说：“寡人在外边遭遇的患难很久了，请您也试一试。”瞒成回去告诉褚师比，想要和他攻击庄公，没有实现。

【讲评】

子路是孔子门下著名弟子之一，他好勇，刚直，如同宋苏轼《荀卿论》称赞说：“子路之勇，子贡之辩，冉有之智，此三子者，皆天下之所谓难。……子路忠信明决，故言出而人信服之，不待其辞之毕也。”子路之死出于忠勇，即使危险关头仍遵守君子的礼仪，终于结缨而死。孔子对子路命运的准确预测和痛心，是出于老师对学生的深刻了解，也有对乱世的无奈。

哀公十六年

【原文】

[经]十有六年：春，王正月己卯，卫世子蒯聩自戚入于卫。

卫侯辄来奔。

二月，卫子还成出奔宋。

夏。四月己丑，孔丘卒。

【原文】

[传]十六年，春，瞒成、褚师比出奔宋。

卫侯使鄢武子告于周,曰:"蒯聩得罪于君父君母[1],逋窜于晋[2]。晋以王室之故,不弃兄弟,寘诸河上。天诱其衷[3],获嗣守封焉[4]。使下臣肸敢告执事。"王使单平公对曰:"肸以嘉命来告余一人[5]。往谓叔父,余嘉乃成世[6],复尔禄次,敬之哉!方天之休,弗敬弗休,悔其可追!"

夏,四月,己丑,孔丘卒。公诔之曰:"旻天不吊,不憖遗一老[7]。俾屏余一人以在位,茕茕余在疚[8]。呜呼哀哉!尼父[9],无自律。"

【注释】

①君父:对父为国君者的称呼。君母:庶子称父之正妻为君母。

②逋窜:逃窜。

③天诱其衷:上天开导其心意。

④嗣守:继承并遵守和保持。

⑤嘉命:敬称别人的告语,指好消息。

⑥嘉:祝贺。乃:你。成世:继承父亲的世业。

⑦不憖遗:不愿留,用作对大臣逝世表示哀悼之辞。

⑧茕茕:孤零零的样子。

⑨尼父:对孔子的尊称。孔子字仲尼,故称。

【译文】

十六年春季,瞒成、褚师比逃亡到宋国。

卫庄公派鄢武子向周王室报告说:"蒯聩得罪了君父、君母,逃亡到晋国。晋国看在王室的面子上,没有抛弃兄弟之情,把蒯聩安置在黄河边上。所幸上天开恩,得以继承保有封地,派下臣肸谨向执事报告。"周天子派单平公回答说:"肸把好消息带来告诉我,回去对叔父说:'我赞许你继承君位,恢复你的禄位。要恭敬啊!这样才能得到上天赐福。不恭敬上天就不能赐福,后悔还来得及吗?"

夏季四月十一日,孔丘死了,哀公致悼词说:"上天不肯暂时留下这一位元老,让他庇护我处于国君的位置上,使我孤零零地忧愁成病。呜呼哀哉!尼父,我失去了律己的榜样。"

【原文】

[传]子赣曰："君其不没于鲁乎！夫子之言曰：'礼失则昏[①]，名失则愆[②]。'失志为昏，失所为愆。生不能用，死而诔之[③]，非礼也。称一人，非名也。君两失之。"

六月，卫侯饮孔悝酒于平阳[④]，重酬之，大夫皆有纳焉。醉而送之，夜半而遣之。载伯姬于平阳而行。及西门，使贰车反祏于西圃。子伯季子初为孔氏臣，新登于公。请追之，遇载祏者，杀而乘其车。许公为反祏，遇之，曰："与不仁人争，明无不胜。"必使先射，射三发，皆远许为。许为射之，殪[⑤]。或以其车从，得祏于橐中[⑥]。孔悝出奔宋。

【注释】

①礼：礼仪。昏：昏暗。

②名：名分。愆：过错。

③诔：叙述死者生前事迹，表示哀悼，亦即为谥法所本。

④平阳：春秋鲁邑，战国为齐南阳邑。

⑤殪：杀死。

⑥橐：囊，袋子。

【译文】

子赣说："国君恐怕不能在鲁国善终吧！老师曾说过：'礼仪丧失就要昏暗，名分丧失就有过错。'失去意志是昏暗，失去身份是过错。活着不能任用，死了又致悼词，这不合于礼，自称'一人'，这不合于名分的。国君两样都丧失了。"

六月，卫庄公在平阳招待孔悝喝酒，对大夫都有所赠送。喝醉了送走他，半夜把他打发走。孔悝用车子装上伯姬动身去平阳，到达西门，派副车回到西圃宗庙中去取装着神主的石函。子伯季子起初是孔氏的家臣，近来晋升为卫庄公的大夫，他请求追赶孔悝，路上碰到载着神主石函的副车，就杀了他而坐上他的车子。许公为受孔悝委派前来接应，结果遇到子伯季子，许公为说："和不仁的人争高下，没有不胜利的。"就一定要让子伯季子先射，射了三箭，箭都离许公为远远的。许公为射他，只一箭就把他射死了。接着就有人坐着子伯季子的车子跟上去，在袋子里得到了神主石函。孔悝逃亡到宋国。

【原文】

[传]楚大子建之遇谗也,自城父奔宋。又辟华氏之乱于郑[①],郑人甚善之。又适晋,与晋人谋袭郑,乃求复焉。郑人复之如初。晋人使谍于子木[②],请行而期焉[③]。子木暴虐于其私邑,邑人诉之。郑人省之[④],得晋谍焉。遂杀子木。其子曰胜,在吴。子西欲召之。叶公曰[⑤]:"吾闻胜也,诈而乱,无乃害乎?"子西曰:"吾闻胜也,信而勇,不为不利,舍诸边竟,使卫藩焉[⑥]。"叶公曰:"周仁之谓信,率义之谓勇[⑦]。吾闻胜也,好复言[⑧],而求死士,殆有私乎?复言[⑨],非信也。期死[⑩],非勇也。子必悔之。"弗从。召之,使处吴竟,为白公。请伐郑。子西曰:"楚未节也[⑪]。不然,吾不忘也。"他日,又请,许之。未起师,晋人伐郑,楚救之,与之盟。胜怒曰:"郑人在此,仇不远矣。"

【注释】

①华氏之乱:指宋国华定、华亥等杀宋群公子,劫持宋元公一事。

②谍:探子,间谍。

③期:约定。指约定袭击郑国的日期。

④省:察看。

⑤叶公:即沈诸梁,字子高,楚国的大夫。

⑥卫:保卫。藩:篱笆,这里指边境。

⑦周:符合。率:遵循。

⑧复言:实践诺言。

⑨殆:恐怕,大概。私:私心。

⑩期死:必死,意思是不怕死。

⑪节:法则。未节:没有走上正轨。

【译文】

楚国太子建遭到诬陷的时候,从城父逃亡到宋国,又去郑国躲避宋国华氏之乱。郑国人待他很好。又去到晋国,和晋国人策划偷袭郑国,为此就要求再回到郑国去。郑国人待他像以前一样。晋国人派间谍和太子建联系,事情完了准备回晋国,同时约定袭击郑国的日期。太子建在他的封邑里大肆暴虐,封邑的人告发他。郑国人来查问,发现了

晋国的间谍，于是就杀死了太子建。太子建的儿子名叫胜，在吴国，子西想找他来。叶公说："我听说胜这个人狡诈而好作乱，未免有祸害吧！"子西说："我听说胜这个人诚实而勇敢，不做没有利的事情。把他安置在边境上，让他保卫边疆。"叶公说："符合仁爱叫作诚信，遵循道义叫作勇敢。我听说胜这个人一向是说了必定要做，且又到处访求不怕死的人，恐怕他有更大的企图吧！不管什么话都要实践，这不是诚信，不管什么事情都盲目去死，这不是勇敢。您一定会后悔的。"子西不听他的意见，把胜召回来，让他住在和吴国接壤的地方，号为白公。胜请求进攻郑国，子西说："楚国一切政事还没纳入正常轨道。如果不是这个原因，我是不会忘记郑国犯下的罪恶的。"过了些时候，胜又请求，子西同意了。还没有出兵，晋国就开始攻打郑国，楚国却救援郑国，并和郑国结盟。白公胜十分生气，说："原来郑国人就在这里，仇人就在我身边。"

【原文】

[传]胜自厉剑①，子期之子平见之，曰："王孙何自厉也？"曰："胜以直闻，不告女，庸为直乎②？将以杀尔父。"平以告子西。子西曰："胜如卵，余翼而长之。楚国第③，我死，令尹、司马，非胜而谁？"胜闻之，曰："令尹之狂也，得死④，乃非我。"子西不悛⑤。胜谓石乞曰："王与二卿士⑥，皆五百人当之，则可矣。"乞曰："不可得也。"曰："市南有熊宜僚者，若得之，可以当五百人矣。"乃从白公而见之⑦，与之言，说。告之故，辞。承之以剑，不动。胜曰："不为利谄⑧，不为威惕⑨，不泄人言以求媚者，去之。"

【注释】

①厉：同"砺"，磨砺。

②庸：岂，难道。

③第：如果。

④得死：得到好死，得到善终。

⑤悛：觉悟，发觉。

⑥二卿士：指令尹子西与司马子期。

⑦从白公：让白公跟着。

⑧谄：动心。

⑨惕：惧怕。

【译文】

白公胜亲自磨剑,子期的儿子平见到,说:"您为什么亲自磨剑呢?"他说:"胜是以爽直而闻名,不告诉您,哪里能算得上直爽呢?我要杀死你父亲。"平把这些话报告子西。子西说:"胜就像鸟蛋,在我庇护下而长大的。在楚国,只要我死了,令尹、司马,不归于胜还归于谁?"胜听了子西的话,说:"令尹真狂妄啊!他要得到好下场,我就不是我。"子西还是没有觉察。胜对石乞说:"君王和两位卿士,一共用五百个人对付,就可以了。"石乞说:"这五百个人是找不到的。"又说:"市场的南边有个叫熊宜僚的,如果找到他,可以抵五百个人。"石乞就跟着白公胜去见宜僚,和他一谈话,就很赏识他。他们便把见他的目的告诉了他,宜僚拒绝。把剑架到他的脖子上,他也一动不动。白公胜说:"这是不为利诱、不怕威胁、不泄漏别人的话去讨好的人,离开这里吧。"

【原文】

[传]吴人伐慎[1],白公败之。请以战备献[2],许之。遂作乱。秋,七月,杀子西、子期于朝,而劫惠王[3]。子西以袂掩面而死[4]。子期曰:"昔者吾以力事君,不可以弗终。"抉豫章以杀人而后死[5]。石乞曰:"焚库弑王,不然不济。"白公曰:"不可。杀王不祥,焚库无聚[6],将何以守矣?"乞曰:"有楚国而治其民,以敬事神,可以得祥,且有聚矣,何患?"弗从。叶公在蔡,方城之外皆曰:"可以入矣。"子高曰:"吾闻之,以险徼幸者[7],其求无餍[8],偏重必离[9]。"闻其杀齐管修也,而后入。

【注释】

①慎:楚邑,在今安徽颍上西北。

②战备:战时的装备。

③惠王:楚昭王之子,名章。

④袂:衣袖。掩面:遮住脸,表示自惭。

⑤抉:拔起。豫章:树名,樟树。

⑥聚:指物资。

⑦徼幸:侥幸。以险徼幸:靠冒险而侥幸成功。

⑧餍:同"厌",满足。

⑨偏重：不公平。离：离心。

【译文】

吴国人攻打慎地，他们被白公胜打败了。白公胜请求奉献战利品，楚惠王同意了，白公胜就乘机发动叛乱。秋季七月，在朝廷上杀死了子西、子期，并且劫持楚惠王。子西羞愧难当，用袖子遮着脸而死去。子期说："过去我用勇力侍奉君王，不能不善始善终。"拔起一株樟树打死了敌人然后死去。石乞说："焚烧府库，杀死君王。不这样，事情不能成功。"白公胜说："不可以，杀死君王不吉祥，烧掉府库没有积蓄，将要用什么来保有楚国？"石乞说："有了楚国而治理百姓，用恭敬来侍奉神灵，就能得到吉祥，也就有了各种物资，怕什么？"白公胜不肯听从。叶公住在蔡地，方城山外边的人都说："可以进兵国都了。"叶公说："我听说，用冒险而侥幸成功的，他的欲望没有止境，办事不公平，百姓必然离心。"听到白公胜杀了齐国的管修，然后才进入郢都。

【原文】

[传]白公欲以子闾为王[1]，子闾不可，遂劫以兵。子闾曰："王孙若安靖楚国，匡正王室，而后庇焉，启之愿也，敢不听从？若将专利，以倾王室，不顾楚国，有死不能。"遂杀之，而以王如高府[2]，石乞尹门[3]。圉公阳穴宫[4]，负王以如昭夫人之宫[5]。

【注释】

①子闾：名启，楚平王的儿子。
②高府：楚国的别府，即正宫以外的宫室。
③尹门：看门，守门。
④圉公阳：楚国的大夫。穴：打洞。
⑤昭夫人：楚昭王的妻子，惠王的母亲。

【译文】

白公胜想要让子闾做楚王，子闾不答应，就用武力劫持他。子闾说："您如果安定楚国，整顿王室，然后对启加以庇护，这是启的愿望，岂敢不听从？如果要专谋私利来倾覆王室，置国家于不顾。那么启宁死也不从。"接着，子闾就被白公胜杀了，带着惠王去到高府。石乞守门。楚大夫圉公阳在宫墙上挖开一个窟窿，背上惠王逃到了昭夫人的宫中。

【原文】

[传]叶公亦至，及北门，或遇之，曰："君胡不胄[①]？国人望君如望慈父母焉。盗贼之矢若伤君，是绝民望也。若之何不胄？"乃胄而进。又遇一人曰："君胡胄？国人望君如望岁焉[②]，日日以几[③]。若见君面，是得艾也[④]。民知不死，其亦夫有奋心，犹将旌君以徇于国[⑤]，而反掩面以绝民望，不亦甚乎？"乃免胄而进。遇箴尹固，帅其属将与白公[⑥]。子高曰："微二子者[⑦]，楚不国矣。弃德从贼[⑧]，其可保乎？"乃从叶公。使与国人以攻白公，白公奔山而缢。其徒微之[⑨]。生拘石乞，而问白公之死焉[⑩]。对曰："余知其死所，而长者使余勿言[⑪]。"曰："不言将烹。"乞曰："此事，克则为卿，不克则烹，固其所也。何害？"乃烹石乞。王孙燕奔頯黄氏[⑫]。沈诸梁兼二事[⑬]，国宁，乃使宁为令尹，使宽为司马，而老于叶[⑭]。

【注释】

①胄：头盔，这里的意思是戴上头盔。

②望岁：盼望收成。

③几：同"冀"，企盼。以几：盼望你来。

④艾：安心。

⑤旌：表扬，宣扬。徇：遍告，通告。

⑥与：助。

⑦微：要不是。二子：指子西和子朝。

⑧德：有德的人，指子西，子朝。贼：指白公。

⑨微：藏匿。

⑩死：尸，指尸体。

⑪长者：指白公胜。

⑫王孙燕：白公胜的弟弟。頯黄氏：吴国的地名，在今安徽宣城境内。

⑬兼二事：兼任令尹和司马二职。

⑭叶：叶公的采邑，在今河南叶县。

【译文】

叶公也在这时候来到，到达北门，有人在路上碰上他，说："您为什么不戴上头盔？国内的人们盼望您好像盼望慈爱的父母，盗贼的箭如果射伤您，这就断绝了百姓的盼望。为什么不戴上头盔？"叶公就戴上头盔要进城门，又遇到一个人他对叶公说："您为什么戴上头盔？国内的人们盼望您好像盼望一年的收成，天天盼望，如果见到您的面，就能安心了。百姓知道不会再有生命危险，人人有奋战之心，还打算把您的名字写在旗帜上在都城里巡行，但是您却把脸遮起来以断绝百姓的盼望，不也太过分了吗？"叶公就脱下头盔走进城门。遇到箴尹固率领他的部下，打算去帮助白公胜。叶公说："如果没有子西他们两位，楚国就不成为国家了，抛弃德行跟从盗贼，难道会有保障吗？"箴尹固就跟随叶公。叶公派他和国内的人们攻打白公胜。白公胜逃到山上自己吊死了，他的部下把尸体藏起来。叶公活捉石乞而追问白公胜的尸体。石乞回答说："我知道他尸体所藏的地方，但是白公让我不要说。"叶公说："不说就烹了你。"石乞说："这件事成功就是卿，不成功就被烹，这本来是应有的结果，有什么妨碍？"于是就烹了石乞。王孙燕逃亡到頯黄氏。叶公身兼令尹、司马二职，国家安定以后，就让宁做令尹，宽做司马，自己在叶地养老。

【原文】

[传]卫侯占梦[1]，嬖人求酒于大叔僖子，不得，与卜人比[2]，而告公曰："君有大臣在西南隅[3]，弗去，惧害。"乃逐大叔遗。遗奔晋。卫侯谓浑良夫曰："吾继先君，而不得其器[4]，若之何？"良夫代执火者而言[5]，曰："疾与亡君，皆君之子也。召之而择材焉[6]，可也。若不材，器可得也。"竖告大子。大子使五人舆豭从己，劫公而强盟之[7]。且请杀良夫。公曰："其盟免三死[8]。"曰："请三之后，有罪杀之。"公曰："诺哉！"

【注释】

①占梦：占卜所做之梦。

②比：勾结。

③隅：本义山水弯曲边角处。

④器：宝器，指象征王位的祭器。

⑤执火：拿蜡烛。

⑥择材：按照才德做选择。

⑦劫：劫持。强：勉强。盟：盟誓。

⑧免三死：赦免三次死罪。

【译文】

卫庄公占卜他做的梦，他的宠臣向太叔僖子要酒，没有得到，就和卜人勾结，而告诉卫庄公说："您有大臣在西南角上，不杀死他，恐怕您会有危险。"于是就驱逐太叔遗。太叔遗逃亡到晋国。卫庄公对浑良夫说："我继承了先君而没有得到他的宝器，怎么办？"浑良夫让执烛的侍者出去，自己代他执烛然后说："疾和逃亡在外的国君，都是您的儿子，召他来可以量才选择。如果没有才能就废掉他，宝器就可以得到了。"小僮把这件事密告太子。太子派五个人用车子装上公猪跟着自己，劫持卫庄公强迫和他盟誓，而且请求杀死浑良夫。卫庄公说："和他盟誓说过要赦免死罪三次。"太子说："请在三次以后有罪就再杀死他。"卫庄公说："好吧！"

【讲评】

叶公子高（沈诸梁）在汉刘向《新序·杂事》中成了反面主人公，并留下了"叶公好龙"的典故，被描写成言行不一、疑惧退缩的人。这种评价与历史的记载相差太远。其实，叶公是楚国历史上又一位贤臣，据说他其貌不扬，但才能卓著，先秦的荀子在《非相》一文中对他作了较高的评价："叶公子高，微小短瘠，行若将不胜其衣然。白公作乱，令尹子西、司马子期皆死焉；叶公子高据楚，诛白公，定楚国，如反手尔，仁义功名著于后世。"在平定白公胜的叛乱中，叶公发挥了重要作用，他一身兼令尹、司马两职，在楚国历史上也是少有的。等楚国稳定后，他又不徇私利，任命青年才俊，自己则告老于叶，是位相当杰出的历史人物。

哀公十七年

【原文】

[传]十七年春，卫侯为虎幄于藉圃，成，求令名者，而与之始食焉。大子请使良夫。良夫乘衷甸两牡，紫衣狐裘。至袒裘，不释剑而食。大子使牵以退，数之以三罪[①]而杀之。

三月，越子伐吴，吴子御之笠泽，夹水而陈。越子为左右句卒，使夜或左或右，鼓噪而进。吴师分以御之。越子以三军潜涉，当吴中军而鼓之，吴师大乱，遂败之。

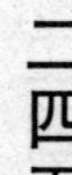

晋赵鞅使告于卫曰："君之在晋也，志父为主。请君若大子来，以免志父。不然，寡君其曰，志父之为也。"卫侯辞以难。大子又使椓之。

夏六月，赵鞅围卫。齐国观、陈瓘救卫，得晋人之致师者，子玉使服而见之，曰："国子实执齐柄，而命瓘曰：'无辟晋帅。'岂敢废命。子又何辱？"简子曰："我卜伐卫，未卜与齐战。"乃还。

楚白公之乱，陈人恃其聚而侵楚。楚既宁，将取陈麦。楚子问帅于大师子谷与叶公诸梁。子谷曰："右领差车与左史老，皆相令尹、司马以伐陈，其可使也。"子高曰："率贱，民慢之，惧不用命焉。"子谷曰："观丁父，鄀俘也，武王以为军率，是以克州、蓼，服随、唐，大启群蛮。彭仲爽，申俘也，文王以为令尹，实县申、息，朝陈、蔡，封畛于汝。唯其任也，何贱之有？"子高曰："天命不谄[2]。令尹有憾于陈，天若亡之，其必令尹之子是与，君盍舍焉？臣惧右领与左史有二俘之贱，而无其令德也。"王卜之，武城尹吉。使帅师取陈麦。陈人御之，败。遂围陈。秋七月己卯，楚公孙朝帅师灭陈。

王与叶公枚卜子良以为令尹。沈尹朱曰："吉，过于其志。"叶公曰："王子而相国，过将何为？"他日，改卜子国而使为令尹。

卫侯梦于北宫，见人登昆吾之观，被发北面而噪曰："登此昆吾之虚，绵绵生之瓜。余为浑良夫。叫天无辜。"公亲筮之，胥弥赦占之，曰："不害。"与之邑，置之，而逃奔宋。卫侯贞卜，其繇曰："如鱼竀尾，衡流而方羊，裔焉大国，灭之将亡。阖门塞窦，乃自后逾。"

冬十月，晋复伐卫，入其郛。将入城，简子曰："止。叔向有言曰，怙乱灭国者无后。"卫人出庄公而与晋平，晋立襄公之孙般师而还。

十一月，卫侯自鄄入，般师出。初，公登城以望，见戎州。问之，以告。公曰："我姬姓也，何戎之有焉？"翦之。公使匠久。公欲逐石圃，未及而难作。辛巳，石圃因匠氏攻公，公阖门而请，弗许。逾于北方而队，折股。戎州人攻之，大子疾、公子青逾从公。戎州人杀之。公入于戎州己氏。初，公自城上见己氏之妻发美，使髡之[3]，以为吕髢。既入焉，而示之璧，曰："活我，吾与女璧。"己氏曰："杀女，璧其焉往？"遂杀之而取其璧。卫人复公孙般师而立之。十二月，齐人伐卫，卫人请平。立公子起，执般师以归，舍诸潞。

公会齐侯，盟于蒙，孟武伯相。齐侯稽首，公拜。齐人怒，武伯曰："非天子，寡君无所稽首。"武伯问于高柴曰："诸侯盟，谁执牛耳？"季羔曰："鄫衍之役，吴公子姑曹；发阳之役，卫石魋。"武伯曰："然则彘也。"

宋皇瑗之子麇，有友曰田丙，而夺其兄酁般邑以与之，酁般愠而行，告桓司马之臣子仪克。子仪克适宋,告夫人曰:“麇将纳桓氏。”公问诸子仲。初,子仲将以杞姒之子非我为子。麇曰:“必立伯也,是良材。”子仲怒,弗从。故对曰:“右师则老矣,不识麇也。”公执之。皇瑗奔晋,召之。

【注释】

①三罪:即紫衣、袒裘、不释剑。

②谄:疑。

③髡:剃发。

【译文】

十七年春季,卫庄公在藉圃建筑了一座刻有虎形花纹的小木屋。房子建成后,要寻找一个有声望的人和他一起吃第一顿饭。太子疾请示找浑良夫。良夫去的时候,乘坐两匹公马拉的车子,身穿紫色狐皮大衣。来到后,解开大衣,没有解下宝剑就吃饭。太子疾派人把他拉下来,说出了他的三条罪状后就杀害他。

三月,越王领兵攻击吴国,吴王在笠泽抵抗,两军隔河摆开阵势。越王布置了左右两队相连接的军阵,让他们在夜里或左或右,叫喊着出击。吴军分兵抵抗。越王则带领三军主力悄悄渡过河去。面临吴国的中军击鼓猛攻,吴军大乱,被打得大败。

晋国的赵鞅派人告知卫国说:“起初贵君在晋国时,我是主人。现在请贵君或太子来一趟,以赦免我的罪过。假如不能这样的话,寡君会认为是我不让你们来呢?”卫庄公以国内发生了动乱为由谢绝了赵鞅的要求,太子疾又乘机在晋国使者面前攻打他的父亲。

夏季六月,赵鞅带兵围攻卫国。齐国的国观、陈援助卫国,俘虏了晋国一个单车挑战的人。陈让这个俘虏穿上他以前的服装,并接待了他,说:“我们齐国原本上是由国书执政,他命令我:‘不要躲开晋军’,我岂敢违命呢?阁下又何必主动挑战呢?”赵鞅后来说:“我只占卜过攻击卫国,并没有占卜过要与齐军交战。”因此便回国了。

楚国的白公胜发起叛乱时,陈国人依靠自己积聚了足够的粮食而入侵楚国。楚国安定下来后,打算夺取陈国的麦子。楚惠王就带兵出战的将领征求太师子谷和叶公的意见。子谷说:“右领差车和左史老都曾帮助先令尹、司马攻击过陈国,他们能够胜任。”叶公说:“将帅如果地位卑下,百姓就会看轻他们,可能不会听从命令。”子谷说:“当年观丁父曾经被国捕获过,但武王让他担任将帅,因此而攻击了州国、蓼国,降服了随国、唐国,

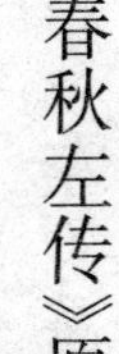

并大大震惊了蛮夷各部落。彭仲爽曾被中国捕获过，但文王让他担任令尹，结果他使申、息两国成为楚国的两个县，又使陈、蔡两国前来拜见，把楚国的封疆一直扩张到汝水之滨。只要他能做好，又何必顾及地位低下呢?”叶公说：“天命不容疑惑。在陈国这个问题上，先让尹子西临死还耿耿于怀，如果上天要消灭陈国，也必定要假手令尹的儿子去完成，国君何不舍右领、左史而任命他呢？我担忧右领和左史有观丁父和彭仲爽的卑贱而没有他们的美德。”惠王为此而占卜，结果是子西的儿子公孙朝吉利。因此决定派他带军夺取陈国的麦子。陈国人奋起抵抗，但失败了。后来楚军包围了陈国。秋季七月八日，公孙朝带兵灭亡了陈国。

惠王和叶公就让子良做令尹一事进行占卜。沈尹朱说：“吉利。甚至超越了对他的期望。”叶公说：“他作为王子出任令尹辅助国君，如果超越了这一地位，那将意味着什么?”过了几天，又另外占卜让子国做了令尹。

卫庄公在北宫做了一个梦，梦到一个人登上昆吾之观，披散着头发朝着北边大喊：“我登上这个昆吾之墟，见到了很多瓜在绵延不断地生长。我就是浑良夫。向天喊冤。”庄公亲自为此占卜，胥弥赦占卜后骗庄公说“没有什么妨碍。”庄公奖励他一座封邑，但胥弥赦丢弃这座封邑逃亡到宋国。庄公又一次占卜，获得的繇辞说：“就如同一条鱼，尾巴鲜红，横游激流，徨不定。紧邻大国，将其覆灭。闭门塞洞，从后边逃亡。”

冬季十月，晋国又一次攻击卫国，攻入外城。打算进入内城，赵鞅说：“停止前进。叔向有句话说：“乘别国之乱而将其消灭者断子绝孙。”卫国人驱赶了庄公和晋国讲和，晋国人立了卫襄公的孙子般师为新君后回国。

十一月，卫庄公从鄄地返回卫都，新君般师逃离。当初，庄公爬上城墙眺望时，看见了戎州。他问那是什么地方，侍从告知了他。庄公说：“我们是姬姓，怎么还有戎人?”后来便把戎州消灭了。庄公让匠人干活，一直不让歇息。还打算驱逐卫卿石圃，没有来得及就发生了动乱。十二日，石圃依仗匠人的力量攻击庄公，庄公关上宫门请求饶命，石圃不答应。庄公翻越北墙逃跑时摔下来，折断了大腿。戎州人也乘机攻击他，太子疾、公子青翻越围墙跟上庄公。戎州人把他们两人杀了。庄公又逃到戎州的己氏家里躲藏。当初，庄公从城上见到己氏妻子的头发很漂亮，让人剪了当作夫人吕姜的假发。这次逃到己氏家中，他拿出一块玉璧，说：“你假如救我一命，我把这块玉璧赠给你。”己氏说：“如果我杀害你，这块玉还不是照样落到我手中吗?”于是杀了庄公，并夺占了玉璧。卫国人又把公孙般师请来立为国君。十二月，齐国人攻击卫国，卫国人请示讲和。齐国人立了公子起为国君，并把般师抓起来带到齐国，让他居住潞地。

哀公和齐平公在蒙地结盟，由孟武伯作为相礼。齐平公对哀公叩首时，哀公只是弯腰答谢。齐国人很愤怒，武伯说："除了对天子，寡君都不行叩头之礼。"武伯问高柴："诸侯会盟时，应当由谁来执牛耳？"高柴说："地那次盟会上，执牛耳的是吴国的公子姑曹；发阳那次盟会上，执牛耳的是卫国的石。"武伯说："看来这次应当由我来执了。"

宋国皇瑗的儿子麋有一个朋友叫田丙，麋夺了哥哥般的封邑赠给了田丙。般愤怒出走，并告知了桓司马的家臣子仪克。子仪克到宋都告知宋景公的母亲说："麋打算勾结桓氏回国。"景公向皇野了解这事。当初，皇野曾准备将杞姒的儿子非我立为嫡子。麋说："必定要立非我的哥哥，他有才能。"皇野很生气，不听他的话，因此这次他对景公说："右师皇瑗已经老了，不会作乱，但他的儿子麋则很难说。"景公把麋抓获。皇瑗逃离到晋国，不久景公又召他回国。

【讲评】

笠泽之战是吴、越两国争霸系列战争中的一场著名战事，是古代最早的夜战实例。越国军队利用黑夜掩护，偷袭吴国军队，打得吴军措手不及。越军乘胜猛追，再战于没，三战于郊，均大获全胜，吴国最终败亡。

哀公十八年

【原文】

[传]春，宋杀皇瑗，公闻其情，复皇氏之族，使皇缓[①]为右师。

[传]巴人伐楚国鄾[②]。初，右司马子国之卜也，观瞻[③]曰："如志。"故命之[④]。及巴师至，将卜帅，王曰："宁如志，何卜焉？"使帅师而行，请承[⑤]，王曰："寝尹、工尹勤先君者也。"三月，楚公孙宁、吴由于、薳固败巴师于鄾，故封子国于析[⑥]。君子曰："惠王知志。夏书曰：'官占唯能蔽志，昆命于元龟[⑦]。'其是之谓乎？志曰：'圣人不烦卜筮。'惠王其有焉。"

[传]夏卫石圃逐其君起，起奔齐。卫侯辄自齐复归。逐石圃而复石魋与大叔遗。

【注释】

①皇缓:皇瑗的侄子。

②鄾:在今湖北省襄阳区东北。

③观瞻:楚国的开卜大夫。

④故命之:所以就叫他为右司马。

⑤请承:请辅佐的。

⑥析:在今河南省内乡县。

⑦官占唯能蔽志,昆命于元龟:这是逸书,占卜的官只能先决断以后,方能用龟去占卜。

楚惠王

【译文】

十八年春天,宋杀了皇瑗,宋景公知道了经过以后,就回复皇氏的族氏,派皇瑗的侄子皇缓作右师的官。

巴国伐楚国,围了鄾这地方。最初的时候,子国占卜是否能出任右司马,开卜大夫观瞻说:“他能得到志愿。”所以就叫他作右司马。等到巴国军队来了,将占一位防御的统帅,楚王说:“子国既能得到志愿,又何必另占卜呢?”就派他率领着军队去。他再请帮助的人,楚王就说:“吴由于、鄾固都是对昭王尽过勤劳的人。”三月,楚国公孙宁、吴由于、薳固在鄾这地方战败巴国的军队,所以将子国封在析这地方。君子说:“惠王知道人的志愿。《夏书》说:‘占卜的官先能断定志愿,然后方能命龟占卜。’恐怕就是这种说法。志书也说:‘圣人不常要求占卜。’惠王恐怕就是如此。”

夏天,卫国石圃将他的君起驱逐出国,起就奔到齐国。卫出公自齐又回到卫国,驱逐了石圃并召回石魋同太叔遗。

【讲评】

楚惠王知人善任,不迷信占卜,赢得了君子的称赞。

哀公十九年

【原文】

[传]十九年春，越人侵楚，以误吴[①]也。夏，楚公子庆、公孙宽追越师至冥，不及，乃还。

秋，楚沈诸梁伐东夷，三夷男女及楚师盟于敖。

冬，叔青如京师，敬王崩故也。

【注释】

①误吴：使吴不备，即迷惑吴国。

【译文】

鲁哀公十九年春天，越人袭击楚国，是为了惑乱吴国。夏天，楚国公子庆、公孙宽带兵追赶越军到达冥地，没有赶上，就撤兵回去了。

秋天，楚国沈诸梁攻击东夷，三夷的男女和楚军在敖地结盟。

冬天，叔青到京师，是由于周敬王死去的原因。

【讲评】

楚国进攻东夷，和三夷会盟，说明自昭王复兴楚国以后，国力逐步增长，到春秋末期其势力已东扩到海滨。

哀公二十年

【原文】

[传]二十年春，齐人来征会。

夏，会于廪丘。为郑故，谋伐晋。郑人辞诸侯。

秋,师还。吴公子庆忌骤谏吴子,曰:"不改,必亡!"弗听。出居于艾,遂适楚。闻越将伐吴。

冬,请归平越,遂归,欲除不忠者以说于越;吴人杀之。十一月,越围吴。赵孟降于丧食[①],楚隆曰:"三年之丧,亲暱之极也,主又降之,无乃有故乎。"赵楚曰:"黄池之役,先王与吴王有质。"曰:"好恶同之。"今越围吴,嗣子不废旧业而敌之,非晋之所能及也,吾是以为降。"楚隆曰:"若使吴王知之,若何?"赵孟曰:"可乎?"隆曰:"请尝之。"乃往,先造于越军,曰:"吴犯间上国多矣。闻君亲讨焉,诸夏之人莫不欣喜。唯恐君志之不从,请入视之。"许之。告于吴王曰:"寡人之老无恤,使陪臣隆敢展谢其不共:黄池之役,君之先臣志父得承齐盟,曰:'好恶同之。'今君在难,无恤不敢惮劳,非晋国之所能及也,使陪臣敢展布之!"王拜稽首,曰:"寡人不佞,不能事越,以为大夫忧,拜命之辱!"与之一箪珠,使问赵孟,曰:"勾践将生忧寡人,寡人死之不得矣!"王曰:"溺人必笑。吾将有问也:史黯何以得为君子?"对曰:"黯也进不见恶,退无谤言。"王曰:"宜哉!"

【注释】

①降于丧食:比居丧时的食物降低等级。古礼,在父丧时,饮食必须减等。

【译文】

鲁哀公二十年春天,齐国人前来集中诸侯盟会。

夏天,在廪丘会盟,为了郑国的原因,商议攻击晋国。郑国人拒绝了诸侯的计划。

秋天,诸侯的军队撤退。吴国的公子庆忌屡次劝谏吴王,说:"不变化政令,一定会灭亡。"吴王夫差不听,公子庆忌离开国都居住艾地,随即去往楚国。听到越国将要攻击吴国。

冬天,请求回国与赵国和解,就回到了吴国。他想要除去不忠的人来向越国解说,吴国人杀害他。十一月,越国围住吴国,赵孟的饮食比服父丧时还要节约。楚隆说:"三年的丧礼,是亲人关系的最高体现了,主人又节省丧期饮食,可能有原因吧?"赵孟说:"黄池那次盟会,先主与吴王有过盟约,说:'好恶相同。'现在越国包围吴国,作为嗣子要不废止旧盟而抗越救吴,又不是晋国力所能及的。因此我饮食降低。"楚隆说:"如果让吴王知晓这情况,怎么样?"赵孟说:"行吗?"楚隆说:"请让我试试。"就前往吴国。楚隆先到达越军那里,说:"吴国多次侵犯中原各国,听说君王亲自来征讨,中原各国的人们无不欢喜,恐怕君王的心愿不能实现。请让我进到吴国看看。”越王答应了他。楚隆向吴王汇报说：“寡君的老臣赵孟派陪臣我前来对他的不恭表示歉意！黄池那次盟会，寡君的先臣赵鞅得以参加盟约，说：‘好恶一样。’现在君王处于危难之中，赵孟不敢畏惧劳苦，但又不是晋国力所能及的，因此派陪臣我冒昧向您报告。”吴王下拜磕头说：“寡人无能，不能事奉越国，从而导致大夫的忧虑，特此拜谢他的屈尊赐命。”给了一盒珍珠，让楚隆赠给赵孟，说：“勾践将使寡人出现忧患，寡人不得善终了。”吴王又说：“快淹死的人一定会笑，我还有一个问题，史墨为何能成为君子？”楚隆答复说：“他做官不被人厌恶，退官没有诽谤的话。”吴王说：“他应当成为君子啊！”

【讲评】

吴越争霸是春秋争霸的尾声。前期是吴强越弱，但后期吴王夫差穷兵黩武，一心北上中原与晋国争夺霸主地位，而越王勾践卧薪尝胆，休养生息，乘着吴军精锐尽出、国内空虚之际大败吴国。越国围吴，吴国已到了强弩之末，覆败在即。

哀公二十一年

【原文】

[传]夏五月，越人始来。

[传]秋八月，公及齐侯、邾子盟于顾①，齐人责稽首。因歌之曰：“鲁人之皋，数年不觉，使我高蹈。唯其儒书，以为二国②忧。”是行也，公先至于阳谷。齐闾丘息③曰：“君辱举玉趾以在寡君之军，群臣将传遽以告寡君，比其复也。君无乃勤，为仆人之未次④，请除馆于舟道⑤。”辞曰：“敢勤仆人⑥。”

【注释】

①顾：《山东通志》说：“在今汜县东南五十里，有顾城。”

②二国：齐国同邾国。

③闾丘息：是齐大夫。闾丘明的后人。

④仆人之未次：因为仆人还没有预备好住的地方。

⑤舟道:今山东东阿县境。

⑥敢勤仆人:不敢劳动仆人。

【译文】

二十一年夏天五月,越国始派人来聘鲁国。

秋天八月,鲁哀公同齐侯、邾子在顾这地方盟会,齐国人仍旧责备上回齐对鲁哀公稽首,而鲁哀公只行拜礼。就歌唱说:"鲁国人的缓慢,数年不感觉,使我劳苦远行。他们全是根据着周礼,使齐国同邾国发愁。"这一次鲁哀公先到了阳谷。齐国闾丘息说:"你劳苦的举动玉脚,到了寡君的军队中,群臣将坐着车,赶紧去告诉寡君,等到他回来。你来得太早了,我们佣人尚没有预备好住的地方,请修除你的馆舍在舟道这地方。"鲁人辞谢说:"不敢劳动你的仆人。"

【讲评】

鲁哀公、齐平公、邾隐公在顾邑会盟。齐人指责鲁人在蒙地会盟,拘泥于周礼导致齐、鲁交恶。

哀公二十二年

【原文】

[传]夏四月,邾隐公自齐奔越曰:"吴为无道,执父立子。"越人归之,大子革奔越。

[传]冬十一月丁卯,越灭吴,请使吴王居甬东。辞曰:"孤老矣,焉能事君?"乃缢,越人以归。

【译文】

二十二年,夏天四月,邾隐公从齐国逃到越国说:"吴国没有道理,逮着他父亲,而立他的儿子。"越人叫他回到邾国,太子革逃到越国。

冬天十一月丁卯,越人灭了吴国,派人叫夫差到甬东去住。夫差辞谢说:"我老了,怎么能够侍奉你?"就上吊自杀,越国人把他的尸首拿回去。

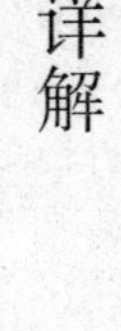

【讲评】

越王勾践奋发图强，趁着吴王夫差穷兵黩武、国力凋敝之机灭亡吴国，此后更是循着吴人的足迹北上争霸。但这已经是春秋诸侯争霸的尾声了。

哀公二十三年

【原文】

[传]春，宋景曹卒[①]。季康子使冉有吊，且送葬曰："敝邑有社稷之事，使肥[②]与有职竞焉，是以不得助执绋。"使求[③]从舆人曰："以肥之得备弥甥也，有不腆先人之产马，使求荐诸夫人之宰，其可以称旌繁[④]乎？"

[传]夏六月，晋荀瑶[⑤]伐齐，高无丕帅师御之，知伯视齐师，马骇，遂驱之曰："齐人知余旗，其谓余畏而反也。"及垒而还。将战，长武子请卜，知伯曰："君告于天子，而卜之以守龟于宗祧，吉矣，吾又何卜焉？且齐人取我英丘，君命瑶，非敢耀武也，治英丘也，以辞伐罪是矣，何必卜？"壬辰，战于犁丘，齐师败绩，知伯亲禽颜庚。

[传]秋八月，叔青如越，始使越也。越诸鞅来聘，报叔青也。

【注释】

①宋景曹：是宋元公的夫人，小邾的女儿，季桓子的外祖母。

②肥：季康子的名字。

③求：冉有的名字。

④旌繁：马的装饰。

⑤荀瑶：荀跞的孙子，知伯襄子。

【译文】

二十三年春天，宋元公的夫人景曹死了。她的外孙季孙肥派冉有去吊丧，并且送葬说："我们国里，有国家的事情，我肥有职位，正在繁忙，所以不能够参加执绋。"使冉求从着众人说："因为我肥可以做远房的外甥，有一匹不好的先人的马，使冉求交给夫人的家宰,尚可以用作马的装饰呢!"

夏天六月,晋国荀瑶伐齐国,高无丕率领军队抵抗,荀瑶去窥看齐师时,他的马受到惊骇,就往前赶着马说:"齐国人认识我的旗子,恐怕他们说我害怕而回去了。"到了齐国的堡垒就回来了。将要打仗,晋大夫长武子请求占卜,荀瑶说:"晋君告诉过天子,而在宗庙中用守龟来占卜,已经吉祥了,我又何必占卜呢?并且齐人取了我的英丘,晋君命我,不是敢显耀武功,为的治理英丘,用伐齐国的罪状的文辞足够了,何必占卜呢?"壬辰,在犁丘这地方作战,齐国军队大败,荀瑶逮住了齐大夫颜涿聚。

秋天八月,鲁国叔青到越国去,这是开始聘问越国。越国派诸鞅来聘问,这是报答叔青的聘问。

【讲评】

晋荀瑶伐齐大胜,加上后来的伐郑,使得知氏在晋六卿中势力更强。

哀公二十四年

【原文】

[传]二十四年夏四月,晋侯将伐齐,使来乞师,曰:"昔臧文仲以楚师伐齐,取穀;宣叔以晋师伐齐,取汶阳。寡君欲徼福于周公,愿乞灵于臧氏。"臧石帅师会之,取廪丘。军吏令缮,将进。莱章曰:"君卑政暴,往岁克敌,今又胜都,天奉多矣,又焉能进?是躗言也。役将班矣。"晋师乃还,饩臧[①]石牛。大史谢之曰:"以寡君之在行,牢礼不度,敢展[②]谢之。"

邾子又无道,越人执之以归,而立公子何。何亦无道。

公子荆之母嬖,将以为夫人,使宗人衅夏献其礼。对曰:"无之。"公怒曰:"女为宗司,立夫人,国之大礼也,何故无之?"对曰:"周公及武公娶于薛,孝、惠娶于商,自桓以下娶于齐,此礼也则有。若以妾为夫人,则固无其礼也。"公卒立之,而以荆为大子。国人始恶之。

闰月,公如越,得大子适郢,将妻公,而多与之地。公孙有山使告于季孙。季孙惧,使因大宰嚭而纳赂焉,乃止。

【注释】

①饩:活的牲口,即生饩。

②展:诚恳,诚挚。

【译文】

鲁哀公二十四年夏季四月,晋侯即将攻打齐国,派人来鲁国请求发兵,说:“从前臧文仲率领楚军攻击齐国,占领了地;宣叔带领晋军攻击齐国,占领了汶阳。寡君想要向周公求福,也愿向臧氏祈求威灵。”臧石带军和晋军会合,占领了廪丘。晋国军吏下令做好战前准备,即将进军。齐国大夫莱章说:“晋国国君地位卑贱而政治残暴,去年战胜敌人,现在又占取都邑,上天赐给他们的已经很多了,又怎可以前进?这是说大话。军队即将回去了。”晋军果真撤退回国,晋人把活牛赠给臧石。太史表示谢意说:“由于寡君出行在外,使用的牲口不够礼节规定的标准,谨敢表示真挚的谢意。”

邾子还是无道,越人把他捕获带回去,立了公子何为君,公子何也一样无道。

公子荆的母亲受宠,哀公准备立她做夫人,派宗人衅夏进献立夫人的礼品。衅夏回答说:“没有这样礼仪。”哀公愤怒说:“你做宗司,立夫人,是国家的大礼,什么原因没有?”衅夏答复说:“周公和武公在薛国娶妻,孝公、惠公在宋国娶妻,从桓公之后在齐国娶妻,这样的礼仪是有的。若要把妾做夫人,原本就没有那样的礼节。”哀公最后还是立了她为夫人,把荆立为太子。国人开始憎恨哀公。

闰月,哀公到越国,和太子适郢关系很和谐,太子适郢要把女儿嫁给哀公,而且多给他们土地。公孙有山派人汇报季孙。季孙害怕,派人走太宰嚭的门路并赠送财礼,事情才得停止。

【讲评】

鲁国固守传统,而鲁哀公违反礼仪,执意立宠妾为夫人,遭到国人的厌恶。

哀公二十五年

【原文】

[传]夏，五月庚辰，卫侯出奔宋[①]。卫侯为灵台于藉圃，与诸大夫饮酒焉，褚师声子袜而登席[②]，公怒，辞曰："臣有疾异于人。若见之，君将殼之[③]，是以不敢。"公愈怒，大夫辞之，不可。褚师出，公戟其手[④]曰："必断而足。"闻之，褚师与司寇亥乘曰："今日幸而后亡！"公之入也，夺南氏[⑤]邑，而夺司寇亥政，公使侍人纳公文懿子之车于池[⑥]。初，卫人翦夏丁氏[⑦]，以其帑赐彭封弥子[⑧]，弥子饮公酒，纳夏戊之女，嬖，以为夫人，其弟期[⑨]大叔疾之从孙甥也，少畜于公，以为司徒。夫人宠衰，期得罪，公使三匠久，公使优狡盟拳弥[⑩]，而甚近信之，故褚师比，公孙弥牟，公文要，司寇亥，司徒期，因三匠与拳弥以作乱，皆执利兵，无者执斤，使拳弥入于公宫，而自大子疾之宫噪以攻公。鄄子士[⑪]请御之，弥援其手曰："子则勇矣，将若君何？不见先君乎？君何所不逞欲？且君尝在外矣，岂必不反？当今不可，众怒难犯，休而易间也[⑫]。"乃出，将适蒲[⑬]，弥曰："晋无信，不可。"将适鄄[⑭]，弥曰："齐晋争我，不可。"将适泠[⑮]，弥曰："鲁不足与，请适城鉏[⑯]，以钩越，越有君。"乃适城鉏，弥曰："卫盗不可知也！请速，自我始。"乃载宝以归。公为支离[⑰]之卒，因祝史挥[⑱]以侵卫，卫人病之。懿子知之，见子之[⑲]请逐挥，文子曰："无罪。"懿子曰："彼好专利而妄，夫见君之入也，将先道焉。若逐之，必出于南门而适君所，夫越新得诸侯，将必请师焉，挥在朝，使吏遣诸其室。"挥出，信弗内，五日，乃馆诸外里，遂有宠，使如越请师。

【注释】

①卫侯出奔宋：卫侯指着出公辄。

②褚师声子袜而登席：褚师比穿着袜子就上到席上。照道理见着君，必须脱去袜子。

③若见之，君将殼之：你若看见了，你恐怕要呕吐。

④公戟其手：公弯曲着手，如戟的形状，袁示骂他的意思。

⑤南氏：子南的儿子公孙弥牟。

⑥侍人纳公文懿子之车于池：叫他的佣人把公文要的车投到水池。

⑦翦夏丁氏：这件事在鲁哀公十一年。

⑧彭封弥子：就是弥子瑕。

⑨期：是夏戊的儿子。

⑩公使优狡盟拳弥：公派演戏的人名叫狡与卫大夫拳弥盟誓。

⑪鄄子士：卫大夫。

⑫休而易间也：他们稍停就可以离间了。

⑬蒲：今河北省长垣县治。

⑭鄄：今山东省濮县。

⑮冷：《续山东考古录》说："以郓城西南有泠庄河，地近鲁，疑在此。"

⑯城鉏：近宋邑。

⑰支离：阵名。

⑱祝史挥：卫国的祝史。

⑲子之：公孙弥牟。

【译文】

夏天，五月庚辰，卫出公逃奔到宋国。卫出公在藉圃建筑一个灵台，跟诸位大夫们喝酒，褚师比穿着袜子就上了席去，出公恼了，他说："我有一种病跟旁人不同，你要是看见，必定呕吐，所以不敢解除袜子。"出公愈发恼，大夫们全替他解说，出公的恼怒仍然不止。褚师比出门，出公用手指着他说："必定把你的脚切断。"褚师比听见了，司寇亥与他同坐一辆车，他说："今天幸而能够逃亡！"出公回国的时候，夺掉了公孙弥牟的封邑，又夺掉司寇亥的政权，出公又叫太监们把公文要的车子扔到水池子里。最早的时候，卫人翦伐夏丁氏，拿他的财产赐给弥子瑕，弥子瑕给出公喝酒，将夏戊的女儿归给他，出公对她很宠爱，叫她做了夫人，她的弟弟夏期，是太叔疾的从孙甥，从小的时候就住到公宫里，出公叫他做司徒。夫人渐渐的宠爱衰微，她的弟弟夏期有罪，出公使三个匠人很久，又叫唱戏的同拳弥盟誓，可是对他仍旧很亲信，所以褚师比、公孙弥牟、公文要、司寇亥、司徒期利用三个匠人同拳弥造反，皆拿着很快的兵剑，没有兵剑就拿斧子，使拳弥进入公宫，而从太子疾的宫里喊叫着去攻打出公，卫大夫鄄子士请求抵抗，拳弥拉着他的手说："你是很勇敢的，但是对君怎么办呢？你不看见先君庄公吗？你何处不能达到欲望？并且君曾经在外国，岂必永远不回来吗？但现在就不可以，因为众怒的时候难犯，他们息了怒，就容易离间了。"于是就出奔，将到晋国左近的蒲邑，拳弥就说："晋国没有信用。不可以去。"又到齐晋交界的郪，拳弥又说："齐晋一定争我，不可以。"又到鲁国左近的泠，拳弥说："鲁国不能共事，请到城钮去，宋国南边近越国，是为的跟越国勾结。"就到了城鉏，拳弥说："卫国的盗贼很可怕，请速行，由我开始罢！"就载着宝物回卫国。出公摆了支离的阵，用祝史挥去侵略卫国，卫人颇以为病。公文要知道了，去见公孙弥牟，请驱逐祝史挥，公孙弥牟说："他似乎没有罪。"公文要说："他很喜欢专利而狂妄，他看见君将进都城时，他必先去引导。要驱逐他，必从南门出去，而到君所在的地方。越新近得诸侯，他必定到越国去请军队。"祝史挥正在朝上，叫吏人把他家眷驱逐出去。祝史挥也出门，住两天也不让他回来，五天以后，就住到出公所在的外里，就有了宠爱，派到越国请军队。

【原文】

[传]六月，公至自越[1]，季康子孟武伯逆于五梧[2]，郭重仆，见二子曰："恶言多矣！君请尽之。"公宴于五梧，武伯为祝[3]，恶郭重曰："何肥也？"季孙曰："请饮彘也。以鲁国之密迩仇雠，臣是以不获从君，克免于大行，又谓重也肥。"公曰："是食言多矣！能无肥乎？"饮酒不乐，公与大夫始有恶。

【注释】

①公至自越：前年鲁哀公到越国去，现在方才回来。

②五梧：在今山东省费县西南。

③为祝：做上祝寿酒。

【译文】

六月，鲁哀公从越国回来，季孙肥、孟孙彘，到五梧去迎接，郭重给鲁哀公驾着车，看见他们两个人就对鲁哀公说："他们对你的坏话很多，请你全都听听吧。"哀公在五梧设宴，孟孙彘做上寿的酒，他看见郭重的相貌说："你怎么那样肥胖呢？"季孙肥说："请罚彘喝酒。因为鲁国离着仇人国家很近，我们所以不能够随着君去，免着走的道路很远，而他又说郭重很肥胖。"鲁哀公说："他说的话，吃回去很多，能够不胖吗？"饮酒不欢乐，鲁哀公同大夫们开始不相和。

【讲评】

受到卫君欺压的大夫褚师比、公孙弥牟等联合工匠发动叛乱，赶走了卫侯辄。卫侯只得向新成为霸主的越君求救。而鲁哀公在与诸大夫的宴会出言讥讽，留下了“食言而肥”的成语，鲁国君臣的关系也大为恶化。

哀公二十六年

【原文】

[传]二十六年夏五月，叔孙舒帅师会越皋如、舌庸、宋乐筏，纳卫侯，文子欲纳之。懿子曰：“君愎而虐，少待之，必毒于民，乃睦于子矣。”师侵外州，大获[1]。出御之，大败。掘褚师定子之墓，焚之于平庄之上。

文子使王孙齐私于皋如，曰：“子将大灭卫乎，抑纳君而已乎？”皋如曰：“寡君之命无他，纳卫君而已。”文子致众而问焉，曰：“君以蛮夷伐国，国几亡矣。请纳之。”众曰：“勿纳。”曰：“弥牟亡而有益，请自北门出。”公曰：“勿出。”重赂越人，申开守陴而纳公，公不敢入。师还。立悼公。南氏相之。以城鉏与越人。公曰：“期则为此。”令苟有怨于夫人者，报之。司徒期聘于越，公攻而夺之币。期告王，王命取之。期以众取之。公怒，杀期之甥之为大子者。遂卒于越。

宋景公无子，取公孙周之子得与启，畜诸公宫，未有立焉。于是皇缓为右师，皇非我为大司马，皇怀为司徒，灵不缓为左师，乐茷为司城，乐朱鉏为大司寇。六卿三族降听政，因大尹以达。大尹常不告，而以其欲称君命以令。国人恶之。司城欲去大尹，左师曰：“纵之，使盈其罪。重而无基，能无敝乎？”

冬十月，公游于空泽。辛巳，卒于连中。大尹兴空泽之士千甲，奉公自空桐人，如沃宫。使召六子，曰：“闻下有师，君请六子画。”六子至，以甲劫之，曰：“君有疾病，请二三子盟。”乃盟于少寝之庭，曰：“无为公室不利。”大尹立启，奉丧殡于大宫。三日，而后国人知之。司城茷使宣言于国曰：“大尹惑蛊其君而专其利，今君无疾而死，死又匿之，是无他矣，大尹之罪也。”

得梦启北首而寝于卢门之外，己为乌而集[2]于其上，咮加于南门，尾加于桐门。曰：

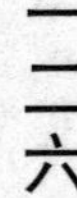

"余梦美,必立。"

大尹谋曰:"我不在盟,无乃逐我,复盟之乎?"使祝为载书,六子在唐盂。将盟之。祝襄以载书告皇非我,皇非我因子潞、门尹得、左师谋曰:"民与我,逐之乎?"皆归授甲,使徇于国曰:"大尹惑蛊其尹,以陵虐公室。与我者,救君者也。"公曰:"与之。"大尹徇曰:"戴氏、皇氏将不利公室,与我者,无忧不富。"众曰:"无别。"戴氏、皇氏欲伐公。乐得曰:"不可。彼以陵公有罪,我伐公,则甚焉。"使国人施于大尹。大尹奉启以奔楚,乃立得。司城为上卿,盟曰:"三族共政,无相害也。"

卫出公自城鉏使以弓问子赣,且曰:"吾其入乎?"子赣稽首受弓,对曰:"臣不识也。"私于使者曰:"昔成公孙于陈,宁武子、孙庄子为宛濮之盟而君入;献公孙于齐,子鲜、子展为夷仪之盟而君人。今君再在孙矣,内不闻献之亲,外不闻成之卿,则赐不识所由入也。《诗》曰:'无竞惟人,四方其顺之'。若得其人,四方以为主,而国于何有?"

【注释】

①大获:大肆劫掠。

②集:栖止。

【译文】

二十六年夏季五月,鲁国的叔孙舒带军会合越国的皋如、舌庸、宋国的乐,护送卫出公回国。公孙弥牟也想接见出公。公文懿子说:"国君刚愎而残暴,他回国不久,就必定会残害百姓,到那时百姓就会拥戴您了。"越军进入外州,大肆抢劫一番。卫军出来抵制,结果大败。出公把褚师比的父亲褚师定子的坟墓挖了,并在平庄上将棺材烧毁。

公孙弥牟派王孙齐私自去问皋如:"阁下是想消灭卫国呢?还是要送国君回国就位呢?"皋如说:"寡君的命令没有其他意思,就是要保护卫君回国。"弥牟便把大家集中起来征求意见说:"国君带领蛮夷之国的军队攻打国家,国家即将要濒于灭亡了。请求大家接受国君回国吧。"众人都说:"不能接受。"弥牟说:"如果我逃离对大家有好处的话,请准许我从北门出去。"众人都说:"不让你出去。"因此弥牟就重重地贿赂越国人,并打开各道城门接见出公,出公吓得不敢进城。越军回去。卫国立了悼公为君,由公孙弥牟辅助。卫国把城鉏一地赠送了越国。卫出公说:"是司徒期导致了这种局面。"下令对夫人有憎恨的宫女,能够对她进行报复。司徒期到越国聘问,出公带人攻击他并夺了他携带的聘礼。司徒期把此事汇报了越王,越王下令再夺回来。司徒期带领士卒又从出公手里夺取回来。出公非常生气,就杀害司徒期的外甥,也就是太子。后来卫出公就死在越国。

宋景公没有儿子,把公孙周的儿子得与启要来养在宫里,但没有决定立谁为太子。此时,皇缓为右师,皇非我为大司马,皇怀为司徒,灵不缓为左师,乐为司城,乐朱鉏为大司寇。宋国由皇、灵、乐三大家族的六卿共同掌政,通过大尹向景公汇报。大尹常常不向景公汇报,却按照自己的想法假借君命发号施令。国人很讨厌他。司城准备除掉大尹,左师说:“让他继续为非作歹,便使其恶贯满盈。权势再大,如果没有厚实的根基,能不毁坏吗?”

冬季十月,宋景公在空泽游玩。四月,死于连中。大尹带着空泽的甲兵上千人,护送景公的灵柩从空洞返回沃宫。并派人召请六卿说:“听闻下面有的城邑发动了叛变,国君请六卿前来策划。”六卿来到后,大尹以武力胁迫他们说:“国君有了重病,请几位盟约。”就在小寝的院子里盟约说:“不做损害公室之事!”大尹立了启为新君,然后才把棺材安置到祖庙中,三天之后国人才知道景公已经去世。司城派人在都城到处发布说:“大尹蛊惑国君,专权跋扈。如今国君无病而死,死了他又秘不发丧。这没有别的缘故,是大尹杀害国君无疑。”

得有一次梦到启头朝北睡在宋都东门庐门之外,自己则变为一只乌鸦落在他身上,嘴巴放置南门上,尾巴伸到桐门上。醒来后他说:“我这个梦很好,必定能被立为国君。”

大尹和党羽商讨说:“从前我没有参加少寝之盟,恐怕他们几个人要驱赶我,我再和他们结盟吧!”便让祝史起草了盟书。这时六卿都在宋郊唐盂,打算和大尹结盟。祝史襄带着起草的盟书来告知皇非我。皇非我便和乐、门尹得、左师商讨:“百姓拥戴我们,要不要把大尹赶走呢?”都回去把武器发给士兵,让他们在城内到处巡视说:“大尹蛊惑国君,欺负公室。情愿帮助我们,就是解救国君。”众人都说:“情愿帮助你们!”大尹也到处宣传说:“乐氏、皇氏打算危害公室,谁要跟随我,就不必再忧愁不能富贵。”众人说:“这话和国君的话相同!”乐氏和皇氏准备发兵攻击新君启,乐得说:“不能这么做。由于大尹欺凌国君所以才有了罪。我们攻击国君,过错不就更大吗?”因此让国人把罪过都归到大尹身上。大尹事奉启逃往楚国,宋国人便立了得为君。司城做了上卿,然后六卿一起盟誓说:“三族一起执政,不要互相危害!”

卫出公从城鉏派人赠送子贡一把弓,并问:“我还能回国即位吗?”子贡叩头接纳了弓,回答说:“我不能预料此事。”但私下对使者说:“以前卫成公逃到陈国的时候,宁武子、

孙庄子曾在宛濮结盟后护卫成公回国。献公逃到齐国时，子鲜、子展在夷仪结盟后护卫献公回国。现在国君是第二次逃亡了，既没有听闻国内有献公那样的亲信为他奔命，也没有听闻国外有成公那样的忠臣为他尽力，我不知道他能依赖什么回国即位。《诗经》说：'得到人才便能强盛，四方也随之而归顺。'如果能得到这样的人协助，四方又把他作为主人看待，夺取国家还有什么困难呢？"

【讲评】

越、鲁、宋三国联军进攻卫都，但卫大夫公孙弥牟一方面用重金收买越人以分化护送卫侯的军队，另一方面假装迎接卫侯而又严密把守，卫侯辄不敢回国，最终抱恨死在越国，应了"死于夷"的预言。

哀公二十七年

【原文】

[传]春，越子使后庸来聘，且言邾田封于骀上[①]。二月，盟于平阳[②]，三子皆从[③]，康子病之，言及子赣，曰："若在此，吾不及此夫？"武伯曰："然，何不召？"曰："固将召之。"文子曰："他日请念。"

[传]夏四月己亥，季康子卒，公吊焉降礼[④]。

【注释】

①骀上：即狐骀，在今山东滕县东南。

②平阳：在今山东邹县西三十里。

③三子皆从：三子指季康子、叔孙文子、孟武伯。

④公吊焉降礼：公去吊他，礼节不完备。

【译文】

二十七年春天，越王派后庸来鲁国聘问，且谈到鲁国占据邾国的田地，一直到骀上。二月，鲁哀公同后庸在平阳这地方盟会，季孙肥、叔孙舒、孟孙彘，皆随从着他，季孙肥以跟蛮夷盟誓为羞耻，谈论中说到子贡，季孙就说："他若在这里，我们大约不会到这种程度。"孟孙彘说："对了，何不叫他来？"季孙说："就要召来。"叔孙舒说："以后请想着这句话。"

夏天四月己亥，季孙肥死了，鲁哀公去吊唁，行的礼节不完备。

【原文】

[传]晋荀瑶帅师伐郑，次于桐丘[①]，郑驷弘[②]请救于齐。齐师将兴，陈成子属孤子三日朝，设乘车两马系五邑焉，召颜涿聚之子晋曰："隰之役[③]，而父死焉。以国之多难，未女恤也。今君命女以是邑也，服车而朝，毋废前劳。"乃救郑，及留舒[④]，违谷七里，谷人不知。及濮[⑤]雨不涉，子思[⑥]曰："大国在敝邑之宇下，是以告急，今师不行，恐无及也。"成子衣制杖戈[⑦]立于阪上，马不出者助之鞭之。知伯闻之乃还曰："我卜伐郑，不卜敌齐。"使谓成子曰："大夫陈子，陈之自出，陈之不祀，郑之罪也[⑧]。故寡君使瑶察陈衷焉，谓大夫其恤陈乎？若利本之颠，瑶何有焉？"成子怒曰："多陵人者皆不在，知伯其能久乎？"中行文子[⑨]告成子曰："有自晋师告寅者，将为轻车千乘以厌齐师之门，则可尽也。"成子曰："寡君命恒曰：'无及寡，无畏众。'虽过千乘，敢辟之乎？将以子之命告寡君。"文子曰："吾乃今知所以亡[⑩]！君子之谋也始衷终皆举之，而后入焉。今我三不知而入之，不亦难乎[⑪]？"

[传]公患三桓之侈也，欲以诸侯去之[⑫]，三桓亦患公之妄也[⑬]，故君臣多间[⑭]。公游于陵阪[⑮]，遇孟武伯于孟氏之衢，曰："请有问于子，余及死乎[⑯]？"对曰："臣无由知之。"三问卒辞不对。公欲以越伐鲁而去三桓，秋八月甲戌，公如公孙有陉氏[⑰]，因孙于邾，乃遂如越，国人施公孙有山氏。

[传]悼之四年[⑱]，晋荀瑶帅师围郑，未至，郑驷弘曰："知伯愎而好胜[⑲]，早下之，则可行也[⑳]。"乃先保南里以待之，知伯入南里，门于桔柣之门，郑人俘酅魁垒[㉑]，赂之以知政[㉒]，闭其口而死。将门，知伯谓赵孟入之，对曰："主在此。"知伯曰："恶而无勇，何以为子[㉓]？"对曰："以能忍耻，庶无害赵宗乎？"知伯不悛，赵襄子由是惎[㉔]知伯，遂丧之。知伯贪而愎，故韩魏反而丧之[㉕]。

【注释】

①桐丘：在河南省扶沟县西二十里。

②驷弘：驷歂的儿子。

③隰之役：在哀公二十三年。

④留舒：《山东通志》说："一作柳舒城，鱼山上有柳舒城，即留舒之讹也。在今山东东阿县西北八里。"

⑤濮：程发轫氏说："是今日郓城巨野之西南。"

⑥子思：国参。

⑦衣制杖戈：穿着雨衣，拿着枪。

⑧郑之罪也：在哀公十七年。楚国灭陈，与郑无干。

⑨中行文子：荀寅。

⑩吾乃今知所以亡：我现在才知道，我为什么逃亡的原因。

⑪今我三不知而入之，不亦难乎：我现在全不知道而进去，这不是很困难吗？

⑫欲以诸侯去之：想拿诸侯力量去掉三桓。

⑬三桓亦患公之妄也：三桓也以为鲁哀公狂妄。

⑭故君臣多间：所以君臣之间很多间隙。

⑮陵阪：应在曲阜城内。

⑯余及死乎：我能够寿终吗？

⑰有陉氏：即公孙有山氏。

⑱悼之四年：悼公是鲁哀公的儿子。悼之四年等于公元前462年。

⑲知伯愎而好胜：知伯刚愎而好比旁人胜。

⑳则可行也：就可以去了。

㉑鄗魁垒：晋国的兵士。

㉒赂之以知政：以财货贿赂他出来管理政权。

㉓恶而无勇，何以为子：相貌很丑，而又没有勇气，为什么立他为后人。

㉔基：是狠毒。

㉕故韩魏反而丧之：故韩魏联合起来把他毁掉。

【译文】

晋国荀瑶率领军队讨伐郑国，住在桐丘这地方，郑国驷弘到齐国去请救。齐国军队将兴兵，陈恒叫战死的人的儿子，三天上朝，预备好一辆车同两匹马，更加上五个城邑，叫颜涿聚的儿子晋说："你的父亲死在隰这次的战役，因为国家的困难很多，所以尚没有抚恤你们，现在君以这城邑赏给你，你可以穿着衣服，坐这车来上朝，为的不废除你父亲从前的功劳。”就去救郑国，到了留舒这地方，离着谷这城七里，而谷人不知道。到了濮，天下雨，没法过濮水，国参说：“晋国就在我们郑国附近，所以来告急，现在你军队不往前走，恐怕来不及了。”陈恒穿着雨衣拿着枪立到山坡上，马不往前走帮助他们，拿鞭子打它。荀瑶听见就回去，并且说：“我只占卜打郑国，没有占卜同齐国为敌人。”派人告诉陈恒说：“你大夫陈子，是出自陈国，陈国若不能得到享祀，是郑国的罪，所以寡君使我荀瑶查看陈国的衷心，说大夫要怜恤陈国吗？若以为根本可以颠覆，与我荀瑶有什么关系？”陈恒生气说：“多欺负人的，现在全部不存在，荀瑶能够长久吗？”荀寅这时候逃到齐国，告诉陈恒说：“有来告诉我说的，将拿轻车一千辆，来压住齐国军队的门，齐国军队就可以全完了。”陈恒说：“齐君命恒说：‘不要打少的人，也不要怕多的人。’就是过了一千辆车，我敢躲避他们吗？我将拿你的话告诉我们齐君。”荀寅说：“我现在才明白我是为什么逃亡。君子计谋事情的时候，必定由开始到末了皆想出来，方才能够办。今我三件事全不知道，而就办了，不也很难吗？”

鲁哀公很讨厌三桓的奢侈，想拿诸侯力量去掉他。三桓也以为哀公狂妄，所以君臣之间很多间隙。哀公到陵阪去游玩，遇见孟孙彘在孟氏的路上就说：“请问你，我能够善终吗？”回答说：“我无从知道。”三次问也不回答。哀公想拿越国军队来伐鲁国去掉三桓。秋天八月甲戌，哀公到公孙有山氏，就逃到邾国去了，由此就逃到越国，国人就公布公孙有山氏的罪状。

悼公四年（前463年），晋国荀瑶率领军队围了郑国都城，还没到郑国，驷弘就说：“荀瑶刚愎而好胜，要早低下，他就可以走。”就先保守城外的南里以等待他，荀瑶进了南里，攻打桔柣的门，郑国人逮着晋国的鄗魁垒，用财货贿赂他，叫他管理政权，他不听，就闭上嘴死了。将攻打郑国都城的城门，荀瑶对赵无恤说你何不进去呢？回答说：“你在此，我怎么敢进去？”荀瑶说：“样子很丑，又没勇敢，怎样为人子？”回答说：“因为我能够忍受羞耻，庶几不害赵氏的宗庙吗？”荀瑶仍旧不改，赵无恤从此讨厌荀瑶，就毁了他。荀瑶贪而刚愎，故韩魏反过来把他毁掉。

【讲评】

春秋末年，晋国最有实力的卿大夫剩下知氏、赵氏、韩氏、魏氏。以知氏势力最大，专擅晋国政权，但是知伯瑶刚愎自用，贪得无厌，自恃势力雄厚，肆意侵占他人土地。最后反而被赵氏、韩氏、魏氏三家联手灭族，其土地也被瓜分。以后，赵氏、韩氏、魏氏又分掉了晋国公室剩余土地，并向天子请求立为诸侯。公元前 403 年，由周威烈王册命，韩、赵、魏得与晋侯并列，史称“三家分晋”事件。这件事是历史上具有划时代意义的重大事件，它标志着奴隶社会瓦解、封建社会确立，也是《资治通鉴》中春秋和战国时期的分界点。

附录一

【原文】

春秋序[①]：（陆曰[②]：此元凯所作，既以释经，故依例音之，本或题为春秋左传序者，沈文何以为释例序，今不用。）春秋者，鲁史记[③]之名也。记事者，以事系日，以日系月，以月系时，以时系年，所以纪远近，别同异也。故史之所记，必表年以首事，年有四时，故错举以为所记之名也[④]。周礼有史官，掌邦国四方之事，达四方之志，诸侯亦各有国史，大事书之于策[⑤]，小事简牍而已[⑥]。孟子曰：“楚谓之梼杌，晋谓之乘，而鲁谓之春秋，其实一也[⑦]。”韩宣子适鲁[⑧]，见易象与鲁春秋，曰：“周礼尽在鲁矣，吾乃今知周公之德与周之所以王。”韩子所见，盖周之旧典，礼经也[⑨]。周德既衰，官失其守，上之人不能使春秋昭明，赴告策书，诸所记注，多违旧章。仲尼因鲁史策书成文，考其真伪，而志其典礼，上以遵周公之遗制，下以明将来之法。其教之所存，文之所害，则刊而正之，以示劝戒。其余则皆即用旧史，史有文质，辞有详略，不必改也。故传曰其善志，又曰非圣人孰能修之？盖周公之志，仲尼从而明之。左丘明受经于仲尼，以为经者不刊之书也。故传或先经以始事，或后经以终义，或依经以辩理，或错经以合异，随义而发。其例之所重，旧史遗文略不尽举，非圣人所修之要故也。身为国史，躬览载藉，必广记而备言之。其文缓，其旨远，将令学者原始要终，寻其枝叶，究其所穷，优而柔之，使自求之，餍而饫之，使自趋之。若江海之浸，膏泽之润，涣然冰释，怡然理顺，然后为得也。其发凡以言例，皆经国之常制，周公之垂法，史书之旧章，仲尼从而修之，以成一经之通体。其微显阐幽裁成义类者，皆据旧例而发义，指行事以正褒贬，诸称书，不书，先书，故书，不言，不称，书曰之类，皆所以起新旧，发大义，谓之变例[⑩]。然亦有史所不书即以为义者，此盖春秋新意，故传不言凡曲而畅之也。其经无义例，因行事而言，则传直言其归趣而已，非例也[⑪]。故发传之体有三，而为例之情有五[12]。一曰"微而显",文见于此而起义在彼。"称族尊君命,舍族尊夫人","梁亡","城缘陵[13]"之类是也。二曰"志而晦",约言示制,推以知例,"参会不地,与谋曰及[14]"之类是也。三曰"婉而成章",曲从义训以示大顺,"诸所讳辟","璧假许田[15]"之类是也。四曰"尽而不汙",直书其事,具文见意,"丹楹刻桷","天王求车","齐侯献捷[16]"之类是也。五曰"惩恶而劝善。"求名而亡,欲盖而章,书齐豹盗,三叛人名[17],之类是也。推此五体,以寻经传,触类而长之,附于二百四十二年行事,王道之正,人伦之纪备矣。或曰:"春秋以错文见义,若如所论,则经当有事,同文异,而无其义也,先儒所传,皆不其然。"答曰:"春秋虽以一字为褒贬,然皆须数句以成言,非如八卦之爻,可错综为六十四也,固当依传以为断。"古今言左氏春秋者多矣,今其遗文,可见者十数家,大体转相祖述,进不成为错综经文以尽其变,退不守丘明之传。于丘明之传有所不通,皆没而不说,而更肤引公羊谷梁,适足自乱。预令所以为异,专修丘明之传以释经,经之条贯必出于传,传之义例揔归诸凡,推变例以正褒贬,简二传而去异端,盖丘明之志也。其有疑错,则备论而阙之,以俟后贤。然刘子骏[18]创通大义,贾景伯父子[19]许惠卿[20]皆先儒之美者也,未有颍子严[21]者,虽浅近亦复名家。故特举刘、贾、许、颍之违,以见同异。分经之年,与传之年相附[22],比其义类,各随而解之,名曰经传集解。又别集诸例及地名、谱第、历数[23]相与为部,凡四十部,十五卷,皆显其异同,从而释之,名曰释例。将令学者观其所聚异同之说,释例详之也。或曰:"春秋之作,左传及穀梁无明文。说者以仲尼自卫反鲁,修春秋,立素王,丘明为素臣。言公羊者亦云黜周而王鲁,危行言孙,以辟当时之害,故微其文,隐其义。公羊经止获麟,而左氏经终孔丘卒。敢问所安?"答曰:"异乎余所闻。仲尼曰:'文王既没,文不在兹乎?'此制作之本意也。叹曰:'凤鸟不至,河不出图,吾已矣去。'盖伤时王之政也。麟凤五灵[24],王者之嘉瑞也。今麟出非其时,虚其应而失其归,此圣人所以为感也。绝笔于获麟之一句者,所感而起,固所以为终也。"曰:"然则春秋何始于隐公"答曰:"周平王东周之始王也,隐公让国之贤君也。考乎其时则相接,言乎其位,则列国,本乎其始则周公之祚胤也。若平王能祈天永命,绍开中兴,隐公能弘宣祖业,光启王室,则西周之美可寻,文武之迹不队,是故因其历数,附其行事,采周之旧以会成王义,所书之王即平王也,所用之历即周正[25]也。所称之公即鲁隐也。安在其黜周而王鲁乎?子曰:'如有用我者,吾其为东周乎?'此其义也。"若夫制作之文,所以章往考来,情见乎辞,言高则旨远,辞约则义微,此理之常,非隐之也。圣人包周身之防,既作之后,方复隐讳以辟患,非所闻也。子路欲使门人为臣,孔子以为欺天,而云仲尼素王,丘明素臣,又非通论也。先儒以为制作三年，文成致麟，既已妖妄，又引经以至仲尼卒，亦又近诬。据公羊经止获麟，而左氏小邾射不在三叛之数，故余以为感麟而作，作起获麟，则文止于所起为得其实。至于反袂拭面，称吾道穷，亦无取焉。

【注释】

①春秋序：据陆德明说："此杜元凯所作，既以释经，故依例音之，本或题为春秋左传序者，沈文何以为释例序，今不用。"

②陆曰：即陆德明所说。

③鲁史记：春秋就是鲁国史记的名称。

④故错举以为所记之名也：因为四时有春夏秋冬，只用春秋两个字，所以说错举，是为的记载编年的事。

⑤大事书之于策：蔡邕《独断》曰："策者简也，其制长二尺，短者半之。"

⑥小事简牍而已：简牍只有一尺长。

⑦鲁谓之春秋，其实一也：鲁国人称为春秋，其实楚国的梼杌，晋国的乘，而鲁国的春秋，全是为记载史事的书。

⑧韩宣子适鲁：晋大夫韩起，到鲁国去聘问，在鲁昭公二年。

⑨礼经也：这是韩宣子所看的，鲁国旧有的记载。

⑩谓之变例：这叫着改变的条例。

⑪非例也：这不属于例。

⑫为例之情有五：释例的情形有五种，就是如下面所说的。

⑬"称族尊君命""舍族尊夫人""梁亡""城缘陵"：称族尊君命，舍族尊夫人，见于成公十四年，梁亡见于僖公十九年，城缘陵见于僖公十四年。

⑭"参会不地，与谋曰及"：桓公二年秋公及戎盟于唐，冬公至自唐。

⑮"璧假许田"：当时鲁国因为周公的缘故，得用离近京都的许田，后来周德既衰，鲁国也不朝周，所以郑国就假作拿着玉璧来换许田。

⑯"丹楹刻桷""天王求车""齐侯献捷"：庄公二十三年秋，丹桓宫楹。二十四年春，刻桓宫桷，桓公十五年，天王使家父来求车。庄公三十一年，齐侯来献戎捷。

⑰"齐豹盗""三叛人名"：昭公二十年盗杀卫侯之兄縶。襄公二十一年，邾庶其以漆闾来奔；昭公五年莒牟夷以牟娄及防兹来奔；昭公三十一年邾黑肱以滥来奔。

⑱刘子骏：即刘歆。

⑲贾景伯父子：贾逵字景伯扶风人，父徽字元伯。

⑳许惠卿：名许淑。

㉑颖子严：名颖容。

㉒分经之年与传之年相附：可见经同传本是两部书，这次方才被杜预合成一部书。

㉓诸例及地名、谱第、历数：全举各条例同地名同人名的谱，还有历法，这些叫作释例。

㉔麟凤五灵：麟凤同龟龙古称为四灵，但是据疏说应该加上白虎称为五灵。

㉕所用之历即周正也：所用的历法就是周朝的历法，以分别他同夏商的不同。

【译文】

春秋这个名词，是鲁国史记的名称。所谓记事的就是把事情记到日子上，把日子记到月份上，把月份记到四时上，把四时记到年上，这是把事情记到远近，分别同一，所以史书记载必定先写年，以说事情的开始，每年有四季，所以错举春秋两季做史记的名称。周礼说到史官是管掌着邦国四方的事情，通达四方的意志，每个诸侯也各有他的国史，大的事情写到大的竹简上，所谓策。小的事情只写到简牍上，简牍是小的竹简，孟子说过："楚国叫作梼杌，晋国叫作乘，鲁国叫作春秋，其实名称虽然不同，事实上记事性质相同。"在鲁昭公二年时，晋国的韩宣子到鲁国去，看见《易象》同《鲁春秋》就说："周礼全在鲁国了，我现在才知道周公德性的大，同周朝的所以称王。"韩起所看见的，大概就是周朝的旧典，所谓《礼经》就是。周的德性后来衰微，官吏全失掉他所守护的，上边的人不能使《春秋》很明显，赴告所用的策书，诸凡所记述的，多违背了旧的章法，孔子根据着鲁国史书所记载的策书，旧文字，考正它的真假，而以它的典礼为标准，上面为的遵守周公的旧制度，下边为的发明将来的法则。其所存的教训，文章有不对的地方，就把它修正了，以表示劝诫的意思。其余皆用旧书上所写的，史有的文雅，有的质朴，文辞有的详有的略，也就不必更改了。所以《左传》说他的志向很美，又说要不是圣人，谁能够修正呢？这大约是周公的志向，孔子根据他而修明了。左丘明从孔子受到鲁国的旧史，以为旧史是不能够修改的书，所以《左传》常常写在《春秋》前面，以开启事端，或者在春秋以后为的表示他把这件事情完成，有的事依傍着《春秋》，以答辩他的理解，或者是跟《春秋》相错，以表示他的不同，随着意思而发展着不同。他条例之所重，就是所剩下的文字，也不能全都举出来，因为这不是圣人所修的要紧事的缘故。他既然做了国史，亲自看见旧的记载，必然推广记载而详细地说。他的文章很缓慢，原旨很远大，使学者们能够由开始一直到末了，寻找他的枝叶，一直到根底，优柔能够自己得到，餍饫使自己往那里去。好像江海那么大水，膏泽能滋润，就自然能够冰解，高兴得很称理，然后能得到义理。（侗案《左氏春秋》同孔子《春秋》是两部书，在杜预以前，仍然是分存着，自从杜预"分经之年与传之相附"以后，方始《左氏春秋》作为解释《春秋》，详情见于我的序中，读者可以参考。）凡是发凡皆说的条例，全都是经国的常制，这是周公的垂法，也是史书的旧章，孔子有追随周公从修它，成了一个经的通体。他把微细的使它明显，不容易懂的说明，分成义例，都根据旧例而发明的，指着一件事情，以证明褒贬。譬如所谓"书""不书""先书""故书""不言""不称""书曰"这些类全都是为的起新旧，发扬大义，这叫作变例。然也有史书上所不写，即变成义例的，这大概是《春秋》的新意，所以传里不说，曲别而畅明了它。至于《春秋》中没有义例因为行事情而言，《左传》只说它的结果而已，这不是例。所以发传的体有三个，而为例的体裁有五种。一种叫作"微而显"，文章见于此处，而意思兴起在旁处。"称族尊君命，舍族尊夫人""梁亡""城缘陵"这类就是。第二种叫作"志而晦"，这是为的表示一个制度，推在一块就可以成一个例，"参会不地，与谋曰及"这类就是。第三种叫作"婉而成章"，这个是根据着义训以表示顺从大的训导，凡所避讳的，譬如"璧假许田"这类就是。第四种叫作"尽而不汙"，直接写他的事情，用文章就表示意见，"丹楹刻桷""天王求车""齐侯献捷"这类就是。第五种叫作"惩恶而劝善"，"求名而亡""欲盖而章""书齐豹盗""三叛人名"这类就是。推这五件事情，来寻找经传，分类而推广它，附在二百四十二年的行事，王道的规正，人伦的根基，就完备了。或者说："《春秋》是用错杂的文字来见义意，要像你所说的，则经中当有事情相同，而文字不同而没有它的意义，先儒所传说的，大概同这个不同。"回答说："《春秋》虽然拿一个字做褒贬，但是必须拿几句成一句话，不像八卦的爻，可以互相变化，就成了六十四卦，还是要根据《左传》来决断。"古今说《左氏春秋》者很多家，现在剩下的材料所看见的有十几家，全互相的转引，进去不成叫经文错综来得到它的变化，退一步也不能守住丘明的《左传》。对于左丘明的传有不能了解的，全都不说，并且又引用《公羊传》同《谷梁传》，恰好自己乱了他的思想。杜预现在跟他们所做的不同，专门研究左丘明的传，以解释经，经的条贯必定出在《左传》，《左传》的义例全归凡例来管，用变例以正规褒贬，去了《公羊》《谷梁》两个传，就表示去了两个不同的说法，这也就是左丘明的志愿。他有错误可疑的地方，就备论而阙疑，以等待后代的贤者。

刘子骏(刘歆)创通《左传》的大义,贾景伯父子(贾徽及贾逵)、许惠卿(许淑),全都是先儒最好的,后来有颍子严(颍容)虽然肤浅也可以成一家。所以特别举出来刘、贾、许、颍的不同见解,以见同与不同解说。把《春秋》的年份同《左传》的年份著在一块,比较它的义类,随着它来解释,名就叫"经传集解"。又另外集合各例同地名、谱第、历数,各自分成部,凡四十部,十五卷,都分着以表示它的异同,从着来解释,名叫"释例"。为的将以后的学者观我所展集异同的说法,这在《释例》已经详细说了。或有人说,《春秋》的创作,在《左传》及《谷梁传》中都没有明白的说,解说者以为孔子自卫国返回鲁国,修成《春秋》,立素王,左丘明作素臣。说《公羊传》者也说贬黜周而使鲁为王,因为行为甚有危险,故言辞甚为谨慎,以避免当时的加害,所以文章甚细微,隐藏他的意义,《公羊》的经以西狩获麟为止,而《左氏》的经到孔子死,敢问何种合理?回答说:"这同我所听说的不同。孔子说:'文王既然死了,文就不在这里吗?'这就是作书的本意所在。孔子又叹息说:'凤凰不来,河水也不出现石图,我岂不没有希望了吗?'这是伤感时王的政治呀!麟凤五种灵物皆是王者的祥瑞,现在麒麟出现不合时,也不应而失掉它的归宿,圣人因此感叹。为何在这句绝笔,因为感起于此,也就以此为终。"又问说:"为何《春秋》从鲁隐公呢?"回答说:"周平王是东周的第一个王,鲁隐公是让国的好君,论他们的时代颇相连接,论他的位子就属于列国,再论上代就是周公的后嗣。假设平王能祷告上天永久保天命,重开中兴的机会,鲁隐公也能大宣布祖先周公的事业,启发周王室,西周的好政风可以寻出,周文王武王的迹业不至于失坠,所以根据他的历数,附上他们的行事,采用周的旧法,以成王的意义,为后来的垂法。所写的王就是周平王,所用的历法就是周正,所称的公就是鲁隐公,何能贬黜周而王鲁吗?孔子说过'如果有人想用我的,我可以作东周的!'这就是这种意义。"至于所作的文章,就为的表章以往,并考查将来,性情见于文辞,所说的话高深,宗旨就会远大,文辞隐约,意义就会细微,这是事理的常情,并非有所隐蔽,圣人有周身的设防,既然作了以后,又再隐讳为的辟患难,这也不是所能知道的。子路想使门人作臣仆,孔子以为这是欺骗上天,现在说孔子是素王,左丘明是素臣,又不是通论。先儒以为作《春秋》三年,文章成功就使麒麟出现,这已经是妖妄的话,又引春秋至孔子死,这又近于诬圣人。据《公羊传》春秋止于获麟,而《左氏》小邾射不在三叛的数目中。所以我以为因感麟而作《春秋》,既作因获麟而起,文章也就止于此事,较为得实。至于反衣拭面貌,自称道穷,也无所取了!

后序

【原文】

杜预后序：大康[1]元年三月，吴寇始平，余自江陵还襄阳，解甲休兵，乃申杼[2]（段玉裁校本作抒是也。）旧意，修成春秋释例及经传集解始讫，会汲郡汲县有发其界内旧冢者，大得古书，皆简编科斗文字[3]，发冢者不以为意，往往散乱，科斗书久废，推寻不能尽通[4]，始者藏在秘（监本误祕）府[5]，余晚得见之。所记大凡七十五卷，多杂碎怪（淳熙本作恠，俗怪字。）妄，不可训知。周易及纪年最为分了，周易上下篇与今正同，别有阴阳说，而无彖象，文言、系辞，疑于时仲尼造之于鲁，尚未播之于远国也。其纪年篇起自夏殷周，皆三代王事，无诸国别也，唯特记晋国，起自殇叔，次文侯昭侯，以至曲沃，庄伯。庄伯之十一年十一月，鲁隐公之元年正月也，皆用夏正建寅之月为岁首，编年相次。晋国灭，独记魏事，下至魏哀王之二十（石经二十作廿，下同。）年，盖魏国之史记也。推挍（淳熙本监本技作校）哀王二十年，大（监本误太）岁在壬戌，（淳熙本戌作戍，非。）是周赧（石经赧字右半重刊）王之十六年，秦昭王之八年，韩襄王之十三年，赵武灵王之二十七年，楚怀王之三十（石经三十作卅，下同）年，燕昭王之十三年，齐湣（释文作湣，石经作湣）。王之二十五年也，上去孔丘卒百八十一岁，下去今大康三年五百八十一岁。哀王于史记，襄王之子惠王之孙也。惠王三十六年卒而襄王立。立十六年卒而哀王立。古书纪年篇惠王三十六年改元，从一年始，至十六年而称惠成王卒，即惠王也。疑史记误分惠成之世以为后王年也。哀王二十（石经二十作廿，似改刊。）三年乃卒，故特不称諡，（石经淳熙本监本作謚，是也。）谓之今王。其著书文意大似春秋经，推此足见古者国史策（石经作筞）书之常也。文（淳熙本文误丈）称鲁隐公及邾庄公盟于姑蔑，即春秋所书邾仪父，未王命故不书爵，曰仪父，贵之也。又称晋献公会虞师伐虢灭下阳，即春秋所书虞师晋师灭下阳，先书虞贿故也。又称周襄王会诸侯于河阳，即春秋所书天王狩（释文作守，云本亦作狩。）于河阳，以臣召君，不可以训也。诸若此辈甚多，略举数条，以明国史皆承告据实而书时事，仲尼修春秋，以义而制异文也。又称卫懿公及赤翟战于洞泽，疑洞当为泂，即左传所谓荧泽也。齐国佐来献玉磬纪公之甗，即左传所谓宾媚人也。诸所记多与左传符同，异于公羊穀梁。

知此二书近世穿凿,非春秋本意审矣。虽不皆与史记尚书同,然参而求之,可以端正学者。又别有一卷,纯集疏左氏传卜筮事,上下次第及其文(淳熙本文误丈。)义皆与左传同,名曰师春,师春似是抄集者人名也。纪年又称殷仲壬即位居亳,其卿士伊尹。仲壬崩,伊尹放大甲于桐,乃自立也。伊尹即位于(石经淳熙本作放,是也。)大甲七(石经淳熙本同,宋本作十。)七年,大甲潜出自桐,杀伊尹乃立其子伊陟伊奋,命复其父之田宅而中分之。左氏传伊尹放大甲而相之,卒无怨色,然则大甲虽见放,还杀伊尹,而犹以其子为相也。此为大与尚书叙说大甲事乖异,不知老叟之伏生,或致昏(释文作昬。)忘,将此古(石经将此古三子重刻,初刻似脱一字。)书亦当时杂记,未足以取审也。为其粗有益于左氏,故略记之,附集解之末焉。

【注释】

①大康:是晋武帝的年号。

②申杼:等于发明申正。

③简编科斗文字:简编是竹编,科斗文是古文字,因为形状颇像小蛤蟆,所以名字称为科斗。

④推寻不能尽通:研究也不能完全懂。

⑤秘府:是皇家图书馆。

【译文】

在晋武帝大康元年三月,始把吴国平定,我从江陵回到襄阳,解除盔甲,使军队休息,就发明旧的意见,修成《春秋释例》同《经传集解》两部书,恰好遇见汲郡汲县有发掘它的境内很多古冢的,全都是竹简写着科斗似的古文字,发掘坟的人不甚注意,所以散开了很乱,并且科斗文字久已不用,研究它们的也不能完全明白,最初藏在皇家图书馆里,我在最后才看见记载的事,大概有七十五卷,多半是杂乱零碎,奇怪同妄说,不可以完全懂。其中《周易》同《纪年》最明白,《周易》分为上下篇,同现在的本子正相同,别有阴阳说,而没有彖象、文言,同系辞,我很疑惑那时候孔子在鲁国所作成,而尚未有传播到远处去。它那篇《纪年》,从夏殷周起,全是记载三代的王事,没有各国的分别,唯独特别说到晋国由殇叔起,接着是文侯昭侯,一直到曲沃庄伯。曲沃庄伯的十一年十一月,就是鲁隐公的元年正月。晋国皆用夏正,每岁首全用的是建寅那个月,编年相次序。晋国灭了以后,单独记魏国的事情，下面一直到魏哀王二十年，这就是魏国的史记。我们来推算魏哀王的二十年，太岁在壬戌，这就是在周赧王的十六年，秦昭王的八年，韩襄王的十三年，赵武灵王二十七年，楚怀王的三十年，燕昭王的十三年，齐湣王的二十五年，上边离孔子死是一百八十一年，下边离着大康三年，五百八十一年。哀王在史记上，是襄王的儿子，惠王的孙子。惠王三十六年死了，而襄王即位，立了十六年死了，而哀王立为君。古书《纪年》篇惠王三十六年改元，从一年开始到十六年而称惠成王死了，就是魏惠王。我很疑心《史记》误分了惠成的年代作成后王的年。哀王二十三年才死，所以不称谥法，称为今王。《纪年》写书的意思大像《春秋》经，推论可以看出来古代的国史竹简全是如此。它的文章里又说："鲁隐公与邾庄公盟于姑蔑。"这就是《春秋》所写的邾仪父，没有得到王命，所以不写他的爵位，称他叫仪父，因为尊贵他。又称："晋献公会虞师伐虢灭下阳。"即《春秋》所写"虞师晋师灭下阳。先书虞，贿故也。"又称："周襄王会诸侯于河阳。"即《春秋》所写"天王狩于河阳，以臣召君，不可以训也"。诸如此类很多，略举几条，以证明从前的国史皆承通告，据实事而写的。孔子修《春秋》，用义意而分成不同的文章。又称："卫懿公及赤翟战于洞泽。"我颇疑心洞当作泂，就是《左传》所称的荧泽。"齐国佐来献玉磬纪公之甗。"就是《左传》所说："宾媚人。"《纪年》所记载的都同《左传》相符，而与《公羊》《谷梁》两书不同。知道这两部书，后来人所穿凿，不是《春秋》的本意，这是很明白了。虽然它的记载，不与《史记》同《尚书》相同，然而三种来比较，可以使学者端正。又另有一卷书，完全是抄《左传》里边讲占卜的事情，上下的次序同它的文章意义，都同《左传》相同，名字叫"师春"，"师春"似乎是抄这书的人的名字。《纪年》又说殷仲壬即位以后，居在亳这地方，伊尹做他的卿士。仲壬死了以后，伊尹驱逐大甲位在桐这地方，而自己做了君，伊尹做君以后放逐大甲，七年以后，大甲偷着从桐出来，杀了伊尹，而立了他的儿子伊陟伊奋，回复他父亲伊尹的田宅，而给他们两人平分了。《左氏传》说伊尹驱逐大甲而做他的宰相，并没有抱怨的颜色。如此大甲被放逐，回来杀了伊尹，仍旧用他儿子做宰相。这种很与《尚书》叙说大甲的事不同，不知道是年老的伏生，或者记不清楚，或者还是这本古书，也是当时杂记，不能做凭据的。因为它对《左氏春秋》颇有益处，所以记在这里，附到《集解》的末端。春秋经传后序。

第五章 （晋）杜预集解《春秋左传》

《春秋左传集解》三十卷，原名《春秋经传集解》，是晋杜预对《春秋左传》所做的集大成之作。

杜预的《集解》问世后，受到广泛赞扬，后人称杜预为"左氏忠臣"，对杜注的研究增补者也代不乏人，晋及南朝就有沈文阿、苏宽、刘炫等人，最著名的是唐孔颖达的《春秋左氏传正义》。

附有唐陆德明《经典释文》，《释文》主要是对经传及杜注中字注音，亦时有辨析，其中对他本异文的陈列，尤对了解唐代及之前版本状况有极高的参考价值。

春秋序

《春秋》者，鲁史记之名也。记事者，以事系日，以日系月，以月系时，以时系年，所以纪远近、别同异也。故史之所记，必表年以首事，年有四时，故错举以为所记之名也。《周礼》有史官，掌邦国四方之事，达四方之志；诸侯亦各有国史，大事书之于策，小事简牍而已。孟子曰：楚谓之"梼杌"，晋谓之"乘"，而鲁谓之"春秋"，其实一也。韩宣子适鲁，见《易·象》与鲁《春秋》，曰："周礼尽在鲁矣。吾乃今知周公之德与周之所以王。"韩子所见，盖周之旧典礼经也。周德既衰，官失其守，上之人不能使《春秋》昭明，赴告策书诸所记注，多违旧章，仲尼因鲁史策书成文，考其真伪，而志其典礼。上以遵周公之遗制，下以明将来之法，其教之所存，文之所害，则刊而正之，以示劝戒。其余则皆即用旧史，史有文质，辞有详略，不必改也。故传曰其善志，又曰非圣人孰能修之。盖周公之志，仲尼从而明之。

左丘明受经于仲尼，以为经者不刊之书也，故传或先经以始事，或后经以终义，或依经以辩理，或错经以合异，随义而发。其例之所重，旧史遗文略不尽举，非圣人所修之要故也。身为国史，躬览载籍，必广记而备言之。其文缓，其旨远，将令学者原始要终，寻其枝叶，究其所穷。优而柔之，使自求之；餍而饫之，使自趋之。若江海之浸，膏泽之润，涣

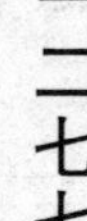

然冰释，怡然理顺，然后为得也。其发凡以言例，皆经国之常制，周公之垂法，史书之旧章，仲尼从而修之，以成一经之通体。其微显阐幽、裁成义类者，皆据旧例而发义，指行事以正褒贬。诸称“书”“不书”“先书”“故书”“不言”“不称”“书曰”之类，皆所以起新旧，发大义，谓之变例。然亦有史所不书、即以为义者，此盖《春秋》新意，故传不言“凡”，曲而畅之也。其经无义例，因行事而言，则传直言其归趣而已，非例也。故发传之体有三，而为例之情有五。一曰微而显，文见于此而起义在彼，“称族，尊君命”，“舍族，尊夫人”，“梁亡”，“城缘陵”之类是也。二曰志而晦，约言示制，推以知例，参会不地，与谋日及之类是也。三曰婉而成章，曲从义训，以示大训，诸所讳辟，“璧假许田”之类是也。四曰尽而不污，直书其事，具文见意，丹楹刻桷，天王求车，齐侯献捷之类是也。五曰惩恶而劝善，求名而亡，欲盖而章，书齐豹“盗”，三叛人名之类是也。推此五体以寻经传，触类而长之，附于二百四十二年行事，王道之正，人伦之纪备矣。

左丘明

或曰：“《春秋》以错文见义，若如所论，则经当有事同文异而无其义也。先儒所传，皆不其然。”答曰：“《春秋》虽以一字为褒贬，然皆须数句以成言，非如八卦之爻可错综为六十四也，固当依传以为断。古今言《左氏春秋》者多矣，今其遗文可见者十数家。大体转相祖述，进不成为错综经文以尽其变，退不守丘明之传，于丘明之传有所不通，皆没而不说，而更肤引《公羊》《穀梁》，适足自乱。预今所以为异，专修丘明之传以释经。经之条贯，必出于传；传之义例，总归诸凡，推变例以正褒贬，简二传而去异端，盖丘明之志也。其有疑错，则备论而阙之，以俟后贤。然刘子骏创通大义，贾景伯父子、许惠卿皆先儒之美者也，未有颍子严者，虽浅近，亦复名家，故特举刘、贾、许、颍之违以见同异。分经之年与传之年相附，比其义类，各随而解之，名曰‘经传集解’。又别集诸例，及地名、谱第、历数，相与为部，凡四十部、十五卷，皆显其异同，从而释之，名曰‘释例’。将令学者观其所聚，异同之说，《释例》详之也。”

或曰：“《春秋》之作，《左传》及《穀梁》无明文，说者以为仲尼自卫反鲁，修《春秋》，立素王，丘明为素臣。言《公羊》者亦云黜周而王鲁，危行言孙，以辟当时之害，故微其文，隐其义。《公羊》经止获麟，而《左氏》经终于孔丘卒，敢问所安。"答曰："异乎余所闻。仲尼曰：'文王既没，文不在兹乎？'此制作之本意也。叹曰：'凤鸟不至，河不出图，吾已矣夫！'盖伤时王之政也。麟凤五灵，王者之嘉瑞也。今麟出非其时，虚其应，而失其归，此圣人所以为感也。绝笔于获麟之一句者，所感而起，固所以为终也。"

曰："然则《春秋》何始于鲁隐公？"答曰："周平王，东周之始王也。隐公，让国之贤君也。考乎其时则相接，言乎其位则列国，本乎其始则周公之祚胤也。若平王能祈天永命，绍开中兴，隐公能弘宣祖业，光启王室，则西周之美可寻，文武之迹不坠。是故因其历数，附其行事，采周之旧，以会成王义，垂法将来。所书之王即平王也，所用之历即周正也，所称之公即鲁隐也，安在其黜周而王鲁乎？子曰：'如有用我者，吾其为东周乎？'此其义也。若夫制作之文，所以章往考来，情见乎辞，言高则旨远，辞约则义微，此理之常，非隐之也。圣人包周身之防，既作之后，方复隐讳以辟患，非所闻也。子路欲使门人为臣，孔子以为欺天，而云仲尼素王，丘明素臣，又非通论也。先儒以为制作三年，文成致麟，既已妖妄，又引经以至仲尼卒，亦又近诬。据《公羊》经止获麟，而《左氏》小邾射不在三叛之数，故余以为感麟而作，作起获麟，则文止于所起，为得其实。至于反袂拭面，称吾道穷，亦无取焉。"

隐公第一

【释文】解，佳买切。旧夫子之经与丘明之传各卷，杜氏合而释之，故曰"经传集解"。隐公名息姑，惠公之子，母声子。《谥法》：不尸其位曰隐。第一，此不题"左氏传"，《公羊》《穀梁》二传既显姓别之，此不言自见。

【传】

惠公元妃孟子[①]，孟子卒[②]，继室以声子，生隐公[③]。

宋武公生仲子，仲子生而有文在其手，曰"为鲁夫人"，故仲子归于我[④]。生桓公而惠公薨[⑤]，是以隐公立而奉之[⑥]。

①言元妃，明始適夫人也。子，宋姓。【释文】惠公，名不皇。《谥法》：爱人好与曰

惠。其子隐公，让国之君。妃，芳非切。传曰：嘉耦曰妃。適，本又作"嫡"，同，丁历切。②不称薨，不成丧也。无谥，先夫死，不得从夫谥。【释文】谥，实至切。③声，谥也。盖孟子之侄娣也。诸侯始娶，则同姓之国以侄娣媵，元妃死，则次妃摄治内事，犹不得称夫人，故谓之继室。【释文】侄，直结切，《字林》丈一切，兄女也。娣，大计切，女弟也。娶，七住切。媵，以证切，又绳证切。④妇人谓嫁曰归。以手理自然成字，有若天命，故嫁之于鲁。【释文】妇人谓嫁曰归。本或无"曰"字，此依《公羊传》。⑤言归鲁而生男。惠公不以桓生之年薨。⑥隐公，继室之子，当嗣世，以祯祥之故，追成父志。为桓尚少，是以立为大子，帅国人奉之，为经"元年春"不书即位传。【释文】祯，音贞。少，诗照切。大，音泰。旧太字皆作大。后"大子"皆放此。为，于伪切。后凡为经、为传、张本、起本之例皆放此，更不音。

隐公元年

【经】

元年春，王正月①。

三月，公及邾仪父盟于蔑②。

夏五月，郑伯克段于鄢③。

秋七月，天王使宰咺来归惠公、仲子之赗④。

九月，及宋人盟于宿⑤。

冬十有二月，祭伯来⑥。

公子益师卒⑦。

①隐公之始年，周王之正月也。凡人君即位，欲其体元以居正，故不言一年一月也。隐虽不即位，然摄行君事，故亦朝庙告朔也。告朔朝正例在襄二十九年，即位例在隐、庄、闵、僖元年。【释文】朝，直遥切。下同。②附庸之君未王命，例称名。能自通于大国，继好息民，故书字贵之。名例在庄五年。邾，今鲁国邹县也。蔑，姑蔑，鲁地，鲁国卞县南有姑城。【释文】父，音甫，邾子之字。凡人名字皆放此。蔑，亡结切。好，呼报切。邹，侧留切。卞，皮彦切，本或作"弁"。③不称国讨而言郑伯，讥失教也。段不弟，故不言弟，明郑伯虽失教而段亦凶逆。以君讨臣而用二君之例者，言段强大儁杰，据大都以耦国，所谓

“得儁曰克”也。国讨例在庄二十二年，得儁例在庄十一年，母弟例在宣十七年。郑在荥阳宛陵县西南。鄢今颍川鄢陵县。【释文】段，徒乱切，郑伯弟名。鄢，於晚切，又於建切，又於然切。弟，音悌，又如字。儁，音俊。杰，音桀。荥，户扃切，本或作“荣”，非。宛，於阮切，又於元切。④宰，官；咺，名也。咺赠死不及尸，吊生不及哀，豫凶事，故贬而名之。此天子大夫称字之例。仲子者，桓公之母。妇人无谥，故以字配姓。来者，自外之文。归者，不反之辞。【释文】咺，吁阮切。赗，芳凤切。⑤客主无名，皆微者也。宿，小国，东平无盐县也。凡盟以国地者，国主亦与盟，例在僖十九年。宋，今梁国睢阳县。【释文】与，音预。下同。睢，音虽。⑥祭伯，诸侯为王卿士者。祭，国；伯，爵也。传曰“非王命也”，释其不称使。【释文】祭，侧界切，传祭仲同。使，如字，又所吏切。⑦传例曰：“公不与小敛，故不书日，所以示薄厚也。”《春秋》不以日月为例，唯卿佐之丧独记日以见义者，事之得失既未足以褒贬人君，然亦非死者之罪，无辞可以寄文，而人臣轻贱，死日可略，故特假日以见义。【释文】敛，力验切。见，贤遍切。下同。

【传】

元年春，王周正月[①]。不书即位，摄也[②]。

①言周以别夏、殷。【释文】别，彼列切。夏，户雅切，三代之号，可以意求。②假摄君政，不修即位之礼，故史不书于策，传所以见异于常。【释文】见，贤遍切。

三月，公及邾仪父盟于蔑，邾子克也[①]。未王命，故不书爵。曰仪父，贵之也[②]。公摄位而欲求好于邾，故为蔑之盟[③]。

①克，仪父名。②王未赐命以为诸侯，其后仪父服侍齐桓以奖王室，王命以为邾子，故庄十六年经书“邾子克卒”。【释文】故不书爵，一本无“故”字。奖，将丈切。③解所以与盟也。【释文】好，呼报切。与，如字，又音预。

夏四月，费伯帅师城郎。不书，非公命也[①]。

①费伯，鲁大夫。郎，鲁邑。高平方与县东南有郁郎亭。传曰“君举必书”，然则史之策书皆君命也。今不书于经，亦因史之旧法，故传释之。诸鲁事，传释不书。他皆放此。【释文】费，音秘。郁，於六切。放，甫往切。后此例皆同。

初，郑武公娶于申，曰武姜[①]。生庄公及共叔段[②]。庄公寤生，惊姜氏，故名曰寤生，遂恶之[③]。爱共叔段，欲立之[④]。亟请于武公，公弗许。

①申国，今南阳宛县。【释文】娶，七住切。宛，於元切。②段出奔共，故曰共叔，犹晋

侯在鄂谓之鄂侯。【释文】共,音恭。共,地名。凡国名、地名、人名字、氏族,音不重,音疑者复出。后放此。鄂,五各切。③寐寤而庄公已生,故惊而恶之。【释文】寤,五故切。恶,乌路切,注同。④欲立以为大子。

及庄公即位,为之请制。公曰:"制,岩邑也,虢叔死焉。佗邑唯命[①]。"请京,使居之,谓之京城大叔[②]。祭仲曰:"都城过百雉,国之害也[③]。先王之制:大都不过参国之一[④],中五之一,小九之一。今京不度,非制也[⑤],君将不堪。"公曰:"姜氏欲之,焉辟害?"对曰:"姜氏何厌之有?不如早为之所[⑥],无使滋蔓,蔓,难图也。蔓草犹不可除,况君之宠弟乎?"公曰:"多行不义必自毙,子姑待之[⑦]。"

①虢叔,东虢君也,恃制岩险而不修德,郑灭之。恐段复然,故开以佗邑。虢国,今荥阳县。【释文】亟,欺冀切,数也。为,于伪切。岩,本又作"严",五衔切。虢,瓜伯切。复,扶又切。②公顺姜请,使段居京,谓之京城大叔,言宠异于众臣。京,郑邑,今荥阳京县。【释文】大,音泰,注及下同。③祭仲,郑大夫。方丈曰堵,三堵曰雉。一雉之墙,长三丈,高一丈。侯伯之城,方五里,径三百雉,故其大都不得过百雉。【释文】过,古卧切。后不音者皆同。堵,丁古切。长,直亮切,又如字。高,古报切,又如字。径,古定切。④三分国城之一。【释文】参,七南切,又音三。⑤不合法度,非先王制。⑥使得其所宜。【释文】焉,於虔切。厌,於盐切。⑦毙,踣也。姑,且也。【释文】蔓,音万。毙,婢世切,本又作"獘",旧扶设切。踣,蒲北切。

既而大叔命西鄙、北鄙贰于己[①]。公子吕曰:"国不堪贰,君将若之何[②]?欲与大叔,臣请事之;若弗与,则请除之,无生民心[③]。"公曰:"无庸,将自及[④]。"大叔又收贰以为己邑[⑤],至于廪延[⑥]。子封曰:"可矣,厚将得众[⑦]。"公曰:"不义不昵,厚将崩[⑧]。"大叔完聚[⑨],缮甲兵,具卒乘[⑩],将袭郑。夫人将启之[⑪]。公闻其期,曰:"可矣!"命子封帅车二百乘以伐京[⑫]。京叛大叔段,段入于鄢,公伐诸鄢。五月辛丑,大叔出奔共[⑬]。

①鄙,郑边邑。贰,两属。②公子吕,郑大夫。③叔久不除,则举国之民当生他心。④言无用除之,祸将自及。⑤前两属者,今皆取以为己邑。⑥言转侵多也。廪延,郑邑,陈留酸枣县北有延津。【释文】廪,力锦切。⑦子封,公子吕也。厚,谓土地广大。⑧不义于君,不亲于兄,非众所附,虽厚必崩。【释文】昵,女乙切,亲也。⑨完城郭,聚人民。【释文】完,音桓。⑩步曰卒,车曰乘。【释文】缮,市战切。卒,尊忽切,注及下同。乘,绳证切,注及下同。⑪启,开也。⑫古者兵车一乘,甲士三人,步卒七十二人。⑬共国,今汲郡共县。【释文】共,音恭。汲,居及切。

书曰:“郑伯克段于鄢。”段不弟,故不言弟;如二君,故曰克;称郑伯,讥失教也;谓之郑志。不言出奔,难之也①。

①传言夫子作《春秋》,改旧史以明义,不早为之所而养成其恶,故曰失教。段实出奔而以克为文,明郑伯志在于杀,难言其奔。【释文】弟,大计切,又如字。难,乃旦切,注同。

遂寘姜氏于城颍①,而誓之曰:“不及黄泉,无相见也②。”既而悔之。颍考叔为颍谷封人③,闻之,有献于公。公赐之食,食舍肉。公问之,对曰:“小人有母,皆尝小人之食矣,未尝君之羹,请以遗之④。”公曰:“尔有母遗,繄我独无⑤!”颍考叔曰:“敢问何谓也⑥?”公语之故,且告之悔。对曰:“君何患焉?若阙地及泉,隧而相见,其谁曰不然⑦?”公从之。公入而赋:“大隧之中,其乐也融融⑧!”姜出而赋:“大隧之外,其乐也泄泄⑨!”遂为母子如初。

①城颍,郑地。【释文】寘,之豉切。置也。②地中之泉,故曰黄泉。③封人,典封疆者。【释文】疆,居良切。④食而不啜羹,欲以发问也。宋华元杀羊为羹飨士,盖古赐贱官之常。【释文】舍,音捨。遗,唯季切,下同。啜,川悦切。华,户化切。⑤繄,语助。【释文】繄,乌兮切,又乌帝切。⑥据武姜在,设疑也。⑦隧,若今延道。【释文】语,鱼据切。阙,其月切。隧,音遂。⑧赋,赋诗也。融融,和乐也。【释文】乐,音洛,注及下同。融,羊弓切。⑨泄泄,舒散也。【释文】泄,羊世切。

君子曰:“颍考叔,纯孝也①,爱其母,施及庄公。《诗》曰:‘孝子不匮,永锡尔类。’其是之谓乎②!”

①纯,犹笃也。②不匮,纯孝也。庄公虽失之于初,孝心不忘,考叔感而通之,所谓“永锡尔类”。诗人之作,各以情言;君子论之,不以文害意,故《春秋传》引《诗》不皆与今说《诗》者同。他皆放此。【释文】施,以豉切,又式智切。匮,其位切。

秋七月,天王使宰咺来归惠公、仲子之赗。缓,且子氏未薨,故名①。天子七月而葬,同轨毕至②。诸侯五月,同盟至③。大夫三月,同位至④。士逾月,外姻至⑤。赠死不及尸⑥,吊生不及哀⑦,豫凶事,非礼也⑧。

①惠公葬在春秋前,故曰缓也。子氏,仲子也,薨在二年。赗,助丧之物。②言同轨,以别四夷之国。【释文】别,彼列切。③同在方岳之盟。④古者行役不逾时。⑤逾月,度月也。姻,犹亲也。此言赴吊各以远近为差,因为葬节。⑥尸,未葬之通称。【释文】称,尺证切。⑦诸侯已上,既葬则缞麻除,无哭位,谅闇终丧。【释文】上,时掌切。缞,七雷切。谅,音亮,又音良。闇,如字。⑧仲子在而来赠,故曰豫凶事。

八月，纪人伐夷。夷不吉，故不书[①]。

①夷国在城阳庄武县，纪国在东莞剧县。隐十一年传例曰："凡诸侯有命，告则书，不然则否。"史不书于策，故夫子亦不书于经，传见其事，以明《春秋》例也。他皆放此。【释文】莞，音官。见，贤遍切。下三"见"同。

有蜚。不为灾，亦不书[①]。

①蜚，负蠜也。庄二十九年传例曰："凡物不为灾，不书。"又于此发之者，明传之所据非唯史策，兼采简牍之记。他皆放此。【释文】蜚，扶味切。蠜，音烦，又音盘。

惠公之季年，败宋师于黄[①]。公立，而求成焉。九月，及宋人盟于宿，始通也[②]。

①黄，宋邑，陈留外黄县东有黄城。【释文】败，必迈切，败他也。后放此。②经无义例，故传直言其归趣而已。他皆放此。

冬十月庚申，改葬惠公。公弗临，故不书[①]。惠公之薨也，有宋师，大子少[②]，葬故有阙，是以改葬。卫侯来会葬，不见公，亦不书[③]。

①以桓为大子，故隐公让而不敢为丧主。隐摄君政，故据隐而言。②【释文】少，诗照切。③诸侯会葬，非礼也。不得接公成礼，故不书于策。他皆放此。卫国在汲郡朝歌县。【释文】朝，如字。

郑共叔之乱，公孙滑出奔卫[①]。卫人为之伐郑，取廪延。郑人以王师、虢师伐卫南鄙[②]。请师于邾。邾子使私于公子豫[③]，豫请往，公弗许，遂行，及邾人、郑人盟于翼[④]。不书，非公命也。

①公孙滑，共叔段之子。【释文】滑，户八切，又乎八切。②虢，西虢国也。弘农陕县东南有虢城。【释文】为，于伪切。③公子豫，鲁大夫。私，请师。【释文】豫，音预。④翼，邾地。

新作南门。不书，亦非公命也[①]。

①非公命不书，三见者皆兴作大事，各举以备文。

十二月，祭伯来，非王命也。

众父卒[①]。公不与小敛，故不书日[②]。

①众父，公子益师字。【释文】众，音终。②礼，卿佐之丧，小敛、大敛，君皆亲临之，崇恩厚也。始死，情之所笃，礼之所崇，故以小敛为文，至于但临大敛及不临其丧，亦同不书日。【释文】与，音预。敛，力验切，注皆同。

隐公二年

【经】

二年春，公会戎于潜[①]。

夏五月，莒人入向[②]。

无骇帅师入极[③]。

秋八月庚辰，公及戎盟于唐[④]。

九月，纪裂繻来逆女[⑤]。

冬十月，伯姬归于纪[⑥]。

纪子帛、莒子盟于密[⑦]。

十有二月乙卯，夫人子氏薨[⑧]。

郑人伐卫[⑨]。

①戎、狄、夷、蛮，皆氐、羌之别种也。戎而书会者，顺其俗以为礼，皆谓居中国若戎子驹支者。陈留济阳县东南有戎城。潜，鲁地。【释文】氐，都兮切。羌，却良切。种，章勇切。驹，音拘。济，子礼切，水名。凡地名皆同。②向，小国也。谯国龙亢县东南有向城。莒国，今城阳莒县也。将卑师少称人，弗地曰入，例在襄十三年。【释文】向，舒亮切。谯，在遥切。亢，音刚，又苦浪切。将，子匠切。③无骇，鲁卿。极，附庸小国。无骇不书氏，未赐族。赐族例在八年。【释文】骇，户楷切。④高平方与县北有武唐亭。八月无庚辰，庚辰，七月九日也，日月必有误。【释文】方，音房。与，音预。⑤裂繻，纪大夫。传曰"卿为君逆也"，以别卿自逆也。逆女或称使，或不称使，昏礼不称主人，史各随其实而书，非例也。他皆放此。【释文】裂，音列。繻，音须。为，于伪切，下"为鲁"同。别，彼列切。⑥无传。伯姬，鲁女，裂繻所逆者。⑦子帛，裂繻字也。莒鲁有怨，纪侯既昏于鲁，使大夫盟莒以和解之。子帛为鲁结好息民，故传曰"鲁故也"，比之内大夫，而在莒子上，称字以嘉之也。字例在闵元年。密，莒邑，城阳淳于县东北有密乡。【释文】帛，音白。解，如字，又户买切。好，呼报切。⑧无传。桓未为君，仲子不应称夫人。隐让桓以为大子，成其母丧以赴诸侯，故经于此称夫人也。不反哭，故不书葬，例在三年。⑨凡师有钟鼓曰伐，例在庄二十九年。

【传】

二年春,公会戎于潜,修惠公之好也。戎请盟,公辞①。

①许其修好而不许其盟,御夷狄者不一而足。【释文】好,呼报切,注及下同。

莒子娶于向,向姜不安莒而归。夏,莒人入向,以姜氏还①。

①传言失昏姻之义。凡得失小故,经无异文而传备其事,案文则是非足以为戒。他皆放此。【释文】还,音旋,后皆同。

司空无骇入极,费庈父胜之①。

①鲁司徒、司马、司空,皆卿也。庈父,费伯也。前年城郎,今因得以胜极,故传于前年发之。【释文】庈,音琴。

戎请盟。秋,盟于唐,复修戎好也①。

①【释文】复,扶又切。

九月,纪裂繻来逆女,卿为君逆也①。

①【释文】为,于伪切。

冬,纪子帛、莒子盟于密,鲁故也。

郑人伐卫,讨公孙滑之乱也①。

①治元年取廪延之乱。

隐公三年

【经】

三年春,王二月己巳,日有食之①。

三月庚戌,天王崩②。

夏四月辛卯,君氏卒③。

秋,武氏子来求赙④。

八月庚辰,宋公和卒⑤。

冬十有二月,齐侯、郑伯盟于石门⑥。

癸未,葬宋穆公⑦。

①无传。日行迟，一岁一周天；月行疾，一月一周天。一岁凡十二交会。然日月动物，虽行度有大量，不能不小有盈缩，故有虽交会而不食者，或有频交而食者。唯正阳之月，君子忌之，故有伐鼓用币之事。今《释例》以《长历》推经、传，明此食是二月朔也。不书朔，史失之。书朔日，例在桓十七年。【释文】己，音纪。巳，音祀。食，如字，本或作"蚀"，音同。量，音亮。缩，所六切。②周平王也。实以壬戌崩，欲诸侯之速至，故远日以赴。《春秋》不书实崩日而书远日者，即传其伪以惩臣子之过也。襄二十九年传曰"郑上卿有事"，使印段如周会葬。今不书葬，鲁不会。③隐不敢从正君之礼，故亦不敢备礼于其母。④武氏子，天子大夫之嗣也。平王丧在殡，新王未得行其爵命，听于冢宰，故传曰王未葬，释其所以称父族又不称使也。鲁不共奉王丧，致令有求，经直文以示不敬，故传不复具释也。【释文】赙，音附。共，音恭。⑤称卒者，略外以别内也。元年大夫盟于宿，故来赴以名。例在七年。⑥来告，故书。石门，齐地，或曰济北卢县故城西南济水之门。⑦无传。鲁使大夫会葬，故书。始死书卒，史在国承赴，为君故，恶其薨名，改赴书也。书葬，则举谥称公者，会葬者在外，据彼国之辞也。书葬例在昭六年。【释文】为，于伪切。恶，乌路切。

【传】

三年春，王三月壬戌，平王崩。赴以庚戌，故书之。

夏，君氏卒。声子也。不赴于诸侯，不反哭于寝，不祔于姑，故不曰薨。不称夫人，故不言葬[①]。不书姓，为公故，曰君氏[②]。

①夫人丧礼有三：薨则赴于同盟之国，一也；既葬，日中自墓反，虞于正寝，所谓反哭于寝，二也；卒哭而祔于祖姑，三也。若此则书曰夫人某氏薨，葬我小君某氏，此备礼之文也。其或不赴、不祔，则为不成丧，故死不称夫人薨，葬不言葬我小君某氏。反哭则书葬，不反哭则不书葬。今声子三礼皆阙。《释例》论之详矣。【释文】祔，音附。②不书姓，辟正夫人也。隐见为君，故特书于经，称曰君氏，以别凡妾媵。【释文】为，于伪切。见，贤遍切。别，彼列切。

郑武公、庄公为平王卿士[①]。王贰于虢[②]，郑伯怨王，王曰"无之"。故周、郑交质，王子狐为质于郑，郑公子忽为质于周[③]。王崩，周人将畀虢公政[④]。四月，郑祭足帅师取温之麦。秋，又取成周之禾[⑤]。周、郑交恶[⑥]。

①卿士，王卿之执政者。言父子秉周之政。②虢，西虢公，亦仕王朝。王欲分政于

虢，不复专任郑伯。【释文】朝，直遥切。复，扶又切。任，而鸩切，后不音者皆同。③王子狐，平王子。【释文】狐，音胡。质，音致，下同。④周人遂成平王本意。【释文】畀，必二切，与也。⑤四月，今二月也。秋，今之夏也。麦禾皆未熟，言取者盖芟践之。温，今河内温县。成周，洛阳县。【释文】祭，侧界切。芟，所衔切。⑥两相疾恶。

君子曰："信不由中，质无益也。明恕而行，要之以礼，虽无有质，谁能間之？苟有明信，涧溪沼沚之毛[①]，蘋蘩蕰藻之菜[②]，筐筥锜釜之器[③]，潢汙行潦之水[④]，可荐于鬼神，可羞于王公[⑤]，而况君子结二国之信，行之以礼，又焉用质[⑥]？《风》有《采蘩》《采蘋》[⑦]，《雅》有《行苇》《泂酌》[⑧]，昭忠信也[⑨]。"

①溪，亦涧也。沼，池也。沚，小渚也。毛，草也。【释文】要，於遥切。间，间厕之间。溪，苦兮切。《尔雅》云：山夹水曰涧，山渎无所通曰溪。沼，之绍切。沚，本又作"畤"，音止，亦音市。②蘋，大萍也。蘩，皤蒿。蕰藻，聚藻也。【释文】蘋，音频。蘩，音烦。蕰，纡粉切。藻，音早。萍，蒲丁切。皤，蒲多切。皤蒿，白蒿也。③方曰筐，圆曰筥，无足曰釜，有足曰锜。【释文】筐，丘芳切。筥，九吕切。锜，其绮切。④潢汙，停水。行潦，流潦。【释文】潢，音黄。汙，音乌。潦，音老。⑤羞，进也。⑥通言盟约彼此之情，故言二国。【释文】焉，於虔切。约，如字，又於妙切。⑦《采蘩》《采蘋》，《诗·国风》。义取于不嫌薄物。⑧《诗·大雅》也。《行苇》篇，义取忠厚也。《泂酌》篇，义取虽行潦可以共祭祀也。【释文】苇，于鬼切。泂，音迥。共，音恭。⑨明有忠信之行，虽薄物皆可为用。【释文】行，下孟切。

武氏子来求赙，王未葬也。

宋穆公疾，召大司马孔父而属殇公焉，曰："先君舍与夷而立寡人[①]，寡人弗敢忘。若以大夫之灵，得保首领以没，先君若问与夷，其将何辞以对？请子奉之，以主社稷，寡人虽死，亦无悔焉。"对曰："群臣愿奉冯也[②]。"公曰："不可。先君以寡人为贤，使主社稷，若弃德不让，是废先君之举也，岂曰能贤[③]？光昭先君之令德，可不务乎？吾子其无废先君之功[④]。"使公子冯出居于郑[⑤]。八月庚辰，宋穆公卒，殇公即位。

①先君，穆公兄宣公也。与夷，宣公子，即所属殇公。【释文】属，章欲切，注同。殇，舒羊切。舍，音捨。与，如字，一音余。②冯，穆公子庄公也。【释文】没，亦作"歿"。冯，皮冰切，亦作"凴"。③言不让则不足称贤。④先君以举贤为功，我若不贤是废之。⑤辟殇公也。

君子曰："宋宣公可谓知人矣。立穆公，其子飨之，命以义夫[①]。《商颂》曰：'殷受命咸宜，百禄是荷。'其是之谓乎[2]！"

①命出于义也。夫，语助。【释文】夫，音符，注同。②《诗·颂》言殷汤、武丁受命皆以义，故任荷天之百禄也。帅义而行，则殇公宜受此命，宜荷此禄。公子冯不帅父义，忿而出奔，因郑以求入，终伤咸宜之福，故知人之称唯在宣公也。殷礼有兄弟相及，不必传子孙，宋其后也，故指称《商颂》。【释文】颂，似用切。荷，本又作"何"，河可切，又音河，注同。任，音壬。忿，芳粉切。称，尺证切。传，直专切。

冬，齐、郑盟于石门，寻卢之盟也[1]。庚戌，郑伯之车偾于济[2]。

①卢盟在春秋前。卢，齐地，今济北卢县故城。②既盟而遇大风，传记异也。十二月无庚戌，日误。【释文】偾，弗问切，仆也。

卫庄公娶于齐东宫得臣之妹，曰庄姜[1]，美而无子，卫人所为赋《硕人》也[2]。又娶于陈，曰厉妫，生孝伯，早死[3]。其娣戴妫生桓公，庄姜以为己子[4]。公子州吁，嬖人之子也[5]，有宠而好兵。公弗禁，庄姜恶之。石碏谏曰："臣闻爱子，教之以义方[6]，弗纳于邪。骄、奢、淫、泆，所自邪也。四者之来，宠禄过也。将立州吁，乃定之矣，若犹未也，阶之为祸[7]。夫宠而不骄，骄而能降，降而不憾，憾而能眕者，鲜矣[8]。且夫贱妨贵，少陵长，远间亲，新间旧，小加大[9]，淫破义，所谓六逆也。君义，臣行，父慈，子孝，兄爱，弟敬，所谓六顺也[10]。去顺效逆，所以速祸也。君人者将祸是务去，而速之，无乃不可乎？"弗听。其子厚与州吁游，禁之，不可。桓公立，乃老[11]。

①得臣，齐大子也。大子不敢居上位，故常处东宫。②《硕人》诗，义取庄姜美于色，贤于德，而不见答，终以无子，国人忧之。【释文】为，于伪切。③陈，今陈国陈县。【释文】妫，九危切。④妫，陈姓也。厉、戴皆谥。虽为庄姜子，然大子之位未定。⑤嬖，亲幸也。【释文】吁。况于切。嬖，必计切。贱而得幸曰嬖。⑥石碏，卫大夫。【释文】好，呼报切。禁，居鸩切，一音金。恶，乌路切。碏，七略切。⑦言将立为大子，则宜早定，若不早定，州吁必缘宠而为祸。【释文】邪，似嗟切，下同。泆，音逸。⑧如此者少也，降其身则必恨，恨则思乱，不能自安自重。【释文】夫，音扶，发句之端，后放此。憾，本又作"感"，胡暗切，恨也。五年同。眕，之忍切，重也。鲜，息浅切。⑨小国而加兵于大国，如息侯伐郑之比。【释文】妨，音芳。少，诗照切。长，丁丈切。间，间厕之间，下同。比，必二切。⑩臣行君之义。⑪老，致仕也。四年经书州吁弑其君，故传先经以始事。【释文】去，起吕切，下同。弑，音试。先，悉荐切。

隐公四年

【经】

四年春，王二月，莒人伐杞，取牟娄[①]。

戊申，卫州吁弑其君完[②]。

夏，公及宋公遇于清[③]。

宋公、陈侯、蔡人、卫人伐郑。

秋，翚帅师会宋公、陈侯、蔡人、卫人伐郑[④]。

九月，卫人杀州吁于濮[⑤]。

冬十有二月，卫人立晋[⑥]。

①无传。书取，言易也。例在襄十三年。杞国本都陈留雍丘县，推寻事迹，桓六年，淳于公亡国，杞似并之，迁都淳于；僖十四年，又迁缘陵；襄二十九年，晋人城杞之淳于，杞又迁都淳于。牟娄，杞邑，城阳诸县东北有娄乡。【释文】杞，音起。牟，亡侯切。易，以豉切。雍，於用切。②称臣弑君，臣之罪也。例在宣四年。戊申，三月十七日，有日而无月。【释文】弑，本又作"杀"，同，音试。凡弑君之例，皆放此，可以意求，不重音。完，音丸。③遇者，草次之期，二国各简其礼，[若]道路相逢遇也。清，卫邑，济北东阿县有清亭。④公子翚，鲁大夫，不称公子，疾其固请，强君以不义也。诸外大夫贬，皆称人，至于内大夫贬，则皆去族称名。于记事之体，他国可言某人，而己之卿佐不得言鲁人，此所以为异也。翚、溺去族，传曰"疾之"，叔孙豹则曰"言违命"，此其例也。【释文】翚，许归切。强，其丈切。去，起吕切，下同。溺，乃历切。⑤州吁弑君而立，未列于会，故不称君。例在成十六年。濮，陈地水名。【释文】濮，音卜。⑥卫人逆公子晋而立之，善其得众，故不书入于卫，变文以示义。例在成十八年。

【传】

四年春，卫州吁弑桓公而立。公与宋公为会，将寻宿之盟[①]。未及期，卫人来告乱。夏，公及宋公遇于清。

①宿盟在元年。

宋殇公之即位也，公子冯出奔郑，郑人欲纳之。及卫州吁立，将修先君之怨于郑[①]，而求宠于诸侯以和其民[②]，使告于宋曰："君若伐郑以除君害[③]，君为主，敝邑以赋与陈、蔡从，则卫国之愿也[④]。"宋人许之。于是，陈、蔡方睦于卫[⑤]，故宋公、陈侯、蔡人、卫人伐郑，围其东门，五日而还。

①谓二年郑人伐卫之怨。②诸篡立者，诸侯既与之会，则不复讨，故欲求此宠。【释文】篡，初患切。复，扶又切。下文"复伐"同。③害谓宋公子冯。④言举国之赋调。【释文】从，才用切。调，徒吊切。⑤蔡，今汝南上蔡县。

公问于众仲曰："卫州吁其成乎[①]？"对曰："臣闻以德和民，不闻以乱[②]。以乱，犹治丝而棼之也[③]。夫州吁，阻兵而安忍。阻兵无众，安忍无亲，众叛亲离，难以济矣[④]。夫兵犹火也，弗戢[⑤]，将自焚也。夫州吁弑其君而虐用其民，于是乎不务令德，而欲以乱成，必不免矣。"

①众仲，鲁大夫。②乱谓阻兵而安忍。③丝见棼缊，益所以乱。【释文】棼，扶分切。缊，於云切。④恃兵则民残，民残则众叛，安忍则刑过，刑过则亲离。⑤【释文】戢，庄立切。

秋，诸侯复伐郑。宋公使来乞师[①]，公辞之[②]。羽父请以师会之[③]，公弗许，固请而行。故书曰"翚帅师"，疾之也。诸侯之师败郑徒兵，取其禾而还[④]。

①乞师不书，非卿。②从众仲之言。③羽父，公子翚。④时郑不车战。

州吁未能和其民，厚问定君于石子[①]。石子曰："王觐为可。"曰："何以得觐？"曰："陈桓公方有宠于王，陈、卫方睦，若朝陈使请，必可得也。"厚从州吁如陈。石碏使告于陈曰："卫国褊小，老夫耄矣，无能为也。此二人者，实弑寡君，敢即图之[②]。"陈人执之而请莅于卫[③]。九月，卫人使右宰丑莅杀州吁于濮，石碏使其宰獳羊肩莅杀石厚于陈。君子曰："石碏，纯臣也，恶州吁而厚与焉。'大义灭亲'，其是之谓乎[④]！"

①石子，石碏也，以州吁不安，谘其父。②八十曰耄。称国小己老，自谦以委陈，使因其往就图之。【释文】觐，其靳切，见也。朝，直遥切。后不出者皆放此。褊，必浅切，一音必殄切。耄，毛报切。③请卫人自临讨之。【释文】莅，音利，又音类。④子从弑君之贼，国之大逆，不可不除，故曰大义灭亲，明小义则当兼子爱之。【释文】獳，奴侯切。恶，乌路切。与，音预。

卫人逆公子晋于邢。冬十二月，宣公即位[①]。书曰"卫人立晋"，众也。

①公子晋也。【释文】邢，音刑，国名。

隐公五年

【经】

五年春，公矢鱼于棠[①]。

夏四月，葬卫桓公。

秋，卫师入郕[②]。

九月，考仲子之宫，初献六羽[③]。

邾人、郑人伐宋[④]。

螟[⑤]。

冬十有二月辛巳，公子彄卒[⑥]。

宋人伐郑，围长葛[⑦]。

①书陈鱼，以示非礼也。书棠，讥远地也。今高平方与县北有武唐亭、鲁侯观鱼台。②将卑师众，但称师，此史之常也。【释文】郕，音成，国名。将，子匠切。③成仲子宫，安其主而祭之。惠公以仲子手文娶之，欲以为夫人。诸侯无二嫡，盖隐公成父之志，为别立宫也。公问羽数，故书羽。妇人无谥，因姓以名宫。【释文】嫡，都历切。为，于伪切。④邾主兵，故序郑上。⑤无传。虫食苗心者为灾，故书。【释文】螟，亡丁切。⑥大夫书卒不书葬。葬者臣子之事，非公家所及。【释文】彄，苦侯切。⑦颍川长社北有长葛。

【传】

五年春，公将如棠观鱼者。臧僖伯谏曰："凡物不足以讲大事[①]，其材不足以备器用，则君不举焉[②]。君将纳民于轨物者也。故讲事以度轨量谓之轨，取材以章物采谓之物。不轨不物谓之乱政。乱政亟行，所以败也[③]。故春蒐夏苗，秋狝冬狩[④]，皆于农隙以讲事也[⑤]。三年而治兵，入而振旅[⑥]，归而饮至，以数军实[⑦]。昭文章[⑧]，明贵贱，辨等列[⑨]，顺少长[⑩]，习威仪也。鸟兽之肉不登于俎[⑪]，皮革齿牙、骨角毛羽不登于器[⑫]，则公不射，古之制也。若夫山林川泽之实，器用之资，皂隶之事，官司之守，非君所及也[⑬]。"公曰："吾将略地焉[⑭]。"遂往，陈鱼而观之[⑮]，僖伯称疾，不从。书曰"公矢鱼于棠"，非礼也，且言远地也[⑯]。

①臧僖伯，公子彄也。僖，谥也。大事，祀与戎。【释文】鱼，本亦作"渔"。②材谓皮

革、齿牙、骨角、毛羽也。器用,军国之器。③言器用众物不入法度,则为不轨不物,乱败之所起。【释文】度,待洛切,一音如字。亟,欺冀切,数也。④蒐,索,择取不孕者。苗,为苗除害也。狝,杀也,以杀为名,顺秋气也。狩,围守也,冬物毕成,获则取之,无所择也。【释文】蒐,所求切。狝,息浅切,《说文》作"䢵",《穀梁传》云:春曰田,秋曰蒐。狩,手又切。索,所百切。孕,以证切。为,于伪切。⑤各随时事之间。【释文】隙,去逆切。⑥虽四时讲武,犹复三年而大习。出曰治兵,始治其事。入曰振旅,治兵礼毕,整众而还。振,整也。旅,众也。【释文】振,之慎切。复,扶又切,下同。⑦饮于庙,以数车徒、器械及所获也。【释文】数,所主切,注同。械,户戒切。⑧车服旌旗。⑨等列,行(五)[伍]。【释文】辨,如字,又方免切,别也。行,户郎切。⑩出则少者在前,还则在后,所谓顺也。【释文】少,诗照切,注皆同。长,丁丈切,下注同。⑪俎,祭宗庙器。【释文】鸟兽之肉,一本作"其肉"。俎,庄吕切。⑫谓以饰法度之器。⑬士臣皂,皂臣舆,舆臣隶,言取此杂猥之物以资器备,是小臣有司之职,非诸侯之所亲也。【释文】射,食亦切。皂,才早切。舆,音余。猥,乌罪切。⑭孙辞以略地。略,总摄巡行之名。传曰:"东略之不知,西则否矣。"【释文】行,下孟切。⑮陈,设张也。公大设捕鱼之备而观之。【释文】捕,音步,一音搏。⑯矢亦陈也。棠实他竟,故曰远地。【释文】从,才用切。竟,音境。

曲沃庄伯以郑人、邢人伐翼[①],王使尹氏、武氏助之。翼侯奔随[②]。

①曲沃,晋别封成师之邑,在河东闻喜县。庄伯,成师子也。翼,晋旧都,在平阳绛邑县东。邢国在广平襄国县。【释文】沃,乌毒切。②尹氏、武氏皆周世族大夫也。晋内相攻伐,不告乱,故不书。传具其事,为后晋事张本。曲沃及翼本末见桓二年。随,晋地。【释文】传具,一本作"传见"。见,贤遍切。

夏,葬卫桓公。卫乱,是以缓[①]。

①有州吁之乱,十四月乃葬,传明其非慢也。

四月,郑人侵卫牧[①],以报东门之役[②]。卫人以燕师伐郑[③]。郑祭足、原繁、泄驾以三军军其前,使曼伯与子元潜军军其后。燕人畏郑三军而不虞制人[④]。六月,郑二公子以制人败燕师于北制[⑤]。君子曰:"不备不虞,不可以师。"

①牧,卫邑。经书"夏四月葬卫桓公",今传直言夏而更以四月附郑人侵卫牧者,于下事宜得月以明事之先后,故不复备举经文。三年君氏卒,其义亦同。他皆仿此。【释文】牧,州牧之牧,徐音目。②东门役在四年。③南燕国,今东郡燕县。【释文】燕,于贤切。④北制,郑邑,今河南城皋县也,一名虎牢。【释文】泄,息列切。曼,音万。⑤二公子,曼

伯、子元也。

曲沃叛王。秋，王命虢公伐曲沃而立哀侯于翼[1]。

①春，翼侯奔随，故立其子光。

卫之乱也，郕人侵卫，故卫师入郕[1]。

①郕，国也。东平刚父县西南有郕乡。【释文】父，音甫。

九月，考仲子之宫，将《万》焉[1]。公问羽数于众仲[2]。对曰："天子用八[3]，诸侯用六[4]，大夫四[5]，士二[6]。夫舞所以节八音而行八风[7]，故自八以下[8]。"公从之。于是初献六羽，始用六佾也[9]。

①万，舞也。②问执羽人数。③八八六十四人。④六六三十六人。⑤四四十六人。⑥二二四人。士有功，赐用乐。⑦八音，金、石、丝、竹、匏、土、革、木也。八风，八方之风也。以八音之器播八方之风，手之舞之，足之蹈之，节其制而叙其情。八音，金钟、石磬、丝琴瑟、竹箫管、土埙、木柷(梧)[敔]、匏笙、革鼓也。八方之风，谓东方谷风、东南方清明风、南方凯风、西南方凉风、西方阊阖风、西北方不周风、北方广莫风、东北方融风。【释文】匏，白交切。蹈，徒报切。⑧唯天子得尽物数，故以八为列，诸侯则不敢用八。⑨鲁唯文王、周公庙得用八，而他公遂因仍僭而用之。今隐公特立此妇人之庙，详问众仲，众仲因明大典，故传亦因言始用六佾。其后季氏舞八佾于庭，知唯在仲子庙用六。【释文】佾，音逸。僭，子念切。

宋人取邾田。邾人告于郑曰："请君释憾于宋，敝邑为道[1]。"郑人以王师会之[2]，伐宋，入其郛，以报东门之役[3]。宋人使来告命[4]。公闻其入郛也，将救之，问于使者曰："师何及？"对曰："未及国[5]。"公怒，乃止，辞使者曰："君命寡人同恤社稷之难，今问诸使者，曰'师未及国'，非寡人之所敢知也[6]。"

①释四年再见伐之恨。【释文】道，音导，本亦作导。②王师不书，不以告也。③郛，郭也。东门役在四年。【释文】郛，芳夫切，下同。④告命，策书。⑤忿公知而故问，责穷辞。【释文】使，色吏切，下同。⑥为七年公伐邾传。【释文】难，乃旦切。

冬十二月辛巳，臧僖伯卒。公曰："叔父有憾于寡人[1]，寡人弗敢忘。"葬之加一等[2]。

①诸侯称同姓大夫，长曰伯父，少曰叔父。有恨，恨谏观鱼不听。②加命服之等。

宋人伐郑，围长葛，以报入郛之役也。

隐公六年

【经】

六年春，郑人来渝平[①]。

夏五月辛酉，公会齐侯，盟于艾[②]。

秋七月[③]。

冬，宋人取长葛[④]。

①和而不盟曰平。【释文】渝，羊朱切，变也。②泰山牟县东南有艾山。【释文】艾，五盖切。③虽无事而书首月，具四时以成岁。他皆放此。④秋取，冬乃告也。上有“伐郑，围长葛”，长葛郑邑可知，故不言郑也。前年冬围，不克而还，今冬乘长葛无备而取之，言易也。【释文】易，以豉切，传同。

【传】

六年春，郑人来渝平，更成也[①]。

①渝，变也。公之为公子，战于狐壤，为郑所执，逃归，怨郑。郑伐宋，公欲救宋，宋使者失辞，公怒而止。忿宋则欲厚郑，郑因此而来，故经书渝平，传曰更成。【释文】壤，如掌切。使，所吏切。

翼九宗、五正、顷父之子嘉父逆晋侯于随[①]，纳诸鄂。晋人谓之鄂侯[②]。

①翼，晋旧都也，唐叔始封，受怀姓九宗，职官五正，遂世为晋强家。五正，五官之长。九宗，一姓为九族也。顷父之子嘉父，晋大夫。【释文】顷，音倾。长，丁丈切，下文及注同。②鄂，晋别邑。诸地名疑者皆言有，以示不审，阙者不复记其阙。他皆放此。前年桓王立此侯之子于翼，故不得复入翼，别居鄂。【释文】鄂，五各切。复，扶又切，下同。

夏，盟于艾，始平于齐也[①]。

①春秋前，鲁与齐不平，今乃弃恶结好，故言始平于齐。【释文】好，呼报切。

五月庚申，郑伯侵陈，大获。往岁，郑伯请成于陈[①]，陈侯不许。五父谏曰：“亲仁善邻，国之宝也。君其许郑[②]。”陈侯曰：“宋、卫实难[③]，郑何能为？”遂不许。

①成，犹平也。②五父，陈公子佗。【释文】佗，徒何切，人名皆同。③可畏难也。【释

文】难，乃旦切，注同。

君子曰："善不可失，恶不可长，其陈桓公之谓乎！长恶不悛，从自及也[1]。虽欲救之，其将能乎？《商书》曰：'恶之易也，如火之燎于原，不可乡迩[2]，其犹可扑灭[3]？'周任有言曰[4]：'为国家者，见恶如农夫之务去草焉，芟夷蕰崇之，绝其本根，勿使能殖，则善者信矣[5]。'"

①悛，止也。从，随也。【释文】悛，七全切。②《商书·盘庚》，言恶易长，如火焚原野，不可乡近。【释文】燎，力召切，又力吊切。乡，本又作"向"，同，许亮切。近，附近之近。③言不可扑灭。【释文】扑，普卜切。④周任，周大夫。【释文】任，音壬。⑤芟，刈也。夷，杀也。蕰，积也。崇，聚也。【释文】去，起吕切。芟，所衔切，《说文》作"癹"，匹末切，云以足踏夷草。蕰，纡粉切。信，如字，又音申。

秋，宋人取长葛。

冬，京师来告饥。公为之请籴于宋、卫、齐、郑，礼也[1]。

①告饥不以王命，故传言"京师"，而不书于经也。虽非王命而公共以称命，己国不足，旁请邻国，故曰礼也。传见隐之贤。【释文】为，于伪切。籴，直历切。见，贤遍切。

郑伯如周，始朝桓王也[1]。王不礼焉。周桓公言于王曰："我周之东迁，晋、郑焉依[2]。善郑以劝来者，犹惧不蔇[3]，况不礼焉？郑不来矣[4]！"

①桓王即位，周、郑交恶，至是乃朝，故曰始。②周桓公，周(父)[公]黑肩也。周，采地，扶风雍县东北有周城。幽王为犬戎所杀，平王东徙，晋文侯、郑武公左右王室，故曰晋、郑焉依。【释文】焉，如字，或於虔切，非。雍，於用切。左，音佐；右，音祐。又并如字。③蔇，至也。【释文】蔇，其器切。④为桓五年诸侯从王伐郑传。

隐公七年

【经】

七年春，王三月，叔姬归于纪[1]。

滕侯卒[2]。

夏，城中丘[3]。

齐侯使其弟年来聘[4]。

秋，公伐邾。

冬，天王使凡伯来聘[5]。

戎伐凡伯于楚丘以归[6]。

①无传。叔姬，伯姬之娣也。至是归者，待年于父母国，不与嫡俱行，故书。【释文】嫡，本又作"適"，同，丁历切。②传例曰："不书名，未同盟也。"滕国在沛国公丘县东南。【释文】沛，音贝。③城例在庄二十九年。中丘在琅邪临沂县东北。【释文】琅，音郎。沂，鱼依切。④诸聘皆使卿执玉帛以相存问，例在襄元年。⑤凡伯，周卿士。凡，国；伯，爵也。汲郡共县东南有凡城。【释文】共，音恭。凡，字本作"氾"，音凡。⑥戎鸣钟鼓以伐天子之使，见夷狄强虣。不书凡伯败者，单使无众，非战陈也。但言以归，非执也。楚丘，卫地，在济阴城武县西南。【释文】使，所吏切，下同。见，贤遍切。虣，蒲报切。陈，直觐切。

【传】

七年春，滕侯卒。不书名，未同盟也。凡诸侯同盟，于是称名，故薨则赴以名[1]，告终称嗣也，以继好息民[2]，谓之礼经[3]。

①盟以名告神，故薨亦以名告同盟。②告亡者之终，称嗣位之主。嗣位之主，当奉而不忘，故曰继好。好同则和亲，故曰息民。【释文】好，呼报切，注同。③此言凡例，乃周公所制礼经也。十一年不告之例，又曰不书于策。明礼经皆当书于策。仲尼修《春秋》，皆承策为经。丘明之传，博采众记，故始开凡例，特显此二句。他皆放此。

夏，城中丘。书，不时也。

齐侯使夷仲年来聘，结艾之盟也[1]。

①艾盟在六年。

秋，宋及郑平。七月庚申，盟于宿。公伐邾，为宋讨也[1]。

①公距宋而更与郑平，欲以郑为援。今郑复与宋盟，故惧而伐邾，欲以求宋，故曰为宋讨。【释文】为，于伪切，注"为宋"同。援，于眷切。复，扶又切。

初，戎朝于周，发币于公卿，凡伯弗宾[1]。冬，王使凡伯来聘。还，戎伐之于楚丘以归[2]。

①朝而发币于公卿，如今计献诣公府卿寺。②传言凡伯所以见伐。

陈及郑平[1]。十二月，陈五父如郑莅盟[2]。壬申，及郑伯盟，歃如忘[3]。泄伯曰："五父必不免，不赖盟矣[4]。"郑良佐如陈莅盟[5]。辛巳，及陈侯盟，亦知陈之将乱也[6]。

①六年郑侵陈，大获，今乃平。②莅，临也。③志不在于歃血。【释文】歃，色洽切。忘，亡亮切。服虔云：如，而也。④洩伯，郑洩驾。【释文】洩，息列切。⑤良佐，郑大夫。⑥入其国，观其政治，故总言之也。皆为桓五年、六年陈乱，蔡人杀陈佗传。【释文】治，直吏切。

郑公子忽在王所，故陈侯请妻之[1]。郑伯许之，乃成昏[2]。

①以忽有王宠故。【释文】妻，七计切。②为郑忽失齐昏援以至出奔传。【释文】为，于伪切。

隐公八年

【经】

八年春，宋公、卫侯遇于垂[1]。

三月，郑伯使宛来归祊[2]。

庚寅，我入祊[3]。

夏六月己亥，蔡侯考父卒[4]。

辛亥，宿男卒[5]。

秋七月庚午，宋公、齐侯、卫侯盟于瓦屋[6]。

八月，葬蔡宣公[7]。

九月辛卯，公及莒人盟于浮来[8]。

螟[9]。

冬十有二月，无骇卒[10]。

①垂，卫地，济阴句阳县东北有垂亭。【释文】句，古侯切。②宛，郑大夫，不书氏，未赐族。祊，郑祀泰山之邑，在琅邪费县东南。【释文】宛，於阮切。祊，必彭切。费，音秘。③桓元年乃卒易祊田，知此入祊，未肯受而有之。④无传。襄六年传曰："杞桓公卒，始赴以名，同盟故也。"诸侯同盟称名者，非唯见在位二君也。尝与其父同盟，则亦以名赴其子，亦所以继好也。蔡未与隐盟，盖春秋前与惠公盟，故赴以名。【释文】见，贤遍切。好，呼报切。⑤无传。元年，宋、鲁大夫盟于宿，宿与盟也。晋荀偃祷河，称齐、晋君名，然后

自称名，知虽大夫出盟，亦当先称己君之名以启神明，故薨皆从身盟之例，当告以名也。传例曰："赴以名则亦书之，不然则否，辟不敏也。"今宿赴不以名，故亦不书名。诸例或发于始事，或发于后者，因宜有所异同，亦或丘明所得记注，本末不能皆备故。【释文】与，音预，下"不与"同。祷，丁老切，或丁报切。⑥齐侯尊宋，使主会，故宋公序齐上。瓦屋，周地。⑦无传。三月而葬，速。⑧莒人微者，不嫌敌公侯，故直称公。例在僖二十九年。浮来，纪邑，东莞县北有邳乡，邳乡西有公来山，号曰邳来间。【释文】邳，蒲悲切。间，如字。⑨无传。为灾。⑩公不与小敛，故不书日。卒而后赐族，故不书氏。【释文】敛，力验切。

【传】

八年春，齐侯将平宋、卫[①]，有会期。宋公以币请于卫，请先相见[②]，卫侯许之，故遇于犬丘[③]。

①平宋、卫于郑。②宋敬齐命。③犬丘，垂也，地有两名。

郑伯请释泰山之祀而祀周公，以泰山之祊易许田。三月，郑伯使宛来归祊，不祀泰山也[①]。

①成王营王城，有迁都之志，故赐周公许田，以为鲁国朝宿之邑，后世因而立周公别庙焉。郑桓公，周宣王之母弟，封郑，有助祭泰山汤沐之邑在祊。郑以天子不能复巡狩，故欲以祊易许田，各从本国所近之宜，恐鲁以周公别庙为疑，故云已废泰山之祀，而欲为鲁祀周公，孙辞以有求也。许田，近许之田。【释文】泰山，如字，东岳。复，扶又切。(守)[狩]，手又切。近，附近之近，下同。为，于伪切，下"为鲁"同。

夏，虢公忌父始作卿士于周[①]。

①周人于此遂畀之政。【释文】畀，必二切。

四月甲辰，郑公子忽如陈逆妇妫。辛亥，以妫氏归。甲寅，入于郑。陈鍼子送女。先配而后祖。鍼子曰："是不为夫妇。诬其祖矣，非礼也，何以能育[①]？"

①鍼子，陈大夫。礼，逆妇必先告祖庙而后行，故楚公子围称告庄、共之庙。郑忽先逆妇而后告庙，故曰先配而后祖。【释文】鍼，其廉切。诬，亡符切。共，音恭，一本亦作"恭"。

齐人卒平宋、卫于郑。秋，会于温，盟于瓦屋，以释东门之役，礼也[①]。

①会温不书，不以告也。定国息民，故曰礼也。平宋、卫二国忿郑之谋。郑不与盟，故不书。【释文】与，音预。

八月丙戌，郑伯以齐人朝王，礼也①。

①言郑伯不以虢公得政而背王，故礼之。齐称人，略，从国辞。上有七月庚午，下有九月辛卯，则八月不得有丙戌。【释文】背，音佩。

公及莒人盟于浮来，以成纪好也①。

①二年，纪、莒盟于密，为鲁故。今公寻之，故曰以成纪好。【释文】好，呼报切。

冬，齐侯使来告成三国①。公使众仲对曰："君释三国之图以鸠其民，君之惠也。寡君闻命矣.敢不承受君之明德②。"

①齐侯冬来告，称秋和三国。②鸠，集也。

无骇卒。羽父请谥与族。公问族于众仲。众仲对曰："天子建德①，因生以赐姓②，胙之土而命之氏③。诸侯以字为谥④，因以为族⑤，官有世功，则有官族，邑亦如之⑥。"公命以字为展氏⑦。

①立有德以为诸侯。②因其所由生以赐姓，谓若舜由妫汭，故陈为妫姓。【释文】汭，如锐切。③报之以土而命氏曰陈。【释文】胙，才故切。④诸侯位卑，不得赐姓，故其臣因氏其王父字。⑤或便即先人之谥称以为族。⑥谓取其旧官旧邑之称以为族，皆禀之时君。【释文】称，尺证切。⑦诸侯之子称公子，公子之子称公孙，公孙之子以王父字为氏。无(孩)[骇]，公子展之孙，故为展氏。

隐公九年

【经】

九年春，天子使南季来聘①。

三月癸酉，大雨震电。庚辰，大雨雪②。

挟卒③。

夏，城郎。

秋七月。

冬，公会齐侯于防④。

①无传。南季，天子大夫也。南，氏；季，字也。②三月，今正月。【释文】电，徒练切。雨，于付切。③无传。挟，鲁大夫，未赐族。【释文】挟，音协。④防，鲁地，在琅邪华县东

南。【释文】华，户化切。

【传】

九年春，王三月癸酉，大雨霖以震，书，始也[1]。庚辰，大雨雪，亦如之。书，时失也[2]。凡雨，自三日以往为霖[3]。平地尺为大雪。

①书癸酉，始雨日。【释文】霖，音林。《尔雅》云：久雨谓之淫，淫雨为之霖。②夏之正月，微阳始出，未可震电；既震电，又不当大雨雪，故皆为时失。③此解经书"霖"也，而经无"霖"字，经误。

夏，城郎，书，不时也。

宋公不王[1]。郑伯为王左卿士，以王命讨之，伐宋。宋以入郛之役怨公，不告命[2]。公怒，绝宋使。

秋，郑人以王命来告伐宋[3]。

冬，公会齐侯于防，谋伐宋也。

①不共王职。【释文】共音恭，本亦作"供"。②入郛在五年，公以七年伐邾，欲以说宋，而宋犹不和也。【释文】说，音悦。③遣使致王命也。伐宋未得志，故复往告之。【释文】使，所吏切，注同。复，扶又切。

郑厉公

北戎侵郑，郑伯御之。患戎师，曰："彼徒我车，惧其侵轶我也[1]。"公子突曰："使勇而无刚者尝寇，而速去之[2]。君为三覆以待之[3]。戎轻而不整，贪而无亲，胜不相让，败不相救。先者见获必务进，进而遇覆必速奔，后者不救，则无继矣。乃可以逞[4]。"从之。戎人之前遇覆者奔。祝聃逐之[5]。衷戎师，前后击之，尽殪[6]。戎师大奔[7]。十一月甲寅，郑人大败戎师[8]。

①徒，步兵也。轶，突也。【释文】轶，直接切，义音逸。②公子突，郑厉公也。尝，试也。勇则能往，无刚不耻退。③覆，伏兵也。【释文】覆，扶又切，注及下同。④逞，解也。【释文】轻，遣政切。逞，敕领切。解，音蟹，或佳实切。⑤祝聃，郑大夫。【释文】聃，乃甘切，一音土甘切。⑥为三部伏兵，祝聃帅勇而无刚者先犯戎而速奔，以遇二伏兵，至后伏兵起，戎还走，祝聃反逐之，戎前后及中三处受敌，故曰衷戎师。殪，死也。【释文】衷，丁

仲切，又音忠。殪，於计切。处，昌虑切。⑦后驻军不复继也。【释文】驻，丁住切。⑧此皆春秋时事，虽经无正文，所谓必广记而备言之，将令学者原始要终，寻其枝叶，究其所穷。他皆放此。【释文】令，力呈切。要，于遥切。

隐公十年

【经】

十年春，王二月，公会齐侯、郑伯于中丘①。

夏，翚帅师会齐人、郑人伐宋②。

六月壬戌，公败宋师于菅③。辛未，取郜。辛巳，取防④。

秋，宋人、卫人入郑。宋人、蔡人、卫人伐戴。郑伯伐取之⑤。

冬十月壬午，齐人、郑人入郕。

①传言正月会，癸丑盟。《释例》推经、传日月，癸丑是正月二十六日，知经二月误。②公子翚不待公命而贪会二国之君，疾其专进，故去氏。齐、郑以公不至故，亦更使微者从之伐宋。不言及，明翚专行，非邓之谋也。及例在宣七年。【释文】去，起吕切，传同。③齐、郑后期，故公独败宋师。书败宋，未陈也。败例在庄十一年。菅，宋地。【释文】菅，音古颜切。陈，直觐切。④郑后至，得郜、防二邑，归功于鲁，故书取，明不用师徒也。济阴城武县东南有郜城。高平昌邑县西南有西防城。【释文】郜，古报切，《字林》又工竺切。⑤三国伐戴，郑伯因其不和，伐而取之。书伐，用师徒也。书取，克之易也。戴国，今陈留外黄县东南有戴城。【释文】戴，亦作"载"。易，以豉切，传同。

【传】

十年春，王正月，公会齐侯、郑伯于中丘。癸丑，盟于邓，为师期①。

①寻九年会于防，谋伐宋也。公既会而盟，盟不书，非后也。盖公还，告会而不告盟。邓，鲁地。

夏五月，羽父先会齐侯、郑伯伐宋①。

①言先会，明非公本期，释翚之去族。

六月戊申，公会齐侯、郑伯于老桃①。壬戌，公败宋师于菅。庚午，郑师入郜；辛未，归于我。庚辰，郑师入防；辛巳，归于我[②]。

君子谓："郑庄公于是乎可谓正矣。以王命讨不庭[③]，不贪其土以劳王爵，正之体也[④]。"

①会不书，不告于庙也。老桃，宋地。六月无戊申，戊申五月二十三日，日误。②壬戌，六月七日。庚午，十五日。庚辰，二十五日。郑伯后期而公独败宋师，故郑频独进兵以入郜、防。入而不有，命鲁取之，推功上爵，让以自替，不有其实，故经但书鲁取，以成郑志，善之也。③下之事上，皆成礼于庭中。④劳者，叙其勤以答之。诸侯相朝，逆之以饔饩，谓之郊劳。鲁侯爵尊，郑伯爵卑，故言以劳王爵。【释文】劳，力报切，注同。饩，许气切。

蔡人、卫人、郕人不会王命[①]。

①不伐宋也。

秋七月庚寅，郑师入郊。犹在郊[①]，宋人、卫人入郑[②]。蔡人从之，伐戴[③]。八月壬戌，郑伯围戴。癸亥，克之，取三师焉[④]。宋、卫既入郑，而以伐戴召蔡人[⑤]，蔡人怒，故不和而败[⑥]。

①郑师还，驻兵于远郊。②宋、卫奇兵承虚入郑。③从宋、卫伐戴也。④三国之军在戴，故郑伯合围之。师者，军旅之通称。【释文】称，尺证切。⑤伐戴乃召之。⑥言郑取之易也。

九月戊寅，郑伯入宋[①]。

①报入郑也。九月无戊寅，戊寅，八月二十四日。

冬，齐人、郑人入郕，讨违王命也。

隐公十一年

【经】

十有一年春，滕侯、薛侯来朝[①]。

夏，公会郑伯于时来[②]。

秋七月壬午，公及齐侯、郑伯入许[③]。

冬十有一月壬辰，公薨[④]。

①诸侯相朝,例在文十五年。【释文】薛,息列切。②时来,郲也。荥阳县东有釐城,郑地也。【释文】郲,音来。釐,音来,王元规力之切。③与谋曰及。还使许叔居之,故不言灭也。许,颍川许昌县。【释文】与,音预。还,音环。④实弑书薨又不地者,史策所讳也。

【传】

十一年春,滕侯、薛侯来朝,争长[①]。薛侯曰:"我先封[②]。"滕侯曰:"我,周之卜正也[③]。薛,庶姓也,我不可以后之[④]。"公使羽父请于薛侯曰:"君与滕君辱在寡人。周谚有之曰:'山有木,工则度之;宾有礼,主则择之[⑤]。'周之宗盟,异姓为后[⑥]。寡人若朝于薛,不敢与诸任齿[⑦]。君若辱贶寡人,则愿以滕君为请。"薛侯许之,乃长滕侯。

①薛,鲁国薛县。【释文】长,丁丈切。②薛祖奚仲,夏所封,在周之前。【释文】夏,户雅切。③卜正,卜官之长。④庶姓,非周之同姓。⑤择所宜而行之。【释文】谚,音彦,俗言也。度,大洛切。⑥盟载书皆先同姓,例在定四年。⑦薛,任姓。齿,列也。【释文】任,音壬,注同。

夏,公会郑伯于郲,谋伐许也。

郑伯将伐许,五月甲辰,授兵于大宫[①]。公孙阏与颍考叔争车[②],颍考叔挟辀以走[③],子都拔棘以逐之[④],及大逵,弗及,子都怒[⑤]。

①大宫,郑祖庙。【释文】大,音泰。②公孙阏,郑大夫。【释文】阏,安葛切。③辀,车辕也。【释文】挟,音协。辀,张留切。④子都,公孙阏。棘,戟也。⑤逵,道方九轨也。【释文】逵,求龟切。《尔雅》云:九达谓之逵。杜云:道方九轨。此依《考工记》。

秋七月,公会齐侯、郑伯伐许。庚辰,傅于许[①]。颍考叔取郑伯之旗蝥弧以先登[②]。子都自下射之,颠[③]。瑕叔盈又以蝥弧登[④],周麾而呼曰:"君登矣[⑤]!"郑师毕登。壬午,遂入许。许庄公奔卫[⑥]。

①傅于许城下。【释文】傅,音附,注同。②蝥弧,旗名。【释文】蝥,莫侯切。弧,音胡。③颠队而死。【释文】射,食亦切,下及注同。队,直类切。④瑕叔盈,郑大夫。⑤周,徧也。麾,招也。【释文】麾,许危切,又许伪切。呼,火故切。徧,音遍。⑥奔不书。兵乱遁逃,未知所在。【释文】遁,徒顿切。

齐侯以许让公。公曰:"君谓许不共[①],故从君讨之。许既伏其罪矣,虽君有命,寡人弗敢与闻。"乃与郑人。

①不共职贡。【释文】共,音恭,本亦作“供”,音同,注及下同。

郑伯使许大夫百里奉许叔以居许东偏[①],曰:“天祸许国,鬼神实不逞于许君,而假手于我寡人[②]。寡人唯是一二父兄不能共亿[③],其敢以许自为功乎?寡人有弟,不能和协,而使糊其口于四方[④],其况能久有许乎?吾子其奉许叔以抚柔此民也,吾将使获也佐吾子[⑤]。若寡人得没于地[⑥],天其以礼悔祸于许[⑦],无宁兹许公复奉其社稷[⑧]。唯我郑国之有请谒焉,如旧昏媾[⑨],其能降以相从也[⑩]。无滋他族实偪处此,以与我郑国争此土也。吾子孙其覆亡之不暇,而况能禋祀许乎[⑪]?寡人之使吾子处此,不唯许国之为,亦聊以固吾圉也[⑫]。”

①许叔,许庄公之弟。东偏,东鄙也。【释文】与,音预。②借手于我寡德之人以讨许。③父兄,同姓群臣。共,给。亿,安也。【释文】亿,於力切。④弟,共叔段也。糊,鬻也。段出奔在元年。【释文】糊,音胡,《说文》云寄食。鬻,本又作“粥”,之育切,又与六切。⑤获,郑大夫公孙获。⑥以寿终。【释文】寿,如字,又音授。⑦言天加礼于许而悔祸之。⑧无宁,宁也。兹,此也。【释文】复,扶又切,又音服。⑨谒,告也。妇人父曰昏,重昏曰媾。【释文】媾,古豆切。重,直龙切。⑩降,降心也。⑪絜齐以享,谓之禋。祀,谓许山川之祀。【释文】覆,芳服切。暇,行嫁切。禋,音因。齐,侧皆切,一本作“斋”。⑫圉,边垂也。【释文】为,于伪切。圉,鱼吕切。

乃使公孙获处许西偏,曰:“凡而器用财贿,无寘于许。我死,乃亟去之。吾先君新邑于此[①],王室而既卑矣,周之子孙日失其序[②]。夫许,大岳之胤也[③],天而既厌周德矣[④],吾其能与许争乎?”

①此,今河南新郑,旧郑在京兆。【释文】贿,呼罪切,《字林》音悔。寘,之豉切,置也。亟,纪力切,急也,下注同。②郑亦周之子孙。③大岳,神农之后,尧四岳也。胤,继也。【释文】大,音泰。④【释文】厌,於艳切。

君子谓:“郑庄公于是乎有礼。礼,经国家,定社稷,序民人,利后嗣者也。许无刑而伐之,服而舍之[①],度德而处之,量力而行之,相时而动,无累后人[②],可谓知礼矣。”

①刑,法也。②我死乃亟去之,无累后人。【释文】度,待洛切。量,音良,下同。相,息亮切。累,劣伪切,注同。

郑伯使卒出豭,行出犬鸡,以诅射颍考叔者[①]。君子谓:“郑庄公失政刑矣。政以治民,刑以正邪,既无德政,又无威刑,是以及邪[②]。邪而诅之,将何益矣!”

①百人为卒,二十五人为行,行亦卒之行列。疾射颍考叔者,故令卒及行间皆诅之。

【释文】卒,尊忽切,注同。豭,音加,猪别名。行,户刚切,注同。诅,侧虑切。令,力呈切。②大臣不睦,又不能用刑于邪人。【释文】邪,似嗟切,下及注同。

王取邬、刘[1]、蔿、邘之田于郑[2],而与郑人苏忿生之田[3]:温[4]、原[5]、絺[6]、樊[7]、隰郕[8]、欑茅[9]、向[10]、盟[11]、州[12]、陉[13]、隤[14]、怀[15]。君子是以知桓王之失郑也。恕而行之,德之则也,礼之经也。己弗能有而以与人,人之不至,不亦宜乎[16]?

①二邑在河南缑氏县,西南有邬聚,西北有刘亭。【释文】邬,乌户切。缑,古侯切,又苦侯切。聚,才遇切。②蔿、邘,郑二邑。【释文】蔿,尤委切。邘,音于。③苏忿生,周武生司寇苏公也。【释文】忿,芳粉切。④今温县。⑤在沁水县西。【释文】沁,七侵切,《字林》先衽切,郭璞《三苍解诂》音狗沁之沁,沈文阿疏鸩切,韦昭思金切。水名。⑥在野王县西南。【释文】絺,敕之切。⑦一名阳樊,野王县西南有阳城。【释文】樊,扶袁切。⑧在怀县西南。【释文】隰,详立切。郕,尚征切。⑨在修武县北。【释文】欑,才官切。⑩轵县西有地名向上。【释文】向,舒亮切,注同。轵,音纸。⑪今盟津。【释文】盟,音孟。⑫今州县。⑬阙。【释文】陉,音刑。⑭在修武县北。【释文】隤,徒回切。⑮今怀县。凡十二邑皆苏忿生之田。欑茅、隤属汲郡,余皆属河内。⑯苏氏叛王,十二邑王所不能有,为桓五年从王伐郑张本。

郑、息有违言[1],息侯伐郑。郑伯与战于竟,息师大败而还[2]。君子是以知息之将亡也。不度德[3],不量力[4],不亲亲[5],不征辞,不察有罪[6],犯五不韪而以伐人,其丧师也,不亦宜乎[7]?

①以言语相违恨。②息国,汝南新息县。【释文】竟,音境。息,一本作"鄎",音息。③郑庄贤。【释文】度,待洛切。④息国弱。⑤郑、息,同姓之国。⑥言语相恨,当明征其辞,以审曲直,不宜轻斗。⑦韪,是也。【释文】韪,韦鬼切,《苍颉篇》同。丧,息浪切。

冬十月,郑伯以虢师伐宋。壬戌,大败宋师,以报其入郑也[1]。宋不告命,故不书。凡诸侯有命,告则书,不然则否[2]。师出臧否,亦如之[3]。虽及灭国,灭不告败,胜不告克,不书于策。

①入郑在十年。②命者,国之大事政令也。承其告辞,史乃书之于策。若所传闻行言非将君命,则记在简牍而已,不得记于典策。此盖周礼之旧制。【释文】传,直专切。③臧否,谓善恶得失也。灭而告败,胜而告克,此皆互言,不须两告乃书。【释文】否,音鄙,又方九切,注同。

羽父请杀桓公,将以求大宰[1]。公曰:"为其少故也,吾将授之矣[2]。使营菟裘,吾将老焉[3]。”羽父惧,反谮公于桓公而请弑之。公之为公子也,与郑人战于狐壤,止焉[4]。郑人囚诸尹氏[5],赂尹氏而祷于其主钟巫[6],遂与尹氏归而立其主[7]。十一月,公祭钟巫,齐于社圃[8],馆于寪氏[9]。壬辰,羽父使贼弑公于寪氏,立桓公而讨寪氏,有死者[10]。不书葬,不成丧也[11]。

①大宰,官名。【释文】大,音泰,注同。②授桓位。【释文】为,于伪切。少,诗照切。③菟裘,鲁邑,在泰山梁父县南。不欲复居鲁朝,故别营外邑。【释文】菟,兔都切。裘,音求。父,音甫。复,扶又切,下同。④内讳获,故言止。狐壤,郑地。【释文】谮,侧鸩切。弑,音试,下同,一本作“杀”。⑤尹氏,郑大夫。⑥主,尹氏所主祭。【释文】赂,音路。祷,丁老切,或多报切。巫。亡夫切。⑦立钟巫于鲁。⑧社圃,园名。【释文】圃,布古切。⑨馆,舍也。寪氏,鲁大去。【释文】寪,于委切。⑩欲以弑君之罪加寪氏,而复不能正法诛之。传言进退无据。⑪桓弑隐篡立,故丧礼不成。

桓公第二

【释文】桓公名轨,惠公之子,隐公之弟,母仲子。《史记》亦名允。《谥法》:辟土服远曰桓。

桓公元年

【经】

元年春,王正月,公即位[1]。

三月,公会郑伯于垂,郑伯以璧假许田。

夏四月丁未,公及郑伯盟于越[2]。

秋,大水[3]。

冬十月。

①嗣子位定于初丧而改元必须逾年者,继父之业,成父之志,不忍有变于中年也。诸侯每首岁必有礼于庙,诸遭丧继位者因此而改元正位,百官以序,故国史亦书即位之事于策。桓公篡立,而用常礼,欲自同于遭丧继位者。《释例》论之备矣。【释文】篡,初患切。

②公以篡立而修好于郑,郑因而迎之,成礼于垂,终易二田,然后结盟。垂,(大)[犬]丘,卫地也。越,近垂,地名。郑求祀周公,鲁听受祊田,令郑废泰山之祀,知其非礼,故以璧假为文,时之所隐。【释文】假,举下切。好,呼报切,传同。近,附近之近。祊,百庚切。令,力呈切。③书灾也。传例曰:"凡平原出水为大水。"

【传】

元年春,公即位,修好于郑。郑人请复祀周公,卒易祊田[①]。公许之。三月,郑伯以璧假许田,为周公、祊故也[②]。

①事在隐八年。【释文】复,扶又切。②鲁不宜听郑祀周公,又不宜易取祊田。犯二不宜以动,故隐其实,不言祊,称璧假,言若进璧以假田,非久易也。【释文】为,于伪切。

夏四月丁未,公及郑伯盟于越,结祊成也[①]。盟曰:"渝盟,无享国[②]。"

①结成易二田之事也。传以经不书祊,故独见祊。【释文】见,贤遍切。②渝,变也。【释文】渝,羊朱切。享,许丈切。

秋,大水。凡平原出水为大水[①]。

①广平曰原。

冬,郑伯拜盟[①]。

①郑伯若自来,则经不书;若遣使,则当言郑人,不得称郑伯,疑谬误。【释文】使,所吏切。

宋华父督见孔父之妻于路[①],目逆而送之,曰:"美而艳[②]。"

①华父督,宋戴公孙也。孔父嘉,孔子六世祖。【释文】华,户化切,大夫氏也。后皆同。督,音笃。②色美曰艳。【释文】艳,以赡切。

桓公二年

【经】

二年春,王正月戊申,宋督弑其君与夷及其大夫孔父[①]。

滕子来朝[②]。

三月,公会齐侯、陈侯、郑伯于稷,以成宋乱[③]。

夏四月，取郜大鼎于宋。戊申，纳于大庙[4]。

秋七月，杞侯来朝[5]。

蔡侯、郑伯会于邓[6]。

九月，入杞[7]。

公及戎盟于唐。冬，公至自唐[8]。

①称督以弑，罪在督也。孔父称名者，内不能治其闺门，外取怨于民，身死而祸及其君。【释文】闺，音圭。②无传。隐十一年称侯，今称子者，盖时王所黜。③成，平也。宋有弑君之乱，故为会欲以平之。稷，宋地。④宋以鼎赂公。大庙，周公庙也。始欲平宋之乱，终于受赂，故备书之。戊申，五月十日。【释文】郜，古报切。大，音泰，传"大庙"仿此。⑤公即位而来朝。⑥颍川召陵县西南有邓城。【释文】召，上照切。⑦不称主帅，微者也。弗地曰入。【释文】帅，所类切，或作"师"。⑧传例曰："告于庙也。"特相会，故致地也。凡公行还不书至者，皆不告庙也。隐不书至，谦不敢自同于正君，书劳策勋。

【传】

二年春，宋督攻孔氏，杀孔父而取其妻。公怒，督惧，遂弑殇公。君子以督为有无君之心而后动于恶[1]，故先书弑其君。会于稷以成宋乱，为赂故，立华氏也[2]。

①虽有君，若无也。②经称平宋乱者，盖以鲁君受赂立华氏，贪纵之甚，恶其指斥，故远言始与齐、陈、郑为会之本意也。传言为赂故立华氏，明经本书平宋乱，为公讳，讳在受赂立华氏也。犹璧假许田为周公祊故，所谓婉而成章。督未死而赐族，督之妄也。【释文】为，于伪切，注除"为会"一字，并同。恶，乌路切。婉，於阮切。

宋殇公立，十年十一战[1]，民不堪命。孔父嘉为司马，督为大宰，故因民之不堪命，先宣言曰："司马则然[2]。"已杀孔父而弑殇公，召庄公于郑而立之，以亲郑[3]。以郜大鼎赂公[4]，齐、陈、郑皆有赂，故遂相宋公[5]。夏四月，取郜大鼎于宋。戊申，纳于大庙，非礼也。

①殇公以隐四年立，十一战皆在隐公世。②言公之数战则司马使尔。嘉，孔父字。【释文】大，音泰。数，音朔。③庄公，公子冯也。隐三年出居于郑。冯入宋不书，不告也。【释文】冯，皮冰切，下同。④郜国所造器也，故系名于郜。济阴城武县东南有北郜城。⑤【释文】相，息亮切，下注、传"相"同。

臧哀伯谏曰[1]："君人者将昭德塞违，以临照百官，犹惧或失之，故昭令德以示子孙。是以清庙茅屋[2]，大路越席[3]，大羹不致[4]，粢食不凿[5]，昭其俭也[6]。衮、冕、黻、珽[7]，带、裳、幅、舄[8]，衡、紞、纮、綖[9]，昭其度也[10]。藻率、鞞、鞛[11]，鞶、厉、游、缨[12]，昭其数也[13]。火、龙、黼、黻[14]，昭其文也[15]。五色比象，昭其物也[16]。钖、鸾、和、铃，昭其声也[17]。三辰旂旗，昭其明也[18]。夫德俭而有度，登降有数[19]。文物以纪之，声明以发之，以临照百官，百官于是乎戒惧而不敢易纪律。今灭德立违[20]，而寘其赂器于大庙，以明示百官，百官象之，其又何诛焉！国家之败，由官邪也。官之失德，宠赂章也。郜鼎在庙，章孰甚焉？武王克商，迁九鼎于雒邑[21]，义士犹或非之[22]，而况将昭违乱之赂器于大庙，其若之何？"公不听。周内史闻之曰："臧孙达其有后于鲁乎！君违，不忘谏之以德[23]。"

①臧哀伯，鲁大夫僖伯之子。②以茅饰屋，著俭也。清庙，肃然清静之称。【释文】著，张虑切，后不音者同。称，尺证切。③大路，玉路，祀天车也。越席，结草。【释文】越，户括切。祀天车，本或无"天"字者非。④大羹，肉汁，不致五味。⑤黍稷曰粢，不精凿。【释文】粢，音咨。食，音嗣，饼也。凿，子洛切，云粝米一斛舂为八斗。⑥此四者皆示俭。⑦衮，画衣也。冕，冠也。黻，韦韠，以蔽膝也。珽，玉笏也，若今吏之持簿。【释文】衮，古本切。黻，音弗，下同。珽，他顶切。韠，音必。笏，音忽。簿，步古切，徐广云：持簿，手版也。⑧带，革带也。衣下曰裳。幅，若今行縢者。舄，复履。【释文】幅，音逼。舄，音昔。縢，徒登切。复，音福。⑨衡，维持冠者。紞，冠之垂者。纮，缨从下而上者。綖，冠上覆。【释文】紞，多敢切，《字林》丁坎切。纮，获耕切。綖，音廷，《字林》弋善切。上，时掌切，下"上下"同。⑩尊卑各有制度。⑪藻率，以韦为之，所以藉玉也。王五采，公、侯、伯三采，子、男二采。鞞，佩刀削上饰。鞛，下饰。【释文】率，音律。鞞，补顶切。鞛，布孔切。藉，在夜切。削，音笑。⑫鞶，绅带也，一名大带。厉，大带之垂者。游，旌旗之游。缨，在马膺前，如索裙。【释文】鞶，步干切。游，音留，注同。膺，于陵切。索，悉各切。⑬尊卑各有数。⑭火，画火也。龙，画龙也。白与黑谓之黼，形若斧。黑与青谓之黻，两已相戾。【释文】黼，音甫。戾，力计切。⑮以文章明贵贱。⑯车服器械之有五色，皆以比象天地四方，以示器物不虚设。【释文】比，并是切。械，户戒切。⑰钖在马额，鸾在镳，和在衡，铃在旂，动皆有鸣声。【释文】钖，音扬，郑玄云"马面当卢"。额，颜客切。镳，彼骄切。旂，勤衣切。⑱三辰，日、月、星也。画于旂旗，象天之明。⑲登降，谓上下尊卑。⑳谓立华督违命之臣。㉑九鼎，殷所受夏九鼎也。武王克商，乃营雒邑而后去之，又迁九鼎焉。时但营洛邑，未有都城，至周公乃卒营雒邑，谓之王城，即今河南城也。故传曰："成王定鼎于郏鄏"。【释文】寘，之豉切，置也。邪，似嗟切。雒，音洛，本亦作"洛"。夏，户雅切。郏，古洽切。鄏，音辱。㉒盖伯夷之属。㉓内史，周大夫官也。僖伯谏隐观鱼，其子哀伯谏桓

纳鼎,积善之家必有余庆,故曰其有后于鲁。

秋七月,杞侯来朝,不敬。杞侯归,乃谋伐之。

蔡侯、郑伯会于邓,始惧楚也[①]。

①楚国,今南郡江陵县北纪南城也。楚武王始僭号称王,欲害中国,蔡、郑姬姓,近楚,故惧而会谋。【释文】近,附近之近。

九月,入杞,讨不敬也。

公及戎盟于唐,修旧好也[①]。冬,公至自唐,告于庙也。凡公行,告于宗庙。反行,饮至、舍爵、策勋焉,礼也[②]。特相会,往来称地,让事也[③]。自参以上,则往称地,来称会,成事也[④]。

①惠、隐之好。【释文】好,呼报切,注同。②爵,饮酒器也。既饮置爵,则书勋劳于策,言速纪有功也。【释文】舍,音赦,置也,旧音捨。③特相会,公与一国会也。会必有主,二人独会则莫肯为主,两让,会事不成,故但书地。④成会事。【释文】参,七南切,亦音三。上,时掌切。

初,晋穆侯之夫人姜氏以条之役生大子,命之曰仇[①]。其弟以千亩之战生,命之曰成师[②]。师服曰:"异哉,君之名子也[③]!夫名以制义[④],义以出礼[⑤],礼以体政[⑥],政以正民。是以政成而民听,易则生乱[⑦]。嘉耦曰妃,怨耦曰仇,古之命也[⑧]。今君命大子曰仇,弟曰成师,始兆乱矣,兄其替乎[⑨]?"

①条,晋地。大子,文侯也。意取于战相仇怨。【释文】仇,音求。②桓叔也。西河界休县南有地名千亩,意取能成其众。③师服,晋大夫。【释文】名,如字,或弥政切。④名之必可言也。⑤礼从义出。⑥政以礼成。⑦反易礼义则乱生也。⑧自古有此言。【释文】耦,五口切。妃,芳非切。⑨穆侯爱少子桓叔,俱取于战以为名,所附意异,故师服知桓叔之党必盛于晋,以倾宗国,故因名以讽谏。【释文】替,他计切,废也。少,诗照切。讽,方凤切。

惠之二十四年,晋始乱,故封桓叔于曲沃[①],靖侯之孙栾宾傅之[②]。师服曰:"吾闻国家之立也,本大而末小,是以能固。故天子建国[③],诸侯立家[④],卿置侧室[⑤],大夫有贰宗[⑥],士有隶子弟[⑦],庶人工商各有分亲,皆有等衰[⑧]。是以民服事其上而下无觊觎[⑨]。今晋,甸侯也,而建国。本既弱矣,其能久乎[⑩]?"

①惠,鲁惠公也。晋文侯卒,子昭侯元年,危不自安,封成师为曲沃伯。②靖侯,桓叔之高祖父,言得贵宠公孙为傅相。【释文】靖,才井切。栾,力官切。③立诸侯也。④卿大

夫称家。⑤侧室，众子也，得立此一官。⑥適子为小宗，次者为贰宗，以相辅贰。【释文】適，丁历切。为小宗，本或作“为大宗”，误。⑦士卑，自以其子弟为仆隶。⑧庶人无复尊卑，以亲疏为分别也。衰，杀也。【释文】分，扶问切，又如字。亲，七刃切，又如字。衰，初危切，注同。复，扶又切。别，彼列切。杀，所界切。⑨下不冀望上位。【释文】觊，音冀。觎，羊朱切，《字林》羊住切，《说文》云欲也。⑩诸侯而在甸服者。【释文】甸，徒练切。

惠之三十年，晋潘父弑昭侯而纳桓叔，不克[①]。晋人立孝侯[②]。

惠之四十五年，曲沃庄伯伐翼，弑孝侯[③]。翼人立其弟鄂侯。鄂侯生哀侯[④]。哀侯侵陉庭之田[⑤]。陉庭南鄙启曲沃伐翼。

①潘父，晋大夫也。昭侯，文侯子。②昭侯子也。③庄伯，桓叔子。翼，晋国所都。④鄂侯以五年奔随，其年秋，王立哀侯于翼。⑤陉庭，翼南鄙邑。【释文】陉，音刑。

桓公三年

【经】

三年春正月，公会齐侯于嬴[①]。

夏，齐侯、卫侯胥命于蒲[②]。

六月，公会杞侯于郕。

秋七月壬辰朔，日有食之，既[③]。

公子翚如齐逆女[④]。

九月，齐侯送姜氏于讙[⑤]。公会齐侯于讙[⑥]。夫人姜氏至自齐[⑦]。

冬，齐侯使其弟年来聘。

有年[⑧]。

①经之首时必书“王”，明此历天王之所班也。其或废法违常，失不班历，故不书“王”。嬴，齐邑，今泰山嬴县。【释文】从此尽十七年皆无“王”，唯十年有。二传以为义。或有“王”字者，非。嬴，音盈。②申约，言以相命而不歃血也。蒲，卫地，在陈留长垣县西南。【释文】约，如字，又於妙切。歃，所洽切。垣，音袁。③无传。既，尽也。历家之说，谓日光以望时遥夺月光，故月食。日月同会，月奄日，故日食。食有上下者，行有高下，日光轮存而中食者，相奄密，故日光溢出。皆既者，正相当而相奄间疏也。然圣人不言月食

日，而以自食为文，阙于所不见。④礼，君有故则使卿逆。⑤讙，鲁地，济北蛇丘县西有下讙亭。已去齐国，故不言女，未至于鲁，故不称夫人。【释文】讙，音欢。蛇，以支切。⑥无传。⑦无传。告于庙也。不言翚以至者，齐侯送之，公受之于讙。⑧无传。五谷皆熟，书有年。

【传】

三年春，曲沃武公伐翼，次于陉庭。韩万御戎，梁弘为右[①]，逐翼侯于汾隰[②]，骖絓而止[③]，夜获之，及栾共叔[④]。

①武公，曲沃庄伯子也。韩万，庄伯弟也。御戎，仆也。右，戎车之右。②汾隰，汾水边。【释文】汾，扶云切，水名。下湿曰隰。③骖，騑马。【释文】骖，七南切。絓，户卦切。騑，芳非切。④共叔，桓叔之傅，栾宾之子也，身傅翼侯，父子各殉所奉之主，故并见获而死。【释文】共，音恭，注同。殉，似俊切。

会于嬴，成昏于齐也[①]。

①公不由媒介，自与齐侯会而成昏，非礼也。【释文】介，音界。

夏，齐侯、卫侯胥命于蒲，不盟也。

公会杞侯于郕，杞求成也[①]。

①二年入杞，故今来求成。

秋，公子翚如齐逆女。修先君之好，故曰公子[①]。齐侯送姜氏，非礼也。凡公女嫁于敌国，姊妹则上卿送之，以礼于先君；公子则下卿送之；于大国，虽公子亦上卿送之；于天子，则诸卿皆行，公不自送；于小国，则上大夫送之[②]。

①昏礼虽奉时君之命，其言必称先君以为礼辞。故公子翚逆女，传称修先君之好；公子遂逆女，传称尊君命，互举其义。【释文】好，呼报切，注同。②【释文】齐侯送姜氏，本或作"送姜氏于讙"。公子则下卿送。公子，公女。

冬，齐仲年来聘，致夫人也[①]。

①古者女出嫁，又使大夫随加聘问，存谦敬，序殷勤也。在鲁而出则曰致女，在他国而来则总曰聘，故传以致夫人释之。

芮伯万之母芮姜恶芮伯之多宠人也，故逐之，出居于魏[①]。

①为明年秦侵芮张本。芮国在冯翊临晋县。魏国，河东河北县。【释文】芮，如锐切。恶，乌路切。翊，音翼。

桓公四年

【经】

四年春正月，公狩于郎[①]。

夏，天王使宰渠伯纠来聘[②]。

①冬猎曰狩，行三驱之礼，得田狩之时，故传曰："书时，礼也。"周之春，夏之冬也。田狩从夏时，郎非国内之狩地，故书地。【释文】狩，手又切。夏，户雅切，下同。②宰，官；渠，氏；伯纠，名也。王官之宰，当以才授位，而伯纠摄父之职出聘列国，故书名以讥之。国史之记，必书年以集此公之事，书首时以成此年之岁，故《春秋》有空时而无事者。今不书秋冬首月，史阙文。他皆放此。【释文】纠，居黝切。

【传】

四年春正月，公狩于郎。书时，礼也[①]。

①郎非狩地，故唯时合礼。

夏，周宰渠伯纠来聘。父在，故名。

秋，秦师侵芮，败焉，小之也[①]。

①秦以芮小轻之，故为芮所败。

冬，王师、秦师围魏，执芮伯以归[①]。

①三年，芮伯出居魏，芮更立君。秦为芮所败，故以芮伯归，将欲纳之。

桓公五年

【经】

五年春正月，甲戌，己丑，陈侯鲍卒[①]。

夏，齐侯、郑伯如纪[②]。

天王使仍叔之子来聘[③]。

葬陈桓公[④]。

城祝丘[⑤]。

秋,蔡人、卫人、陈人从王伐郑[⑥]。

大雩[⑦]。

螽[⑧]。

冬,州公如曹[⑨]。

①未同盟而书名者,来赴以名故也。甲戌,前年十二月二十一日。己丑,此年正月六日。陈乱,故再赴。赴虽日异而皆以正月起文,故但书正月。慎疑审事,故从赴两书。【释文】鲍,步饱切。②外相朝皆言如。齐欲灭纪,纪人惧而来告,故书。③仍叔,天子之大夫,称仍叔之子,本于父字,幼弱之辞也。讥使童子出聘。④无传。⑤无传。齐、郑将袭纪故。⑥王自为伐郑之主,君臣之辞也。王师败不书,不以告。【释文】从,如字,又才用切。⑦传例曰:“书,不时也。”失龙见之时。【释文】雩,音于,祭名。见,贤遍切。⑧无传。蚣蝑之属为灾,故书。【释文】螽,音终。蚣,相容切。蝑,相鱼切。⑨不书奔,以朝出也,为下实来书也。曹国,今济阴定陶县。【释文】陶,同劳切。

【传】

五年春正月,甲戌,己丑,陈侯鲍卒,再赴也。于是陈乱。文公子佗杀大子免而代之[①]。公疾病而乱作,国人分散,故再赴。

①佗,桓公弟五父也。称文公子,明佗非桓公母弟也。免,桓公大子。【释文】佗,大何切。免,音问。父,音甫。

夏,齐侯、郑伯朝于纪,欲以袭之。纪人知之。

王夺郑伯政,郑伯不朝[①]。

①夺不使知王政。【释文】袭,音习。

秋,王以诸侯伐郑,郑伯御之。王为中军;虢公林父将右军,蔡人、卫人属焉[①];周公黑肩将左军,陈人属焉[②]。

①虢公林父,王卿士。【释文】将,子匠切。下及注“大将”同。②黑肩,周桓公也。

郑子元请为左拒以当蔡人、卫人[①],为右拒以当陈人,曰:“陈乱,民莫有斗心,若先犯之,必奔。王卒顾之,必乱。蔡、卫不枝,固将先奔[②]。既而萃于王卒,可以集事。”从之[③]。曼伯为右拒[④],祭仲足为左拒,原繁、高渠弥以中军奉公,为鱼丽之陈,先偏后伍,伍承弥缝[5]。战于繻葛[6]，命二拒曰："旝动而鼓[7]。"蔡、卫、陈皆奔，王卒乱，郑师合以攻之，王卒大败。祝聃射王中肩，王亦能军[8]。祝聃请从之。公曰："君子不欲多上人，况敢陵天子乎！苟自救也，社稷无陨，多矣[9]。"

夜，郑伯使祭足劳王，且问左右[10]。

①子元，郑公子。拒，方陈。【释文】拒甫切，下同。陈，直觐切，下文"之陈"及注同。②不能相枝持也。【释文】卒，尊忽切，下同。③萃，聚也。集，成也。【释文】萃，似类切。④曼伯，檀伯。【释文】曼，音万。⑤《司马法》：车战二十五乘为偏，以车居前，以伍次之，承偏之隙而弥缝阙漏也。五人为伍，此盖鱼丽陈法。【释文】丽，力知切，注同。缝，扶容切。乘，绳证切。⑥繻葛，郑地。【释文】繻，音须。⑦旝，旃也，通帛为之，盖今大将之麾也，执以为号令。【释文】旝，古外切，又古活切，本亦作"桧"。建大木，置石其上，发机以磓敌。麾，许危切。⑧虽军败身伤，犹殿而不奔，故言能军。【释文】射，食亦切。中，丁仲切。殿，多见切。⑨郑于此收兵自退。【释文】陨，于敏切。⑩祭足即祭仲之字，盖名仲字仲足也。劳王，问左右，言郑志在苟免，王讨之非也。【释文】劳，力报切，注同。名仲字仲足，一本作"名仲字足"。

仍叔之子，弱也[1]。

①仍叔之子来聘，童子将命，无速反之心，久留在鲁，故经书夏聘，传释之于末秋。

秋，大雩，书，不时也[1]。凡祀，启蛰而郊[2]，龙见而雩[3]，始杀而尝[4]，闭蛰而烝[5]。过则书[6]。

①十二公传唯此年及襄二十六年有两秋，此发雩祭之例，欲显天时以指事，故重言秋，异于凡事。【释文】重，直用切。②言"凡祀"通下三句，天地宗庙之事也。启蛰，夏正建寅之月，祀天南郊。【释文】蛰，直立切。正，音征。③龙见，建巳之月。苍龙，宿之体，昏见东方，万物始盛，待雨而大，故祭天，远为百谷祈膏雨。【释文】见，贤遍切，注同。宿，音秀。为，于伪切。④建酉之月，阴气始杀，嘉谷始熟，故荐尝于宗庙。⑤建亥之月，昆虫闭户，万物皆成，可荐者众，故烝祭宗庙。《释例》论之备矣。【释文】闭，必计切，又必结切，《字林》芳结切。烝，之承切。⑥卜日有吉否，过次节则书，以讥慢也。

冬，淳于公如曹。度其国危，遂不复[1]。

①淳于，州国所都，城阳淳于县也。国有危难，不能自安，故出朝而遂不还。【释文】度，待洛切。复，音服，后不音者皆同。难，乃旦切。

桓公六年

【经】

六年春正月,寔来①。

夏四月,公会纪侯于成②。

秋八月壬午,大阅③。

蔡人杀陈佗④。

九月丁卯,子同生⑤。

冬,纪侯来朝。

①寔,实也。不言州公者,承上五年冬经如曹。间无异事,省文,从可知。【释文】寔,时力切。省,所景切。②成,鲁地,在泰山钜平县东南。③齐为大国,以戎事征诸侯之戍,嘉美郑忽,而忽欲以有功为班,怒而诉齐。鲁人惧之,故以非时简车马。【释文】阅,音悦。④佗立逾年不称爵者,簒立未会诸侯也。传例在庄二十二年。⑤指公子庄公也。十二公唯子同是適夫人之长子,备用大子之礼,故史书之于策。不称大子者,书始生也。【释文】適,丁历切,传同。长,丁丈切。

【传】

六年春,自曹来朝。书曰"寔来",不复其国也①。

①亦承五年冬传"淳于公如曹"也。言奔则来行朝礼,言朝则遂留不去,欲变文,言实来。

楚武王侵随①,使薳章求成焉②,军于瑕以待之③。随人使少师董成④。鬥伯比言于楚子曰:"吾不得志于汉东也,我则使然⑤。我张吾三军而被吾甲兵,以武临之,彼则惧而协以谋我,故难间也。汉东之国随为大,随张必弃小国⑥,小国离,楚之利也。少师侈,请羸师以张之⑦。"熊率且比曰:"季梁在,何益⑧?"鬥伯比曰:"以为后图,少师得其君⑨。"王毁军而纳少师⑩。

①随国,今义阳随县。②薳章,楚大夫。【释文】薳,于委切。③瑕,随地。【释文】瑕,下加切。④少师,随大夫。董,正也。【释文】少,诗照切,注及下同,后仿此。⑤鬥伯

比,楚大夫,令尹子文之父。⑥张,自侈大也。【释文】被,皮寄切,下注“被甲”同。间,间厕之间。张,猪亮切,注同,一音如字。侈,昌氏切,又式氏切。⑦羸,弱也。【释文】羸,劣追切,注及下同。⑧熊率且比,楚大夫。季梁,随贤臣。【释文】率,音律。且,子余切。⑨言季梁之谏不过一见从,随侯卒当以少师为计,故云以为后图。二年,蔡侯、郑伯会于邓,始惧楚,楚子自此遂盛,终于抗衡中国,故传备言其事,以终始之。【释文】抗,苦浪切。⑩从伯比之谋。

少师归,请追楚师,随侯将许之①。季梁止之曰:“天方授楚,楚之羸,其诱我也,君何急焉?臣闻小之能敌大也,小道大淫。所谓道,忠于民而信于神也。上思利民,忠也;祝史正辞,信也②。今民馁而君逞欲③,祝史矫举以祭,臣不知其可也④。”公曰:“吾牲牷肥腯,粢盛丰备,何则不信⑤?”对曰:“夫民,神之主也⑥。是以圣王先成民而后致力于神。故奉牲以告曰‘博硕肥腯’,谓民力之普存也⑦,谓其畜之硕大蕃滋也,谓其不疾瘯蠡也,谓其备腯咸有也⑧。奉盛以告曰‘洁粢丰盛’,谓其三时不害而民和年丰也⑨。奉酒醴以告曰‘嘉栗旨酒’⑩,谓其上下皆有嘉德而无违心也。所谓馨香,无谗慝也⑪。故务其三时,修其五教⑫,亲其九族,以致其禋祀⑬。于是乎民和而神降之福,故动则有成。今民各有心,而鬼神乏主⑭,君虽独丰,其何福之有!君姑修政而亲兄弟之国,庶免于难。”随侯惧而修政,楚不敢伐。

①信楚弱也。②正辞,不虚称君美。③逞,快也。【释文】馁,奴罪切,饿也。④诈称功德,以欺鬼神。【释文】矫,居兆切。⑤牲,牛、羊、豕也。牷,纯色完全也。腯,亦肥也。黍稷曰粢,在器曰盛。【释文】牷,音全。腯,徒忽切。⑥言鬼神之情依民而行。⑦博,广也。硕,大也。⑧虽告神以博硕肥腯,其实皆当兼此四谓。民力适完,则六畜既大而滋也,皮毛无疥癣,兼备而无有所阙。【释文】畜,吁又切,下皆同。蕃,音烦。瘯,七木切,本又作“蔟”,同。蠡,力果切,《说文》作“瘰”,云:瘯瘰,皮肥也。疥,音界。癣,息浅切,《说文》云:乾疡。⑨三时:春、夏、秋。⑩嘉,善也。栗,谨敬也。⑪馨,香之远闻。【释文】慝,他得切。闻,音问,又如字。⑫父义、母慈、兄友、弟恭、子孝。⑬禋,洁敬也。九族谓外祖父、外祖母、从母子及妻父、妻母、姑之子、姊妹之子、女子之子并己之同族,皆外亲有服而异族者也。【释文】九族,杜释与孔安国、郑玄不同。禋,音因。⑭民饑馁也。【释文】饑,音饥。

夏,会于成,纪来咨谋齐难也①。

①齐欲灭纪,故来谋之。【释文】难,乃旦切,下同。

北戎伐齐，齐侯使乞师于郑。郑大子忽帅师救齐。六月，大败戎师，获其二帅大良、少良，甲首三百，以献于齐[①]。于是，诸侯之大夫戍齐，齐人馈之饩[②]，使鲁为其班，后郑[③]。郑忽以其有功也，怒，故有郎之师[④]。

①甲首，被甲者首。【释文】帅，所类切。少，诗照切。②生曰饩。【释文】馈，其愧切。饩，许既切。牲腥曰饩。③班，次也。鲁亲班齐馈，则亦使大夫戍齐矣，经不书，盖史阙文。④郎师在十年。

公之未昏于齐也，齐侯欲以文姜妻郑大子忽。大子忽辞，人问其故，大子曰："人各有耦，齐大，非吾耦也。《诗》云：'自求多福[①]。'在我而已，大国何为？"君子曰："善自为谋[②]。"及其败戎师也，齐侯又请妻之[③]，固辞。人问其故，大子曰："无事于齐，吾犹不敢。今以君命奔齐之急，而受室以归，是以师昏也。民其谓我何[④]？"遂辞诸郑伯[⑤]。

①《诗·大雅·文王》，言求福由己，非由人也。【释文】妻，七计切，下及注同。②言独洁其身，谋不及国。③欲以他女妻之。④言忽见怪于民。⑤假父之命以为辞，为十一年郑忽出奔卫传。

秋，大阅，简车马也。

九月丁卯，子同生。以大子生之礼举之，接以大牢[①]，卜士负之，士妻食之[②]。公与文姜、宗妇命之[③]。

①大牢，牛、羊、豕也。以礼接夫人，重適也。【释文】接，如字。郑注《礼记》作"捷"，读此者亦或捷音。②礼，世子生三日，卜士负之，射人以桑弧蓬矢射四方，卜士之妻为乳母。【释文】食，音嗣。弧，音胡。蓬，步工切。射，食亦切。③世子生三月，君夫人沐浴于外寝，立于阼阶，西乡。世妇抱子升自西阶，君命之乃降。盖同宗之妇。【释文】阼，才故切。

公问名于申繻。对曰："名有五：有信，有义，有象，有假，有类[①]。以名生为信[②]，以德命为义[③]，以类命为象[④]，取于物为假[⑤]，取于父为类[⑥]。不以国[⑦]，不以官，不以山川，不以隐疾[⑧]，不以畜牲[⑨]，不以器币[⑩]。周人以讳事神，名，终将讳之[⑪]。故以国则废名[⑫]，以官则废职，以山川则废主[⑬]，以畜牲则废祀[⑭]，以器币则废礼。晋以僖侯废司徒[⑮]，宋以武公废司空[⑯]，先君献、武废二山[⑰]，是以大物不可以命。"公曰："是其生也，与吾同物，命之曰同[⑱]。"

①申繻，鲁大夫。【释文】繻，音须。②若唐叔虞，鲁公子友。③若文王名昌，武王名发。④若孔子首象尼丘。⑤若伯鱼生，人有馈之鱼，因名之曰鲤。【释文】鲤，音里。⑥若

子同生，有与父同者。⑦国君之子不自以本国为名也。⑧隐，痛；疾，患，辟不祥也。⑨畜牲，六畜。⑩币，玉帛。⑪君父之名，固非臣子所斥；然礼既卒哭，以木铎徇曰："舍故而讳新。"谓舍亲尽之祖而讳新死者，故言以讳事神，名，终将讳之。自父至高祖皆不敢斥言。【释文】周人以讳事神名，众家多以"名"字属下句。铎，待洛切。徇，似俊切，本又作"殉"，同。舍，音捨，下同。⑫国不可易，故废名。⑬改其山川之名。⑭名猪则废猪，名羊则废羊。⑮僖侯名司徒，废为中军。⑯武公名司空，废为司城。⑰二山，具、敖也。鲁献公名具，武公名敖，更以其乡名山。【释文】敖，五羔切。⑱物，类也，谓同日。

冬，纪侯来朝，请王命以求成于齐，公告不能①。

①纪微弱，不能自通于天子，欲因公以请王命，公无宠于王，故告不能。

桓公七年

【经】

七年春二月己亥，焚咸丘①。

夏，穀伯绥来朝②。

邓侯吾离来朝③。

①无传。焚，火田也。咸丘，鲁地，高平钜野县南有咸亭。讥尽物，故书。【释文】焚，扶云切。②【释文】绥，须唯切。③不总称朝者，各自行朝礼也。穀国在南乡筑阳县北。【释文】筑，音逐。

【传】

七年春，穀伯、邓侯来朝。名，贱之也①。

①辟陋小国，贱之，礼不足，故书名。以春来，夏乃行朝礼，故经书夏。【释文】辟，匹亦切，本又作"僻"，同。

夏，盟、向求成于郑，既而背之①。

秋，郑人、齐人、卫人伐盟、向。王迁盟、向之民于郏②。

①盟、向二邑名，隐十一年王以与郑，故求与郑成。【释文】盟，音孟。向，伤亮切。背，音佩。②郏，王城。【释文】郏，古洽切。

冬,曲沃伯诱晋小子侯,杀之[①]。

①曲沃伯,武公也。小子侯,哀侯子。

桓公八年

【经】

八年春正月己卯,烝[①]。

天王使家父来聘[②]。

夏五月丁丑,烝[③]。

秋,伐邾[④]。

冬十月,雨雪[⑤]。

祭公来,遂逆王后于纪[⑥]。

①无传。此夏之仲月,非为过而书者,为下五月复烝见渎也。例在五年。【释文】烝,之承切。夏,户雅切。为,于伪切。复,扶又切。见,贤遍切。②无传。家父,天子大夫。家,氏;父,字。③无传。④无传。⑤无传。今八月也,书时失。【释文】雨,于付切。⑥祭公,诸侯为天子三公者。王使鲁主昏,故祭公来,受命而迎也。天子无外,故因称王后。卿不书,[誉](举)重略轻。【释文】祭,侧界切。

【传】

八年春,灭翼[①]。

①曲沃灭之。

随少师有宠。楚鬥伯比曰:"可矣。仇有衅,不可失也[①]。"夏,楚子合诸侯于沈鹿[②]。黄、随不会[③]。使薳章让黄[④]。楚子伐随,军于汉、淮之间。

①衅,瑕隙也。无德者宠,国之衅也。【释文】衅,许觐切,注同。②沈鹿,楚地。③黄国,今弋阳县。【释文】弋,余职切。④责其不会。

季梁请下之,弗许而后战[①],所以怒我而怠寇也。少师谓随侯曰:"必速战。不然,将失楚师。"随侯御之,望楚师[②]。季梁曰:"楚人上左,君必左[③],无与王遇。且攻其右,右无良焉,必败。偏败,众乃携矣。"少师曰:"不当王,非敌也。"弗从[④]。战于速杞,随师败绩。

随侯逸[5],鬥丹获其戎车,与其戎右少师[6]。

秋,随及楚平。楚子将不许,鬥伯比曰:"天去其疾矣[7],随未可克也。"乃盟而还。

①下之,请服也。【释文】下,遐嫁切,注同。②遥见楚师。【释文】将失楚师,一本无"师"字。③君,楚君也。④不从季梁谋。⑤速杞,随地。逸,逃也。⑥鬥丹,楚大夫。戎车,君所乘兵车也。戎右,车右也。宠之,故以为右。⑦去疾,谓少师见获而死。【释文】去,起吕切,注同。

冬,王命虢仲立晋哀侯之弟缗于晋[1]。

①虢仲,王卿士虢公林父。【释文】缗,亡巾切。

祭公来,遂逆王后于纪,礼也[1]。

①天子娶于诸侯,使同姓诸侯为之主。祭公来,受命于鲁,故曰礼。

桓公九年

【经】

九年春,纪季姜归于京师[1]。

夏四月。

秋七月。

冬,曹伯使其世子射姑来朝[2]。

①季姜,桓王后也。季,字;姜,纪姓也。书字者,伸父母之尊。【释文】伸,音申。②曹伯有疾,故使其子来朝。【释文】射,音亦,又音夜。

【传】

九年春,纪季姜归于京师。凡诸侯之女行,唯王后书[1]。

①为书妇人行例也。適诸侯,虽告鲁,犹不书。【释文】为,于伪切。

巴子使韩服告于楚,请与邓为好[1]。楚子使道朔将巴客以聘于邓[2]。邓南鄙鄾人攻而夺之币[3],杀道朔及巴行人。楚子使薳章让于邓,邓人弗受[4]。

①韩服,巴行人。巴国,在巴郡江州县。【释文】好,呼报切。②道朔,楚大夫。巴客,韩服。③鄾,在今邓县南,沔水之北。【释文】鄾,音忧。沔,面善切。④言非鄾人所攻。

夏,楚使鬥廉帅师及巴师围鄾[①]。邓养甥、聃甥帅师救鄾。三逐巴师,不克[②]。鬥廉衡陈其师于巴师之中,以战,而北[③]。邓人逐之,背巴师;而夹攻之[④],邓师大败。鄾人宵溃[⑤]。

①鬥廉,楚大夫。②二甥,皆邓大夫。【释文】聃,乃甘切。③衡,横也。分巴师为二部,鬥廉横陈于其间以与邓师战而伪北。北,走也。【释文】衡,如字,一音横。陈,直觐切,注同,又如字。北,如字。一音佩,嵇康音胸背。④楚师伪走,邓师逐之,背巴师,巴师攻之,楚师自前还与战。【释文】背,音佩,注同。夹,古洽切,又古协切。⑤宵,夜也。【释文】溃,户对切。

秋,虢仲、芮伯、梁伯、荀侯、贾伯伐曲沃[①]。

①梁国在冯翊夏阳县。荀、贾,皆国名。【释文】夏,户雅切。

冬,曹大子来朝,宾之以上卿,礼也[①]。

享曹大子。初献,乐奏而叹[②]。施父曰:"曹大子其有忧乎,非叹所也[③]。"

①诸侯之適子,未誓于天子而摄其君,则以皮帛继子、男,故宾之以上卿,各当其国之上卿。【释文】適,丁历切。②酒始献。【释文】享,许两切。③施父,鲁大夫。【释文】施,色豉切。人名字,父,音甫。

桓公十年

【经】

十年春,王正月庚申,曹伯终生卒[①]。

夏五月,葬曹桓公[②]。

秋,公会卫侯于桃丘,弗遇[③]。

冬十有二月丙午,齐侯、卫侯、郑伯来战于郎[④]。

①未同盟而赴以名。②无传。③无传。卫侯与公为会期,中背公,更与齐、郑,故(云)[公]独往而不相遇也。桃丘,卫地,济北东阿县东南有桃城。【释文】中,如字,一音丁仲切。背,音佩。④改侵伐而书来战,善鲁之用周班,恶三国讨有辞。【释文】恶,乌洛切,又乌路切。

【传】

十年春，曹桓公卒[①]。

①终施父之言。

虢仲谮其大夫詹父于王[①]。詹父有辞，以王师伐虢。夏，虢公出奔虞[②]。

①虢仲，王卿士。詹父，属大夫。【释文】谮，侧鸩切。詹，章廉切。②虞国，在河东大阳县。

秋，秦人纳芮伯万于芮[①]。

①四年围魏所执者。

初，虞叔有玉[①]，虞公求旃[②]，弗献。既而悔之，曰："周谚有之：'匹夫无罪，怀璧其罪[③]。'吾焉用此，其以贾害也[④]。"乃献之。又求其宝剑。叔曰："是无厌也。无厌，将及我[⑤]。"遂伐虞公，故虞公出奔共池[⑥]。

①虞叔，虞公之弟。②旃，之也。【释文】旃，之然切。③人利其璧，以璧为罪。【释文】谚，音彦。④贾，买也。【释文】焉，於虔切。贾，音古，注同。⑤将杀我。【释文】厌，於盐切，下同。⑥共池，地名，阙。【释文】共，音洪，又音恭。

冬，齐、卫、郑来战于郎，我有辞也。

初，北戎病齐[①]，诸侯救之，郑公子忽有功焉。齐人饩诸侯，使鲁次之。鲁以周班后郑。郑人怒，请师于齐。齐人以卫师助之，故不称侵伐[②]。先书齐、卫，王爵也[③]。

①在六年。②不称侵伐而以战为文，明鲁直诸侯曲，故言我有辞，以礼自释，交绥而退，无败绩。③郑主兵而序齐、卫下者，以王爵次之也。《春秋》所以（疑）[见]鲁犹秉周礼。【释文】见，贤遍切。

桓公十一年

【经】

十有一年春正月，齐人、卫人、郑人盟于恶曹[①]。

夏五月癸未，郑伯寤生卒[②]。

秋七月，葬郑庄公[③]。

九月,宋人执郑祭仲[④]。突归于郑[⑤]。郑忽出奔卫[⑥]。

柔会宋公、陈侯、蔡叔盟于折[⑦]。

公会宋公于夫钟[⑧]。

冬十有二月,公会宋公于阚[⑨]。

①恶曹,地阙。②同盟于元年,赴以名。③无传。三月而葬,速。④祭,氏;仲,名。不称行人,听迫胁以逐君,罪之也。行人例在襄十一年,《释例》详之。【释文】听,吐定切。⑤突,厉公也,为宋所纳,故曰归。例在成十八年。不称公子,从告也。文连祭仲,故不言郑。⑥忽,昭公也。庄公既葬,不称爵者,郑人贱之,以名赴。⑦无传。柔,鲁大夫未赐族者。蔡叔,蔡大夫,叔,名也。折,地阙。【释文】折,之设切,又市列切。⑧无传。夫钟,郕地。【释文】夫,音扶。⑨无传。阚,鲁地,在东平须昌县东南。【释文】阚,口暂切。须,宣逾切。

【传】

十一年春,齐、卫、郑、宋盟于恶曹[①]。

①宋不书,经阙。

楚屈瑕将盟贰、轸[①]。郧人军于蒲骚,将与随、绞、州、蓼伐楚师[②]。莫敖患之[③]。鬥廉曰:"郧人军其郊,必不诫,且日虞四邑之至也[④]。君次于郊郢以御四邑[⑤],我以锐师宵加于郧。郧有虞心而恃其城[⑥],莫有斗志。若败郧师,四邑必离。"莫敖曰:"盍请济师于王[⑦]?"对曰:"师克在和,不在众。商,周之不敌,君之所闻也[⑧]。成军以出,又何济焉?"莫敖曰:"卜之。"对曰:"卜以决疑,不疑,何卜?"遂败郧师于蒲骚,卒盟而还[⑨]。

掘地见母

①贰、轸,二国名。【释文】屈,居勿切,楚大夫氏。贰,音二。轸,之忍切。②郧国在江夏,云杜县东南有郧城。蒲骚,郧邑。绞,国名。州国在南郡华容县东南。蓼国,今义阳棘阳县东南湖阳城。【释文】郧,音云。骚,音萧,又音缪。绞,古卯切。蓼,音了,本或作"鄝",同。夏,户雅切。棘,纪力切。湖,音胡。③莫敖,楚官名,即屈瑕。【释文】敖,五刀切。④虞,度也。四邑,随、绞、州、蓼也。邑亦国也。【释文】日,人逸切。度,待洛切。

⑤君谓屈瑕也。郊郢,楚地。【释文】郢,以井切,又以政切。⑥恃近其城。【释文】近,附近之近。⑦盍,何不也。济,益也。【释文】盍,户腊切。济,笺计切。⑧商,纣也。周,武王也。传曰:武王有乱臣十人,纣有亿兆夷人。【释文】亿,於力切。⑨卒盟贰、轸。

郑昭公之败北戎也[1],齐人将妻之,昭公辞。祭仲曰:"必取之。君多内宠,子无大援,将不立。三公子,皆君也[2]。"弗从。

夏,郑庄公卒。

①在六年。②子突、子亹、子仪之母皆有宠。【释文】妻,七计切,下注同。援,于眷切。亹,亡匪切,本或作"斖"。

初,祭封人仲足有宠于庄公[1],庄公使为卿。为公娶邓曼,生昭公,故祭仲立之[2]。宋雍氏女于郑庄公,曰雍姞,生厉公[3]。雍氏宗,有宠于宋庄公,故诱祭仲而执之,曰:"不立突,将死。"亦执厉公而求赂焉。祭仲与宋人盟,以厉公归而立之。

秋九月丁亥,昭公奔卫。己亥,厉公立。

①祭,郑地,陈留长垣县东北有祭城。封人,守封疆者,因以所守为氏。【释文】疆,居良切。②曼,邓姓。【释文】为,于伪切。曼,音万。③雍氏,姞姓,宋大夫也。以女妻人曰女。【释文】雍,于恭切。女,尼据切,注"曰女"同。姞,其吉切,又其秩切。④祭仲之如宋,非会非聘,见诱而以行人应命。【释文】应,应对之应。

桓公十二年

【经】

十有二年春正月。

夏六月壬寅,公会杞侯、莒子,盟于曲池[1]。

秋七月丁亥,公会宋公、燕人,盟于穀丘[2]。

八月壬辰,陈侯跃卒[3]。

公会宋公于虚[4]。

冬十有一月,公会宋公于龟[5]。

丙戌,公会郑伯,盟于武父[6]。

丙戌,卫侯晋卒[7]。

十有二月,及郑师伐宋。丁未,战于宋[8]。

①曲池,鲁地,鲁国汶阳县北有曲水亭。【释文】汶,音问。②穀丘,宋地。燕人,南燕大夫。④无传。厉公也。十一年与鲁大夫盟于折,不书葬,鲁不会也。壬辰,七月二十三日,书于八月,从赴。【释文】跃,羊略切。④虚,宋地。【释文】虚,去鱼切。⑤龟,宋地。⑥武父,郑地,陈留济阳县东北有武父城。【释文】父,音甫。地名有"父"字者皆同甫音。⑦无传。重书丙戌,非义例,因史成文也。未同盟而赴以名。【释文】重,直用切,下同。⑧既书伐宋,又重书战者,以见宋之无信也。庄十一年传例曰:"皆陈曰战。"尤其无信,故以独战为文。【释文】见,贤遍切。陈,直觐切。

【传】

十二年夏,盟于曲池,平杞、莒也[1]。

①隐四年,莒人伐杞,自是遂不平。

公欲平宋、郑。秋,公及宋公盟于句渎之丘[1]。宋成未可知也,故又会于虚。冬,又会于龟。宋公辞平,故与郑伯盟于武父[2],遂帅师而伐宋,战焉,宋无信也。

君子曰:"苟信不继,盟无益也。《诗》云:'君子屡盟,乱是用长。'无信也[3]。"

①句渎之丘,即穀丘也。宋以立厉公,故多责赂于郑,郑人不堪,故不平。【释文】句,古侯切。渎,音豆。②宋公贪郑赂,故与公三会而卒辞不与郑平。③《诗·小雅》,言无信故数盟,数盟则情疏,情疏而憾结,故云长乱。【释文】屡,力具切,本又作"娄",音同。长,丁丈切。数,音朔,下同。憾,户暗切。

楚伐绞,军其南门。莫敖屈瑕曰:"绞小而轻,轻则寡谋,请无扞采樵者以诱之[1]。"从之。绞人获三十人[2]。明日,绞人争出,驱楚役徒于山中。楚人坐其北门而覆诸山下[3],大败之,为城下之盟而还[4]。

伐绞之役,楚师分涉于彭[5]。罗人欲伐之,使伯嘉谍之,三巡数之[6]。

①扞,卫也。樵,薪也。【释文】轻,遣政切。扞,户旦切。樵,在遥切。②获楚人也。③坐,犹守也。覆,设伏兵而待之。【释文】覆,扶又切,注同。④城下盟,诸侯所深耻。⑤彭水,在新城昌魏县。⑥罗,熊姓国,在宜城县西山中,后徙南郡枝江县。伯嘉,罗大夫。谍,伺也;巡,徧也。【释文】谍,徒协切。数,色主切。枝,质而切。伺,音笥。徧,音遍。

桓公十三年

【经】

十有三年春二月,公会纪侯、郑伯。己巳,及齐侯、宋公、卫侯、燕人战。齐师、宋师、卫师、燕师败绩[①]。

三月,葬卫宣公[②]。

夏,大水[③]。

秋七月。

冬十月[④]。

①大崩曰败绩,例在庄十一年。或称人,或称师,史异辞也。卫宣公未葬,惠公称侯以接邻国,非礼也。②无传。③无传。④无传。

【传】

十三年春,楚屈瑕伐罗,鬥伯比送之。还,谓其御曰:"莫敖必败。举趾高,心不固矣[①]。"遂见楚子曰:"必济师[②]。"楚子辞焉[③],入告夫人邓曼。邓曼曰:"大夫其非众之谓[④],其谓君抚小民以信,训诸司以德,而威莫敖以刑也。莫敖狃于蒲骚之役,将自用也[⑤],必小罗。君若不镇抚,其不设备乎。夫固谓君训众而好镇抚之[⑥],召诸司而劝之以令德[⑦],见莫敖而告诸天之不假易也[⑧]。不然,夫岂不知楚师之尽行也。"楚子使赖人追之,不及[⑨]。

①趾,足也。②难言屈瑕将败,故以益师讽谏。【释文】见,贤遍切。济,笺诣切。难,乃旦切。讽,本亦作"风",方凤切。③不解其旨,故拒之。【释文】解,户买切。④邓曼,楚武王夫人。言伯比意不在于益众。⑤狃,忕也。蒲骚役在十一年。【释文】狃,女久切。忕,时世切,又时设切。⑥抚小民以信也。【释文】好,呼报切,又如字。⑦训诸司以德也。⑧诸,之也。言天不借贷慢易之人,威莫敖以(别)[刑]也。【释文】易,以豉切,注同。借,子夜切。贷,他代切。慢,武谏切。⑨赖国在义阳随县。赖人,仕于楚者。【释文】尽,津忍切。此类可以意求。

莫敖使徇于师曰:"谏者有刑[①]。"及鄢,乱次以济[②]。遂无次,且不设备。及罗,罗与卢戎两军之[3]，大败之。莫敖缢于荒谷，群帅囚于冶父[4]，以听刑。楚子曰："孤之罪也。"皆免之。

①徇，宣令也。【释文】徇，似俊切。②鄢水，在襄阳宜城县，入汉。【释文】鄢，於晚切，又於万切。乱次以济，本或作"乱次以济其水"。③卢戎，南蛮。【释文】卢，如字，本或作"庐"，音同。④缢，自经也。荒谷、冶父，皆楚地。【释文】缢，一豉切。荒，如字，本或作"巟"，音同。冶，音也。

宋多责赂于郑[1]，郑不堪命，故以纪、鲁及齐与宋、卫、燕战。不书所战，后也[2]。

①立突赂。②公后地期而及其战，故不书所战之地。

郑人来请修好[1]。

①【释文】好，呼报切。

桓公十四年

【经】

十有四年春正月，公会郑伯于曹[1]。

无冰[2]。

夏五[3]。

郑伯使其弟语来盟。

秋八月壬申，御廪灾[4]。乙亥，尝[5]。

冬十有二月丁巳，齐侯禄父卒[6]。

宋人以齐人、蔡人、卫人、陈人伐郑[7]。

①修十二年武父之好，以曹地，曹与会。【释文】好，呼报切。与，音预。②无传。书时失。③不书月，阙文。④御廪，公所亲耕以奉粢盛之仓也。天火曰灾，例在宣十六年。【释文】廪，力锦切。⑤先其时，亦过也。既戒日致齐，御廪虽灾，苟不害嘉谷，则祭不应废，故书以示法。【释文】先，悉荐切，又如字。齐，侧皆切。⑥无传。隐六年盟于艾。⑦凡师能左右之曰以，例在僖二十六年。

【传】

十四年春，会于曹，曹人致饩，礼也[1]。

夏，郑子人来寻盟，且修曹之会[2]。

①熟曰饔，生曰饩。②子人即弟语也，其后为子人氏。

秋八月壬申，御廪灾。乙亥，尝。书，不害也[1]。

①灾其屋，救之则息，不及谷，故曰书不害。

冬，宋人以诸侯伐郑，报宋之战也[1]。焚渠门，入及大逵[2]；伐东郊，取牛首[3]；以大宫之椽归，为卢门之椽[4]。

①在十二年。②渠门，郑城门。逵，道方九轨。【释文】逵，求龟切。③东郊，郑郊。牛首，郑邑。④大宫，郑祖庙。卢门，宋城门。告伐而不告入取，故不书。【释文】大，音泰。椽，直专切，榱也。圆曰椽，方曰桷，《说文》云：周谓之椽，齐、鲁谓之桷。

桓公十五年

【经】

十有五年春二月，天王使家父来求车。

三月乙未，天王崩[1]。

夏四月己巳，葬齐僖公[2]。

五月，郑伯突出奔蔡[3]。

郑世子忽复归于郑[4]。

许叔入于许[5]。

公会齐侯于艾。

邾人、牟人、葛人来朝[6]。

秋九月，郑伯突入于栎[7]。

冬十有一月，公会宋公、卫侯、陈侯于袲，伐郑[8]。

①无传。桓王也。②无传。③突既篡立，权不足以自固，又不能倚任祭仲，反与小臣造贼盗之计，故以自奔为文，罪之也。例在昭三年。【释文】倚，于绮切。④忽实居君位，故今还以复其位之例为文也。称世子者，忽为大子，有母氏之宠，宗卿之援，有功于诸侯，此大子之盛者也。而守介节以失大国之助，知三公子之强，不从祭仲之言，修小善、洁小行，从匹夫之仁，忘社稷之大计，故君子谓之善自为谋，言不能谋国也。父卒而不能自君，

郑人亦不君之，出则降名以赴，入则逆以大子之礼，始于见逐，终于见杀，三公子更立，乱郑国者实忽之由。复归例在成十八年。【释文】介，音界。行，下孟切。更，音庚。⑤许叔，庄公弟也。隐十一年，郑使许大夫奉许叔居许东偏。郑庄公既卒，乃入居位，许人嘉之，以字告也。叔本不去国，虽称入，非国逆例。⑥无传。三人皆附庸之世子也，其君应称名，故其子降称人。牟国，今泰山牟县。葛国在梁国宁陵县东北。【释文】牟，亡侯切。⑦栎，郑别都也，今河南阳翟县。未得国，直书入，无义例也。【释文】栎，音历。翟，徒历切。⑧襄，宋地，在沛国相县西南。先行会礼而后伐也。【释文】袲，昌氏切。相，息亮切。

【传】

十五年春，天王使家父来求车，非礼也。诸侯不贡车服①，天子不私求财②。

①车服，上之所以赐下。②诸侯有常职贡。

祭仲专，郑伯患之，使其婿雍纠杀之。将享诸郊，雍姬知之，谓其母曰："父与夫孰亲？"其母曰："人尽夫也，父一而已，胡可比也①？"遂告祭仲曰："雍氏舍其室而将享子于郊，吾惑之，以告。"祭仲杀雍纠，尸诸周氏之汪②。公载以出③，曰："谋及妇人，宜其死也。"

①妇人在室则天父，出则天夫。女以为疑，故母以所生为本解之。②汪，池也。周氏，郑大夫。杀而暴其尸以示戮也。【释文】舍，音捨。汪，乌黄切。暴，步卜切。③愍其见杀，故载其尸共出国。

夏，厉公出奔蔡。

六月乙亥，昭公入。

许叔入于许。

公会齐侯于艾，谋定许也。

秋，郑伯因栎人杀檀伯，而遂居栎①。

①檀伯，郑守栎大夫。【释文】檀，徒干切。

冬，会于袲，谋伐郑，将纳厉公也。弗克而还。

桓公十六年

【经】

十有六年春正月，公会宋公、蔡侯、卫侯于曹。

夏四月，公会宋公、卫侯、陈侯、蔡侯伐郑[①]。

秋七月，公至自伐郑[②]。

冬，城向[③]。

十有一月，卫侯朔出奔齐[④]。

①春既谋之，今书会者，鲁讳议纳不正。蔡常在卫上，今序陈下，盖后至。②用饮至之礼，故书。③传曰"书时也"，而下有十一月，旧说因谓传误。此城向亦俱是十一月，但本事异，各随本而书之耳。经书夏叔弓如滕，五月，葬滕成公。传云五月叔弓如滕。即知但称时者，未必与下月异也。又推校此年闰在六月，则月却而节前，水星可在十一月而正也。《诗》云："定之方中，作于楚宫。"此未正中也。功役之事皆总指天象，不与言历数同也。故传之释经，皆通言一时，不月别。【释文】向，失亮切。定，丁佞切。④惠公也。朔谗构取国，故不言二公子逐，罪之也。

【传】

十六年春正月，会于曹，谋伐郑也[①]。

①前年冬谋纳厉公不克，故复更谋。【释文】复，扶又切。

夏，伐郑。

秋七月，公至自伐郑，以饮至之礼也。

冬，城向。书，时也。

初，卫宣公烝于夷姜，生急子[①]，属诸右公子。为之娶于齐，而美，公取之，生寿及朔，属寿于左公子[②]。夷姜缢[③]。宣姜与公子朔构急子[④]。公使诸齐，使盗待诸莘，将杀之[⑤]。寿子告之，使行[⑥]，不可，曰："弃父之命，恶用子矣[⑦]！有无父之国则可也。"及行，饮以酒，寿子载其旌以先，盗杀之。急子至，曰："我之求也，此何罪？请杀我乎！"又杀之。二公子故怨惠公。

十一月，左公子泄、右公子职立公子黔牟[⑧]。惠公奔齐。

①夷姜，宣公之庶母也。上淫曰烝。【释文】烝，之承切。急，如字，《诗》作"伋"。上，时掌切，一音如字。②左右媵之子，因以为号。【释文】属，音烛，下同。为，于伪切。媵，羊政切。③失宠而自经死。④宣姜，宣公所取急子之妻。构会其过恶。【释文】构，古豆切。会，古外切。⑤莘，卫地，阳平县西北有莘亭。【释文】使，所吏切。莘，所巾切。⑥行，去也。⑦恶，安也。【释文】恶，音乌，注同。⑧黔牟，群公子。【释文】饮以酒，於鸩切，一本"以"作"之"。泄，息列切。黔，其廉切，又音琴。

桓公十七年

【经】

十有七年春正月丙辰，公会齐侯、纪侯盟于黄[①]。

二月丙午，公会邾仪父，盟于趡[②]。

夏五月丙午，及齐师战于奚[③]。

六月丁丑，蔡侯封人卒[④]。

秋八月，蔡季自陈归于蔡[⑤]。

癸巳，葬蔡桓侯[⑥]。

及宋人、卫人伐邾。

冬十月朔，日有食之[⑦]。

①黄，齐地。②趡，鲁地。称字，义与蔑盟同。二月无丙午；丙午，三月四日也。日月必有误。【释文】趡，翠轨切。③奚，鲁地。皆陈曰战。【释文】陈，直觐切。④十一年，大夫盟于折。⑤季，蔡侯弟也。言归，为陈所纳。⑥无传。称侯，盖谬误。三月而葬，速。⑦甲乙者，历之纪也。晦朔者，日月之存会也。日食不可以不存晦朔，晦朔须甲乙而可推，故日食必以书朔日为例。

【传】

十七年春，盟于黄，平齐、纪，且谋卫故也[①]。

①齐欲灭纪，卫逐其君。

及邾仪父盟于趡，寻蔑之盟也①。

①蔑盟在隐元年。

夏，及齐师战于奚，疆事也①。于是齐人侵鲁疆，疆吏来告，公曰："疆埸之事，慎守其一而备其不虞②。姑尽所备焉。事至而战，又何谒焉③？"

①争疆界也。【释文】疆，居良切，注及下皆同。②虞，度也。不度，犹不意也。【释文】埸，音亦。度，待洛切，下同。③齐背盟而来，公以信待，故不书侵伐。【释文】背，音佩，下同。

蔡桓侯卒，蔡人召蔡季于陈①。秋，蔡季自陈归于蔡，蔡人嘉之也②。

①桓侯无子，故召季而立之。季内得国人之望，外有诸侯之助，故书字，以善得众。称归，以明外纳。②嘉之，故以字告。

伐邾，宋志也①。

①邾、宋争疆，鲁从宋志，背趡之盟。

冬十月朔，日有食之。不书日，官失之也。天子有日官，诸侯有日御①。日官居卿以厎日，礼也②。日御不失日，以授百官于朝③。

①日官、日御，典历数者。②日官，天子掌历者，不在六卿之数而位从卿，故言居卿也。厎，平也。谓平历数。【释文】厎，音旨，下同。③日官平历，以班诸侯，诸侯奉之，不失天时，以授百官。

初，郑伯将以高渠弥为卿，昭公恶之，固谏，不听。昭公立，惧其杀己也，辛卯，弑昭公而立公子亹①。君子谓昭公知所恶矣。公子达曰②："高伯其为戮乎，复恶已甚矣③。"

①公子亹，昭公弟。【释文】恶，乌路切，下及注"所恶"皆同。亹，音尾。②公子达，鲁大夫。③复，重也。本为昭公所恶，而复弑君，重为恶也。【释文】复，扶又切，注同，一音服，则乖注意。重，直用切，下同。

桓公十八年

【经】

十有八年春，王正月，公会齐侯于泺①。

公与夫人姜氏遂如齐②。

夏四月丙子，公薨于齐[3]。

丁酉，公之丧至自齐[4]。

秋七月。

冬十有二月己丑，葬我君桓公[5]。

①泺水，在济南历城县西北，入济。【释文】泺，卢笃切，又力角切，一音洛，《说文》匹沃切。②公本与夫人俱行，至泺，公与齐侯行会礼，故先书会泺，既会而相随至齐，故曰遂。③不言戕，讳之也。戕例在宣十八年。【释文】戕，在良切。④无传。告庙也。丁酉，五月一日，有日而无月。⑤无传。九月乃葬，缓慢也。

【传】

十八年春，公将有行，遂与姜氏如齐[1]。申繻曰："女有家，男有室，无相渎也，谓之有礼。易此必败[2]。"公会齐侯于泺，遂及文姜如齐。齐侯通焉。公谪之[3]，以告[4]。

①始议行事。②女安夫之家，夫安妻之室，违此则为渎。今公将姜氏如齐，故知其当致祸乱。【释文】渎，徒木切。③谪，谴也。【释文】谪，直革切。谴，遣战切。④夫人告齐侯。

夏四月丙子，享公[1]。使公子彭生乘公，公薨于车[2]。

①齐侯为公设享燕之礼。【释文】为，于伪切。②上车曰乘。彭生多力，拉公干而杀之。【释文】乘，如字，又纯证切。上，时掌切。拉，立答切。干，古旦切。

鲁人告于齐曰："寡君畏君之威，不敢宁居，来修旧好，礼成而不反，无所归咎，恶于诸侯。请以彭生除之[1]。"齐人杀彭生[2]。

①除耻辱之恶也。【释文】好，呼报切。咎，其九切。②不书，非卿。

秋，齐侯师于首止[1]，子亹会之，高渠弥相[2]。七月戊戌，齐人杀子亹而轘高渠弥[3]。祭仲逆郑子于陈而立之[4]。是行也，祭仲知之，故称疾不往。人曰："祭仲以知免。"仲曰："信也[5]。"

①陈师首止，讨郑弑君也。首止，卫地，陈留襄邑县东南有首乡。②不知齐欲讨己。【释文】相，息亮切。③车裂曰轘。【释文】轘，音患。④郑子，昭公弟子仪也。⑤时人讥祭仲失忠臣之节。仲以子亹为渠弥所立，本既不正，又不能固位安民，宜其见除，故即而然讥者之言，以明本意。【释文】知，音智，又如字。

周公欲弑庄王而立王子克[1]。辛伯告王，遂与王杀周公黑肩。王子克奔燕[2]。

初，子仪有宠于桓王，桓王属诸周公。辛伯谏曰："并后[③]，匹嫡[④]，两政[⑤]，耦国[⑥]，乱之本也。"周公弗从，故及[⑦]。

①庄王，桓王大子。王子克，庄王弟子仪。【释文】弑，申志切。②辛伯，周大夫。③妾如后。【释文】属，音烛。④庶如嫡。【释文】嫡，丁历切，注同。⑤臣擅命。【释文】擅，市战切。⑥都如国。⑦及于难也。

庄公第三

【释文】庄公名同，桓公子，母文姜。《谥法》：胜敌克乱曰庄。

庄公元年

【经】

元年春，王正月。

三月，夫人孙于齐[①]。

夏，单伯送王姬[②]。

秋，筑王姬之馆于外[③]。

冬十月乙亥，陈侯林卒[④]。

王使荣叔来锡桓公命[⑤]。

王姬归于齐[⑥]。

齐师迁纪郱、鄑、郚[⑦]。

①夫人，庄公母也。鲁人责之，故出奔，内讳奔，谓之孙，犹孙让而去。【释文】孙，本亦作"逊"，音同，注及传同。②无传。单伯，天子卿也。单，采地；伯，爵也。王将嫁女于齐，既命鲁为主，故单伯送女，不称使也。王姬不称字，以王为尊，且别于内女也。天子嫁女于诸侯，使同姓诸侯主之，不亲昏，尊卑不敌。【释文】单，音善。采，七代切。别，彼列切。③公在谅闇，虑齐侯当亲迎，不忍便以礼接于庙，又不敢逆王命，故筑舍于外。【释文】谅，音梁，又音亮。迎，鱼敬切。④无传。未同盟而赴以名。⑤无传。荣叔，周大夫。荣，氏；叔，字。锡，赐也。追命桓公，褒称其德，若昭七年王追命卫襄之比。【释文】比，必

利切。⑥无传。不书逆,公不与接。⑦无传。齐欲灭纪,故徙其三邑之民而取其地。郱在东莞临朐县东南。郚在朱虚县东南。北海都昌县西有訾城。【释文】郱,蒲丁切。鄑,子斯切。郚,音吾。朐,其俱切。訾,子斯切。

【传】

元年春,不称即位,文姜出故也[①]。

①文姜与桓俱行,而桓为齐所杀,故不敢还。庄公父弒母出,故不忍行即位之礼。据文姜未还,故传称文姜出也。姜于是感公意而还,不书,不告庙。【释文】杀,音试,又如字。

三月,夫人孙于齐。不称姜氏,绝不为亲,礼也[①]。

①姜氏,齐姓。于文姜之义,宜与齐绝而复奔齐,故于其奔,去姜氏以示义。【释文】复,扶又切。去,起吕切。

秋,筑王姬之馆于外。为外,礼也[①]。

①齐强鲁弱,又委罪于彭生,鲁不能仇齐,然丧制未阕,故异其礼,得礼之变。【释文】阕,苦穴切。

庄公二年

【经】

二年春,王二月,葬陈庄公[①]。

夏,公子庆父帅师伐於馀丘[②]。

秋七月,齐王姬卒[③]。

冬十有二月,夫人姜氏会齐侯于禚[④]。

乙酉,宋公冯卒[⑤]。

①无传。鲁往会之,故书,例在昭六年。②无传。於馀丘,国名也。庄公时年十五,则庆父庄公庶兄。③无传。鲁为之主,比之内女。④夫人行不以礼,故还皆不书,不告庙也。禚,齐地。【释文】禚,诸若切。⑤无传。再与桓同盟。【释文】冯,皮冰切。

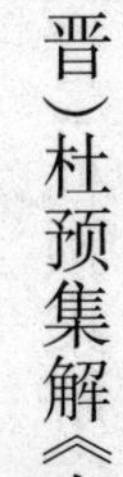

【传】

二年冬，夫人姜氏会齐侯于禚。书，奸也[①]。

①文姜前与公俱如齐，后惧而出奔，至此始与齐好会。会非夫人之事，显然书之，传曰书奸，奸在夫人。文姜此年出会，其义皆同。【释文】好，呼报切。

庄公三年

【经】

三年春，王正月，溺会齐师伐卫[①]。

夏四月，葬宋庄公[②]。

五月，葬桓王。

秋，纪季以酅入于齐[③]。

冬，公次于滑[④]。

①溺，鲁大夫。疾其专命而行，故去氏。【释文】溺，乃狄切。去，起吕切。②无传。③季，纪侯弟。酅，纪邑，在齐国东安平县。齐欲灭纪，故季以邑入齐为附庸，先祀不废，社稷有奉，故书字贵之。【释文】酅，户圭切，本又作"携"。④滑，郑地，在陈留襄邑县西北。传例曰："凡师过信为次。兵未有所加，所次则书之。既书兵所加，则不书其所次，以事为宜，非虚次。"【释文】滑，乎八切，又于八切。

【传】

三年春，溺会齐师伐卫。疾之也[①]。

①传重(盟)[明]上例。【释文】重，直用切。

夏五月，葬桓王。缓也[①]。

①以桓十五年三月崩，七年乃葬，故曰缓。

秋，纪季以酅入于齐。纪于是乎始判[①]。

①判，分也，言分为附庸始于此。

冬，公次于滑。将会郑伯谋纪故也。郑伯辞以难[①]。凡师，一宿为舍，再宿为信，过信为次[2]。

①厉公在栎故。【释文】难,乃旦切。栎,音历,或音书灼切。②为经书次例也。舍宿不书,轻也。言凡师,通君臣。

庄公四年

【经】

四年春,王二月,夫人姜氏享齐侯于祝丘[1]。

三月,纪伯姬卒[2]。

夏,齐侯、陈侯、郑伯遇于垂[3]。

纪侯大去其国[4]。

六月,齐侯葬纪伯姬[5]。

秋七月。

冬,公及齐人狩于禚[6]。

①无传。享,食也,两君相见之礼,非夫人所用,直书以见其失。祝丘,鲁地。【释文】食,音嗣,又如字,本或作"会"。见,贤遍切。②无传。隐二年裂繻所逆者。内女唯诸侯夫人卒葬皆书,恩成于敌礼。③无传。④以国与季,季奉社稷,故不言灭,不见迫逐,故不言奔。大去者,不反之谓。⑤无传。纪季入酅,为齐附庸,而纪侯大去其国,齐侯加礼初附,以崇厚义,故摄伯姬之丧,而以纪国夫人礼葬之。⑥无传。公越竟与齐微者俱狩,失礼可知。【释文】狩,手又切。竟,音境。

【传】

四年春,王三月,楚武王荆尸,授师孑焉,以伐随[1]。将齐,入告夫人邓曼曰:"余心荡[2]。"邓曼叹曰:"王禄尽矣!盈而荡,天之道也,先君其知之矣,故临武事,将发大命,而荡王心焉[3]。若师徒无亏,王薨于行,国之福也[4]。"王遂行,卒于樠木之下[5]。令尹鬥祁、莫敖屈重除道梁溠,营军临随。随人惧,行成[6]。莫敖以王命入盟随侯,且请为会于汉汭而还[7]。济汉而后发丧。

①尸,陈也。荆亦楚也,更为楚陈兵之法。扬雄《方言》:孑者,戟也。然则楚始于此

参用戟为陈。【释文】孑,吉热切。陈,直觐切。②将授兵于庙,故齐。荡,动散也。【释文】齐,侧皆切。③楚为小国,僻陋在夷,至此武王始起其众,僭号称王,陈兵授师,志意盈满,临齐而散,故邓曼以天地鬼神为征应之符。【释文】僻,匹亦切。僭,子念切。应,应对之应。④王薨于行,不死于敌。⑤樠木,木名。【释文】樠,郎荡切,又莫昆切,又武元切。⑥[待](时)秘王丧,故为奇兵,更开直道。溠水在义阳厥县西,东南入郧水。梁,桥也。随人不意其至,故惧而行成。【释文】重,直用切,又直容切。溠,高贵乡公音侧嫁切,水名,《字林》壮加切。郧,音云,或作"员"。⑦汭,内也,谓汉西。【释文】汭,如锐切。水曲曰汭。

纪侯不能下齐,以与纪季[①]。夏,纪侯大去其国,违齐难也[②]。

①不能降屈事齐,尽以国与季,明季不叛。【释文】下,遐嫁切。②违,辟也。【释文】难,乃旦切。

庄公五年

【经】

五年春,王正月。

夏,夫人姜氏如齐师[①]。

秋,郳犁来来朝[②]。

冬,公会齐人、宋人、陈人、蔡人伐卫。

①无传。书奸。②附庸国也。东海昌虑县东北有郳城。犁来,名。【释文】郳,五兮切,国名,后为小邾。犁,力兮切。虑,如字,又力於切。

【传】

五年秋,郳犁来来朝。名,未王命也[①]。

①未受爵命为诸侯,传发附庸称名例也。其后数从齐桓以尊周室,王命以为小邾子。【释文】数,音朔。

冬,伐卫,纳惠公也[①]。

①惠公,朔也,桓十六年出奔齐。

庄公六年

【经】

六年春，王正月，王人子突救卫①。

夏六月，卫侯朔入于卫②。

秋，公至自伐卫③。

螟④。

冬，齐人来归卫俘⑤。

①王人，王之微官也。虽官卑而见授以大事，故称人而又称字。②朔为诸侯所纳，不称归而以国逆为文，朔惧失众心，以国逆告也。归入例在成十八年。③无传。告于庙也。④无传。为灾。【释文】螟，亡丁切。⑤《公羊》《穀梁》经、传皆言卫宝，此传亦言宝，唯此经言俘，疑经误。俘，囚也。【释文】俘，芳夫切。

【传】

六年春，王人救卫。夏，卫侯入，放公子黔牟于周，放宁跪于秦，杀左公子泄、右公子职①，乃即位。君子以二公子之立黔牟为不度矣。夫能固位者，必度于本末而后立衷焉。不知其本，不谋；知本之不枝，弗强②。《诗》云："本枝百世③。"

①宁跪，卫大夫。宥之以远曰放。【释文】宁，乃定切。跪，其毁切。宥，音又。②本末，终始也。衷，节适也。譬之树木，本弱者其枝必披，非人力所能强成。【释文】度，待洛切。衷，丁仲切，注同，王音忠。强，其丈切，注同。披，普靡切，又普知切。③《诗·大雅》，言文王本枝俱茂，蕃滋百世也。【释文】蕃，音烦。

冬，齐人来归卫宝，文姜请之也①。

①公亲与齐共伐卫，事毕而还，文姜淫于齐侯，故求其所获珍宝，使以归鲁，欲说鲁以谢惭。【释文】说，音悦。

楚文王伐申，过邓，邓祁侯曰："吾甥也①。"止而享之。骓甥、聃甥、养甥请杀楚子②，邓侯弗许。三甥曰："亡邓国者，必此人也。若不早图，后君噬齐③，其及图之乎！图之，此为时矣。"邓侯曰："人将不食吾余④。"对曰："若不从三臣，抑社稷实不血食，而君焉取余[⑤]?"弗从。还年,楚子伐邓[⑥]。十六年,楚复伐邓,灭之[⑦]。

①祁,谥也。姊妹之子曰甥。【释文】祁,巨支切,《字林》上尸切。②皆邓甥,仕于舅氏也。【释文】骓,音佳。③若啮腹齐,喻不可及。【释文】噬,市制切。齐,粗兮切。啮,五结切。④言自害其甥,必为人所贱。⑤言君无复余。【释文】焉,於虔切。复,扶又切。⑥伐申还之年。⑦鲁庄公十六年,楚终强盛,为经书楚事张本。

庄公七年

【经】

七年春,夫人姜氏会齐侯于防[①]。

夏四月辛卯,夜,恒星不见[②]。夜中,星陨如雨[③]。

秋,大水[④]。

无麦、苗[⑤]。

冬,夫人姜氏会齐侯于穀[⑥]。

①防,鲁地。②恒,常也。谓常见之星。辛卯,四月五日,月光尚微,盖时无云,日光不以昏没。【释文】见,贤遍切,注及传皆同。③如,而也。夜半乃有云,星落而且雨,其数多,皆记异也。日光不匿,恒星不见,而云夜中者,以水漏知之。夜中,夜半也。【释文】中,丁仲切,又如字。陨,于闵切,落也。匿,女力切。④无传。⑤今五月,周之秋。平地水出,漂杀熟麦及五稼之苗。【释文】漂,匹妙切,又匹遥切。⑥无传。穀,齐地,今(齐)[济]北穀城县。

【传】

七年春,文姜会齐侯于防,齐志也[①]。

①文姜数与齐侯会,至齐地则奸发夫人,至鲁地则齐侯之志,故传略举二端以言之。【释文】数,音朔。

夏,恒星不见,夜明也。星陨如雨,与雨偕也[①]。

①偕,俱也。【释文】偕,音皆。

秋,无麦苗,不害嘉谷也[①]。

①黍稷尚可更种，故曰不害嘉谷。

庄公八年

【经】

八年春，王正月，师次于郎以俟陈人、蔡人[①]。

甲午，治兵[②]。

夏，师及齐师围郕，郕降于齐师[③]。

秋，师还[④]。

冬十有一月癸未，齐无知弑其君诸儿[⑤]。

①无传。期共伐郕，陈、蔡不至，故驻师于郎以待之。②治兵于庙，习号令，将以围郕。③二国同讨而齐独纳郕。【释文】降，户江切，传皆同。④时史善公克己复礼，全军而还，故特书师还。⑤称臣，臣之罪也。【释文】儿，如字，一音五兮切。

【传】

八年春，治兵于庙，礼也。

夏，师及齐师围郕，郕降于齐师。仲庆父请伐齐师[①]。公曰："不可。我实不德，齐师何罪？罪我之由。《夏书》曰：'皋陶迈种德[②]，德，乃降。'姑务修德以待时乎[③]！"秋，师还。君子是以善鲁庄公[④]。

①齐不与鲁共其功，故欲伐之。②《夏书》，逸《书》也，称皋陶能勉种德。迈，勉也。【释文】夏，户雅切，后放此。陶，音遥。③言苟有德，乃为人所降服。姑，且也。④传言经所以即用旧史之文。

齐侯使连称、管至父戍葵丘[①]。瓜时而往，曰："及瓜而代。"期戍，公问不至[②]。请代，弗许。故谋作乱。僖公之母弟曰夷仲年，生公孙无知，有宠于僖公，衣服礼秩如适[③]，襄公绌之。二人因之以作乱[④]。连称有从妹在公宫，无宠，使间公[⑤]，曰："捷，吾以女为夫人[⑥]。"

①连称、管至父，皆齐大夫。戍，守也。葵丘，齐地，临淄县西有地名葵丘。【释文】称，尺证切，又如字。②问，命也。【释文】期，音基，本亦作"朞"。③適，大子。【释文】

適,丁历切。④二人,连称、管至父。【释文】绌,敕律切。⑤伺公之间隙。【释文】从,才用切,下“从者”同。间,如字,注同。或古苋切,非。⑥捷,克也。宣无知之言。【释文】捷,在接切。女,音汝。

冬十二月,齐侯游于姑棼,遂田于贝丘[①]。见大豕,从者曰:“公子彭生也[②]!”公怒曰:“彭生敢见!”射之,豕人立而啼。公惧,队于车,伤足,丧屦。反,诛屦于徒人费[③],弗得,鞭之,见血。走出,遇贼于门,劫而束之。费曰:“我奚御哉!”袒而示之背,信之。费请先入[④],伏公而出,斗,死于门中。石之纷如死于阶下[⑤]。遂入,杀孟阳于床[⑥],曰:“非君也,不类。”见公之足于户下,遂弑之,而立无知[⑦]。

①姑棼、贝丘,皆齐地。田,猎也。乐安博昌县南有地名贝丘。【释文】棼,扶云切。贝,补盖切。乐,音洛。②公见大豕而从者见彭生,皆妖鬼。③诛,责也。【释文】见,贤遍切。射,食亦切。啼,田兮切。队,直类切。丧,息浪切。屦,九具切。费,音秘。④诈欲助贼。【释文】御,鱼吕切。袒,音但。⑤石之纷如,齐小臣,亦斗死。【释文】纷,敷文切。⑥孟阳,亦小臣,代公居床。【释文】床,士良切。⑦经书十一月癸未,《长历》推之月六日也。传云十二月,传误。

初,襄公立,无常[①]。鲍叔牙曰:“君使民慢,乱将作矣。”奉公子小白出奔莒[②]。乱作,管夷吾、召忽,奉公子纠来奔[③]。

初,公孙无知虐于雍廪[④]。

①政令无常。②鲍叔牙,小白傅。小白,僖公庶子。【释文】鲍,步卯切。③管夷吾、召忽,皆子纠傅也。子纠,小白庶兄。来不书,皆非卿也。为九年公伐齐纳子纠、齐小白入于齐传。【释文】召,时照切。纠,居黝切。④雍廪,齐大夫。为杀无知传。【释文】廪,力锦切。

庄公九年

【经】

九年春,齐人杀无知[①]。

公及齐大夫盟于蔇[②]。

夏,公伐齐,纳子纠。齐小白入于齐[③]。

秋七月丁酉,葬齐襄公[4]。

八月庚申,及齐师战于乾时,我师败绩[5]。

九月,齐人取子纠,杀之[6]。

冬,浚洙[7]。

①无知弑君而立,未列于会,故不书爵。例在成十六年。②齐乱无君,故大夫得敌于公,盖欲迎子纠也。来者非一人,故不称名。蔇,鲁地,琅邪缯县北有蔇亭。【释文】蔇,其器切。缯,才陵切。③(一)[二]公子各有党,故虽盟而迎子纠,当须伐乃得入,又出在小白之后。小白称入,从国逆之文,本无位。④无传。九月乃葬,乱故。⑤小白既定而公犹不退师,历时而战,战遂大败。不称公战,公败讳之。乾时,齐地,时水在乐安界,岐流,旱则竭涸,故曰乾时。【释文】乾,音干。岐,其宜切,又巨移切。涸,户各切。⑥公子为贼乱,则书。齐实告杀而书齐取杀者,时史恶齐志在谲以求管仲,非不忍其亲,故极言之。【释文】恶,乌路切。谲,古穴切。⑦无传。洙水在鲁城北,下合泗。浚深之,为齐备。【释文】浚,苏俊切。洙,音殊,水名。泗,音四。

【传】

九年春,雍廪杀无知。

公及齐大夫盟于蔇。齐无君也。

夏,公伐齐,纳子纠。桓公自莒先入[1]。

秋,师及齐师战于乾时,我师败绩,公丧戎路,传乘而归[2]。秦子、梁子以公旗辟于下道[3],是以皆止[4]。

①桓公,小白。②戎路,兵车。传乘,乘他车。【释文】丧,息浪切。传,直专切,又丁恋切。乘,绳证切,注、传"乘"同。乘他车,如字。③二子,公御及戎右也,以误齐师。【释文】辟,音避,本亦作"避",又婢亦切。④止,获也。

鲍叔帅师来言曰:"子纠,亲也,请君讨之[1]。管、召,仇也,请受而甘心焉[2]。"乃杀子纠于生窦[3],召忽死之。管仲请囚,鲍叔受之,及堂阜而税之[4]。归而以告曰:"管夷吾治于高傒[5],使相可也[6]。"公从之。

①鲍叔乘胜而进军,志在生得管仲,故托不忍之辞。②管仲射桓公,故曰仇。甘心,言欲快意戮杀之。【释文】召,时照切。仇,市由切。射,食亦切。③生窦,鲁地。【释文】窦,音豆。④堂阜,齐地,东莞蒙阴县西北有夷吾亭,或曰鲍叔解夷吾缚于此,因以为名。

【释文】税，本又作“说”，同，吐活切，又失锐切。解，姑蟹切。缚，扶略切。⑤高傒，齐卿高敬仲也。言管仲治理政事之才多于敬仲。【释文】治，直吏切。傒，音兮。⑥【释文】相，息亮切。

庄公十年

【经】

十年春，王正月，公败齐师于长勺[①]。

二月，公侵宋[②]。

三月，宋人迁宿[③]。

夏六月，齐师、宋师次于郎[④]。

公败宋师于乘丘[⑤]。

秋九月，荆败蔡师于莘[⑥]，以蔡侯献舞归[⑦]。

冬十月，齐师灭谭[⑧]。谭子奔莒[⑨]。

①齐人虽成列，鲁以权谲稽之，列成而不得用，故以未陈为文。例在十一年。长勺，鲁地。【释文】勺，上酌切。陈，直觐切，十一年经注同。②无传。侵例在二十九年。③无传。宋强迁之而取其地，故文异于邢迁。【释文】强，其丈切。④不言侵伐，齐为兵主，背蔇之盟，义与长勺同。【释文】背，音佩，传同。⑤乘丘，鲁地。【释文】乘，绳证切。⑥荆，楚本号，后改为楚。楚辟陋在夷，于此始通上国，然告命之辞犹未合典礼，故不称将帅。莘，蔡地。【释文】莘，所巾切。率，子匠切，又作“帅”，同，所类切。⑦献舞，蔡季。⑧谭国在济南平陵县西南。传曰：“谭无礼。”此直释所以见灭，经无义例，他皆放此。灭例在文十五年。【释文】谭，徒南切。⑨不言出奔，国灭无所出。

【传】

十年春，齐师伐我[①]。公将战，曹刿请见[②]。其乡人曰：“肉食者谋之，又何间焉[③]。”刿曰：“肉食者鄙，未能远谋。”乃入见。问“何以战？”公曰：“衣食所安，弗敢专也，必以分人。”对曰：“小惠未徧，民弗从也[④]。”公曰：“牺牲玉帛，弗敢加也，必以信[⑤]。”对曰：“小信未孚，神弗福也[⑥]。”公曰：“小大之狱，虽不能察，必以情[⑦]。”对曰：“忠之属也[⑧]，可以一战,战则请从。”公与之乘[9],战于长勺。

①不书侵伐,齐背蔇之盟,我有辞。②曹刿,鲁人。【释文】刿,古卫切。见,贤遍切。③肉食,在位者。间,犹与也。【释文】间,间厕之间。与,音预。④分公衣食,所惠不过左右,故曰未徧。【释文】徧,音遍。⑤祝辞不敢以小为大,以恶为美。【释文】牺,许宜切。⑥孚,大信也。⑦必尽己情。察,审也。⑧上思利民,忠也。【释文】属,音蜀。⑨共乘兵车。【释文】从,才用切。乘,绳证切。

公将鼓之,刿曰:“未可。”齐人三鼓,刿曰:“可矣。"齐师败绩。公将驰之,刿曰:“未可。”下视其辙[1],登轼而望之,曰:“可矣。”遂逐齐师。

既克,公问其故,对曰:“夫战,勇气也。一鼓作气,再而衰,三而竭。彼竭我盈,故克之。夫大国难测也,惧有伏焉[2]。吾视其辙乱,望其旗靡,故逐之[3]。”

①视车迹也。【释文】三,息暂切,又如字。辙,直列切。②恐诈奔。【释文】轼,音式。伏,如字,旧扶又切。③旗靡辙乱,怖遽。【释文】旗,音其。靡,音美。怖,普布切。遽,其据切。

夏六月,齐师、宋师次于郎。公子偃曰:“宋师不整,可败也[1]。宋败,齐必还,请击之。”公弗许。自雩门窃出,蒙皋比而先犯之[2]。公从之,大败宋师于乘丘。齐师乃还。

①公子偃,鲁大夫。②雩门,鲁南城门。皋比,虎皮。【释文】雩,音于。比,音毗。

蔡哀侯娶于陈,息侯亦娶焉。息妫将归,过蔡。蔡侯曰:“吾姨也[1]。”止而见之,弗宾[2]。息侯闻之,怒,使谓楚文王曰:“伐我,吾求救于蔡而伐之。”楚子从之。秋九月,楚败蔡师于莘,以蔡侯献舞归。

①妻之姊妹曰姨。②不礼敬也。

齐侯之出也,过谭,谭不礼焉。及其人也,诸侯皆贺,谭又不至[1]。冬,齐师灭谭,谭无礼也。谭子奔莒,同盟故也[2]。

①以九年入。【释文】过,古禾切。②传言谭不能及远,所以亡。

庄公十一年

【经】

十有一年春,王正月[1]。

夏五月戊寅,公败宋师于鄑[2]。

秋,宋大水[3]。

冬,王姬归于齐[4]。

①无传。②鄑,鲁地。传例曰:"敌未陈曰败某师。"【释文】鄑,子靳切。③公使吊之,故书。④鲁主昏,不书齐侯逆,不见公。

【传】

十一年夏,宋为乘丘之役故,侵我。公御之,宋师未陈而薄之,败诸鄑。凡师,敌未陈曰败某师[1],皆陈曰战[2],大崩曰败绩[3],得儁曰克[4],覆而败之曰取某师[5],京师败曰王师败绩于某[6]。

①通谓设权谲变诈以胜敌,彼我不得成列,成列而不得用,故以未陈独败为文。【释文】为,于伪切。陈,直觐切。②坚而有备,各得其所,成败决于志力者也。③师徒挠败,若沮岸崩山,丧其功绩,故曰败绩。【释文】挠,乃孝切,又乃巧切。沮,在吕切,坏也,又子余切,岸崩谓之沮。丧,息浪切。④谓若大叔段之比,才力足以服众,威权足以自固。进不成,为外寇强敌,退复狡壮,有二君之难而实非二君,克而胜之,则不言彼败绩,但书所克之名。【释文】儁,音俊,本或作"俊"。比,必利切。复,扶又切。狡,交卯切。壮,侧亮切。难,乃旦切。⑤覆,谓威力兼备,若罗网所掩覆,一军皆见擒制,故以取为文。⑥王者无敌于天下,天下非所得与战者。然春秋之世,据有其事,事列于经,则不得不因申其义。有时而败,则以自败为文,明天下莫之得校。【释文】京师败,本或作"京师败绩"者,非。校,音教。

秋,宋大水。公使吊焉,曰:"天作淫雨,害于粢盛,若之何不吊[1]?"对曰:"孤实不敬,天降之灾,又以为君忧,拜命之辱[2]。"臧文仲曰:"宋其兴乎[3]!禹、汤罪己,其兴也悖焉[4]。桀、纣罪人,其亡也忽焉[5]。且列国有凶称孤,礼也[6]。言惧而名礼,其庶乎[7]。"既而闻之曰公子御说之辞也[8]。臧孙达曰:"是宜为君,有恤民之心。"

①不为天所愍吊。②谢辱厚命。③臧文仲,鲁大夫。④悖,盛貌。【释文】悖,蒲忽切,一作"勃",同。⑤忽,速貌。【释文】纣,直久切。⑥列国,诸侯。无凶则常称寡人。⑦言惧,罪己。名礼,称孤。其庶,庶几于兴。【释文】言惧而名礼,绝句。或以"名"绝句者,非。⑧宋庄公子。【释文】御,鱼吕切,本或作"禦"。说,音悦。

冬,齐侯来逆共姬[1]。

①齐桓公也。【释文】共,音恭。

乘丘之役[1],公以金仆姑射南宫长万[2],公右歂孙生搏之[3]。宋人请之。宋公靳之[4],曰:"始吾敬子,今子,鲁囚也,吾弗敬子矣。"病之[5]。

①在十年。②金仆姑,矢名。南宫长万,宋大夫。【释文】射,食亦切。长,丁丈切。③搏,取也。不书获,万时未为卿。【释文】歂,市专切。搏,音博。④戏而相愧曰靳。鲁听其得还。【释文】靳,居觐切,服云:耻而恶之曰靳。⑤万不以为戏而以为己病,为宋万弑君传。

庄公十二年

【经】

十有二年春,王三月,纪叔姬归于酅[1]。

夏四月。

秋八月甲午,宋万弑其君捷及大夫仇牧[2]。

冬十月,宋万出奔陈[3]。

①无传。纪侯去国而死,叔姬归鲁。纪季自定于齐而后归之,全守节义,以终妇道,故系之纪,而以初嫁为文,贤之也。来归不书,非宁,且非大归。【释文】酅,音携。②捷,闵公。不书葬,乱也。万及仇牧皆宋卿,仇牧称名,不警而遇贼,无善事可褒。【释文】警,居领切。③奔例在宣十年。

【传】

十二年秋,宋万弑闵公于蒙泽[1]。遇仇牧于门,批而杀之[2]。遇大宰督于东宫之西,又杀之[3]。立子游[4]。群公子奔萧,公子御说奔亳[5]。南宫牛、猛获帅师围亳[6]。

①蒙泽,宋地。梁国(在)[有]蒙县。②手批之。【释文】批,音普迷切,又蒲穴切,《字林》云击也,父迷、父节二切。③杀督不书,宋不以告。【释文】大,音泰。④子游,宋公子。⑤萧,宋邑,今沛国萧县。亳,宋邑,蒙县西北有亳城。【释文】亳,步各切。⑥牛,长万之子。猛获,其党。

冬十月,萧叔大心[1]及戴、武、宣、穆、庄之族[2]以曹师伐之。杀南宫牛于师,杀子游于宋,立桓公[3]。猛获奔卫。南宫万奔陈,以乘车辇其母,一日而至[4]。

①叔,萧大夫名。②宋五公之子孙。③桓公,御说。④乘车,非兵车。驾人曰辇。宋去陈二百六十里,言万之多力。【释文】南宫万奔陈,本或作"长万",长,衍字也。下亦然。乘,绳证切,注同。

宋人请猛获于卫,卫人欲勿与。石祁子曰:"不可[1]。天下之恶一也,恶于宋而保于我,保之何补?得一夫而失一国,与恶而弃好,非谋也[2]。"卫人归之。亦请南宫万于陈,以赂。陈人使妇人饮之酒,而以犀革裹之,比及宋,手足皆见。宋人皆醢之[3]。

①石祁子,卫大夫。②宋、卫本同好国。【释文】好,呼报切,注同。③醢,肉酱。并醢猛获,故言皆。【释文】于陈以赂,绝句。饮,於鸩切。犀,音西。裹,音果。比,必利切。见,贤遍切。醢,音海。

庄公十三年

【经】

十有三年春,齐侯、宋人、陈人、蔡人、邾人会于北杏[1]。

夏六月,齐人灭遂[2]。

秋七月。

冬,公会齐侯,盟于柯[3]。

①北杏,齐地。【释文】杏,户猛切。②遂国在济北蛇丘县东北。【释文】蛇,音移。③此柯,今济北东阿,齐之阿邑,犹祝柯今为祝阿。【释文】柯,古何切。

【传】

十三年春,会于北杏,以平宋乱[1],遂人不至。夏,齐人灭遂而戍之[2]。

①宋有弑君之乱,齐桓欲修霸业。②戍,守也。

冬,盟于柯,始及齐平也[1]。

①始与齐桓通好。【释文】好,呼报切。

宋人背北杏之会[1]。

①【释文】背,音佩,十四年经注同。

庄公十四年

【经】

十有四年春，齐人、陈人、曹人伐宋①。

夏，单伯会伐宋②。

秋七月，荆入蔡③。

冬，单伯会齐侯、宋公、卫侯、郑伯于鄄④。

①背北杏会故。②既伐宋，单伯乃至，故曰会伐宋。单伯，周大夫。③入例在文十五年。④鄄，卫地，今东郡甄城也。齐桓修霸业，卒平宋乱，宋人服从，欲归功天子，故赴以单伯会诸侯为文。【释文】鄄，音绢。甄，音绢，又音真，或音旃，又举然切，或作"鄄"。

【传】

十四年春，诸侯伐宋，齐请师于周①。夏，单伯会之，取成于宋而还。

①齐欲崇天子，故请师，假王命以示大顺。经书人，传言诸侯者，总众国之辞。

郑厉公自栎侵郑①，及大陵，获傅瑕②。傅瑕曰："苟舍我，吾请纳君。"与之盟而赦之。六月甲子，傅瑕杀郑子及其二子而纳厉公③。

①厉公以桓十五年入栎，遂居之。【释文】栎，音历。②大陵，郑地。傅瑕，郑大夫。③郑子，庄四年称伯，会诸侯。今见杀不称君，无谥者。微弱，臣子不以君礼成丧告诸侯。【释文】舍，音捨。郑子，子仪。

初，内蛇与外蛇斗于郑南门中，内蛇死。六年而厉公入。公闻之，问于申繻曰："犹有妖乎？"对曰："人之所忌，其气焰以取之，妖由人兴也①。人无衅焉，妖不自作。人弃常则妖兴，故有妖。"

①《尚书·洛诰》："无若火始焰焰。"未盛而进退之时，以喻人心不坚正。【释文】蛇，市奢切。繻，音须。妖，于骄切。焰，音艳，注同。诰，古报切。

厉公入，遂杀傅瑕。使谓原繁曰："傅瑕贰①，周有常刑，既伏其罪矣。纳我而无二心者，吾皆许之上大夫之事，吾愿与伯父图之②。且寡人出，伯父无裹言③，入，又不念寡人④，寡人憾焉。"对曰："先君桓公命我先人典司宗祏⑤。社稷有主而外其心，其何贰如之？苟主社稷，国内之民，其谁不为臣？臣无二心，天之制也。子仪在位十四年矣[⑥]，而谋召君者，庸非贰乎[⑦]？庄公之子犹有八人，若皆以官爵行赂劝贰而可以济事，君其若之何？臣闻命矣。"乃缢而死[⑧]。

①言有二心于己。【释文】衅，许靳切。②上大夫，卿也。伯父谓原繁，疑原繁有二心。③无纳我之言。【释文】裹，音里。④不亲附己。⑤桓公，郑始受封君也。宗祏，宗庙中藏主石室。言己世为宗庙守臣。【释文】憾，户暗切。祏，音石，藏主石函也。守，手又切。⑥子仪，郑子也。⑦庸，用也。⑧【释文】庄公之子，犹有八人，传唯见四人，子忽、子亹、子仪并死，独厉公在。八人名字，记传无闻。缢，一赐切。

蔡哀侯为莘故，绳息妫以语楚子[①]。楚子如息，以食入享，遂灭息[②]，以息妫归，生堵敖及成王焉。未言[③]，楚子问之，对曰："吾一妇人而事二夫，纵弗能死，其又奚言？"楚子以蔡侯灭息，遂伐蔡[④]。秋七月，楚入蔡。

君子曰："《商书》所谓'恶之易也，如火之燎于原，不可乡迩，其犹可扑灭'者，其如蔡哀侯乎[⑤]！"

①莘役在十年。绳，誉也。【释文】为，于伪切。莘，所巾切。语，鱼据切。绳，食承切，《说文》作"譝"。誉，音余，又如字。②伪设享食之具。【释文】食，音嗣。③未与王言。【释文】堵，丁古切。敖，五羔切。杜云：楚人谓未成君为敖，《史记》作"杜敖"。④欲以说息妫。【释文】说，音悦。⑤《商书·盘庚》，言恶易长而难灭。【释文】易，以豉切，注同。燎，力召切，又力吊切。乡，许亮切。扑，普卜切。盘，步干切，本又作"般"。长，丁丈切。

冬，会于鄄，宋服故也。

庄公十五年

【经】

十有五年春，齐侯、宋公、陈侯、卫侯、郑伯会于鄄。

夏，夫人姜氏如齐[①]。

秋，宋人、齐人、邾人伐郳[②]。

郑人侵宋。

冬十月。

①无传。夫人,文姜,齐桓公姊妹。父母在则礼有归宁,没则使卿宁。②宋主兵,故序齐上。【释文】郳,五兮切。

【传】

十五年春,复会焉,齐始霸也[①]。

①始为诸侯长。【释文】复,扶又切。长,丁丈切。

秋,诸侯为宋伐郳[①]。郑人间之而侵宋[②]。

①郳,附庸,属宋而叛,故齐桓为之伐郳。【释文】为,于伪切。②【释文】间,间厕之间,一本作“闻”。

庄公十六年

【经】

十有六年春,王正月。

夏,宋人、齐人、卫人伐郑[①]。

秋,荆伐郑。

冬十有二月,会齐侯、宋公、陈侯、卫侯、郑伯、许男、滑伯、滕子同盟于幽[②]。

邾子克卒[③]。

①宋主兵也。班序上下,以国大小为次,征伐则以主兵为先,《春秋》之常也。他皆放此。②书会,鲁会之。不书其人,微者也。言同盟,服异也。陈国小,每盟会皆在卫下,齐桓始霸,楚亦始强,陈侯介于二大国之间而为三恪之客,故齐桓因而进之,遂班在卫上,终于《春秋》。滑国都费,河南缑氏县。幽,宋地。【释文】介,音界。恪,苦各切。一本或无“之客”二字。费,扶味切,又音秘。缑,古侯切,又苦侯切。③无传。克,仪父名。称子者,盖齐桓请王命以为诸侯,再同盟。

【传】

十六年夏,诸侯伐郑,宋故也[①]。

①郑侵宋故。【释文】宋故也，本或作“为宋故”。

郑伯自栎入[①]，缓告于楚。秋，楚伐郑，及栎，为不礼故也。

郑伯治与于雍纠之乱者[②]。九月，杀公子阏，刖强鉏[③]。公父定叔出奔卫[④]。三年而复之，曰：“不可使共叔无后于郑。”使以十月入，曰：“良月也，就盈数焉[⑤]。”君子谓：“强鉏不能卫其足[⑥]。”

①在十四年。②在桓十五年。【释文】为，于伪切，下同。与，音预。③二子，祭仲党。断足曰刖。【释文】公子阏，安末切。案：隐十一年，郑有公子阏，距此三十五年，不容复有公子阏。若非“阏”字误，则“子”当作“孙”。刖，音月，又五刮切。鉏，仕鱼切。断，丁管切。④共叔段之孙。定，谥也。【释文】父，音甫，王音如字。共，音恭。⑤数满于十。⑥言其不能早辟害。

冬，同盟于幽，郑成也。

王使虢公命曲沃伯以一军为晋侯[①]。初，晋武公伐夷，执夷诡诸[②]，蒍国请而免之[③]。既而弗报[④]，故子国作乱，谓晋人曰：“与我伐夷而取其地[⑤]。”遂以晋师伐夷，杀夷诡诸。周公忌父出奔虢[⑥]。惠王立而复之[⑦]。

①曲沃武公遂并晋国，僖王因就命为晋侯。小国，故一军。【释文】并，如字；王，必政切。②夷诡诸，周大夫。夷，采地名。【释文】诡，九委切。采，七代切，后放此。③蒍国，周大夫。【释文】蒍，于委切。④诡诸不报施于蒍国。【释文】施，始豉切。⑤使晋取夷地。⑥周公忌父，王卿士，辟子国之难。【释文】难，乃旦切。⑦鲁桓十五年经书“桓王崩”，鲁庄三年经书“葬桓王”。自此以来，周有庄王，又有僖王，崩、葬皆不见于经传。王室微弱，不能复自通于诸侯，故传因周公忌父之事而见惠王。惠王立在此年之末。【释文】见，贤遍切，下同。复，扶又切。

庄公十七年

【经】

十有七年春，齐人执郑詹[①]。

夏，齐人歼于遂[②]。

秋，郑詹自齐逃来[③]。

冬，多麋[④]。

①齐桓始伯，郑既伐宋，又不朝齐。詹为郑执政大臣，诣齐见执，不称行人，罪之也。行人例在襄十一年。诸执大夫，皆称人以执之，大夫贱故。【释文】詹，之廉切。伯，音霸，又如字，本又作“霸”。②歼，尽也。齐人戍遂，玩而无备，遂人讨而尽杀之，故时史因以自尽为文。【释文】歼，子廉切。玩，五乱切。尽，津忍切。③无传。詹不能伏节守死，以解国患，而遁逃苟免，书逃以贱之。【释文】遁，徒逊切。④无传。麋多则害五稼，故以灾书。【释文】麋，亡悲切。

【传】

十七年春，齐人执郑詹，郑不朝也。

夏，遂因氏、颌氏、工娄氏、须遂氏飨齐戍，醉而杀之，齐人歼焉[①]。

①飨，酒食也。四族，遂之强宗。齐灭遂，戍之，在十三年。【释文】颌，乌纳切，又苦答切。娄，力侯切。飨，本又作“享”。

庄公十八年

【经】

十有八年春，王三月，日有食之[①]。

夏，公追戎于济西[②]。

秋，有蜮[③]。

冬十月。

①无传。不书日，官失之。②戎来侵鲁，公逐之于济水之西。③蜮，短狐也。盖以含沙射人为灾。【释文】蜮，本又作“蝛”，音或，《本草》谓之射工。短，本又作“断”，同，丁管切。狐，又作“弧”，音胡。射，食亦切。

【传】

十八年春，虢公、晋侯朝王，王飨醴，命之宥[①]，皆赐玉五瑴，马三匹，非礼也[②]。王命诸侯，名位不同，礼亦异数，不以礼假人[③]。

①王之觐群后，始则行飨礼，先置醴酒，示不忘古。饮宴则命以币物。宥，助也，所以助欢敬之意，言备设。【释文】醴，音礼。宥，音又。②双玉为瑴。【释文】瑴，音角，又作"珏"。③侯而与公同赐，是借人礼。【释文】借，子夜切。

虢公、晋侯、郑伯使原庄公逆王后于陈。陈妫归于京师①，实惠后②。

①虢、晋朝王，郑伯又以齐执其卿，故求王为援，皆在周，偪义为王定昏，陈人敬从，得同姓宗国之礼，故传详其事。不书，不告。【释文】为，于伪切。②陈妫后号惠后，宠爱少子，乱周室，事在僖二十四年，故传于此并正其后称。【释文】少，诗照切。称，尺证切。

郑伯

夏，公追戎于济西。不言其来，讳之也①。

①戎来侵鲁，鲁人不知，去乃追之，故讳不言其来。

秋，有蜮，为灾也。

初，楚武王克权，使鬥缗尹之①。以叛，围而杀之②。迁权于那处③，使阎敖尹之④。及文王即位，与巴人伐申而惊其师⑤。巴人叛楚而伐那处，取之，遂门于楚⑥。阎敖游涌而逸⑦，楚子杀之，其族为乱。冬，巴人因之以伐楚。

①权，国名，南郡当阳县东南有权城。鬥缗，楚大夫。【释文】缗，亡巾切。②缗以权叛。【释文】以叛，绝句。本或作"畔"，俗字也。③那处，楚地，南郡编县东南有那口城。【释文】那，又作"䣸"，同，乃多切。处，昌吕切，又昌虑切。编，必绵切，又步典切。④阎敖，楚大夫。⑤惊巴师。⑥攻楚城门。⑦涌水在南郡华容县。阎敖既不能守城，又游涌水而走。【释文】涌，音勇，水名。

庄公十九年

【经】

十有九年春，王正月。

夏四月。

秋，公子结媵陈人之妇于鄄，遂及齐侯、宋公盟[①]。

夫人姜氏如莒[②]。

冬，齐人、宋人、陈人伐我西鄙[③]。

①无传。公子结，鲁大夫。《公羊》《穀梁》皆以为鲁女媵陈侯之妇，其称陈人之妇，未入国，略言也。大夫出竟，有可以安社稷、利国家者，则专之可也。结在鄄，闻齐、宋有会，权事之宜，去其本职，遂与二君为盟，故备书之。本非鲁公意，而又失媵陈之好，故冬各来伐。【释文】媵，以证切，又绳证切。竟，音境。好，呼报切。②无传。非父母国而往，书奸。③无传。幽之盟，鲁使微者会，鄄之盟又使媵臣行，所以受敌。鄙，边邑。

【传】

十九年春，楚子御之，大败于津[①]。还，鬻拳弗纳。遂伐黄[②]，败黄师于踖陵[③]。还，及湫，有疾[④]。夏六月庚申卒，鬻拳葬诸夕室[⑤]，亦自杀也，而葬于绖皇[⑥]。

①御巴人，为巴人所败。津，楚地，或曰江陵县有津乡。②鬻拳，楚大阍。黄，嬴姓国，今弋阳县。【释文】鬻，音育。拳，求圆切。阍，音昏，守门人也。嬴，音盈，姓也，字从女。③踖陵，黄地。【释文】踖，在亦切，又七略切。④南郡鄀县东南有湫城。【释文】湫，子小切。鄀，音若。⑤夕室，地名。【释文】夕，朝夕之夕。⑥绖皇，冢前阙。生守门，故死不失职。【释文】绖，田结切。绖皇，阙也。

初，鬻拳强谏楚子，楚子弗从，临之以兵，惧而从之。鬻拳曰："吾惧君以兵，罪莫大焉。"遂自刖也。楚人以为大阍，谓之大伯[①]，使其后掌之[②]。君子曰："鬻拳可谓爱君矣，谏以自纳于刑，刑犹不忘纳君于善[③]。"

①若今城门校尉官。【释文】强，其丈切。大，音泰。校，户教切，字从木。②使其子孙常主此官。③言爱君，明非臣法也。楚能尽其忠爱，所以兴。

初，王姚嬖于庄王，生子颓[①]。子颓有宠，蔿国为之师。及惠王即位[②]，取蔿国之圃以为囿[③]，边伯之宫近于王宫，王取之[④]。王夺子禽、祝跪与詹父田[⑤]，而收膳夫之秩[⑥]，故蔿国、边伯、石速、詹父、子禽、祝跪作乱，因苏氏[⑦]。秋，五大夫奉子颓以伐王[⑧]，不克，出奔温[⑨]。苏子奉子颓以奔卫。卫师、燕师伐周[⑩]。冬，立子颓。

①王姚，庄王之妾也，姚姓。【释文】姚，羊消切。嬖，必计切。颓，徒回切。②周惠王，庄王孙。③圃，园也。囿，苑也。【释文】圃，必古切，又音布。囿，音又，徐于目切。

苑,于阮切。④边伯,周大夫。【释文】近,附近之近。⑤三子,周大夫。【释文】跪,求委切。⑥膳夫,石速也。秩,禄也。【释文】收,式周切。⑦苏氏,周大夫,桓王夺其十二邑以与郑,自此以来遂不和。⑧石速,士也,故不在五大夫数。⑨温,苏氏邑。⑩燕,南燕。

庄公二十年

【经】

二十年春,王二月,夫人姜氏如莒①。

夏,齐大灾②

秋七月。

冬,齐人伐戎③。

①无传。②无传。来告以火,故书。天火曰灾,例在宣十六年。③无传。

【传】

二十年春,郑伯和王室,不克①。执燕仲父②。夏,郑伯遂以王归。王处于栎。秋,王及郑伯入于邬③,遂入成周,取其宝器而还。冬,王子颓享五大夫,乐及徧舞④。郑伯闻之,见虢叔⑤,曰:"寡人闻之,哀乐失时,殃咎必至。今王子颓歌舞不倦,乐祸也。夫司寇行戮⑥,君为之不举⑦,而况敢乐祸乎！奸王之位,祸孰大焉？临祸忘忧,忧必及之。盍纳王乎?"虢公曰:"寡人之愿也⑧。"

①克,能也。②燕仲父,南燕伯,为伐周故。【释文】为,于伪切。③邬,王所取郑(也)[邑]。【释文】邬,乌苦切。④皆舞六代之乐。【释文】徧,音遍。⑤叔,虢公字。⑥司寇,刑官。【释文】乐,音洛。殃,於良切。咎,其九切。⑦去盛馔。【释文】去,起吕切。馔,仕眷切。⑧【释文】奸,音干。盍,胡腊切,何不也。

庄公二十一年

【经】

二十有一年春,王正月。

夏五月辛酉,郑伯突卒[①]。

秋七月戊戌,夫人姜氏薨[②]。

冬十有二月,葬郑厉公[③]。

①十六年与鲁大夫盟于幽。②无传。薨寝祔姑,赴于诸侯,故具小君礼书之。【释文】祔,音附。③无传。八月乃葬,缓慢也。

【传】

二十一年春,胥命于弭。夏,同伐王城[①]。郑伯将王自圉门入,虢叔自北门入,杀王子颓及五大夫。郑伯享王于阙西辟,乐备[②]。王与之武公之略,自虎牢以东[③]。原伯曰:"郑伯效尤,其亦将有咎[④]。"五月,郑厉公卒。

①郑、虢相命。弭,郑地。【释文】弭,面尔切。②阙,象魏也。乐备,备六代之乐。【释文】圉,鱼吕切。辟,蒲历切。③略,界也。郑武公傅平王,平王赐之自虎牢以东,后失其地,故惠王今复与之。虎牢,河南(城)[成]皋县。【释文】复,扶又切。④原伯,原庄公也。言效子颓舞偏乐。【释文】效,户教切。偏,音遍。

王巡虢守[①],虢公为王宫于玤[②],王与之酒泉[③]。郑伯之享王也,王以后之鞶鉴予之[④]。虢公请器,王予之爵[⑤]。郑伯由是始恶于王[⑥]。冬,王归自虢[⑦]。

①巡守于虢国也。天子省方,谓之巡守。【释文】守,音狩,本或作"狩",后放此。②玤,虢地。【释文】玤,蒲项切。③酒泉,周邑。④后,王后也。鞶,带而以镜为饰也。今西方羌胡犹然。古之遗服。【释文】鞶,步丹切,又蒲官切,绅带也。鉴,工暂切,镜也。⑤爵,饮酒器。⑥为僖二十四年郑执王使张本。【释文】恶,乌路切,又如字。使,所吏切。⑦传言王之偏也。

庄公二十二年

【经】

二十有二年春,王正月,肆大眚。

癸丑,葬我小君文姜[①]。

陈人杀其公子御寇[②]。

夏五月。

秋七月丙申，及齐高傒盟于防[③]。

冬，公如齐纳币[④]。

①无传。反哭成丧，故称小君。②宣公大子也。陈人恶其杀大子之名，故不称君父，以国讨公子告。【释文】御，音禦，本亦作“禦”。恶，乌路切，注同。③无传。高傒，齐之贵卿，而与鲁之微者盟，齐桓谦接诸侯，以崇霸业。④无传。公不使卿而亲纳币，非礼也。母丧未再期而图昏，二传不见所讥，左氏又无传，失礼明故。【释文】见，贤遍切。

【传】

二十二年春，陈人杀其大子御寇[①]。陈公子完与颛孙奔齐[②]。颛孙自齐来奔[③]。

①传称大子，以实言。②公子完、颛孙，皆御寇之党。【释文】颛，音专。③不书，非卿。

齐侯使敬仲为卿[①]。辞曰：“羁旅之臣[②]，幸若获宥，及于宽政[③]，赦其不闲于教训而免于罪戾，弛于负担[④]，君之惠也，所获多矣。敢辱高位，以速官谤[⑤]？请以死告[⑥]。《诗》云：‘翘翘车乘，招我以弓。岂不欲往，畏我友朋[⑦]。’”使为工正[⑧]。

①敬仲，陈公子完。②羁，寄也。旅，客也。③宥，赦也。④弛，去离也。【释文】弛，失氏切。担，丁暂切。离，力智切。⑤敢，不敢也。【释文】谤，布浪切。⑥以死自誓。⑦逸《诗》也。翘翘，远貌。古者聘士以弓，言虽贪显命，惧为朋友所讥责。【释文】翘，祁尧切。乘，绳证切。⑧掌百工之官。

饮桓公酒，乐[①]。公曰：“以火继之。”辞曰：“臣卜其昼，未卜其夜，不敢。”君子曰：“酒以成礼，不继以淫，义也[②]。以君成礼，弗纳于淫，仁也。”

①齐桓贤之，故就其家会。据主人之辞，故言饮桓公酒。【释文】饮，于鸩切。乐，音洛。②夜饮为淫乐。

初，懿氏卜妻敬仲[①]，其妻占之，曰：“吉[②]。是谓‘凤皇于飞，和鸣锵锵[③]，有妫之后，将育于姜[④]。五世其昌，并于正卿。八世之后，莫之于京[⑤]’。”陈厉公，蔡出也[⑥]。故蔡人杀五父而立之[⑦]，生敬仲。其少也，周史有以《周易》见陈侯者[⑧]，陈侯使筮之[⑨]，遇《观》䷓[⑩]之《否》䷋[⑪]。曰：“是谓‘观国之光，利用宾于王[⑫]’。此其代陈有国乎？不在此，其在异国；非此其身，在其子孙。光远而自他有耀者也。《坤》，土也。《巽》，风也。《乾》，天也。风为天于土上，山也[⑬]。有山之材而照之以天光，于是乎居土上[⑭]。故曰：‘观国之光，利用宾于王[15]。’庭实旅百，奉之以玉帛，天地之美具焉，故曰：‘利用宾于王[16]。’犹有观焉，故曰：‘其在后乎[17]。’风行而著于土，故曰：‘其在异国乎。’若在异国，必姜姓也。姜，大嶽之后也[18]。山嶽则配天，物莫能两大。陈衰，此其昌乎[19]！”

及陈之初亡也[20]，陈桓子始大于齐[21]。其后亡也[22]，成子得政[23]。

①懿氏，陈大夫。龟曰卜。【释文】妻，七计切。②懿氏妻。③雄曰凤，雌曰皇。雄雌俱飞，相和而鸣锵锵然，犹敬仲夫妻相随适齐，有声誉。【释文】和，如字，又户卧切。锵，七羊切，本又作“将将”。④妫，陈姓。姜，齐姓。⑤京，大也。【释文】并于，本或作“并为”，误。⑥姊妹之子曰出。⑦五父，陈佗也。杀陈佗在桓六年。【释文】佗，徒多切。⑧周大史也。【释文】少，诗照切。见，贤遍切，又如字。大，音泰。⑨蓍曰筮。【释文】筮，上制切。著，音尸。⑩《坤》下《巽》上，《观》。【释文】观，古乱切。⑪《坤》下《乾》上，《否》。《观》六四变而为《否》。【释文】否，备矣切，注同。⑫此《周易·观卦》六四爻辞。《易》之为书，六爻皆有变象，又有互体，圣人随其义而论之。【释文】爻，户交切。⑬《巽》变为《乾》，故曰风为天。自二至四，有《艮》象，《艮》为山。【释文】乾，其然切。⑭山则材之所生。上有《乾》，下有《坤》，故言居土上，照之以天光。⑮四为诸侯，变而之《乾》，有国朝王之象。⑯《艮》为门庭，《乾》为金玉，《坤》为布帛。诸侯朝王，陈挚币之象。旅，陈也。百，言物备。【释文】挚，音至，本又作“贽”，同。⑰因《观》文以博占，故言犹有观，非在己之言，故知在子孙。【释文】观，古乱切。⑱姜姓之先为尧四嶽。【释文】著，直略切。大，音泰。嶽，音岳。⑲变而象《艮》，故知当兴于大嶽之后。得大嶽之权，则是配天之大功，故知陈必衰。⑳昭八年，楚灭陈。㉑桓子，敬仲五世孙陈无宇。㉒哀十七年，楚复灭陈。【释文】复，扶又切。㉓成子，陈常也，敬仲八世孙。陈完有礼于齐，子孙世不忘德，德协于卜，故传备言其终始。卜筮者，圣人所以定犹豫、决疑似，因生义教者也。《尚书·洪范》：通龟筮以同卿士之数。南蒯卜乱而遇元吉，惠伯答以忠信则可。臧会卜僭，遂获其应。丘明故举诸县验于行事者，以示来世，而君子志其善者、远者。他皆放此。【释文】豫，音预，本亦作“预”。蒯，苦怪切。僭，子念切。应，应对之应。县，音玄。

庄公二十三年

【经】

二十有三年春，公至自齐①。

祭叔来聘[2]。

夏,公如齐观社[3]。

公至自齐[4]。

荆人来聘[5]。

公及齐侯遇于穀[6]。

萧叔朝公[7]。

秋,丹桓宫楹[8]。

冬十有一月,曹伯射姑卒[9]。

十有二月甲寅,公会齐侯盟于扈[10]。

①无传。②无传。《穀梁》以祭叔为祭公来聘鲁天子内臣不得外交,故不言使,不与其得使聘。【释文】祭,侧界切。为,于伪切。③齐因祭社蒐军实,故公往观之。④无传。⑤无传。不书荆子使某来聘,君臣同辞者,盖楚之始通,未成其礼。⑥无传。【释文】穀,音谷。⑦无传。萧,附庸国。叔,名。就穀朝公,故不言来。凡在外朝,则礼不得具,嘉礼不野合。⑧桓公庙也。楹,柱也。【释文】楹,音盈。⑨无传。未同盟而赴以名。【释文】射,示亦切,又音亦。⑩无传。扈,郑地,在荥阳卷县西北。【释文】扈,音户。卷,音权,《字林》丘权切,韦昭丘云切,《说文》丘粉切。

【传】

二十三年夏,公如齐观社,非礼也。曹刿谏曰:"不可。夫礼,所以整民也。故会以训上下之则,制财用之节[1];朝以正班爵之义,帅长幼之序;征伐以讨其不然[2]。诸侯有王[3],王有巡守[4],以大习之[5]。非是,君不举矣。君举必书[6],书而不法,后嗣何观?"

①贡赋多少。②不然,不用命。【释文】长,丁丈切。③从王事。④省四方。⑤大习,会朝之礼。⑥书于策。

晋桓、庄之族偪[1],献公患之。士蒍曰:"去富子,则群公子可谋也已[2]。"公曰:"尔试其事。"士蒍与群公子谋,谮富子而去之[3]。

①桓叔、庄伯之子孙强盛,偪迫公室。【释文】偪,彼力切。②士蒍,晋大夫。富子,二族之富强者。【释文】蒍,于委切。去,起吕切。③以罪状诬之。同族恶其富强,故士蒍得因而间之。用其所亲为谮则似信,离其骨肉则党弱,群公子终所以见灭。【释文】恶,乌路切。间,间隙之间。

秋，丹桓宫之楹。

庄公二十四年

【经】

二十有四年春，王三月，刻桓宫桷①。

葬曹庄公②。

夏，公如齐逆女③。

秋，公至自齐④。

八月丁丑，夫人姜氏入⑤。

戊寅，大夫、宗妇觌，用币⑥。

大水⑦。

冬，戎侵曹⑧。

曹羁出奔陈⑨。

赤归于曹⑩。

郭公⑪。

①刻，镂也。桷，椽也。将逆夫人，故为盛饰。【释文】刻，音克。桷，音角，《字林》云：齐鲁谓榱为桷。椽，直专切。②无传。③无传。亲逆，礼也。④无传。⑤哀姜也。《公羊传》以为姜氏要公，不与公俱入，盖以孟任故，丁丑入而明日乃朝庙。【释文】要，於遥切。任，音壬，后"孟任"皆同。⑥宗妇，同姓大夫之妇。礼，小君至，大夫执贽以见，明臣子之道。庄公欲奢夸夫人，故使大夫、宗妇同贽俱见。【释文】觌，徒历切，见也。见，贤遍切。夸，苦瓜切。⑦无传。⑧无传。⑨无传。羁盖曹世子也。先君既葬而不称爵者，微弱不能自定，曹人以名赴。⑩无传。赤，曹僖公也。盖为戎所纳，故曰归。⑪无传。盖经阙误也。自曹羁以下，《公羊》《穀梁》之说既不了，又不可通之于《左氏》，故不采用。

【传】

二十四年春，刻其桷，皆非礼也①。御孙谏曰："臣闻之，俭，德之共也；侈，恶之大也②。先君有共德而君纳诸大恶，无乃不可乎③？"

①并非丹楹,故言皆。②御孙,鲁大夫。【释文】御,鱼吕切,本亦作“禦”。侈,昌纸切,又尸氏切。③以不丹楹刻桷为共。

秋,哀姜至。公使宗妇觌,用币,非礼也[①]。御孙曰:“男贽,大者玉帛[②],小者禽鸟[③],以章物也[④]。女贽,不过榛栗枣脩,以告虔也[⑤]。今男女同贽,是无别也。男女之别,国之大节也,而由夫人乱之,无乃不可乎?”

①传不言大夫,唯举非常。②公、侯、伯、子、男执玉,诸侯、世子、附庸、孤卿执帛。【释文】贽,真二切。③卿执羔,大夫执雁,士执雉。④章所执之物,别贵贱。【释文】别,彼列切。⑤榛,小栗。脩,脯。虔,敬也。皆取其名以示敬。【释文】榛,侧巾切。锻脯加姜桂曰脩。虔,音乾。

晋士𫇭又与群公子谋,使杀游氏之二子[①]。士𫇭告晋侯曰:“可矣。不过二年,君必无患。”

①游氏二子,亦桓、庄之族。

庄公二十五年

【经】

二十有五年春,陈侯使女叔来聘[①]。

夏五月癸丑,卫侯朔卒[②]。

六月辛未朔,日有食之。鼓,用牲于社[③]。

伯姬归于杞[④]。

秋,大水。鼓,用牲于社、于门[⑤]。

冬,公子友如陈[⑥]。

①女叔,陈卿。女,氏;叔,字。【释文】女,音汝,陈大夫氏。②无传。惠公也。书名,十六年与内大夫盟于幽。③鼓,伐鼓也。用牲以祭社。传例曰:“非常也。”④无传。不书逆女,逆者微。⑤门,国门也。传例曰:“亦非常也。”⑥无传。报女叔之聘。诸鲁出朝聘皆书,如不果,彼国必成其礼,故不称朝聘,《春秋》之常也。公子友,庄公之母弟,称公子者,史策之通言。母弟至亲,异于他臣,其相杀害,则称弟以示义,至于嘉好之事,兄弟笃睦,非例所兴,或称弟,或称公子,仍旧史之文也。母弟例在宣十七年。【释文】好,呼报

切,下同。

【传】

二十五年春,陈女叔来聘,始结陈好也。嘉之,故不名[①]。

①季友相鲁,原仲相陈,二人有旧,故女叔来聘,季友冬亦报聘,嘉好接备。卿以字为嘉,则称名,其常也。【释文】相,息亮切,下同。

夏六月辛未朔,日有食之。鼓,用牲于社,非常也[①]。唯正月之朔,慝未作[②],日有食之,于是乎用币于社,伐鼓于朝[③]。

①非常鼓之月。《长历》推之,辛未实七月朔,置闰失所,故致月错。②正月,夏之四月,周之六月,谓正阳之月。今书六月而传云唯者,明此月非正阳月也。慝,阴气。【释文】正,音政。正月,建巳之月。慝,他得切。夏,户雅切。③日食,历之常也。然食于正阳之月,则诸侯用币于社,请救于上;公伐鼓于朝,退而自责,以明阴不宜侵阳,臣不宜掩君,以示大义。

秋,大水。鼓,用牲于社、于门,亦非常也[①]。凡天灾,有币无牲[②]。非日月之眚,不鼓[③]。

①失常礼。②天灾,日月食、大水也。祈请而已,不用牲也。③眚,犹灾也。月侵日为眚,阴阳逆顺之事,贤圣所重,故特鼓之。【释文】眚,所景切。

晋士蒍使群公子尽杀游氏之族,乃城聚而处之[①]。冬,晋侯围聚,尽杀群公子[②]。

①聚,晋邑。【释文】聚,才喻切。②卒如士蒍之计。

庄公二十六年

【经】

二十有六年春,公伐戎[①]。

夏,公至自伐戎[②]。

曹杀其大夫[③]。

秋,公会宋人、齐人伐徐[④]。

冬十有二月癸亥朔,日有食之[⑤]。

①无传。②无传。③无传。不称名,非其罪,例在文七年。④无传。宋序齐上,主兵。⑤无传。

【传】

二十六年春,晋士芳为大司空[①]。

①大司空,卿官。

夏,士芳城绛,以深其宫[①]。

①绛,晋所都也,今平阳绛邑县。

秋,虢人侵晋。冬,虢人又侵晋[①]。

①为传明年晋将伐虢张本。此年经、传各自言其事者,或经是直文,或策书虽存而简牍散落,不究其本末,故传不复申解,但言传事而已。【释文】牍,徒木切。究,音救。复,扶又切。解,居蟹切。

庄公二十七年

【经】

二十有七年春,公会杞伯姬于洮[①]。

夏六月,公会齐侯、宋公、陈侯、郑伯,同盟于幽。

秋,公子友如陈,葬原仲[②]。

冬,杞伯姬来[③]。

莒庆来逆叔姬[④]。

杞伯来朝[⑤]。

公会齐侯于城濮[⑥]。

①伯姬,庄公女。洮,鲁地。【释文】洮,他刀切。②原仲,陈大夫。原,氏;仲,字也。礼,臣既卒不名,故称字。季友违礼会外大夫葬,具见其事,亦所以知讥。【释文】见,贤遍切。③传例曰:"归宁。"④无传。庆,莒大夫。叔姬,庄公女。卿自为逆则称字,例在宣五年。⑤无传。杞称伯者,盖为时王所黜。【释文】黜,敕律切。⑥无传。城濮,卫地。将讨卫也。【释文】濮,音卜。

【传】

二十七年春，公会杞伯姬于洮，非事也[①]。天子非展义不巡守[②]，诸侯非民事不举，卿非君命不越竟。

①非诸侯之事。②天子巡守，所以宣布德义。

夏，同盟于幽，陈、郑服也[①]。

①二十二年陈乱而齐纳敬仲，二十五年郑文公之四年获成于楚，皆有二心于齐，今始服也。

秋，公子友如陈，葬原仲。非礼也。原仲，季友之旧也。

冬，杞伯姬来。归宁也[①]。凡诸侯之女，归宁曰来，出曰来归[②]。夫人归宁曰如某，出曰归于某。

①宁，问父母安否。②归，不反之辞。

晋侯将伐虢，士蒍曰："不可。虢公骄，若骤得胜于我，必弃其民[①]。无众而后伐之，欲御我，谁与？夫礼乐慈爱，战所畜也。夫民让事、乐和、爱亲、哀丧而后可用也[②]。虢弗畜也，亟战将饥[③]。"

①弃民不养之。②上之使民，以义让哀乐为本，言不可力强。【释文】畜，敕六切。乐，音洛。强，其丈切。③言虢不畜义让而力战。【释文】畜，敕六切。亟，欺冀切。饥，音机。

王使召伯廖赐齐侯命[①]，且请伐卫，以其立子颓也[②]。

①召伯廖，王卿士。赐命为侯伯。【释文】召，音邵。廖，力雕切。②立子颓在十九年。

庄公二十八年

【经】

二十有八年春，王三月甲寅，齐人伐卫。卫人及齐人战，卫人败绩[①]。

夏四月丁未，邾子琐卒[②]。

秋，荆伐郑。公会齐人、宋人救郑。

冬，筑郿[③]。

大无麦禾[④]。

臧孙辰告籴于齐[⑤]。

①齐侯称人者，讳取赂而还，以贱者告。不地者，史失之。②无传。未同盟而赴以名。【释文】琐，素果切。③郿，鲁下邑。传例曰："邑曰筑。"【释文】郿，亡悲切。④书于冬者，五谷毕入，计食不足，而后书也。⑤臧孙辰，鲁大夫臧文仲。

【传】

二十八年春，齐侯伐卫。战，败卫师。数之以王命，取赂而还。

晋献公娶于贾[①]，无子。烝于齐姜[②]，生秦穆夫人及大子申生。又娶二女于戎，大戎狐姬生重耳[③]，小戎子生夷吾[④]。晋伐骊戎，骊戎男女以骊姬[⑤]，归生奚齐。其娣生卓子。

①贾，姬姓国也。②齐姜，武公妾。【释文】烝，之承切。③大戎，唐叔子孙别在戎狄者。【释文】重，直龙切。④小戎，允姓之戎。子，女也。⑤骊戎在京兆新丰县，其君姬姓，其爵男也。纳女于人曰女。【释文】女，昵据切，注"曰女"同。

骊姬嬖，欲立其子，赂外嬖梁五与东关嬖五[①]，使言于公曰："曲沃，君之宗也[②]。蒲与二屈，君之疆也[③]。不可以无主。宗邑无主则民不威，疆埸无主则启戎心。戎之生心，民慢其政，国之患也。若使大子主曲沃，而重耳、夷吾主蒲与屈，则可以威民而惧戎，且旌君伐[④]。"使俱曰："狄之广莫，于晋为都。晋之启土，不亦宜乎[⑤]？"晋侯说之。夏，使大子居曲沃，重耳居蒲城，夷吾居屈。群公子皆鄙[⑥]，唯二姬之子在绛。二五卒与骊姬谮群公子而立奚齐，晋人谓之"二五耦"[⑦]。

①姓梁名五，在闺闼之外者。东关嬖五，别在关塞者，亦名五。皆大夫，为献公所嬖幸，视听外事。【释文】卓，敕角切。闺，音圭，闼，吐达切。塞，素代切。②曲沃，桓叔所封，先君宗庙所在。③蒲，今平阳蒲子县。二屈，今平阳北屈县。或云"二"当为"北"。【释文】屈，求勿切，又居勿切。疆，居良切。④旌，章也。伐，功也。【释文】埸，音亦。⑤广莫，狄地之旷绝也。即谓蒲子、北屈也。言遣二公子出都之，则晋方当大开土界，献公未决，故复使二五俱说此美。【释文】复，扶又切。⑥鄙，边邑。【释文】说，音悦。⑦二耜相耦，广一尺，共起一伐。言二人俱共垦伤晋室若此。【释文】谮，责鸩切。耜，音似。广，古旷切。垦，苦狠切。

楚令尹子元欲蛊文夫人[①]，为馆于其宫侧而振万焉[②]。夫人闻之，泣曰："先君以是舞也，习戎备也。今令尹不寻诸仇雠，而于未亡人之侧，不亦异乎[3]！”御人以告子元[4]。子元曰：“妇人不忘袭仇，我反忘之！”

①文王夫人，息妫也。子元，文王弟。蛊，惑以淫事。【释文】蛊，音古。②振，动也。万，舞也。③寻，用也。妇人既寡，自称未亡人。④御人，夫人之侍人。

秋，子元以车六百乘伐郑，入于桔柣之门[1]。子元、鬥御强、鬥梧、耿之不比为旆[2]，鬥班、王孙游、王孙喜殿[3]。众车入自纯门，及逵市[4]。县门不发，楚言而出。子元曰：“郑有人焉[5]。”诸侯救郑，楚师夜遁。郑人将奔桐丘[6]，谍告曰：“楚幕有乌。”乃止[7]。

①桔柣，郑远郊之门也。【释文】乘，绳证切。桔，户结切。柣，待结切，注同。②子元自与三子特造旆以居。前广充幅，长寻曰旐，继旐曰旆。【释文】御，鱼吕切，本亦作“禦”，下注“反禦”同。强，其良切，又居良切。梧，音吾。比，并里切。旆，蒲贝切。长，直亮切。旐，音兆。③三子在后为反禦。【释文】殿，丁见切。④纯门，郑外郭门也。逵市，郭内道上市。【释文】纯，如字。逵，求龟切。⑤县门，施于内城门。郑示楚以闲暇，故不闭城门，出兵而效楚言，故子元畏之，不敢进。【释文】县，音玄。⑥许昌县东北有桐丘城。【释文】遁，徒困切。⑦谍，间也。幕，帐也。【释文】谍，音牒。幕，音莫。间，间厕之间。

冬，饥。臧孙辰告籴于齐，礼也[1]。

①经书大无麦禾，传言“饥”。传又先书“饥”在“筑郿”上者，说始籴。经在下，须得籴。嫌或讳饥，故曰礼。

筑郿，非都也。凡邑有宗庙先君之主曰都，无曰邑。邑曰筑，都曰城[1]。

①《周礼》：四县为都，四井为邑。然宗庙所在则虽邑曰都，尊之也。言凡邑则他筑非例。

庄公二十九年

【经】

二十有九年春，新延厩[1]。

夏，郑人侵许[2]。

秋，有蜚[3]。

冬十有二月,纪叔姬卒[④]。

城诸及防[⑤]。

①传例曰:书不时。言新者,皆旧物不可用,更造之辞。【释文】厩,居又切。②传例曰:无钟鼓曰侵。③传例曰:为灾。【释文】蜚,扶味切。④无传。纪国虽灭,叔姬执节守义,故系之纪,贤而录之。⑤诸、防,皆鲁邑。传例曰:书时也。诸非备难而兴作,传皆重云时以释之。他皆放此。诸,今城阳诸县。【释文】难,乃旦切。重,直用切。

【传】

二十九年春,新作延厩。书,不时也[①]。凡马日中而出,日中而入[②]。

①经无"作"字,盖阙。②日中,春秋分也。治厩当以秋分,因马向入而修之,今以春作,故曰不时。【释文】向,许亮切。

夏,郑人侵许。凡师有钟鼓曰伐[①],无曰侵[②],轻曰袭[③]。

①声其罪。②钟鼓无声。③掩其不备。【释文】轻,遣政切。

秋,有蜚。为灾也。凡物不为灾不书。

冬十二月,城诸及防,书,时也。凡土功,龙见而毕务,戒事也[①]。火见而致用[②],水昏正而栽[③],日至而毕[④]。

①谓今九月,周十一月,龙星、角亢晨见东方,三务始毕,戒民以土功事。【释文】见,贤遍切。亢,苦浪切,又音刚。②大火,心星,次角亢。见者,致筑作之物。③谓今十月,定星昏而中,于是树板干而兴作。【释文】栽,《字林》才代切,又音再;《说文》云:筑墙长板。定,多佞切。④日南至,微阳始动,故土功息。

樊皮叛王[①]。

①樊皮,周大夫。樊,其采地;皮,名。

庄公三十年

【经】

三十年春,王正月。

夏,次于成[①]。

秋七月，齐人降鄣[②]。

八月癸亥，葬纪叔姬[③]。

九月庚午朔，日有食之。鼓，用牲于社[④]。

冬，公及齐侯遇于鲁济[⑤]。

齐人伐山戎[⑥]。

①无传。将卑师少，故直言次。齐将降鄣，故设备。【释文】上“将”，子匠切。降，户江切，下同。鄣，音章。②无传。鄣，纪附庸国，东平无盐县东北有鄣城。小国孤危，不能自固，盖齐遥以兵威胁，使降附。③无传。以贤录也。无臣子，故不作谥。④无传。⑤济水历齐、鲁界，在齐界为齐济，在鲁界为鲁济，盖鲁地。【释文】济，子礼切。⑥山戎，北戎。

【传】

三十年春，王命虢公讨樊皮。夏四月丙辰，虢公入樊，执樊仲皮，归于京师。

楚公子元归自伐郑，而处王宫[①]。鬭射师谏，则执而梏之[②]。秋，申公鬭班杀子元[③]，鬭穀於菟为令尹，自毁其家以纾楚国之难[④]。

①欲遂蛊文夫人。②射师，鬭廉也。足曰桎，手曰梏。【释文】射，食亦切，又食夜切。梏，古毒切。桎，之实切。③申，楚县也。楚僭号，县尹皆称公。【释文】僭，子念切。④鬭穀於菟，令尹子文也。毁，减。纾，缓也。【释文】穀，奴走切，楚人谓乳曰穀，《汉书》作“毂”，音同。於，音乌。菟，音徒。纾，音舒，又直汝切。难，乃旦切。

冬，遇于鲁济，谋山戎也，以其病燕故也[①]。

①齐桓行霸，故欲为燕谋难。燕国，今蓟县。【释文】为，于伪切。蓟，音计。

庄公三十一年

【经】

三十有一年春，筑台于郎[①]。

夏四月，薛伯卒[②]。

筑台于薛[③]。

六月，齐侯来献戎捷[④]。

秋,筑台于秦[⑤]。

冬,不雨[⑥]。

①无传。刺奢,且非土功之时。【释文】刺,七赐切。②无传。未同盟。③无传。薛,鲁地。④传例曰:诸侯不相遗俘。捷,获也。献,奉上之辞。齐侯以献捷礼来,故(为)[书]以示过。【释文】捷,在妾切。遗,唯季切,传同。俘,音孚。⑤无传。东平范县西北有秦亭。⑥无传。不书旱,不为灾。例在僖三年。

【传】

三十一年夏六月,齐侯来献戎捷,非礼也。凡诸侯有四夷之功,则献于王,王以警于夷[①]。中国则否。诸侯不相遗俘[②]。

①以警惧夷狄。【释文】警,音景,戒惧也。②虽夷狄俘,犹不以相遗。

庄公三十二年

【经】

三十有二年春,城小穀[①]。

夏,宋公、齐侯遇于梁丘[②]。

秋七月癸巳,公子牙卒[③]。

八月癸亥,公薨于路寝[④]。

冬十月己未,子般卒[⑤]。

公子庆父如齐[⑥]。

狄伐邢[⑦]。

①小穀,齐邑,济北穀城县城中有管仲井。大都以名通者,则不系国。②齐善宋之请见,故进其班。梁丘,在高平昌邑县西南。③牙,庆父同母弟僖叔也。饮酖而死,不以罪告,故得书卒。书日者,公有疾,不责公不与小敛。【释文】酖,音鸩,本亦作"鸩"。与,音预。敛,力艳切。④路寝,正寝也。公薨皆书其所,详凶变。⑤子般,庄公大子。先君未葬,故不称爵。不书杀,讳之也。【释文】般,音班。杀,音试,又如字,下同。⑥无传。庆父既杀子般,季友出奔,国人不与,故惧而适齐,欲以求援。时无君,假赴告之礼而行。

⑦无传。邢国在广平襄国县。

【传】

三十二年春，城小穀，为管仲也[①]。

①公感齐桓之德，故为管仲城私邑。【释文】为，于伪切。

齐侯为楚伐郑之故，请会于诸侯[①]。宋公请先见于齐侯。夏，遇于梁丘。

①楚伐郑在二十八年，谋为郑报楚。

秋七月，有神降于莘[①]。惠王问诸内史过曰："是何故也[②]？"对曰："国之将兴，明神降之，监其德也；将亡，神又降之，观其恶也。故有得神以兴，亦有以亡。虞、夏、商、周皆有之[③]。"王曰："若之何？"对曰："以其物享焉，其至之日，亦其物也[④]。"王从之。内史过往，闻虢请命[⑤]，反曰："虢必亡矣，虐而听于神。"

①有神声以接人。莘，虢地。【释文】见，贤遍切，又如字。莘，所巾切。②内史过，周大夫。【释文】过，古禾切。③亦有神异。④享，祭也。若以甲乙日至，祭先脾，玉用苍，服上青，以此类祭之。⑤闻虢请于神，求赐土田之命。

神居莘六月。虢公使祝应、宗区、史嚚享焉。神赐之土田[①]。史嚚曰："虢其亡乎！吾闻之，国将兴，听于民[②]；将亡，听于神[③]。神，聪明正直而壹者也，依人而行[④]。虢多凉德，其何土之能得[⑤]！"

①祝，大祝。宗，宗人。史，大史。应、区、嚚皆名。【释文】区，音驱。嚚，五巾切。②政顺民心。③求福于神。④唯德是与。⑤凉，薄也。为僖二年晋灭下阳传。

初，公筑台临党氏[①]，见孟任，从之。閟[②]，而以夫人言，许之[③]，割臂盟公，生子般焉。雩，讲于梁氏，女公子观之[④]，圉人荦自墙外与之戏[⑤]。子般怒，使鞭之。公曰："不如杀之，是不可鞭。荦有力焉，能投盖于稷门[⑥]。"

①党氏，鲁大夫。筑台不书，不告庙。【释文】党，音掌。②孟任，党氏女。閟，不从公。【释文】閟，音秘。③许以为夫人。④雩，祭天也。讲，肄也。梁氏，鲁大夫。女公子，子般妹。【释文】肄，音四，又以二切。⑤圉人，掌养马者。以慢言戏之。【释文】荦，音洛。⑥盖，覆也。稷门，鲁南城门。走而自投，接其屋之桷，反覆门上。

公疾，问后于叔牙。对曰："庆父材[①]。"问于季友，对曰："臣以死奉般[②]。"公曰："乡者牙日庆父材。"成季使以君命命僖叔待于鍼巫氏[③]，使鍼季鸩之[④]，曰："饮此则有后于鲁国，不然，死且无后。"饮之，归及逵泉而卒，立叔孙氏[⑤]。

①盖欲进其同母兄。②季友,庄公母弟,故欲立般。③成季,季友也。鍼巫氏,鲁大夫。【释文】乡,许亮切。鍼,其廉切。④酖,鸟名,其羽有毒,以画酒,饮之则死。【释文】画,音获。⑤逵泉,鲁地。不以罪诛,故得立后,世其禄。

八月癸亥,公薨于路寝。子般即位,次于党氏[①]。冬十月己未,共仲使圉人荦贼子般于党氏[②]。成季奔陈[③]。立闵公[④]。

①即丧位。次,舍也。②共仲,庆父。【释文】共,音恭。③出奔不书,国乱,史失之。④闵公,庄公庶子,于是年八岁。

闵公第四

【释文】闵公名启方,庄公之子,母叔姜。《史记》云名开。《谥法》:在国遭难曰闵。

闵公元年

【经】

元年春,王正月。

齐人救邢。

夏六月辛酉,葬我君庄公。

秋八月,公及齐侯盟于落姑[①]。季子来归[②]。

冬,齐仲孙来[③]。

①落姑,齐地。②季子,公子友之字。季子忠于社稷,为国人所思,故贤而字之。齐侯许纳,故曰归。③仲孙,齐大夫,以事出疆,因来省难,非齐侯命,故不称使也。还使齐侯务宁鲁难,故嘉而字之。来者事实,省难其志也。故经但书仲孙之来,而传寻仲孙之志。【释文】疆,居良切。难,乃旦切,下及传同。

【传】

元年春,不书即位,乱故也[①]。

①国乱不得成礼。

狄人伐邢[①]。管敬仲言于齐侯曰:“戎狄豺狼,不可厌也[②]。诸夏亲昵,不可弃也[③]。宴安鸩毒,不可怀也[④]。《诗》云:‘岂不怀归,畏此简书[⑤]。’简书,同恶相恤之谓也[⑥]。请救邢以从简书。”齐人救邢。

①狄伐邢在往年冬。②敬仲,管夷吾。【释文】豺,仕皆切。狼,音郎。厌,一盐切。③诸夏,中国也。昵,近也。【释文】夏,户雅切。昵,女一切。④以宴安比之酖毒。【释文】宴,於见切,本又作“宴”,音同,一音乌谏切。酖,直荫切。⑤《诗·小雅》也。文王为西伯,劳来诸侯之诗。【释文】劳,力报切。来,力代切。⑥同恤所恶。

夏六月,葬庄公,乱故,是以缓[①]。

①十一月乃葬。

秋八月,公及齐侯盟于落姑,请复季友也[①]。齐侯许之,使召诸陈,公次于郎以待之[②]。“季子来归”,嘉之也。

①闵公初立,国家多难,以季子忠贤,故请霸主而复之。②非师旅之事,故不书次。

冬,齐仲孙湫来省难[①]。书曰“仲孙”,亦嘉之也。仲孙归曰:“不去庆父,鲁难未已[②]。”公曰:“若之何而去之?”对曰:“难不已,将自毙[③],君其待之。”公曰:“鲁可取乎?”对曰:“不可,犹秉周礼。周礼,所以本也。臣闻之,国将亡,本必先颠,而后枝叶从之。鲁不弃周礼,未可动也。君其务宁鲁难而亲之。亲有礼,因重固[④],间携贰[⑤],覆昏乱[⑥],霸王之器也[⑦]。”

①湫,仲孙名。【释文】湫,子小切。②时庆父亦已还鲁。【释文】去,起吕切,下同。③毙,踣也。【释文】毙,婢世切。踣,蒲北切。④能重能固,则当就成之。⑤离而相疑者,则当因而间之。【释文】间,间厕之间,注同。⑥覆,败也。【释文】覆,芳服切,注同。⑦霸王所用,故以器为喻。【释文】王,于况切,注同。

晋侯作二军[①],公将上军,大子申生将下军。赵夙御戎,毕万为右[②],以灭耿、灭霍、灭魏[③]。

①晋本一军,见庄十六年。【释文】见,贤遍切。②为公御右也。夙,赵衰兄。毕万,魏犨祖父。【释文】将,子匠切,下及注同。衰,初危切。犨,尺由切。③平阳皮氏县东南有耿乡,永安县东北有霍大山。三国皆姬姓。【释文】耿,古幸切。

还,为大子城曲沃。赐赵夙耿,赐毕万魏,以为大夫。士芀曰:“大子不得立矣,分之都城而位以卿,先为之极,又焉得立[①],不如逃之,无使罪至。为吴大伯,不亦可乎[②]?犹有令名,与其及也[③]。且谚曰:‘心苟无瑕,何恤乎无家。’天若祚大子,其无晋乎[④]。”

卜偃曰："毕万之后必大[5]。万，盈数也；魏，大名也；以是始赏，天启之矣。天子曰兆民，诸侯曰万民。今名之大，以从盈数，其必有众[6]。"

①位以卿，谓将下军。【释文】为，于伪切。焉，於虔切。②大伯，周大王之適子，知其父欲立季历，故让位而适吴。【释文】大，音泰，注同。適子，丁历切，又作"嫡"。③言虽去犹有令名，胜于留而及祸。④为晋杀申生传。【释文】谚，音彦。祚，在路切。⑤卜偃，晋掌卜大夫。⑥以魏从万，有众象。

初，毕万筮仕于晋。遇《屯》䷂[1]之《比》䷇[2]。辛廖占之，曰："吉[3]。《屯》固《比》入，吉孰大焉？其必蕃昌[4]。《震》为土[5]，车从马[6]，足居之[7]，兄长之[8]，母覆之[9]，众归之[10]，六体不易[11]，合而能固，安而能杀，公侯之卦也[12]。公侯之子孙，必复其始[13]。"

①《震》下《坎》上，《屯》。【释文】屯，张伦切。②《坤》下《坎》上，《比》。《屯》初九变而为《比》。【释文】比，毗志切，注及下同。③辛廖，晋大夫。【释文】廖，力雕切。④《屯》险难，所以为坚固。《比》亲密，所以得入。【释文】蕃，音烦。⑤《震》变为《坤》。⑥《震》为车，《坤》为马。⑦《震》为足。⑧《震》为长男。【释文】长，丁丈切。⑨《坤》为母。⑩《坤》为众。⑪初一爻变，有此六义，不可易也。⑫《比》合《屯》固，《坤》安《震》杀，故曰公侯之卦。⑬万，毕公高之后。传为魏之子孙众多张本。

闵公二年

【经】

二年春，王正月，齐人迁阳[1]。

夏五月乙酉，吉禘于庄公[2]。

秋八月辛酉，公薨[3]。

九月，夫人姜氏孙于邾[4]。

公子庆父出奔莒[5]。

冬，齐高子来盟[6]。

十有二月，狄入卫[7]。

郑弃其师[8]。

①无传。阳，国名。盖齐人偪徙之。②三年丧毕，致新死者之主于庙，庙之远主当迁

入祧,因是大祭以审昭穆,谓之禘。庄公丧制未阕,时别立庙,庙成而吉祭又不于大庙,故详书以示讥。【释文】禘,大计切。祧,他雕切。昭,上饶切。阕,苦穴切。大,音泰。③实弑,书薨又不地者,皆史策讳之。④哀姜外淫,故孙称姜氏。【释文】孙,音逊,注同。⑤弑闵公故。⑥无传。盖高傒也。齐侯使来平鲁乱,僖公新立,因遂结盟,故不称使也。鲁人贵之,故不书名。子,男子之美称。【释文】称,尺证切。⑦书入,不能有其地。例在襄十三年。⑧高克见恶,久不得还,师溃而克奔陈,故克状其事以告鲁也。【释文】恶,乌路切。溃,户内切。

【传】

二年春,虢公败犬戎于渭汭[①]。舟之侨曰:"无德而禄,殃也。殃将至矣。"遂奔晋[②]。

①犬戎。西戎别在中国者。渭水出陇西,东入河。水之隈曲曰汭。【释文】汭,如锐切。隈,乌回切。②舟之侨,虢大夫。【释文】侨,音乔,注同。

夏,吉禘于庄公,速也。

初,公傅夺卜齮田,公不禁[①]。秋八月辛丑,共仲使卜齮贼公于武闱[②]。成季以僖公适邾[③]。共仲奔莒,乃入,立之。以赂求共仲于莒,莒人归之。及密,使公子鱼请[④],不许。哭而往,共仲曰:"奚斯之声也。"乃缢[⑤]。闵公,哀姜之娣叔姜之子也,故齐人立之。共仲通于哀姜,哀姜欲立之。闵公之死也,哀姜与知之,故孙于邾。齐人取而杀之于夷,以其尸归[⑥],僖公请而葬之[⑦]。

①卜齮,鲁大夫也。公即位,年八岁,知爱其傅,而遂成其意以夺齮田。齮忿其傅,并及公,故庆父因之。【释文】齮,鱼绮切。②宫中小门谓之闱。【释文】共,音恭。闱,音韦,一音晖。③僖公,闵公庶兄,成风之子。④密,鲁地,琅邪费县北有密如亭。公子鱼,奚斯也。【释文】费,音秘,又扶未切。⑤庆父之罪虽重,季子推亲亲之恩,欲同之叔牙,存孟氏之族,故略其罪,不书杀,又不书卒。【释文】缢,一赐切。⑥为僖元年齐人杀哀姜传。夷,鲁地。【释文】与,音预。孙,音逊。⑦哀姜之罪已重,而僖公请其丧还者,外欲固齐以居厚,内存母子不绝之义,为国家之大计。

成季之将生也,桓公使卜楚丘之父卜之[①]。曰:"男也。其名曰友,在公之右[②]。间于两社,为公室辅[③]。季氏亡,则鲁不昌。"又筮之,遇《大有》䷍[④]之《乾》䷀[⑤],曰:"同复于父,敬如君所[⑥]。"及生,有文在其手曰"友",遂以命之[⑦]。

①卜楚丘,鲁掌卜大夫。②在右,言用事。③两社:周社、亳社。两社之间,朝廷执政

所在。【释文】亳,步各切。④《乾》下《离》上,《大有》。⑤《乾》下《乾》上,《乾》。《大有》六五变而为《乾》。⑥筮者之辞也。《乾》为君父,《离》变为《乾》,故曰同复于父,见敬与君同。⑦遂以为名。

冬十二月,狄人伐卫。卫懿公好鹤,鹤有乘轩者[①]。将战,国人受甲者皆曰:“使鹤,鹤实有禄位,余焉能战!”公与石祁子玦,与宁庄子矢,使守[②],曰:“以此赞国,择利而为之[③]。”与夫人绣衣,曰:“听于二子[④]。”渠孔御戎,子伯为右,黄夷前驱,孔婴齐殿[⑤]。及狄人战于荧泽,卫师败绩,遂灭卫[⑥]。卫侯不去其旗,是以甚败。狄人囚史华龙滑与礼孔以逐卫人。二人曰:“我,大史也,实掌其祭。不先,国不可得也[⑦]。”乃先之。至则告守曰:“不可待也[⑧]。”夜与国人出。狄人卫,遂从之,又败诸河[⑨]。

①轩,大夫车。【释文】好,呼报切。鹤,户各切。轩,许言切。②庄子,宁速也。玦,玉玦。【释文】焉,於虔切。玦,古穴切。守,手又切,下“告守”及注同。③赞,助也。玦示以当决断,矢示以御难。【释文】断,丁乱切。难,乃旦切。④取其文章顺序。⑤传言卫侯失民有素,虽临事而戒,犹无所及。【释文】殿,丁练切。⑥此荧泽当在河北。君死国散,经不书灭者,狄不能赴。卫之君臣皆尽,无复文告,齐桓为之告诸侯,言狄已去,言卫之存,故但以入为文。【释文】荧,户扃切。复,扶又切,下“复逐”同。为,于伪切,下文“为卫”同。⑦夷狄畏鬼,故恐言当先白神。【释文】去,起吕切,藏也,一云除也。华,户化切。大,音泰。恐,丘勇切。⑧守,石、宁二大夫。⑨卫将东走渡河,狄复逐而败之。

初,惠公之即位也少[①],齐人使昭伯烝于宣姜。不可,强之[②]。生齐子、戴公、文公、宋桓夫人、许穆夫人。文公为卫之多患也,先适齐。及败,宋桓公逆诸河[③],宵济[④]。卫之遗民男女七百有三十人,益之以共、滕之民为五千人[⑤],立戴公以庐于曹[⑥]。许穆夫人赋《载驰》[⑦]。齐侯使公子无亏帅车三百乘、甲士三千人以戍曹[⑧]。归公乘马,祭服五称,牛羊豕鸡狗皆三百,与门材[⑨]。归夫人鱼轩[⑩],重锦三十两[⑪]。

①盖年十五六。【释文】少,诗照切。②昭伯,惠公庶兄,宣公子顽也。昭伯不可。【释文】烝,之承切。强,其丈切。③迎卫败众。④夜渡,畏狄。⑤共及滕,卫别邑。【释文】共,音恭。⑥庐,舍也。曹,卫下邑。戴公名申,立,其年卒,而立文公。【释文】庐,力居切。曹,《诗》作“漕”,音同。⑦《载驰》,《诗·卫风》也。许穆夫人痛卫之亡,思归唁之,不可,故作诗以言志。【释文】唁,音彦。⑧无亏,齐桓公子武孟也。车甲之赋异于常,故传别见之。【释文】亏,去危切。乘,绳证切,下及注同。见,贤遍切。⑨归,遗也。四马曰乘。衣单复具曰称。门材,使先立门户。【释文】称,尺证切。狗,音苟。遗,于季切。

单,音丹。复,方服切。⑩鱼轩,夫人车,以鱼皮为饰。⑪重锦,锦之熟细者,以二丈双行,故曰两。三十两,三十匹也。

郑人恶高克[①],使帅师次于河上,久而弗召,师溃而归。高克奔陈。郑人为之赋《清人》[②]。

①高克,郑大夫也。好利而不顾其君,文公恶之而不能远,故使帅师而不召。【释文】恶,乌路切,注同。好,呼报切。远,于万切。②《清人》,《诗·郑风》也。刺文公退臣不以道,危国亡师之本。【释文】为,于伪切。

晋侯使大子申生伐东山皋落氏[①]。里克谏曰:“大子奉冢祀、社稷之粢盛[②],以朝夕视君膳者也[③],故曰冢子。君行则守,有守则从。从曰抚军,守曰监国,古之制也。夫帅师,专行谋[④],誓军旅[⑤],君与国政之所图也,非大子之事也[⑥]。师在制命而已[⑦]。禀命则不威,专命则不孝,故君之嗣適不可以帅师。君失其官,帅师不威,将焉用之[⑧]?且臣闻皋落氏将战,君其舍之。”公曰:“寡人有子,未知其谁立焉。”不对而退。见大子,大子曰:“吾其废乎?”对曰:“告之以临民[⑨],教之以军旅[⑩],不共是惧,何故废乎?且子惧不孝,无惧弗得立。修己而不责人,则免于难。”

①赤狄别种也。皋落,其氏族。【释文】皋,古刀切。种,章勇切。②里克,晋大夫。冢,大也。【释文】粢,音咨。盛,音成。③膳,厨膳。【释文】朝,如字,又张遥切。膳,市战切。④帅师者必专谋军事。【释文】守,手又切,下同。从,才用切,下同。监,古衔切。⑤宣号令也。⑥国政,正卿。⑦命,将军所制。⑧大子统师,是失其官也。专命则不孝,是为帅必不威也。【释文】適,丁历切,本又作“嫡”,下“配適”同。焉,於虔切。⑨谓居曲沃。⑩谓将下军。【释文】将,子匠切,下“将上军”并同。

大子帅师,公衣之偏衣[①],佩之金玦[②]。狐突御戎,先友为右[③]。梁馀子养御罕夷,先丹木为右[④]。羊舌大夫为尉[⑤]。先友曰:“衣身之偏[⑥]、握兵之要[⑦],在此行也,子其勉之。偏躬无慝[⑧],兵要远灾[⑨],亲以无灾,又何患焉!”狐突叹曰:“时,事之征也[⑩]。衣,身之章也[⑪]。佩,衷之旗也[⑫]。故敬其事则命以始[⑬],服其身则衣之纯[⑭],用其衷则佩之度[⑮]。今命以时卒,閟其事也[⑯];衣之尨服,远其躬也[⑰];佩以金玦,弃其衷也。服以远之,时以閟之,尨凉冬杀,金寒玦离,胡可恃也[⑱]?虽欲勉之,狄可尽乎?”梁馀子养曰:“帅师者受命于庙,受脤于社[⑲],有常服矣。不获而尨,命可知也[⑳]。死而不孝,不如逃之。”罕夷曰:“尨奇无常[㉑],金玦不复,虽复何为,君有心矣[㉒]。”先丹木曰:“是服也,狂夫阻之[㉓]。曰‘尽敌而反[㉔]’。敌可尽乎!虽尽敌,犹有内谗,不如违之[㉕]。”狐突欲行[㉖]。羊舌大夫曰:“不可。违命不孝，弃事不忠。虽知其寒，恶不可取，子其死之[27]。”大子将战，狐突谏曰：“不可。昔辛伯谂周桓公云[28]：‘内宠并后，外宠二政，嬖子配適，大都耦国，乱之本也。’周公弗从，故及于难。今乱本成矣[29]，立可必乎？孝而安民，子其图之[30]，与其危身以速罪也[31]。”

①偏衣，左右异色，其半似公服。【释文】共，音恭，本又作“供”。难，乃旦切，下同。公衣之偏，于既切，下“衣身之偏”“衣之纯”“衣之龙服”、注“衣之”同。②以金为玦。③狐突，伯行，重耳外祖父也，为申生御。申生以大子将上军。④罕夷，晋下军卿也。梁馀子养为罕夷御。⑤羊舌大夫，叔向祖父也。尉，军尉。【释文】向，许丈切。⑥偏，半也。⑦谓佩金玦，将上军。⑧分身衣之半，非恶意也。【释文】慝，他得切。⑨威权在己，可以远害。【释文】远，于万切，注及下同。⑩叹，以先友为不知君心。⑪章贵贱。⑫旗，表也，所以表明其中心。【释文】衷，音忠。旗，音其。⑬赏以春夏。⑭必以纯色为服。⑮衷，中也。佩玉者，士君子常度。⑯冬十二月，閟尽之时。【释文】閟，音秘。⑰龙，杂色。【释文】龙，莫江切。⑱寒、凉、杀、离，言无温润。玦如环而缺不连。⑲脤，宜社之肉，盛以脤器。【释文】脤，市轸切。盛，音成。⑳韦弁服，军之常也。龙，偏衣。㉑杂色奇怪，非常之服。㉒有害大子之心。㉓阻，疑也。言虽狂夫，犹知有疑。【释文】阻，庄吕切。㉔曰，公辞。【释文】尽，子忍切，下“尽敌”同。㉕违，去也。㉖行，亦去也。㉗寒，薄也。㉘谂，告也。事在桓十八年。【释文】谂，音审，《说文》云深谋。㉙骊姬为内宠，二五为外宠，奚齐为嬖子，曲沃为大都，故曰乱本成矣。㉚奉身为孝，不战为安民。㉛有功益见害，故言孰与危身以召罪。

成风闻成季之繇，乃事之①，而属僖公焉，故成季立之。

①成风，庄公之妾，僖公之母也。繇，卦兆之占辞。【释文】繇，直救切。属，章欲切。

僖之元年，齐桓公迁邢于夷仪。二年，封卫于楚丘。邢迁如归，卫国忘亡①。

①忘其灭亡之困。

卫文公大布之衣，大帛之冠①，务材训农，通商惠工②，敬教劝学，授方任能③。元年革车三十乘，季年乃三百乘④。

①大布，粗布。大帛，厚缯。盖用诸侯谅闇之服。【释文】卫文公大布之衣，本或作“衣大布之衣”，误。缯，疾陵切。谅，音良，又音亮。②加惠于百工，赏其利器用。③方，百事之宜也。④卫文公以此年冬立，齐桓公始平鲁乱，故传因言齐之所以霸，卫之所由兴。革车，兵车。季年，在僖二十五年。盖招怀进散，故能致十倍之众。【释文】乘，绳证切，下同。进，檗诤切。

僖公第五

【释文】僖公名申,庄公之子,闵公之兄,母成风。《谥法》:小心畏忌曰僖。

僖公元年

【经】

元年春,王正月。

齐师、宋师、曹师次于聂北,救邢①。

夏六月,邢迁于夷仪②。

齐师、宋师、曹师城邢③。

秋七月戊辰,夫人姜氏薨于夷,齐人以归④。

楚人伐郑⑤。

八月,公会齐侯、宋公、郑伯、曹伯、邾人于柽⑥。

九月,公败邾师于偃⑦。

冬十月壬午,公子友帅师败莒师于郦,获莒挐⑧。

十有二月丁巳,夫人氏之丧至自齐⑨。

①齐帅诸侯之师救邢,次于聂北者,案兵观衅以待事也。次例在庄三年。聂北,邢地。【释文】聂,女辄切。衅,许觐切。②邢迁如归,故以自迁为辞。夷仪,邢地。③传例曰:救患、分灾,礼也。一事而再列三国,于文不可言诸侯师故。④传在闵二年。不言齐人杀,讳之。书地者,明在外薨。⑤荆始改号曰楚。⑥柽,宋地,陈国陈县西北有柽城。公及其会而不书盟,还不以盟告。【释文】柽,敕呈切。⑦偃,邾地。⑧郦,鲁地。挐,莒子之弟。不书弟者,非卿。非卿则不应书,嘉季友之功,故特书其所获。大夫生死皆曰获。获例在昭二十三年。【释文】郦,力知切。挐,女居切,又女加切。⑨僖公请而葬之,故告于庙而书丧至也。齐侯既杀哀姜,以其尸归,绝之于鲁,僖公请其丧而还,不称姜,阙文。

【传】

元年春,不称即位,公出故也①。公出复入,不书,讳之也。讳国恶,礼也②。

①国乱，身出复入，故即位之礼有阙。【释文】复，扶又切，下文同。②掩恶扬善，义存君亲，故通有讳例，皆当时臣子率意而隐，故无深（残）[浅]常准，圣贤从之，以通人理，有时而听之可也。【释文】准，之尹切。

诸侯救邢[①]。邢人溃，出奔师[②]。师遂逐狄人，具邢器用而迁之，师无私焉[③]。

①实大夫而曰诸侯，总众国之辞。②奔聂北之师也。邢溃不书，不告也。【释文】溃，户内切。③皆撰具还之，无所私取。【释文】撰，仕眷切，又仕转切。

夏，邢迁于夷仪，诸侯城之，救患也。凡侯伯，救患、分灾、讨罪，礼也[①]。

①侯伯，州长也。分谷帛。【释文】分，甫问切，又如字。长，丁丈切。

秋，楚人伐郑，郑即齐故也。盟于荦，谋救郑也[①]。

①荦即柽也，地有二名。【释文】荦，音洛，又力角切。

九月，公败邾师于偃，虚丘之戍将归者也[①]。

①虚丘，邾地。邾人既送哀姜还，齐人杀之，因戍虚丘，欲以侵鲁。公以义求齐，齐送姜氏之丧，邾人惧，乃归，故公要而败之。【释文】虚，起居切。要，於遥切。

冬，莒人来求赂[①]。公子友败诸郦，获莒子之弟挐。非卿也，嘉获之也[②]。公赐季友汶阳之田及费[③]。

①来还庆父之赂。②莒既不能为鲁讨庆父，受鲁之赂而又重来，其求无厌，故嘉季友之获而书之。【释文】为，于伪切。重，直用切。厌，於盐切。③汶阳田，汶水北地。汶水出泰山莱芜县，西入济。【释文】汶，音问。费，音秘。莱，音来。

夫人氏之丧至自齐。君子以齐人之杀哀姜也为已甚矣，女子，从人者也[①]。

①言女子有三从之义，在夫家有罪，非父母家所宜讨也。

僖公二年

【经】

二年春，王正月，城楚丘[①]。

夏五月辛巳，葬我小君哀姜[②]。

虞师、晋师灭下阳[③]。

秋九月，齐侯、宋公、江人、黄人盟于贯[④]。

冬十月，不雨⑤。

楚人侵郑。

①楚丘，卫邑。不言城卫，卫未迁。②无传。反哭成丧，故称小君。例在定十五年。③下阳，虢邑，在河东大阳县。晋于此始赴，见经。灭例在襄十三年。【释文】大，音泰，一音如字。见，贤遍切。④贯，宋地，梁国蒙县西北有贳城。贳与贯，字相似。江国在汝南安阳县。【释文】贯，古乱切。贳，市夜切，又音世。⑤传在三年。

【传】

二年春，诸侯城楚丘而封卫焉①。不书所会，后也②。

①君死国灭，故传言封。②诸侯既罢而鲁后至，讳不及期，故以独城为文。

晋荀息请以屈产之乘与垂棘之璧，假道于虞以伐虢①。公曰："是吾宝也。"对曰："若得道于虞，犹外府也。"公曰："宫之奇存焉②。"对曰："宫之奇之为人也，懦而不能强谏③，且少长于君，君昵之，虽谏，将不听④。"乃使荀息假道于虞，曰："冀为不道，入自颠軨，伐鄍三门⑤。冀之既病，则亦唯君故⑥。今虢为不道，保于逆旅⑦，以侵敝邑之南鄙。敢请假道以请罪于虢⑧。"虞公许之，且请先伐虢⑨。宫之奇谏，不听，遂起师。夏，晋里克、荀息帅师会虞师伐虢，灭下阳⑩。先书虞，贿故也⑪。

①荀息，荀叔也。屈地生良马，垂棘出美玉，故以为名。四马曰乘。自晋适虢，途出于虞，故借道。【释文】屈，求勿切，又居勿切，注同。乘，绳证切。②宫之奇，虞忠臣。【释文】奇，其宜切。③懦，弱也。【释文】懦，本又作"嬬"，乃乱切，又乃货切，《字林》作"偄"，音乃乱切。强，其良切，又其丈切。④亲而狎之，必轻其言。【释文】少，诗照切。长，丁丈切。昵，女乙切。⑤前是冀伐虞至鄍。鄍，虞邑。河东大阳县东北有颠軨坂。【释文】軨，音零。鄍，亡丁切。坂，音反。⑥言虞报伐冀使病。将欲假道，故称虞强，以说其心。冀，国名，平阳皮氏县东北有冀亭。【释文】说，音悦。⑦逆旅，客舍也。虢稍遣人分依客舍，以聚众抄晋边邑。【释文】抄，初孝切，又楚稍切，强取物。⑧问虢伐己以何罪。⑨喜于厚赂而欲求媚。⑩晋犹主兵，不信虞。⑪虞非倡兵之首，而先书之，恶贪贿也。【释文】贿，呼罪切。恶，乌路切。

秋，盟于贯，服江、黄也①。

①江、黄，楚与国也。始来服齐，故为合诸侯。【释文】为，于伪切，下同。

齐寺人貂始漏师于多鱼①。

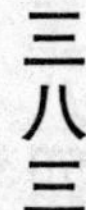

①寺人，内奄官竖貂也。多鱼，地名，阙。齐桓多嬖宠，内则如夫人者六人，外则幸竖貂、易牙之等，终以此乱国。传言貂于此始擅贵宠，漏泄桓公军事，为齐乱张本。【释文】寺，如字，又音侍。貂，音雕。竖，上主切。擅，时战切。泄，息列切，又以制切。

虢公败戎于桑田[①]。晋卜偃曰："虢必亡矣。亡下阳不惧，而又有功，是天夺之鉴[②]，而益其疾也[③]。必易晋而不抚其民矣，不可以五稔[④]。"

①桑田，虢地，在弘农陕县东北。②鉴，所以自照。③骄则生疾。④稔，熟也。为下五年晋灭虢张本。【释文】易，以豉切。稔，入甚切。

冬，楚人伐郑，鬥章囚郑聃伯[①]。

①经书侵，传言伐，本以伐兴，权行侵掠，为后年楚伐郑、郑伯欲成张本。【释文】聃，乃甘切。掠，音亮。

僖公三年

【经】

三年春，王正月，不雨。

夏四月，不雨[①]。

徐人取舒[②]。

六月，雨[③]。

秋，齐侯、宋公、江人、黄人会于阳穀[④]。

冬，公子友如齐莅盟[⑤]。

楚人伐郑。

①一时不雨则书首月。传例曰：不曰旱，不为灾。②无传。徐国，在下邳僮县东南。舒国，今庐江舒县。胜国而不用大师，亦曰取。例在襄十三年。【释文】邳，皮悲切。僮，音童。庐，力居切。③示旱不竟夏。④阳穀，齐地，在东平须昌县北。⑤莅，临也。【释文】莅，音利，又音类。

【传】

三年春，不雨。夏六月，雨。自十月不雨至于五月，不曰旱，不为灾也[①]。

①周六月，夏四月，于播种苗稼无损。【释文】夏，户雅切。

秋，会于阳穀，谋伐楚也[①]。

①二年楚侵郑故。

齐侯为阳穀之会，来寻盟。冬，公子友如齐莅盟[①]。

①公时不会阳穀，故齐侯自阳穀遣人诣鲁来寻盟。鲁使上卿诣齐受盟，谦也。【释文】为，于伪切。

楚人伐郑，郑伯欲成。孔叔不可，曰："齐方勤我[①]，弃德不祥[②]。"

①孔叔，郑大夫。勤，恤郑难。【释文】难，乃旦切。②祥，善也。

齐侯与蔡姬乘舟于囿，荡公[①]。公惧，变色，禁之，不可。公怒，归之，未之绝也。蔡人嫁之[②]。

①蔡姬，齐侯夫人。荡，摇也。囿，苑也。盖鱼池在苑中。【释文】囿，音又。②为明年齐侵蔡传。

僖公四年

【经】

四年春，王正月，公会齐侯、宋公、陈侯、卫侯、郑伯、许男、曹伯侵蔡。蔡溃[①]。遂伐楚，次于陉[②]。

夏，许男新臣卒[③]。

楚屈完来盟于师，盟于召陵[④]。

齐人执陈辕涛涂[⑤]。

秋，及江人、黄人伐陈[⑥]。

八月，公至自伐楚[⑦]。

葬许穆公。

冬十有二月，公孙兹帅师会齐人、宋人、卫人、郑人、许人、曹人侵陈[⑧]。

①民逃其上曰溃。例在文三年。②遂，两事之辞。楚强，齐欲绥之以德，故不速进而次陉。陉，楚地，颍川召陵县南有陉亭。【释文】陉，音刑。召，上照切。③未同盟而赴，以名。④屈完，楚大夫也。楚子遣完如师以观齐，屈完睹齐之盛，因而求盟，故不称使，以完

来盟为文。齐桓退舍以礼楚，故盟召陵。召陵，颍川县也。⑤辕涛涂，陈大夫。【释文】辕，本亦作袁。涛，音桃。⑥受齐命讨陈之罪而以与谋为文者，时齐不行，使鲁为主。与谋例在宣七年。【释文】与，音预，下同。⑦无传。告于庙。⑧公孙兹，叔牙子叔孙戴伯。

【传】

四年春，齐侯以诸侯之师侵蔡。蔡溃，遂伐楚。楚子使与师言曰："君处北海，寡人处南海，唯是风马牛不相及也[1]。不虞君之涉吾地也，何故？"管仲对曰："昔召康公命我先君大公曰[2]：'五侯九伯，女实征之，以夹辅周室[3]。'赐我先君履，东至于海，西至于河，南至于穆陵，北至于无棣[4]。尔贡包茅不入，王祭不共，无以缩酒，寡人是征[5]。昭王南征而不复，寡人是问[6]。"对曰："贡之不入，寡君之罪也，敢不共给？昭王之不复，君其问诸水滨[7]。"师进，次于陉[8]。

①楚界犹未至南海，因齐处北海，遂称所近。牛马风逸，盖末界之微事，故以取喻。【释文】近，附近之近。②召康公，周大保召公奭也。【释文】大，音泰，注同。奭，音释。③五等诸侯，九州之伯，皆得征讨其罪。齐桓因此命以夸楚。【释文】女，音汝。夹，古洽切，旧古协切。夸，苦瓜切。④穆陵、无棣皆齐竟也。履，所践履之界。齐桓又因以自言其盛。【释文】棣，大计切。竟，音境，下同。⑤包，裹束也。茅，菁茅也。束茅而灌之以酒为缩酒。《尚书》：包匦菁茅。茅之为异未审。【释文】共，本亦作"供"，音恭，下及注同。缩，所六切。裹，音果。菁，子丁切。包，或作"苞"。匦，本或作"轨"，音同。⑥昭王，成王之孙，南巡守，涉汉，船坏而溺。周人讳而不赴，诸侯不知其故，故问之。【释文】守，手又切。溺，乃历切。⑦昭王时，汉非楚竟，故不受罪。【释文】滨，音宾。⑧楚不服罪，故复进师。【释文】复，扶又切。

夏，楚子使屈完如师[1]。师退，次于召陵[2]。齐侯陈诸侯之师，与屈完乘而观之[3]。齐侯曰："岂不穀是为？先君之好是继。与不穀同好，如何[4]？"对曰："君惠徼福于敝邑之社稷，辱收寡君，寡君之愿也。"齐侯曰："以此众战，谁能御之？以此攻城，何城不克？"对曰："君若以德绥诸侯，谁敢不服？君若以力，楚国方城以为城，汉水以为池[5]，虽众，无所用之。"屈完及诸侯盟。

①如陉之师，观强弱。②完请盟故。③乘，共载。【释文】乘，绳证切，注同。④言诸侯之附从非为己，乃寻先君之好，谦而自广，因求与楚同好。孤、寡、不穀，诸侯谦称。【释文】为，于伪切，注同。好，呼报切，下及注同。称，尺证切。⑤方城山在南阳叶县南，以言

竟土之远。汉水出武都，至江夏南入江，言其险固以当城池。【释文】徼，古尧切，要也。汉水以为池，一本或作“汉以为池”，“水”衍字。叶，始涉切。当，丁浪切。

陈辕涛涂谓郑申侯曰：“师出于陈、郑之间，国必甚病①。若出于东方，观兵于东夷，循海而归，其可也②。”申侯曰：“善。”涛涂以告，齐侯许之③。申侯见，曰：“师老矣，若出于东方而遇敌，惧不可用也。若出于陈、郑之间，共其资粮屝屦，其可也④。”齐侯说，与之虎牢⑤。执辕涛涂。秋，伐陈，讨不忠也⑥。

①申侯，郑大夫。当有共给之费故。【释文】费，芳味切。②东夷，郯、莒、徐夷也。观兵，示威。【释文】郯，音谈。③许出东方。④屝，草屦。【释文】见，贤遍切。粮，音良。屝，符费切。⑤还以郑邑赐之。【释文】说，音悦。⑥以涛涂为误军道。

许穆公卒于师，葬之以侯，礼也①。凡诸侯薨于朝会，加一等②；死王事，加二等③。于是有以衮敛④。

①男而以侯礼，加一等。②诸侯命有三等：公为上等，侯、伯为中等，子男为下等。③谓以死勤事。④衮衣，公服也。谓加二等。【释文】衮，古本切。敛，力验切。

冬，叔孙戴伯帅师会诸侯之师侵陈。陈成，归辕涛涂①。

①陈服罪，故归其大夫。戴，谥也。

初，晋献公欲以骊姬为夫人，卜之，不吉；筮之，吉。公曰：“从筮。”卜人曰：“筮短龟长，不如从长①。且其繇曰：‘专之渝，攘公之羭②。一薰一莸，十年尚犹有臭③。’必不可。”弗听。立之，生奚齐。其娣生卓子。及将立奚齐，既与中大夫成谋。姬谓大子曰：“君梦齐姜，必速祭之④。”大子祭于曲沃，归胙于公⑤。公田，姬寘诸宫六日。公至，毒而献之⑥。公祭之地，地坟；与犬，犬毙；与小臣，小臣亦毙。姬泣曰：“贼由大子。”大子奔新城⑦，公杀其傅杜原款。或谓大子：“子辞，君必辩焉⑧。”大子曰：“君非姬氏，居不安，食不饱。我辞，姬必有罪。君老矣，吾又不乐⑨。”曰：“子其行乎！”大子曰：“君实不察其罪，被此名也以出，人谁纳我？”十二月戊申，缢于新城。姬遂谮二公子曰：“皆知之。”重耳奔蒲，夷吾奔屈⑩。

骊姬夫人

①物生而后有象，象而后有滋，滋而后有数。龟象筮数，故象长数短。【释文】如，依字读，或音而据切。②繇，卜兆辞。渝，变也。攘，除也。羭，美也。言变乃除公之美。【释文】繇，直救切。渝，羊朱切，下“羭”同音。攘，如羊切。③薰，香草。莸，臭草。十年有臭，言善易消，恶难除。【释文】薰，许云切。莸，音由。易，以豉切。④齐姜，大子母，言求食。【释文】卓，吐浊切。⑤胙，祭之酒肉。【释文】胙，才故切。⑥毒酒经宿辄败，而经六日，明公之惑。【释文】寘，之豉切。⑦新城，曲沃。【释文】坟，扶粉切。毙，婢世切。⑧以六日之状自理。【释文】款，苦管切。辩，兵免切。⑨吾自理则姬死，姬死则君必不乐，不乐为由吾也。【释文】乐，音洛，注同。⑩二子时在朝。为明年晋杀申生传。【释文】被，皮寄切，又皮绮切。缢，一赐切。谮，侧鸩切。

僖公五年

【经】

五年春，晋侯杀其世子申生[①]。

杞伯姬来，朝其子[②]。

夏，公孙兹如牟[③]。

公及齐侯、宋公、陈侯、卫侯、郑伯、许男、曹伯会王世子于首止[④]。

秋八月，诸侯盟于首止[⑤]。

郑伯逃归，不盟[⑥]。

楚人灭弦，弦子奔黄[⑦]。

九月戊申朔，日有食之[⑧]。

冬，晋人执虞公[⑨]。

①称晋侯，恶用谗。书春，从告。【释文】恶，乌路切。②无传。伯姬来宁，宁成风也。朝其子者，时子年在十岁左右，因有诸侯，子得行朝义，而卒不成朝礼，故系于母而曰朝其子。【释文】杞伯姬来，绝句。来，归宁。朝其子，犹言其子朝。③叔孙戴伯娶于牟。卿非君命不越竟，故奉公命聘于牟，因自为逆。【释文】竟，音境。为，于伪切。④惠王大子郑也。不名而殊会，尊之也。首止，卫地，陈留襄邑县东南有首乡。⑤间无异事，复称诸侯者，王世子不盟故也。王之世子尊与王同，齐桓行霸，翼戴天子，尊崇王室，故殊贵世子。

【释文】复,扶又切。⑥逃其师而归也。逃例在文三年。⑦弦国在弋阳轪县东南。【释文】轪,音大。⑧无传。⑨虞公贪璧、马之宝,距绝忠谏,称人以执,同于无道于其民之例。例在成十五年。所以罪虞,且言易也。晋侯修虞之祀而归其职贡于王,故不以灭同姓为讥。【释文】易,以豉切。

【传】

五年春,王正月辛亥朔,日南至[①]。公既视朔,遂登观台以望,而书,礼也[②]。凡分、至、启、闭,必书云物[③],为备故也[④]。

①周正月,今十一月。冬至之日,日南极。②视朔,亲告朔也。观台,台上构屋可以远观者也。朔旦冬至,历数之所始,治历者因此则可以明其术数,审别阴阳,叙事训民。鲁君不能常修此礼,故善公之得礼。【释文】观,古乱切,注同。台以望,绝句。而书,本或作"而书云物",非也。别,彼列切。③分,春、秋分也。至,冬、夏至也。启,立春、立夏。闭,立秋、立冬。云物,气色灾变也。传重申周典。不言公者,日官掌其职。【释文】重,直用切。④素察妖祥,逆为之备。

晋侯使以杀大子申生之故来告[①]。初,晋侯使士蔿为二公子筑蒲与屈,不慎,寘薪焉[②]。夷吾诉之。公使让之[③]。士蔿稽首而对曰:"臣闻之,无丧而戚,忧必仇焉[④]。无戎而城,仇必保焉[⑤]。寇仇之保,又何慎焉!守官废命不敬,固仇之保不忠,失忠与敬,何以事君?《诗》云:'怀德惟宁,宗子惟城[⑥]。'君其修德而固宗子,何城如之[⑦]?三年将寻师焉,焉用慎[⑧]?"退而赋曰:"狐裘尨茸,一国三公,吾谁适从[⑨]?"及难,公使寺人披伐蒲。重耳曰:"君父之命不校。"乃徇曰:"校者吾仇也。"逾垣而走。披斩其袪,遂出奔翟[⑩]。

①释经必须告乃书。②不谨慎。【释文】为,于伪切,下"乃为"同。寘,之豉切。③谴让之。【释文】谴,弃战切。④仇犹对也。⑤保而守之。⑥《诗·大雅》。怀德以安,则宗子之固若城。⑦言城不如固宗子。⑧寻,用也。【释文】焉,於虔切。⑨士蔿自作诗也。尨茸,乱貌。公与二公子为三,言城不坚则为公子所诉,为公所让,坚之则为固仇不忠,无以事君,故不知所从。【释文】尨,莫江切,又音蒙。茸,如容切。适,丁历切。⑩袪,袂也。【释文】难,乃旦切。披,普皮切。校,音教。徇,似俊切。垣,音袁。袪,起鱼切。翟,音狄。袂,面世切。

夏,公孙兹如牟,娶焉[①]。

①因聘而娶,故传实其事。【释文】娶,本或作"取",七喻切。

会于首止，会王大子郑，谋宁周也[①]。

①惠王以惠后故，将废大子郑而立王子带，故齐桓帅诸侯会王大子以定其位。

(齐)[陈]辕宣仲怨郑申侯之反己于召陵[①]，故劝之城其赐邑[②]，曰："美城之，大名也，子孙不忘。吾助子请。"乃为之请于诸侯而城之，美[③]。遂谮诸郑伯曰："美城其赐邑，将以叛也。"申侯由是得罪[④]。

①宣仲，辕涛涂。②齐桓所赐虎牢。③楼橹之备美设。【释文】美城之，绝句。橹，音鲁。④为七年郑杀申侯传。

秋，诸侯盟。王使周公召郑伯，曰："吾抚女以从楚，辅之以晋，可以少安[①]。"郑伯喜于王命而惧其不朝于齐也，故逃归不盟。孔叔止之曰："国君不可以轻，轻则失亲[②]。失亲患必至，病而乞盟，所丧多矣，君必悔之。"弗听，逃其师而归[③]。

①周公，宰孔也。王恨齐桓定大子之位，故召郑伯使叛齐也。晋、楚不服于齐，故以镇安郑。【释文】秋诸侯盟，本或此下更有"于首止"三字，非。女，音汝。②孔叔，郑大夫。亲，党援也。【释文】轻，遣正切，下同。③【释文】丧，息浪切。

楚鬥穀於菟灭弦，弦子奔黄。于是江、黄、道、柏方睦于齐，皆弦姻也[①]。弦子恃之而不事楚，又不设备，故亡。

①姻，外亲也。道国在汝南安阳县南。柏，国名，汝南西平县有柏亭。

晋侯复假道于虞以伐虢。宫之奇谏曰："虢，虞之表也。虢亡，虞必从之。晋不可启，寇不可玩[①]，一之谓甚，其可再乎[②]？谚所谓'辅车相依，唇亡齿寒'者，其虞、虢之谓也[③]。"公曰："晋，吾宗也，岂害我哉？"对曰："大伯、虞仲，大王之昭也。大伯不从，是以不嗣[④]。虢仲、虢叔，王季之穆也[⑤]，为文王卿士，勋在王室，藏于盟府[⑥]。将虢是灭，何爱于虞？且虞能亲于桓、庄乎？其爱之也？桓、庄之族何罪，而以为戮，不唯偪乎[⑦]？亲以宠偪，犹尚害之，况以国乎？"公曰："吾享祀丰絜，神必据我[⑧]。"对曰："臣闻之，鬼神非人实亲，惟德是依。故《周书》曰：'皇天无亲，惟德是辅[⑨]。'又曰：'黍稷非馨，明德惟馨[⑩]。'又曰：'民不易物，惟德繄物[⑪]。'如是，则非德，民不和，神不享矣。神所冯依，将在德矣。若晋取虞而明德以荐馨香，神其吐之乎？"弗听，许晋使。宫之奇以其族行[⑫]，曰："虞不腊矣[⑬]，在此行也，晋不更举矣[⑭]。"

①玩，习也。【释文】复，扶又切，下六年同。②为二年假晋道灭下阳。③辅，颊辅。车，牙车。【释文】车，尺奢切。④大伯、虞仲皆大王之子，不从父命，俱让适吴。仲雍支子别封西吴，虞公其后也。穆生昭，昭生穆，以世次计，故大伯、虞仲于周为昭。【释文】大，

音泰，下及注同。昭，上饶切，注同。后昭穆仿此。⑤王季者，大伯、虞仲之母弟也。虢仲、虢叔，王季之子，文王之母弟也。仲、叔皆虢君字。⑥盟府，司盟之官。⑦桓叔、庄伯之族，晋献公之从祖昆弟，献公患其偪，尽杀之，事在庄二十五年。【释文】偪，彼力切。⑧据犹安也。【释文】享，兴两切。⑨《周书》，逸《书》。⑩馨，香之远闻。【释文】闻，音问，又如字。⑪黍、稷、牲、玉，无德则不见飨，有德则见飨，言物一而异用。【释文】緊，乌兮切，是也。⑫行，去也。【释文】冯，皮冰切，下注同。使，所吏切。⑬腊，岁终祭众神之名。【释文】腊，力盍切。⑭不更举兵。

八月甲午，晋侯围上阳[①]。问于卜偃曰："吾其济乎？"对曰："克之。"公曰："何时？"对曰："童谣云：'丙之晨，龙尾伏辰[②]，均服振振，取虢之旂[③]。鹑之贲贲，天策焞焞，火中成军，虢公其奔[④]。'其九月、十月之交乎[⑤]。丙子旦，日在尾，月在策[⑥]，鹑火中，必是时也。"

①上阳，虢国都，在弘农陕县东南。②龙尾，尾星也。日月之会曰辰。日在尾，故尾星伏不见。【释文】谣，音遥。见贤遍切。③戎事上下同服。振振，盛貌。旂，军之旌旗。【释文】均，如字，同也。《字林》作"袀"，音同。振，音真，注同。④鹑，鹑火星也。贲贲，鸟星之体也。天策，傅说星，时近日，星微。焞焞，无光耀也。言丙子平旦，鹑火中，军事有成功也。此已上皆童谣言也。童龀之子未有念虑之感，而会成嬉戏之言，似若有冯者，其言或中或否。博览之士，能惧思之人，兼而志之，以为鉴戒，以为将来之验，有益于世教。【释文】鹑，述春切，又常伦切。贲，音奔。焞，他门切。说，音悦。近，附近之近。上，时掌切。龀，初问切，又耻问切，毁齿也。嬉，许宜切。中，丁仲切。⑤以星验推之，知九月、十月之交，谓夏之九月、十月也。交，晦朔交会。【释文】夏，户雅切，下同。⑥是夜日月合朔于尾，月行疾，故至旦而过在策。

冬十二月丙子朔，晋灭虢，虢公丑奔京师[①]。师还，馆于虞，遂袭虞，灭之，执虞公及其大夫井伯，以媵秦穆姬[②]。而修虞祀，且归其职贡于王[③]。故书曰："晋人执虞公。"罪虞，且言易也[④]。

①不书，不告也。周十二月，夏之十月。②秦穆姬，晋献公女。送女曰媵，以屈辱之。③虞所命祀。④【释文】易，以豉切。

僖公六年

【经】

六年春，王正月。

夏，公会齐侯、宋公、陈侯、卫侯、曹伯伐郑，围新城[1]。

秋，楚人围许[2]。

诸侯遂救许[3]。

冬，公至自伐郑[4]。

①新城，郑新密，今荥阳密县。②楚子不亲围，以围者告。③皆伐郑之诸侯，故不复更叙。④无传。

【传】

六年春，晋侯使贾华伐屈，夷吾不能守，盟而行[1]。将奔狄，郤芮曰："后出同走，罪也[2]。不如之梁。梁近秦而幸焉。"乃之梁[3]。

①贾华，晋大夫。非不欲校，力不能守，言不如重耳之贤。②嫌与重耳同谋而相随。【释文】郤，去逆切。芮，如锐切。③以梁为秦所亲幸，秦既大国，且穆姬在焉，故欲因以求入。【释文】近，附近之近。

夏，诸侯伐郑，以其逃首止之盟故也[1]。围新密，郑所以不时城也[2]。

①首止盟在五年。②实新密而经言新城者，郑以非时兴土功，齐桓声其罪以告诸侯。

秋，楚子围许以救郑。诸侯救许，乃还。

冬，蔡穆侯将许僖公以见楚子于武城[1]。许男面缚衔璧，大夫衰绖，士舆榇[2]。楚子问诸逢伯[3]，对曰："昔武王克殷，微子启如是[4]。武王亲释其缚，受其璧而祓之[5]，焚其榇，礼而命之，使复其所。"楚子从之。

①楚子退舍武城，犹有忿志，而诸侯各罢兵，故蔡将许君归楚。武城，楚地，在南阳宛县北。【释文】见，贤遍切。罢，扶骂切，又扶买切。宛，於元切。②缚手于后，唯见其面，以璧为贽，手缚故衔之。榇，棺也。将受死，故衰绖。【释文】衰，七雷切。绖，直结切，注同。榇，初覲切。贽，本又作"质"，音置，又如字。缚，如字，旧扶卧切。③逢伯，楚大夫。

④微子启，纣庶兄，宋之祖也。⑤祓，除凶之礼。【释文】祓，芳弗切，徐音废。

僖公七年

【经】

七年春，齐人伐郑。

夏，小邾子来朝①。

郑杀其大夫申侯②。

秋七月，公会齐侯、宋公、陈世子款、郑世子华，盟于宁母③。

曹伯班卒④。

公子友如齐⑤。

冬，葬曹昭公⑥。

①无传。郳犁来始得王命而来朝也。邾之别封，故曰小邾。②申侯，郑卿。专利而不厌，故称名以杀，罪之也。例在文六年。【释文】厌，於盐切，传同。③高平方与县东有泥母亭，音如宁。【释文】母，如字，又音无，注同。方，音房。与，音预。泥，乃丽切，又音宁，王奴兮切。④无传。五年同盟于首止。⑤无传。罢盟而聘，谢不敏也。⑥无传。

【传】

七年春，齐人伐郑。孔叔言于郑伯曰："谚有之曰：'心则不竞，何惮于病①。'既不能强，又不能弱，所以毙也。国危矣，请下齐以救国。"公曰："吾知其所由来矣，姑少待我②。"对曰："朝不及夕，何以待君？"夏，郑杀申侯以说于齐，且用陈辕涛涂之谮也③。

①竞，强也。惮，难也。【释文】惮，徒旦切。难，乃旦切，下及八年经、传并同。②欲以申侯说。【释文】下，户嫁切。③涛涂谮在五年。【释文】朝，如字。

初，申侯，申出也①，有宠于楚文王。文王将死，与之璧，使行，曰："唯我知女，女专利而不厌，予取予求，不女疵瑕也②。后之人将求多于女③，女必不免。我死，女必速行。无适小国，将不女容焉④。"既葬，出奔郑，又有宠于厉公。子文闻其死也，曰："古人有言曰：'知臣莫若君。'弗可改也已。"

①姊妹之子为出。②从我取，从我求，我不以女为罪衅。【释文】女，音汝，下皆同。

疵，似斯切，又疾移切。衅，许靳切，下同。③谓嗣君也。求多，以礼义大望责之。④政狭法峻。【释文】狭，音洽。

秋，盟于宁母，谋郑故也。管仲言于齐侯曰："臣闻之，招携以礼，怀远以德[①]，德礼不易，无人不怀。"齐侯修礼于诸侯，诸侯官受方物[②]。

①携，离也。②诸侯官司，各于齐受其方所当贡天子之物。

郑伯使大子华听命于会。言于齐侯曰："泄氏、孔氏、子人氏三族，实违君命[①]。若君去之以为成，我以郑为内臣，君亦无所不利焉[②]。"齐侯将许之。管仲曰："君以礼与信属诸侯，而以奸终之，无乃不可乎？子父不奸之谓礼，守命共时之谓信[③]。违此二者，奸莫大焉。"公曰："诸侯有讨于郑，未捷。今苟有衅，从之，不亦可乎[④]？"对曰："君若绥之以德，加之以训辞，而帅诸侯以讨郑，郑将覆亡之不暇，岂敢不惧？若总其罪人以临之[⑤]，郑有辞矣，何惧[⑥]？且夫合诸侯以崇德也，会而列奸，何以示后嗣[⑦]？夫诸侯之会，其德刑礼义，无国不记。记奸之位[⑧]，君盟替矣[⑨]。作而不记，非盛德也[⑩]。君其勿许，郑必受盟。夫子华既为大子而求介于大国，以弱其国，亦必不免[⑪]。郑有叔詹、堵叔、师叔三良为政，未可间也。"齐侯辞焉。子华由是得罪于郑。

冬，郑伯请盟于齐[⑫]。

①三族，郑大夫。【释文】泄，息列切。②以郑事齐，如封内臣。【释文】去，起吕切。③守君命，共时事。【释文】奸，音干。共，音恭，注同。④子华犯父命，是其衅隙。【释文】隙，去逆切。⑤总，将领也。子华奸父之命，即罪人。【释文】覆，芳服切。⑥以大义为辞。⑦列奸，用子华。⑧位，会位也。子华为奸人而列在会位，将为诸侯所记。⑨替，废也。【释文】替，他计切。⑩君举必书，虽复齐史隐讳，亦损盛德。【释文】复，扶又切。⑪介，因也。【释文】介，音界。⑫以齐侯不听子华故。【释文】堵，丁古切，又音者。间，间厕之间。

闰月，惠王崩。襄王恶大叔带之难[①]，惧不立，不发丧而告难于齐[②]。

①襄王，惠王大子郑也。大叔带，襄王弟，惠后之子也，有宠于惠后，惠后欲立之，未及而卒。【释文】恶，乌路切。大，音泰。叔，又作"尗"。②为八年盟洮传。【释文】洮，他刀切。

僖公八年

【经】

八年春，王正月，公会王人、齐侯、宋公、卫侯、许男、曹伯、陈世子款，盟于洮[①]。郑伯乞盟[②]。

夏，狄伐晋。

秋七月，禘于大庙，用致夫人[③]。

冬十有二月丁未，天王崩[④]。

①王人与诸侯盟不讥者，王室有难故。洮，曹地。②新服未与会，故不序列，别言乞盟。【释文】与，音预，下同。③禘，三年大祭之名。大庙，周公庙。致者，致新死之主于庙而列之昭穆。夫人淫而与弒，不薨于寝，于礼不应致，故僖公疑其礼。历三禘，今果行之，嫌异常，故书之。【释文】大，音泰。弒，音试。④实以前年闰月崩，以今年十二月丁未告。

【传】

八年春，盟于洮，谋王室也。郑伯乞盟，请服也。襄王定位而后发丧[①]。

①王人会洮，还而后王位定。

晋里克帅师，梁由靡御，虢射为右，以败狄于采桑[①]。梁由靡曰："狄无耻，从之必大克[②]。"里克曰："拒之而已，无速众狄[③]。"虢射曰："期年，狄必至，示之弱矣。"

夏，狄伐晋，报采桑之役也，复期月[④]。

①传言前年事也。平阳北屈县西南有采桑津。【释文】射，食亦切。②不耻走，故可逐。③恐怨深而群党来报。④明期年之言验。【释文】期，音基，本或作"朞"，注同。

秋，禘而致哀姜焉，非礼也。凡夫人不薨于寝，不殡于庙，不赴于同，不祔于姑，则弗致也[①]。

①寝，小寝。同，同盟。将葬又不以殡过庙。据经哀姜薨葬之文，则为殡庙、赴同、祔姑，今当以不薨于寝，不得致也。【释文】祔，音附。

冬，王人来告丧，难故也，是以缓[①]。

①有大叔带之难。

宋公疾,大子兹父固请曰:"目夷长,且仁,君其立之[①]。"公命子鱼,子鱼辞,曰:"能以国让,仁孰大焉?臣不及也,且又不顺[②]。"遂走而退。

①兹父,襄公也。目夷,兹父庶兄子鱼也。【释文】父,音甫。长,丁丈切。②立庶不顺礼。

僖公九年

【经】

九年春,王三月丁丑,宋公御说卒[①]。

夏,公会宰周公、齐侯、宋子、卫侯、郑伯、许男、曹伯于葵丘[②]。

秋七月乙酉,伯姬卒[③]。

九月戊辰,诸侯盟于葵丘[④]。

甲子,晋侯佹诸卒[⑤]。

冬,晋里克杀其君之子奚齐[⑥]。

①四同盟。【释文】御,鱼吕切。说,音悦。②周公,宰孔也。宰,官。周,采地。天子三公不字。宋子,襄公也。传例曰:在丧公侯曰子。陈留外黄县东有葵丘。③无传。《公羊》《穀梁》曰:未適人,故不称国。已许嫁,则以成人之礼书,不复殇也。妇人许嫁而笄,犹丈夫之冠。【释文】复,扶又切。殇,式羊切。笄,古兮切。冠,古唤切。④夏会葵丘,次伯姬卒,文不相比,故重言诸侯。宰孔先归,不与盟。【释文】比,毗志切。重,直用切。与,音预。⑤未同盟而赴以名。甲子,九月十一日。戊辰,十五日也。书在盟后,从赴。【释文】佹,九委切。⑥献公未葬,奚齐未成君,故称君之子。奚齐受命继位,无罪,故里克称名。【释文】杀,如字,传同,《公羊》音试。

【传】

九年春,宋桓公卒,未葬而襄公会诸侯,故曰子。凡在丧,王曰小童,公侯曰子[①]。

①在丧,未葬也。小童者,童蒙幼末之称。子者,继父之辞。公侯位尊,上连王者,下绝伯子男。周康王在丧,称予一人钊。礼称亦不言小童,或所称之辞,各有所施。此谓王自称之辞,非诸夏所得书,故经无其事,传通取旧典之文,以事相接。【释文】称,尺证切。

钊,古尧切,又音昭。

夏,会于葵丘,寻盟,且修好,礼也。王使宰孔赐齐侯胙[①],曰:“天子有事于文武[②],使孔赐伯舅胙[③]。”齐侯将下拜。孔曰:“且有后命。天子使孔曰:‘以伯舅耋老,加劳,赐一级,无下拜[④]。’”对曰:“天威不违颜咫尺[⑤],小白余敢贪天子之命无下拜[⑥]?恐陨越于下[⑦],以遗天子羞。敢不下拜?”下,拜,登,受[⑧]。

①胙,祭肉。尊之,比二王后。【释文】好,呼报切,下“于好”并注同。胙,才素切。②有祭事也。③天子谓异姓诸侯曰伯舅。④七十曰耋。级,等也。【释文】耋,田节切,又他结切。劳,力报切。级,音急。⑤言天鉴察不远,威严常在颜面之前。八寸曰咫。【释文】咫,之氏切。⑥小白,齐侯名。余,身也。⑦陨越,颠坠也。据天王居上,故言恐颠坠于下。【释文】坠,直类切,下同。⑧拜堂下,受胙于堂上。【释文】遗,于季切。

秋,齐侯盟诸侯于葵丘,曰:“凡我同盟之人,既盟之后,言归于好[①]。”宰孔先归[②],遇晋侯曰:“可无会也[③]。齐侯不务德而勤远略,故北伐山戎[④],南伐楚[⑤],西为此会也。东略之不知,西则否矣[⑥]。其在乱乎。君务靖乱,无勤于行[⑦]。”晋侯乃还[⑧]。

①义取修好,故传显其盟辞。②既会,先诸侯去。【释文】先,悉荐切。③晋侯欲来会葵丘。④在庄三十一年。⑤在四年。⑥言或向东,必不能复西略。【释文】复,扶又切,下“不复会”同。⑦在,存也。微戒献公,言晋将有乱。⑧不复会齐。

九月,晋献公卒,里克、丕郑欲纳文公,故以三公子之徒作乱[①]。

①丕郑,晋大夫。三公子:申生、重耳、夷吾。【释文】丕,普悲切。

初,献公使荀息傅奚齐,公疾,召之,曰:“以是藐诸孤[①]辱在大夫,其若之何[②]?”稽首而对曰:“臣竭其股肱之力,加之以忠贞。其济,君之灵也;不济,则以死继之。”公曰:“何谓忠贞?”对曰:“公家之利,知无不为,忠也;送往事居,耦俱无猜,贞也[③]。”及里克将杀奚齐,先告荀息曰:“三怨将作[④],秦、晋辅之,子将何如?”荀息曰:“将死之。”里克曰:“无益也。”荀叔曰:“吾与先君言矣,不可以贰。能欲复言而爱身乎[⑤]?虽无益也,将焉辟之?且人之欲善,谁不如我?我欲无贰而能谓人已乎[⑥]?”

①言其幼贱,与诸子县藐。【释文】藐,妙小切,又亡角切。县,音玄。②欲屈辱荀息,使保护之。③往,死者。居,生者。耦,两也。送死事生,两无疑恨,所谓正也。【释文】猜,七才切。④三公子之徒。⑤荀叔,荀息也。复言,言可复也。⑥言不能止里克,使不忠于申生等。【释文】焉,於虔切,下文“焉能克”同。

冬十月,里克杀奚齐于次[①]。书曰:“杀其君之子。”未葬也。荀息将死之,人曰:“不如立卓子而辅之。”荀息立公子卓以葬。

①次，丧寝。

十一月，里克杀公子卓于朝，荀息死之。君子曰：“《诗》所谓‘白圭之玷，尚可磨也；斯言之玷，不可为也’[①]，荀息有焉[②]。”

①《诗·大雅》，言此言之缺难治，甚于白圭。【释文】玷，丁簟切，又丁念切。②有此诗人重言之义。

齐侯以诸侯之师伐晋，及高梁而还，讨晋乱也[①]。令不及鲁，故不书[②]。

①高梁，晋地，在平阳县西南。②前已发不书例，今复重发，嫌霸者异于凡诸侯。【释文】令，力政切，本又作“命”。复，扶又切。重，直用切。

晋郤芮使夷吾重赂秦以求入[①]，曰：“人实有国，我何爱焉[②]？入而能民，土于何有？”从之[③]。齐隰朋帅师会秦师，纳晋惠公[④]。秦伯谓郤芮曰：“公子谁恃？”对曰：“臣闻亡人无党，有党必有仇[⑤]。夷吾弱不好弄[⑥]，能斗不过[⑦]，长亦不改，不识其他。”

①郤芮，郤克祖父，从夷吾者。【释文】从，才用切。②言国非己之有，何爱而不以赂秦。③能得民，不患无土。④隰朋，齐大夫。惠公，夷吾。【释文】隰，音习。⑤言夷吾无党，无党则无仇，易出易入，以微劝秦。【释文】易，以豉切。⑥弄，戏也。【释文】好，呼报切。⑦有节制。

公谓公孙枝曰：“夷吾其定乎[①]？”对曰：“臣闻之，唯则定国。《诗》曰：‘不识不知，顺帝之则。’文王之谓也[②]。又曰：‘不僭不贼，鲜不为则[③]。’无好无恶，不忌不克之谓也。今其言多忌克[④]，难哉[⑤]！”公曰：“忌则多怨，又焉能克？是吾利也[⑥]。”

①公孙枝，秦大夫子桑也。【释文】长，丁丈切。②《诗·大雅》。帝，天也。则，法也。言文王闇行自然，合天之法。③僭，过差也；贼，伤害也；皆忌克也。能不然，则可为人法则。【释文】僭，子念切，下注同。鲜，息浅切。④既僭而贼。【释文】好，呼报切，又如字。恶，乌路切。⑤言能自定难。⑥其言虽多忌，适足以自害，不能胜人也。秦伯虑其还害己，故曰是吾利。

宋襄公即位，以公子目夷为仁，使为左师以听政，于是宋治。故鱼氏世为左师。

僖公十年

【经】

十年春,王正月,公如齐[①]。

狄灭温,温子奔卫[②]。

晋里克弑其君卓,及其大夫荀息[③]。

夏,齐侯、许男伐北戎[④]。

晋杀其大夫里克[⑤]。

秋七月。

冬,大雨雪[⑥]。

①无传。②盖中国之狄灭而居其土地。③弑卓在前年,而以今春书者,从赴也。献公既葬,卓已免丧,故称君也。荀息称名者,虽欲复言,本无远谋,从君于昏。④无传。北(伐)[戎],山戎。⑤奚齐者,先君所命,卓子又以在国嗣位,罪未为无道,而里克亲为三怨之主,累弑二君,故称名以罪之。⑥无传。平地尺为大雪。【释文】雨,于付切。

【传】

十年春,狄灭温,苏子无信也。苏子叛王即狄,又不能于狄,狄人伐之,王不救,故灭。苏子奔卫[①]。

①苏子,周司寇苏公之后也。国于温,故曰温子。叛王事在庄十九年。

夏四月,周公忌父、王子党会齐隰朋立晋侯[①]。晋侯杀里克以说[②]。将杀里克,公使谓之曰:"微子则不及此。虽然,子弑二君与一大夫,为子君者不亦难乎?"对曰:"不有废也,君何以兴?欲加之罪,其无辞乎[③]?臣闻命矣。"伏剑而死。于是丕郑聘于秦,且谢缓赂,故不及[④]。

①周公忌父,周卿士。王子党,周大夫。②自解说不篡。【释文】篡,初患切。③言欲加己罪,不患无辞。④丕郑,里克党,以在秦,故不及里克俱死。

晋侯改葬共大子[①]。秋,狐突适下国[②],遇大子,大子使登,仆[③],而告之曰:"夷吾无礼,余得请于帝矣[④],将以晋畀秦,秦将祀余。"对曰:"臣闻之,神不歆非类,民不祀非族。

君祀无乃殄乎[5]？且民何罪？失刑乏祀，君其图之。”君曰：“诺，吾将复请。七日新城西偏，将有巫者而见我焉[6]。”许之，遂不见[7]。及期而往，告之曰：“帝许我罚有罪矣，敝于韩[8]。”

①共大子，申生也。【释文】共，音恭，本亦作“恭”。大，音泰。②下国，曲沃新城。③忽如梦而相见。狐突本为申生御，故复使登车为仆。【释文】复，扶又切，下及注同。④请罚夷吾。⑤歆，飨也。殄，绝也。【释文】畀，必利切，下注同。歆，许金切。⑥新城，曲沃也。将因巫而见。【释文】偏，匹绵切。⑦狐突许其言，申生之象亦没。【释文】见，贤遍切，又如字。⑧敝，败也。韩，晋地。独敝惠公，故言罚有罪，明不复以晋畀秦。夷吾忌克多怨，终于失国，虽改葬加谥，申生犹忿。传言鬼神所冯，有时而信。【释文】冯，皮冰切。

丕郑之如秦也，言于秦伯曰：“吕甥、郤称、冀芮实为不从，若重问以召之[1]，臣出晋君，君纳重耳，蔑不济矣[2]。”

①三子，晋大夫。不从，不与秦赂。问，聘问之币。【释文】称，尺证切，又如字。②蔑，无也。

冬，秦伯使泠至报问，且召三子[1]。郤芮曰：“币重而言甘，诱我也。”遂杀丕郑、祁举[2]及七舆大夫[3]：左行共华、右行贾华、叔坚、骓歂、累虎、特宫、山祁，皆里、丕之党也[4]。丕豹奔秦[5]，言于秦伯曰：“晋侯背大主而忌小怨，民弗与也，伐之必出[6]。”公曰：“失众，焉能杀[7]？违祸，谁能出君[8]？”

①泠至，秦大夫。【释文】泠，力丁切。②祁举，晋大夫。③侯伯七命，副车七乘。【释文】乘，绳证切。④七子，七舆大夫。【释文】行，户刚切，下同。共，音恭。骓，音隹。歂，市专切。累，力追切。祁，巨之切，又上尸切。⑤丕豹，丕郑之子。⑥大主，秦也。小怨，里、丕。【释文】背，音佩。⑦谓杀里、丕之党。【释文】焉，於虔切。⑧为豹辟祸也。为明年晋杀丕郑传。

僖公十一年

【经】

十有一年春，晋杀其大夫丕郑父[1]。

夏,公及夫人姜氏会齐侯于阳穀[2]。

秋八月,大雩[3]。

冬,楚人伐黄。

①以私怨谋乱国,书名罪之。书春,从告。②无传。妇人送迎不出门,见兄弟不逾阈。与公俱会齐侯,非礼。【释文】阈,音域,门限也,一音况域切。③无传。过时,故书。

【传】

十一年春,晋侯使以丕郑之乱来告[1]。天王使召(成)[武]公、内史过赐晋侯命[2]。受玉惰。过归,告王曰:"晋侯其无后乎!王赐之命而惰于受瑞,先自弃也已,其何继之有?礼,国之干也;敬,礼之舆也。不敬则礼不行,礼不行则上下昏,何以长世[3]?"

①释经书在今年。②天王,周襄王。召武公,周卿士。内史过,周大夫。诸侯即位,天子赐之命圭为瑞。【释文】过,古禾切。③为惠公不终张本。【释文】惰,徒卧切。长,直良切,又丁丈切。

夏,扬、拒、泉、皋、伊、雒之戎同伐京师,入王城,焚东门[1]。王子带召之也[2]。秦、晋伐戎以救周。秋,晋侯平戎于王[3]。

①扬、拒、泉、皋皆戎邑,及诸杂戎居伊水、雒水之间者。今伊阙北有泉亭。【释文】拒,俱宇切。皋,古刀切。②王子带,甘昭公也。召戎欲因以篡位。③为二十四年天王出居郑传。

黄人不归楚贡。冬,楚人伐黄[1]。

①黄人恃齐故。

僖公十二年

【经】

十有二年春,王三月庚午,日有食之[1]。

夏,楚人灭黄。

秋七月。

冬十有二月丁丑,陈侯杵臼卒[2]。

①无传。不书朔,官失之。②无传。遣世子与僖公同盟宁母及洮。【释文】杵,昌吕切。臼,其九切。

【传】

十二年春,诸侯城卫楚丘之郛,惧狄难也①。

①楚丘,卫国都。郛,郭也。为明年春狄侵卫传。【释文】郛,芳夫切。难,乃旦切,下同。

黄人恃诸侯之睦于齐也,不共楚职,曰:"自郢及我九百里,焉能害我?"夏,楚灭黄①。

①郢,楚都。【释文】共,音恭。焉,於虔切。

王以戎难故,讨王子带①。

①子带前年召戎伐周。

秋,王子带奔齐。冬,齐侯使管夷吾平戎于王,使隰朋平戎于晋①。

①平,和也。前年晋救周伐戎,故戎与周、晋不和。

王以上卿之礼飨管仲,管仲辞曰:"臣,贱有司也,有天子之二守国、高在①。若节春秋来承王命,何以礼焉②?陪臣敢辞③。"王曰:"舅氏④,余嘉乃勋,应乃懿德,谓督不忘。往践乃职,无逆朕命⑤。"管仲受下卿之礼而还⑥。

君子曰:"管氏之世祀也宜哉!让不忘其上。《诗》曰:'恺悌君子,神所劳矣⑦。'"

①国子、高子,天子所命为齐守臣,皆上卿也。庄二十二年,高傒始见经;僖二十八年,国归父乃见传。归父之父曰懿仲,高傒之子曰庄子。不知今当谁世。【释文】守,手又切,注同。见,贤遍切,下同。②节,时也。③诸侯之臣曰陪臣。【释文】陪,步回切。④伯舅之使,故曰舅氏。【释文】使,所吏切。⑤功勋美德,可谓正而不可忘者。不言位而言职者,管仲位卑而执齐政,故欲以职尊之。【释文】督,音笃。⑥管仲不敢以职自高,卒受本位之礼。⑦《诗·大雅》。恺,乐也。悌,易也。言乐易君子,为神所劳来,故世祀也。管仲之后,于齐没不复见,传亦举其无验。【释文】恺,本亦作"凯",开在切。悌,音弟,本亦作"弟"。劳,力报切,注同。乐,音洛,下同。易,以豉切,下同。来,力代切。复,扶又切。

僖公十三年

【经】

十有三年春,狄侵卫[①]。

夏四月,葬陈宣公[②]。

公会齐侯、宋公、陈侯、卫侯、郑伯、许男、曹伯于咸[③]。

秋九月,大雩[④]。

冬,公子友如齐[⑤]。

①传在前年春。②无传。③咸,卫地,东郡濮阳县东南有咸城。【释文】濮,音卜。④无传。书过。⑤无传。

【传】

十三年春,齐侯使仲孙湫聘于周,且言王子带[①]。事毕,不与王言[②]。归,复命曰:"未可。王怒未怠,其十年乎?不十年,王弗召也。"

①前年王子带奔齐,言欲复之。②不言子带事。

夏,会于咸,淮夷病杞故,且谋王室也。

秋,为戎难故,诸侯戍周,齐仲孙湫致之[①]。

①戍,守也。致,诸侯戍卒于周。【释文】为,于伪切,下注"欲为"同。难,乃旦切。卒,子忽切。

冬,晋荐饑[①],使乞籴于秦。秦伯谓子桑:"与诸乎?"对曰:"重施而报,君将何求[②]?重施而不报,其民必携,携而讨焉,无众必败[③]。"谓百里:"与诸乎[④]?"对曰:"天灾流行,国家代有,救灾恤邻,道也。行道有福。"

①麦、禾皆不熟。【释文】荐,在薦切,重也。饑,音饥。籴,直历切。②言不损秦。【释文】施,式豉切,下同。③不义故民离。④百里,秦大夫。

丕郑之子豹在秦,请伐晋[①]。秦伯曰:"其君是恶,其民何罪?"秦于是乎输粟于晋,自雍及绛相继[②],命之曰"泛舟之役"[③]。

①欲为父报怨。②雍,秦国都。绛,晋国都。【释文】雍,於用切。绛,古巷切。③从

渭水运入河、汾。【释文】泛,芳剑切。汾,扶云切。

僖公十四年

【经】

十有四年春,诸侯城缘陵[①]。

夏六月,季姬及鄫子遇于防,使鄫子来朝[②]。

秋八月辛卯,沙鹿崩[③]。

狄侵郑[④]。

冬,蔡侯肸卒[⑤]。

①缘陵,杞邑。辟淮夷,迁都于缘陵。②季姬,鲁女,鄫夫人也。鄫子本无朝志,为季姬所召而来,故言使鄫子来朝。鄫国,今琅邪鄫县。【释文】鄫,似绫切,本或作"缯"。③沙鹿,山名,平阳元城县东有沙鹿土山,在晋地。灾害系于所灾所害,故不系国。④无传。⑤无传。未同盟而赴以名。【释文】肸,许乙切。

【传】

十四年春,诸侯城缘陵而迁杞焉。不书其人,有阙也[①]。

①阙,谓器用不具,城池未固而去,为惠不终也。澶渊之会,既而无归,大夫不书,而国别称人,今此总曰诸侯,君臣之辞,不言城杞,杞未迁也。【释文】澶,市然切。

鄫季姬来宁,公怒,止之,与鄫子之不朝也[①]。夏,遇于防,而使来朝。

①来宁不书,而后年书归鄫,更嫁之文也。明公绝鄫昏,既来朝而还。【释文】还,户关切。

秋八月辛卯,沙鹿崩。晋卜偃曰:"期年将有大咎,几亡国[①]。"

①国主山川。山崩川竭,亡国之征。【释文】期,音基。咎,其九切。几,音祈,又音机。

冬,秦饥,使乞籴于晋,晋人弗与。庆郑曰:"背施无亲[①],幸灾不仁,贪爱不祥,怒邻不义。四德皆失,何以守国?"虢射曰:"皮之不存,毛将安傅[②]?"庆郑曰:"弃信背邻,患孰恤之?无信患作,失援必毙,是则然矣。"虢射曰:"无损于怨而厚于寇,不如勿与[③]。"庆郑曰:"背施幸灾,民所弃也。近犹仇之,况怨敌乎?"弗听。退曰:"君其悔是哉!"

①庆郑,晋大夫。【释文】背,音佩,后皆同。施,式豉切,注及下"而施毛"、十五年皆同。②虢射,惠公舅也。皮以喻所许秦城,毛以喻籴。言既背秦施,为怨以深,虽与之籴,犹无皮而施毛。【释文】傅,音附。③言与秦粟不足解怨,适足使秦强。

僖公十五年

【经】

十有五年春,王正月,公如齐[①]。

楚人伐徐。

三月,公会齐侯、宋公、陈侯、卫侯、郑伯、许男、曹伯,盟于牡丘[②],遂次于匡[③]。公孙敖帅师及诸侯之大夫救徐[④]。

夏五月,日有食之。

秋七月,齐师、曹师伐厉[⑤]。

八月,螽。

九月,公至自会[⑥]。

季姬归于鄫[⑦]。

己卯晦,震夷伯之庙[⑧]。

冬,宋人伐曹。

楚人败徐于娄林[⑨]。

十有一月壬戌,晋侯及秦伯战于韩。获晋侯[⑩]。

①无传。诸侯五年再相朝,礼也。例在文十五年。②牡丘,地名,阙。【释文】牡,茂后切。③匡,卫地,在陈留长垣县西南。④公孙敖,庆父之子。诸侯既盟,次匡,皆遣大夫将兵救徐,故不复具列国别也。【释文】复,扶又切。⑤厉,楚与国,义阳随县北有厉乡。⑥无传。⑦无传。来宁不书,此书者,以明中绝。【释文】中,丁仲切,又如字。⑧夷伯,鲁大夫展氏之祖父。夷,谥。伯,字。震者,雷电击之。大夫既卒,书字。【释文】晦,音悔。⑨娄林,徐地,下邳僮县东南有娄亭。【释文】娄,力侯切。邳,蒲悲切。⑩例,得大夫曰获。晋侯背施无亲,愎谏违卜,故贬绝,下从众臣之例,而不言以归。不书败绩,晋师不大

崩。【释文】愎,皮逼切。

【传】

十五年春,楚人伐徐,徐即诸夏故也。三月,盟于牡丘,寻葵丘之盟,且救徐也[1]。孟穆伯帅师及诸侯之师救徐,诸侯次于匡以待之。

①葵丘盟在九年。【释文】夏,户雅切,下注同。

夏五月,日有食之。不书朔与日,官失之也。

秋,伐厉,以救徐也。

晋侯之入也,秦穆姬属贾君焉[1],且曰:"尽纳群公子[2]。"晋侯烝于贾君,又不纳群公子,是以穆姬怨之。晋侯许赂中大夫[3],既而皆背之。赂秦伯以河外列城五,东尽虢略,南及华山,内及解梁城,既而不与[4]。晋饥,秦输之粟[5];秦饥,晋闭之籴[6],故秦伯伐晋。

①晋侯入在九年。穆姬,申生姊秦穆夫人。贾君,晋献公次妃,贾女也。【释文】属,音烛。②群公子,晋武、献之族。宣二年传曰:"骊姬之乱,诅无畜群公子。"【释文】诅,庄据切。③中大夫,国内执政里、丕等。【释文】烝,之承切。④河外,河南也。东尽虢略,从河南而东尽虢界也。解梁城,今河东解县也。华山在弘农华阴县西南。【释文】解,音蟹,注及下注同。⑤在十三年。⑥在十四年。

卜徒父筮之[1],吉,"涉河,侯车败"。诘之[2],对曰:"乃大吉也,三败必获晋君。其卦遇《蛊》☶[3],曰:'千乘三去,三去之余,获其雄狐。'夫狐蛊,必其君也[4]。《蛊》之贞,风也;其悔,山也[5]。岁云秋矣,我落其实而取其材,所以克也[6]。实落材亡,不败何待?"

①徒父,秦之掌龟卜者。卜人而用筮,不能通三《易》之占,故据其所见杂占而言之。②秦伯之军涉河,则晋侯车败也。秦伯不解,谓败在己,故诘之。【释文】诘,起吉切。③《巽》下《艮》上,《蛊》。【释文】蛊,音古。④于《周易》"利涉大川,往有事也",亦秦胜晋之卦也。今此所言,盖卜筮书杂辞,以狐蛊为君,其义欲以喻晋惠公,其象未闻。【释文】乘,绳证切。去,起居切,又起据切,一音起吕切,下同。⑤内卦为贞,外卦为悔。《巽》为风,秦象。《艮》为山,晋象。⑥周九月,夏之七月,孟秋也。《艮》为山,山有木,今岁已秋,风吹落山木之实,则材为人所取。

三败及韩[1]。晋侯谓庆郑曰:"寇深矣,若之何?"对曰:"君实深之,可若何?"公曰:"不孙。"卜右,庆郑吉,弗使[2]。步扬御戎,家仆徒为右[3],乘小驷,郑入也[4]。庆郑曰:"古者大事,必乘其产,生其水土而知其人心,安其教训而服习其道,唯所纳之,无不如志。今乘异产以从戎事，及惧而变，将与人易[5]。乱气狡愤，阴血周作，张脉偾兴，外强中干[6]。进退不可，周旋不能。君必悔之。”弗听。

①晋侯车三坏。②恶其不孙，不以为车右，此夷吾之多忌。【释文】孙，音逊，注同。恶，乌路切。③步扬，郤犨之父。④郑所献马名小驷。【释文】驷，音四。⑤变易人意。⑥狡，戾也。愤，动也。气狡愤于外，则血脉必周身而作，随气张动，外虽有强形，而内实干竭。【释文】狡，古卯切。愤，扶粉切。张，中亮切，注同。脉，音麦。偾，方问切。

九月，晋侯逆秦师，使韩简视师[1]，复曰：“师少于我，斗士倍我。”公曰：“何故？”对曰：“出因其资[2]，入用其宠[3]，饥食其粟，三施而无报，是以来也。今又击之，我怠秦奋，倍犹未也。”公曰：“一夫不可狃，况国乎[4]！”遂使请战，曰：“寡人不佞，能合其众而不能离也，君若不还，无所逃命。”秦伯使公孙枝对曰：“君之未入，寡人惧之；入而未定列，犹吾忧也[5]。苟列定矣，敢不承命。”韩简退曰：“吾幸而得囚[6]。”

①韩简，晋大夫韩万之孙。②谓奔梁求秦。③为秦所纳。④狃，忕也。言辟秦则使忕来。【释文】施，式氏切，年末注同。狃，女九切。忕，时世切，又时设切。⑤列，位也。⑥得囚为幸，言必败。

壬戌，战于韩原[1]，晋戎马还泞而止[2]。公号庆郑。庆郑曰：“愎谏违卜[3]，固败是求，又何逃焉。”遂去之。梁由靡御韩简，虢射为右，辂秦伯，将止之[4]。郑以救公误之，遂失秦伯。秦获晋侯以归[5]。晋大夫反首拔舍从之[6]。秦伯使辞焉，曰：“二三子何其戚也？寡人之从君而西也，亦晋之妖梦是践，岂敢以至[7]？”晋大夫三拜稽首曰：“君履后土而戴皇天，皇天后土实闻君之言，群臣敢在下风。”

①九月十三日。②泞，泥也。还，便旋也。小驷不调，故隋泥中。【释文】泞，乃定切。隋，大果切。③愎，戾也。【释文】号，户刀切，又户报切。④辂，迎也。止，获也。【释文】辂，五嫁切。⑤经书十一月壬戌，十四日，经从赴。⑥反首，乱头发。反，下垂也。拔草舍止，坏形毁服。【释文】拔，蒲末切，注皆同。⑦狐突不寐而与神言，故谓之妖梦。申生言帝许罚有罪，今将晋君而西，以厌息此语。践，厌也。【释文】厌，於冉切，一於甲切，又於辄切，下同。

穆姬闻晋侯将至，以大子罃、弘与女简璧登台而履薪焉[1]，使以免服衰绖逆，且告曰[2]：“上天降灾，使我两君匪以玉帛相见，而以兴戎。若晋君朝以入，则婢子夕以死；夕以入，则朝以死。唯君裁之！”乃舍诸灵台[3]。

①罃，康公名；弘，其母弟也。简璧，罃、弘姊妹。古之宫闭者，皆居之台以抗绝之。穆

姬欲自罪，故登台而荐之以薪，左右上下者皆履柴乃得通。【释文】萤，於耕切。履，如字，徐本作“屦”，九具切。抗，苦浪切。荐，在薦切。上，时掌切。②免、衰、绖，遭丧之服，令行人服此服迎秦伯，且告将以耻辱自杀。【释文】免，音问，又作“絻”，音同。衰，七雷切。【释文】绖，大结切。令，力呈切，下同。③在京兆鄠县，周之故台，亦所以抗绝，令不得通外内。“曰上天降灾”凡此四十七字，检古本皆无，寻杜注亦不得有，有是，后人加也。鄠，音户。

大夫请以入。公曰：“获晋侯，以厚归也。既而丧归，焉用之[①]？大夫其何有焉[②]？且晋人戚忧以重我[③]，天地以要我。不图晋忧，重其怒也；我食吾言，背天地也[④]。重怒难任，背天不祥，必归晋君[⑤]。”公子絷曰：“不如杀之，无聚慝焉[⑥]。”子桑曰：“归之而质其大子，必得大成。晋未可灭而杀其君，祇以成恶[⑦]。且史佚有言曰：‘无始祸[⑧]，无怙乱[⑨]，无重怒。’重怒难任，陵人不祥。”乃许晋平。

①若将晋侯入，则夫人或自杀。【释文】焉，於虔切。②何有犹何得。③谓反首拔舍。④食，消也。【释文】要，於遥切。重，直用切，下皆同。⑤任，当也。【释文】任，音壬，注及下同。⑥公子絷，秦大夫。恐夷吾归，复相聚为恶。【释文】絷，张执切，又丁立切。慝，他得切。复，扶又切。⑦祇，适也。【释文】质，音置，下注“质秦”同。祇，音支。⑧史佚，周武王时大史，名佚。【释文】佚，音逸。大，音泰。⑨恃人乱为己利。【释文】怙，音户。

晋侯使郤乞告瑕吕饴甥，且召之[①]。子金教之言曰：“朝国人而以君命赏[②]，且告之曰：‘孤虽归，辱社稷矣。其卜贰圉也[③]。’”众皆哭[④]。晋于是乎作爰田[⑤]。吕甥曰：“君亡之不恤，而群臣是忧，惠之至也，将若君何？”众曰：“何为而可？”对曰：“征缮以辅孺子[⑥]。诸侯闻之，丧君有君，群臣辑睦，甲兵益多，好我者劝，恶我者惧，庶有益乎！”众说，晋于是乎作州兵[⑦]。

①郤乞，晋大夫也。瑕吕饴甥，即吕甥也，盖姓瑕吕，名饴甥，字子金。晋侯闻秦将许之平，故告吕甥，召使迎己。【释文】饴，音怡。②恐国人不从，故先赏之于朝。③贰，代也。圉，惠公大子怀公。④哀君不还国。⑤分公田之税应入公者，爰之于所赏之众。【释文】爰，于元切。⑥征，赋也。缮，治也。孺子，大子圉。【释文】孺，如喻切。⑦五党为州，州二千五百家也。因此又使州长各缮甲兵。【释文】丧，息浪切，后同。辑，音集，又七入切。好，呼报切。恶，乌路切。说，音悦。长，丁丈切，下“长男”同。

初，晋献公筮嫁伯姬于秦，遇《归妹》䷵[①]之《睽》䷥[②]。史苏占之曰：“不吉[③]。其繇曰：‘士刲羊，亦无衁也。女承筐，亦无贶也[④]。西邻责言，不可偿也[⑤]。《归妹》之《睽》，犹无相也[⑥]。'《震》之《离》,亦《离》之《震》[⑦],为雷为火,为嬴败姬[⑧],车说其輹,火焚其旗,不利行师,败于宗丘[⑨]。《归妹》《睽》孤,寇张之弧[⑩],侄其从姑[⑪],六年其逋,逃归其国,而弃其家[⑫],明年其死于高梁之虚[⑬]。"

①《兑》下《震》上,《归妹》。②《兑》下《离》上,《睽》。《归妹》上六变而为《睽》。【释文】睽,苦圭切,徐音圭。③史苏,晋卜筮之史。④《周易·归妹》上六爻辞也。衁,血也。贶,赐也。刲羊,士之功;承筐,女之职。上六无应,所求不获,故下刲无血,上承无实,不吉之象。《离》为中女,《震》为长男,故称士女。【释文】繇,直救切。刲,苦圭切。刺,割也。衁,音荒。筐,曲方切。贶,音况,本亦作"况"。应,应对之应,下"无应"同。中,丁仲切。⑤将嫁女于西,而遇不吉之卦,故知有责让之言,不可报偿。【释文】责,侧介切,又如字。偿,市亮切,又音常。⑥《归妹》,女嫁之卦。《睽》,乖离之象。故曰无相。相,助也。【释文】相,息亮切。⑦二卦变而气相通。⑧嬴,秦姓。姬,晋姓。《震》为雷,《离》为火,火动炽而害其母,女嫁反害其家之象,故曰为嬴败姬。【释文】嬴,音盈。⑨輹,车下缚也。丘犹邑也。《震》为车,《离》为火,上六爻在《震》则无应,故车脱輹;在《离》则失位,故火焚旗,言皆失车火之用也。车败旗焚,故不利行师。火还害母,故败不出国,近在宗邑。【释文】说,吐活切,注同。輹,音福,又音服。案,车旁著畐,音福,《老子》所云"三十辐共一毂"是也。车旁著复,音服,是车下伏菟。缚,如字,又扶卧切。⑩此《睽》上九爻辞也。处《睽》之极,故曰《睽》孤。失位孤绝,故遇寇难而有弓矢之警,皆不吉之象。【释文】难,乃旦切。警,音景。⑪《震》为木,《离》为火,火从木生,《离》为《震》妹,于火为姑,谓我侄者,我谓之姑。谓子圉质秦。【释文】侄,待结切,《字林》丈一切。⑫逋,亡也。家,谓子圉妇怀嬴。【释文】逋,补吾切。⑬惠公死之明年,文公入,杀怀公于高梁。高梁,晋地,在平阳杨氏县西南。凡筮者用《周易》,则其象可推,非此而往,则临时占者或取于象,或取于气,或取于时日王相,以成其占。若尽附会以爻象,则构虚而不经,故略言其归趣。他皆仿此。【释文】虚,去鱼切。王,于况切。相,息亮切。构,本又作"讲",各依字读。

及惠公在秦,曰:"先君若从史苏之占,吾不及此夫!"韩简侍,曰:"龟,象也;筮,数也。物生而后有象,象而后有滋,滋而后有数。先君之败德及,可数乎?史苏是占,勿从何益[①]?《诗》曰:'下民之孽,匪降自天,僔沓背憎,职竞由人[②]。'"

①言龟以象示,筮以数告,象数相因而生,然后有占,占所以知吉凶,不能变吉凶。故先君败德,非筮数所生,虽复不从史苏,不能益祸。【释文】夫,音扶。先君之败德及,绝

句。可数乎，一读“及可数乎”。数，色主切。复，扶又切。②《诗·小雅》，言民之有邪恶，非天所降。僔沓面语，背相憎疾，皆人竞所主作，因以讽谏惠公有以召此祸也。【释文】孽，鱼列切。僔，尊本切。沓，徒合切。邪，似嗟切。讽，方凤切。

震夷伯之庙，罪之也，于是展氏有隐慝焉[①]。

①隐恶，非法所得；尊贵，罪所不加，是以圣人因天地之变、自然之妖，以感动之。知达之主，则识先圣之情以自厉，中下之主，亦信妖祥以不妄。神道助教，唯此为深。【释文】知，音智。

冬，宋人伐曹，讨旧怨也[①]。

①庄十四年，曹与诸侯伐宋。

楚败徐于娄林，徐恃救也[①]。

①恃齐救。

十月，晋阴饴甥会秦伯，盟于王城[①]。秦伯曰：“晋国和乎？”对曰：“不和。小人耻失其君而悼丧其亲[②]，不惮征缮以立圉也，曰：‘必报仇，宁事戎狄。’君子爱其君而知其罪，不惮征缮以待秦命，曰：‘必报德，有死无二。’以此不和。”秦伯曰：“国谓君何？”对曰：“小人戚，谓之不免。君子恕，以为必归。小人曰：‘我毒秦，秦岂归君[③]？’君子曰：‘我知罪矣，秦必归君。贰而执之，服而舍之，德莫厚焉，刑莫威焉。服者怀德，贰者畏刑。此一役也[④]，秦可以霸。纳而不定，废而不立，以德为怨，秦不其然。’”秦伯曰：“是吾心也。”改馆晋侯，馈七牢焉[⑤]。

①阴饴甥即吕甥也，食采于阴，故曰阴饴甥。王城，秦地，冯翊临晋县东有王城，今名武乡。②痛其亲为秦所杀。③毒谓三施不报。【释文】惮，徒旦切。④言还惠公，使诸侯威服，复可当一事之功。【释文】舍，如字，又音捨。还，音环。⑤牛、羊、豕各一为一牢。【释文】馈，其位切。

蛾析谓庆郑曰：“盍行乎[①]？”对曰：“陷君于败[②]，败而不死，又使失刑，非人臣也。臣而不臣，行将焉入？”十一月，晋侯归。丁丑，杀庆郑而后入[③]。

①蛾析，晋大夫也。【释文】蛾，鱼绮切，本或作“蚁”，一音五何切。析，本或作“晳”，星历切。盍，户腊切。②谓呼不往，误晋师，失秦伯。③丁丑，月二十九日。【释文】焉，於虔切。

是岁，晋又饥，秦伯又饩之粟，曰：“吾怨其君而矜其民。且吾闻唐叔之封也，箕子曰：‘其后必大。’晋其庸可冀乎[①]！姑树德焉，以待能者。”于是秦始征晋河东，置官司焉[②]。

①唐叔，晋始封之君，武王之子。箕子，殷王帝乙之子，纣之庶兄。【释文】饩，许气切。②征，赋也。

僖公十六年

【经】

十有六年春，王正月戊申朔，陨石于宋五[①]。是月，六鹢退飞过宋都[②]。

三月壬申，公子季友卒[③]。

夏四月丙申，鄫季姬卒[④]。

秋七月甲子，公孙兹卒[⑤]。

冬十有二月，公会齐侯、宋公、陈侯、卫侯、郑伯、许男、邢侯、曹伯于淮[⑥]。

①陨，落也。闻其陨，视之石，数之五，各随其闻见先后而记之。庄七年，星陨如雨，见星之陨而队于四远若山若水，不见在地之验。此则见在地之验，而不见始陨之星。史各据事而书。【释文】陨，于敏切。数，色主切。队，直类切。②是月，陨石之月。重言是月，嫌同日。鹢，水鸟，高飞遇风而退，宋人以为灾，告于诸侯，故书。【释文】是月，本或作"是日"。鹢，五历切，本或作"鶂"，音同。六，其数也。过，古禾切。重，直用切，传同。③无传。称字者，贵之。公与小敛，故书日。【释文】与，音预。敛，力验切。公与小敛，本亦作"公与敛"。④无传。【释文】鄫，似陵切。⑤无传。⑥临淮郡左右。【释文】邢，音刑。淮，音怀。

【传】

十六年春，陨石于宋五，陨星也[①]。六鹢退飞过宋都，风也[②]。周内史叔兴聘于宋，宋襄公问焉，曰："是何祥也？吉凶焉在[③]？"对曰："今兹鲁多大丧[④]，明年齐有乱，君将得诸侯而不终[⑤]。"退而告人曰："君失问。是阴阳之事，非吉凶所在也[⑥]。吉凶由人，吾不敢逆君故也[⑦]。"

①但言星，则嫌星使石陨，故重言陨星。②六鹢遇迅风而退飞，风高不为物害，不记风之异。【释文】迅，音信，又音峻，疾也。③祥，吉凶之先见者。襄公以为石陨、鹢退能为祸福之始，故问其所在。【释文】焉，於虔切。见，贤遍切，又如字。④今兹，此岁。⑤鲁

丧、齐乱、宋襄不终，别以政刑吉凶他占知之。⑥言石、鹢阴阳错逆所为，非人所生，襄公不知阴阳而问人事，故曰君失问。叔兴自以对非其实，恐为有识所讥，故退而告人。【释文】错，七各切。⑦积善余庆，积恶余殃，故曰吉凶由人。君问吉凶，不敢逆之，故假他占以对。【释文】殃，於良切。

夏，齐伐厉不克，救徐而还[①]。

①十五年，齐伐厉以救徐。

秋，狄侵晋，取狐厨、受铎，涉汾，及昆都，因晋败也[①]。

①狐厨、受铎、昆都，晋三邑。平阳临汾县西北有狐鷇亭。汾水出大原，南入河。【释文】狐，音胡。厨，直诛切。铎，徒各切。汾，扶云切。大，音泰。

王以戎难告于齐，齐征诸侯而戍周[①]。

①十一年戎伐京师以来，遂为王室难。【释文】难，乃旦切，注同。

冬十一月乙卯，郑杀子华[①]。

①终管仲之言，事在七年。

十二月会于淮，谋鄫，且东略也[①]。城鄫，役人病，有夜登丘而呼曰："齐有乱。"不果城而还[②]。

①鄫为淮夷所病故。【释文】为，于伪切。②役人遇厉气，不堪久驻，故作妖言。【释文】呼，火故切。还，音旋。

僖公十七年

【经】

十有七年春，齐人、徐人伐英氏[①]。

夏，灭项[②]。

秋，夫人姜氏会齐侯于卞[③]。

九月，公至自会[④]。

冬十有二月乙亥，齐侯小白卒[⑤]。

①【释文】英，於京切。②项国，今汝阴项县。公在会，别遣师灭项，不言师，讳之。【释文】项，胡讲切，鲁灭之也，二传以为齐灭。③卞，今鲁国卞县。【释文】卞，皮彦切。

④公既见执于齐，犹以会致者，讳之。⑤与僖公八同盟，赴以名。

【传】

十七年春，齐人为徐伐英氏，以报娄林之役也[①]。

①英氏，楚与国。娄林役在十五年。【释文】为，于伪切。

夏，晋大子圉为质于秦，秦归河东而妻之[①]。惠公之在梁也，梁伯妻之。梁嬴孕，过期[②]，卜招父与其子卜之[③]。其子曰："将生一男一女。"招曰："然。男为人臣，女为人妾[④]。"故名男曰圉，女曰妾。及子圉西质，妾为宦女焉[⑤]。

①秦征河东置官司，在十五年。【释文】圉，鱼吕切。质，音致，下同。妻，七计切，下同。②过十月不产。怀子曰孕。【释文】嬴，音盈，下同。孕，以证切。过，古禾切。③卜招父，梁大卜。【释文】招，上遥切。大，音泰。④圉，养马者。不聘曰妾。⑤宦，事秦为妾。【释文】宦，音患。

师灭项[①]。淮之会，公有诸侯之事，未归，而取项[②]。齐人以为讨，而止公[③]。

①师，鲁师。②淮会在前年冬，诸侯之事，会同讲礼之事。③内讳执，皆言止。

秋，声姜以公故，会齐侯于卞[①]。九月，公至。书曰"至自会"，犹有诸侯之事焉，且讳之也[②]。

①声姜，僖公夫人，齐女。②耻见执，故托会以告庙。

齐侯之夫人三：王姬，徐嬴，蔡姬，皆无子。齐侯好内，多内宠，内嬖如夫人者六人：长卫姬，生武孟[①]；少卫姬，生惠公[②]；郑姬，生孝公[③]；葛嬴，生昭公[④]；密姬，生懿公[⑤]；宋华子，生公子雍[⑥]。公与管仲属孝公于宋襄公，以为大子。雍巫有宠于卫共姬，因寺人貂以荐羞于公[⑦]，亦有宠，公许之立武孟[⑧]。

①武孟，公子无亏。【释文】好，呼报切。嬖，必计切。长，丁丈切，下注同。②公子元。【释文】少，诗照切。③公子昭。④公子潘。【释文】潘，判丹切。⑤公子商人。⑥华氏之女，子姓。【释文】华，户化切。⑦雍巫，雍人，名巫，即易牙。【释文】属，音烛。共，音恭，亦作恭。貂，音雕。易，音亦。⑧易牙既有宠于公，为长卫姬请立武孟。【释文】为，于伪切。

管仲卒，五公子皆求立。冬十月乙亥，齐桓公卒[①]。易牙入，与寺人貂因内宠以杀群吏[②]，而立公子无亏。孝公奔宋。十二月乙亥赴，辛巳夜殡[③]。

①乙亥，月八日。②内宠，内官之有权宠者。③六十七日乃殡。【释文】殡，必刃切。

僖公十八年

【经】

十有八年春，王正月，宋公、曹伯、卫人、邾人伐齐[①]。

夏，师救齐[②]。

五月戊寅，宋师及齐师战于甗，齐师败绩[③]。

狄救齐[④]。

秋八月丁亥，葬齐桓公[⑤]。

冬，邢人、狄人伐卫[⑥]。

①纳孝公。②无传。③无亏既死，曹、卫、邾先去，鲁亦罢归，故宋师独与齐战。不称宋公，不亲战也。大崩曰败绩。甗，齐地。【释文】甗，鱼偃切，又音言，一音彦。④无传。救四公子之徒。⑤十一月而葬，乱故。八月无丁亥，日误。⑥狄称人者，史异辞，传无义例。

【传】

十八年春，宋襄公以诸侯伐齐。三月，齐人杀无亏[①]。

①以说宋。【释文】说，音悦，又如字。

郑伯始朝于楚[①]，楚子赐之金，既而悔之，与之盟曰："无以铸兵[②]。"故以铸三钟[③]。

①中国无霸故。②楚金利故。【释文】铸，之树切。③古者以铜为兵。传言楚无霸者远略。

齐人将立孝公，不胜四公子之徒，遂与宋人战[①]。夏五月，宋败齐师于甗，立孝公而还。

①无亏已死，故曰四公子。【释文】胜，音升，又升证切。

秋八月，葬齐桓公[①]。

①孝公立而后得葬。

冬，邢人、狄人伐卫，围菟圃。卫侯以国让父兄子弟及朝众曰："苟能治之，燬请从焉[①]。"众不可[②]，而后师于訾娄[③]。狄师还[④]。

①燬，卫文公名。【释文】菟，音徒。圃，布古切，又音布。燬，吁委切。②不听卫侯让。③陈师訾娄。訾娄，卫邑。【释文】訾，子斯切。娄，郎句切，又郎钩切。④独言狄还，则邢留距卫，言邢所以终为卫所灭。

梁伯益其国而不能实也[①]，命曰新里，秦取之。

①多筑城邑而无民以实之。

僖公十九年

【经】

十有九年春，王三月，宋人执滕子婴齐[①]。

夏六月，宋公、曹人、邾人盟于曹南[②]。鄫子会盟于邾[③]。己酉，邾人执鄫子，用之[④]。

秋，宋人围曹。

卫人伐邢[⑤]。

冬，会陈人、蔡人、楚人、郑人盟于齐[⑥]。

梁亡[⑦]。

①称人以执，宋以罪及民告。例在成十五年。传例不以名为义，书名及不书名皆从赴。【释文】婴，於盈切。②无传。曹虽与盟而犹不服，不肯致饩，无地主之礼，故不以国地而曰曹南，所以及秋而见围。【释文】与，音预，下"亦与"同。饩，许气切。③不及曹南之盟。诸侯既罢，鄫乃会之于邾，故不言如会。④称人以执，宋以罪及民告也。鄫虽失大国会盟之信，然宋用之，为罚已虐，故直书用之，言若用畜产也。不书社，赴不及也。不书宋使邾而以邾自用为文，南面之君，善恶自专，不得托之于他命。【释文】畜，许又切。⑤伐邢在围曹前，经书在后，从赴。⑥地于齐，齐亦与盟。⑦以自亡为文，非取者之罪，所以恶梁。【释文】恶，乌路切。

【传】

十九年春，遂城而居之[①]。

①承前年传取新里，故不复言秦也。为此冬梁亡传。【释文】复，扶又切。

宋人执滕宣公。

夏，宋公使邾文公用鄫子于次睢之社，欲以属东夷[①]。司马子鱼曰：“古者六畜不相为用[②]，小事不用大牲，而况敢用人乎？祭祀以为人也。民，神之主也。用人，其谁飨之？齐桓公存三亡国以属诸侯[③]，义士犹曰薄德[④]。今一会而虐二国之君[⑤]，又用诸淫昏之鬼[⑥]，将以求霸，不亦难乎？得死为幸[⑦]！”

①睢水受汴，东经陈留、梁、谯、沛、彭城县入泗。此水次有妖神，东夷皆社祠之，盖杀人而用祭。【释文】睢，音虽。属，朱欲切。谯，在消切。沛，音贝。泗，音四。祠，音辞，或音祀。②司马子鱼，公子目夷也。六畜不相为用，谓若祭马先不用马。【释文】畜，许又切，注同。为，于伪切，下“为人”同，又如字，注仿此。③三亡国：鲁、卫、邢。④谓欲因乱取鲁，缓救邢、卫。⑤宋公三月以会召诸侯，执滕子，六月而会盟，其月二十二日执鄫子，故云一会而虐二国之君。⑥非周社故。⑦恐其亡国。

秋，卫人伐邢，以报菟圃之役[①]。于是卫大旱，卜有事于山川，不吉[②]。宁庄子曰：“昔周饥，克殷而年丰。今邢方无道，诸侯无伯[③]，天其或者欲使卫讨邢乎？”从之，师兴而雨。

①邢不速退，所以独见伐。②有事祭也。③伯，长也。【释文】长，丁丈切。

宋人围曹，讨不服也[①]。子鱼言于宋公曰：“文王闻崇德乱而伐之，军三旬而不降[②]，退修教而复伐之，因垒而降[③]。《诗》曰：‘刑于寡妻，至于兄弟，以御于家邦[④]。’今君德无乃犹有所阙，而以伐人，若之何？盍姑内省德乎？无阙而后动[⑤]。”

①曹南盟，不修地主之礼故。②崇，崇侯虎。【释文】降，户江切，下同。③复往攻之，备不改前，而崇自服。【释文】复，扶又切，注同，一本作“而复之”，“伐”，衍字。垒，力鬼切，军垒。④《诗·大雅》，言文王之教，自近及远。寡妻，嫡妻，谓大姒也。刑，法也。【释文】御，如字，治也，《诗》音五嫁切，迎也。嫡，或作“適”，丁历切。大，音泰。姒，音似。⑤【释文】盍，胡腊切。

陈穆公请修好于诸侯以无忘齐桓之德。冬，盟于齐，修桓公之好也[①]。

①宋襄暴虐，故思齐桓。【释文】好，呼报切，下同。

梁亡。不书其主，自取之也[①]。初，梁伯好土功，亟城而弗处，民罢而弗堪，则曰：“某寇将至。”乃沟公宫[②]，曰：“秦将袭我。”民惧而溃，秦遂取梁[③]。

①不书取梁者主名。②沟，堑。【释文】亟，欺冀切。罢，音皮。堑，七艳切。③【释文】溃，户内切。

僖公二十年

【经】

二十年春，新作南门[①]。

夏，郜子来朝[②]。

五月乙巳，西宫灾[③]。

郑人入滑[④]。

秋，齐人、狄人盟于邢。

冬，楚人伐随。

①鲁城南门也。本名稷门，僖公更高大之，今犹不与诸门同，改名高门也。言新以易旧，言作以与事，皆更造之文也。②无传。郜，姬姓国。【释文】郜，古报切，《字林》工竺切。③无传。西宫，公别宫也。天火曰灾，例在宣十六年。④入例在襄十三年。【释文】滑，于八切。

【传】

二十年春，新作南门。书，不时也[①]。凡启塞从时[②]。

①失土功之时。②门户道桥谓之启，城郭墙壍谓之塞，皆官民之开闭，不可一日而阙，故特随坏时而治之。今僖公修饰城门，非开闭之急，故以土功之制讥之。传嫌启塞皆从土功之时，故别起从时之例。【释文】塞，素则切。

滑人叛郑而服于卫。夏，郑公子士、泄堵寇帅师入滑[①]。

①公子士，郑文公子。泄堵寇，郑大夫。【释文】泄，息列切。堵，丁古切，王又音者。

秋，齐、狄盟于邢，为邢谋卫难也。于是卫方病邢[①]。

①【释文】为，于伪切。难，乃旦切。

随以汉东诸侯叛楚。冬，楚鬬穀於菟帅师伐随，取成而还。君子曰："随之见伐，不量力也。量力而动，其过鲜矣。善败由己，而由人乎哉？《诗》曰：'岂不夙夜？谓行多露[①]。'"

①《诗·召南》，言岂不欲早暮而行，惧多露之濡己，以喻违礼而行，必有污辱，是亦量

宜相时而动之义。【释文】縠，奴口切。於，音乌。菟，音徒。鲜，息浅切，下同。召，上照切。暮，本亦作“莫”，音暮。污，污秽之污，一音乌路切。

宋襄公欲合诸侯，臧文仲闻之，曰：“以欲从人则可[①]，以人从欲鲜济[②]。”

①屈己之欲，从众之善。②为明年鹿上盟传。

僖公二十一年

【经】

二十有一年春，狄侵卫[①]。

宋人、齐人、楚人盟于鹿上[②]。

夏，大旱[③]。

秋，宋公、楚子、陈侯、蔡侯、郑伯、许男、曹伯会于盂[④]。

执宋公以伐宋[⑤]。

冬，公伐邾[⑥]。

楚人使宜申来献捷[⑦]。

十有二月癸丑，公会诸侯盟于薄，释宋公[⑧]。

①无传。为邢故。【释文】为，于伪切，下“为邾”同。②鹿上，宋地，汝阴有原鹿县。宋为盟主，故在齐人上。③雩不获雨，故书旱。自夏及秋，五稼皆不收。④盂，宋地。楚始与中国行会礼，故称爵。【释文】盂，音于。⑤不言楚执宋公者，宋无德而争盟，为诸侯所疾，故总见众国共执之文。【释文】见，贤遍切。⑥无传。为邾灭须句故。【释文】句，其俱切，传同。⑦无传。献宋捷也。不言宋者，秋伐宋，冬来献捷，事不异年，从可知。不称楚子，使来不称君命行礼。【释文】献，轩建切。捷，在接切。⑧诸侯既与楚共伐宋，宋服，故为薄盟以释之。公本无会期，闻盟而往，故书公会诸侯。【释文】薄，如字。

【传】

二十一年春，宋人为鹿上之盟，以求诸侯于楚。楚人许之。公子目夷曰：“小国争盟，祸也。宋其亡乎，幸而后败[①]。”

①谓军败。

夏，大旱。公欲焚巫尪[①]。臧文仲曰："非旱备也。修城郭，贬食省用，务穑劝分[②]，此其务也。巫尪何为？天欲杀之，则如勿生，若能为旱，焚之滋甚。"公从之。是岁也，饥而不害[③]。

①巫尪，女巫也，主祈祷请雨者。或以为尪非巫也，瘠病之人，其面上向，俗谓天哀其病，恐雨入其鼻，故为之旱，是以公欲焚之。【释文】尪，乌黄切。祷，丁老切，或丁报切。瘠，在亦切。向，本亦作"嚮"，许亮切。故为，于伪切。②穑，俭也。劝分，有无相济。【释文】贬，彼检切。省，所景切。③不伤害民。

秋，诸侯会宋公于盂。子鱼曰："祸其在此乎！君欲已甚，其何以堪之？"于是楚执宋公以伐宋。冬，会于薄以释之。子鱼曰："祸犹未也，未足以惩君[①]。"

①为二十二年战泓传。【释文】惩，直升切。泓。乌宏切。

任、宿、须句、颛臾，风姓也。实司大皞与有济之祀[①]，以服事诸夏[②]。邾人灭须句，须句子来奔，因成风也[③]。成风为之言于公曰："崇明祀，保小寡，周礼也[④]。蛮夷猾夏，周祸也[⑤]。若封须句，是崇皞、济而修祀纾祸也[⑥]。"

①司，主也。大皞，伏羲。四国，伏羲之后，故主其祀。任，今任城县也。颛臾在泰山南武阳县东北。须句在东平须昌县西北。四国封近于济，故世祀之。【释文】任，音壬，注同。颛，音专。臾，羊朱切。风姓也，本或作"皆风姓"。大，音泰。皞，胡老切。济，子礼切，注及下注同。羲，本或作"戏"，许宜切。近，附近之近。②与诸夏同服王事。【释文】夏，户雅切，注及下同。③须句，成风家。④明祀，太皞、有济之祀。保，安也。【释文】为，于伪切。⑤此邾灭须句，而曰蛮夷，昭二十三年叔孙豹曰"邾又夷也"，然则邾虽曹姓之国，迫近诸戎，杂用夷礼，故极言之。猾夏，乱诸夏。【释文】猾，于八切。豹，百教切。案，杜注所引是叔孙婼语，今传本多作"豹"，恐是传写误也，宜为"婼"。婼，音敕若切。⑥纾，解也。为明年伐邾传。【释文】纾，音舒。

僖公二十二年

【经】

二十有二年春，公伐邾，取须句[①]。

夏，宋公、卫侯、许男、滕子伐郑。

秋八月丁未，及邾人战于升陉[②]。

冬十有一月己巳朔，宋公及楚人战于泓，宋师败绩[③]。

①须句虽别国，而削弱不能自通，为鲁私属，若颛臾之比。鲁谓之社稷之臣，故灭、奔及反其君皆略不备书，唯书伐邾取须句。【释文】比，必二切。②升陉，鲁地。邾人县公胄于鱼门，故深耻之。不言公，又不言师败绩。【释文】陉，音刑。县，音玄。胄，直救切。③泓，水名。宋伐郑，楚救之，故战也。楚告命，不以主帅人数，故略称人。【释文】帅，所类切。

【传】

二十二年春，伐邾，取须句，反其君焉，礼也[①]。

①得恤寡小之礼。

三月，郑伯如楚。夏，宋公伐郑。子鱼曰："所谓祸在此矣[①]。"

①怒郑至楚，故伐之，为下泓战起。

初，平王之东迁也[①]，辛有适伊川，见被发而祭于野者[②]，曰："不及百年，此其戎乎！其礼先亡矣[③]。"

①周幽王为犬戎所灭，平王嗣位，故东迁洛邑。②辛有，周大夫。伊川，周地。伊，水也。【释文】被，皮寄切，下注同。③被发而祭，有象夷狄。

周幽王

秋，秦、晋迁陆浑之戎于伊川[①]。

①允姓之戎居陆浑，在秦、晋西北。二国诱而徙之伊川，遂从戎号，至今为陆浑县也。计此去辛有过百年，而云不及百年，传举其事验，不必其年信。【释文】浑，户门切，一音胡困切。

晋大子圉为质于秦，将逃归，谓嬴氏曰："与子归乎[①]？"对曰："子，晋大子，而辱于秦，子之欲归，不亦宜乎？寡君之使婢子侍执巾栉[②]，以固子也。从子而归，弃君命也。不敢从，亦不敢言。"遂逃归[③]。

①嬴氏，秦所妻子圉怀嬴也。【释文】质，音致。妻，七计切。②婢子，妇人之卑称也。

【释文】栉,侧乙切。称,尺证切,下"之称"同。③传终史苏之占。

富辰言于王曰:"请召大叔[①]。《诗》曰:'协比其邻,昏姻孔云[②]。'吾兄弟之不协,焉能怨诸侯之不睦?"王说。王子带自齐复归于京师,王召之也[③]。

①富辰,周大夫。大叔,王子带,十二年奔齐。【释文】大,音泰,注同。②《诗·小雅》,言王者为政,先和协近亲,则昏姻甚相归附也。邻,犹近也。孔,甚也。云,旋也。【释文】比,毗志切。③传终仲孙湫之言也,为二十四年天王出居于郑起。【释文】焉,於虔切。说,音悦。湫,子小切。

邾人以须句故出师。公卑邾,不设备而禦之[①]。臧文仲曰:"国无小,不可易也。无备,虽众不可恃也。《诗》曰:'战战兢兢,如临深渊,如履薄冰[②]。'又曰:'敬之敬之,天惟显思[③],命不易哉[④]!'先王之明德,犹无不难也,无不惧也,况我小国乎!君其无谓邾小,蠭虿有毒,而况国乎?"弗听。八月丁未,公及邾师战于升陉,我师败绩。邾人获公胄,县诸鱼门[⑤]。

①卑,小也。【释文】禦,本亦作"御",音鱼吕切。②《诗·小雅》,言常戒惧。【释文】易,以豉切,下同。兢,居陵切,本或作"矜"。③显,明也。思,犹辞也。④《周颂》,言有国宜敬戒,天明临下,奉承其命甚难。⑤胄,兜鍪。鱼门,邾城门。【释文】蠭,芳容切,本又作"螽",俗作"蜂",皆同。虿,敕迈切,一音敕戒切,《字林》作"蠆",丑介切,又他割切。升陉,本亦作"登陉"。县,音玄。兜,丁侯切。鍪,莫侯切。

楚人伐宋以救郑。宋公将战,大司马固谏曰:"天之弃商久矣,君将兴之,弗可赦也已[①]。"弗听。冬十一月己巳朔,宋公及楚人战于泓。宋人既成列,楚人未既济[②]。司马曰[③]:"彼众我寡,及其未既济也,请击之。"公曰:"不可。"既济而未成列,又以告。公曰:"未可。"既陈而后击之,宋师败绩。公伤股,门官歼焉[④]。

①大司马固,庄公之孙公孙固也。言君兴天所弃,必不可,不如赦楚,勿与战。②未尽渡泓水。③子鱼也。④门官,守门者,师行则在君左右。歼,尽也。【释文】陈,直觐切。歼,将廉切。

国人皆咎公。公曰:"君子不重伤,不禽二毛[①]。古之为军也,不以阻隘也[②]。寡人虽亡国之余[③],不鼓不成列[④]。"子鱼曰:"君未知战。勍敌之人隘而不列,天赞我也[⑤]。阻而鼓之,不亦可乎?犹有惧焉[⑥]。且今之勍者,皆吾敌也。虽及胡耇,获则取之,何有于二毛[⑦]?明耻教战,求杀敌也[⑧]。伤未及死,如何勿重[⑨]?若爱重伤,则如勿伤;爱其二毛,则如服焉[⑩]。三军以利用也[⑪],金鼓以声气也[⑫]。利而用之,阻隘可也;声盛致志,鼓儳可也[13]。”

①二毛，头白有二色。【释文】咎，其久切。重，直用切，下同。②不因阻隘以求胜。【释文】隘，於卖切。③宋，商纣之后。④耻以诈胜。⑤勍，强也。言楚在险隘不得陈列，天所以佐宋。【释文】勍，其京切。⑥虽因阻击之，犹恐不胜。⑦今之勍者，谓与吾竞者。胡耇，元老之称。【释文】耇，音苟。⑧明设刑戮，以耻不果。⑨言尚能害己。⑩言苟不欲伤杀敌人，则本可不须斗。⑪为利兴。【释文】为，于伪切。⑫鼓以佐士众之声气。⑬儳，岩，未整陈。【释文】儳，仕衔、仕减二切。陈，直觐切，又如字。

丙子晨，郑文夫人芈氏、姜氏劳楚子于柯泽[1]。楚子使师缙示之俘馘[2]。君子曰：“非礼也。妇人送迎不出门，见兄弟不逾阈[3]，戎事不迩女器[4]。”

①楚子还，过郑。郑文公夫人芈氏，楚女。姜氏，齐女也。柯泽，郑地。【释文】芈，弥尔切，楚姓也。劳，力报切。柯，音哥。②师缙，楚乐师也。俘，所得囚。馘，所截耳。【释文】缙，音晋。俘，芳扶切。馘，古获切。③阈，门限。【释文】阈，音域，一音况域切。④迩，近也。器，物也。言俘馘非近妇人之物。【释文】近，如字，又附近之近，下同。

丁丑，楚子入享于郑[1]，九献[2]，庭实旅百[3]，加笾豆六品[4]。享毕，夜出，文芈送于军，取郑二姬以归[5]。叔詹曰：“楚王其不没乎[6]！为礼卒于无别，无别不可谓礼，将何以没？”诸侯是以知其不遂霸也[7]。

①为郑所飨。【释文】为，于伪切。②用上公之礼，九献酒而礼毕。③庭中所陈品数百也。④食物六品加于笾豆。笾豆，礼食器。⑤二姬，文芈女也。⑥不以寿终。【释文】詹，章廉切。没，门忽切。⑦言楚子所以师败城濮，终为商臣所弑。【释文】卒，子恤切。别，彼列切，下同。濮，音卜。弑，音试。

僖公二十三年

【经】

二十有三年春，齐侯伐宋，围缗[1]。

夏五月庚寅，宋公兹父卒[2]。

秋，楚人伐陈。

冬十有一月，杞子卒[3]。

①缗，宋邑，高平昌邑县东南有东缗城。【释文】缗，亡巾切。②三同盟。③传例曰：不书名，未同盟也。杞入春秋称侯，庄二十七年绌称伯，至此用夷礼，贬称子。【释文】绌，本又作"黜"，敕律切。

【传】

二十三年春，齐侯伐宋，围缗，以讨其不与盟于齐也①。

①十九年盟于齐，以无忘桓公之德，而宋独不会，复召齐人共盟鹿上，故今讨之。【释文】与，音预。复，扶又切，下"不复成嫁"同。

夏五月，宋襄公卒，伤于泓故也①。

①终子鱼之言，得死为幸。

秋，楚成得臣帅师伐陈，讨其贰于宋也①。遂取焦、夷，城顿而还②。子文以为之功，使为令尹。叔伯曰："子若国何③？"对曰："吾以靖国也。夫有大功而无贵仕④，其人能靖者与有几⑤？"

①成得臣，子玉也。②焦，今谯县也。夷，一名城父，今谯郡城父县。二地皆陈邑。顿国，今汝阴南顿县。【释文】焦，子消切。③叔伯，楚大夫薳吕臣也。以为子玉不任令尹。【释文】薳，为彼切。任，音壬。④贵仕，贵位。【释文】靖，音静。⑤言必矜功为乱，不可不赏。【释文】其人能靖者与，绝句。与，音余。几，居岂切。

九月，晋惠公卒①。怀公命无从亡人②。期，期而不至，无赦。狐突之子毛及偃从重耳在秦，弗召③。冬，怀公执狐突曰："子来则免④。"对曰："子之能仕，父教之忠，古之制也。策名委质，贰乃辟也⑤。今臣之子，名在重耳，有年数矣。若又召之，教之贰也。父教子贰，何以事君？刑之不滥，君之明也，臣之愿也。淫刑以逞，谁则无罪？臣闻命矣。"乃杀之。卜偃称疾不出，曰："《周书》有之：'乃大明服⑥。'己则不明而杀人以逞，不亦难乎？民不见德而唯戮是闻，其何后之有⑦？"

①经在明年，从赴。②怀公，子圉。亡人，重耳。【释文】重，直龙切。③偃，子犯也。【释文】期期，上如字；下音基，一本亦作"朞"，下注"未期"，亦音基。从，才用切，后皆同。④未期而执突，以不召子故。⑤名书于所臣之策，屈膝而君事之，则不可以贰。辟，罪也。【释文】质，如字。辟，婢亦切，注同。膝，辛七切。⑥《周书·康诰》，言君能大明则民服。【释文】滥，力暂切。⑦言怀公必无后于晋。为二十四年杀怀公张本。【释文】逞，本亦作"呈"，敕景切。

十一月，杞成公卒。书曰“子”，杞，夷也[①]。不书名，未同盟也。凡诸侯同盟，死则赴以名，礼也[②]。赴以名，则亦书之[③]，不然则否[④]，辟不敏也[⑤]。

①成公始行夷礼以终其身，故于卒贬之。杞实称伯，仲尼以文贬称子，故传言“书曰子”以明之。②隐七年已见，今重发不书名者，疑降爵故也。此凡又为国史承告而书例。【释文】见，贤遍切。重，直用切，下“重详”同。③谓未同盟。④谓同盟而不以名告。⑤敏，犹审也。同盟然后告名，赴者之礼也。承赴然后书策，史官之制也。内外之宜不同，故传重详其义。

晋公子重耳之及于难也，晋人伐诸蒲城[①]。蒲城人欲战，重耳不可，曰：“保君父之命而享其生禄[②]，于是乎得人[③]。有人而校，罪莫大焉[④]。吾其奔也。”遂奔狄，从者狐偃、赵衰[⑤]、颠颉、魏武子[⑥]、司空季子[⑦]。狄人伐廧咎如[⑧]，获其二女：叔隗、季隗，纳诸公子。公子取季隗，生伯儵、叔刘；以叔隗妻赵衰，生盾[⑨]。将适齐，谓季隗曰：“待我二十五年，不来而后嫁。”对曰：“我二十五年矣，又如是而嫁，则就木焉[⑩]，请待子。”处狄十二年而行[⑪]。

①事在五年。【释文】难，乃旦切。②享，受也。保，犹恃也。③以禄致众。④校，报也。【释文】校，音教。⑤衰，赵夙弟。【释文】衰，初危切。⑥武子，魏犨。【释文】颉，户结切。犨，尺由切。⑦胥臣，臼季也。时狐毛、贾佗皆从，而独举此五人，贤而有大功。【释文】臼，其久切。佗，徒何切。⑧廧咎如，赤狄之别种也，隗姓。【释文】廧，在良切。咎，古刀切。隗，五罪切，下文皆同。⑨盾，赵宣子。【释文】儵，直由切，本又作“儵”，音同。妻，七计切，下同。盾，徒本切。⑩言将死入木，不复成嫁。⑪以五年奔狄，至十六年而去。【释文】请待子，绝句。

过卫，卫文公不礼焉。出于五鹿[①]，乞食于野人，野人与之块，公子怒，欲鞭之。子犯曰：“天赐也[②]。”稽首，受而载之。

①五鹿，卫地，今卫县西北有地名五鹿，阳平元城县东亦有五鹿。②得土，有国之祥，故以为天赐。【释文】块，苦对切，又苦怪切。

及齐，齐桓公妻之，有马二十乘[①]，公子安之。从者以为不可，将行，谋于桑下[②]。蚕妾在其上，以告姜氏。姜氏杀之[③]，而谓公子曰：“子有四方之志，其闻之者吾杀之矣。”公子曰：“无之。”姜曰：“行也。怀与安，实败名。”公子不可。姜与子犯谋，醉而遣之。醒，以戈逐子犯[④]。

①四马为乘，八十匹也。【释文】乘，绳证切，注及下皆同。②齐桓既卒，知孝公不可恃故。③姜氏，重耳妻，恐孝公怒其去，故杀妾以灭口。④无去志，故怒。【释文】败，必迈

切。醒,星顶切。

及曹,曹共公闻其骈胁,欲观其裸。浴,薄而观之[①]。僖负羁之妻曰:"吾观晋公子之从者,皆足以相国。若以相[②],夫子必反其国。反其国,必得志于诸侯。得志于诸侯而诛无礼,曹其首也。子盍蚤自贰焉[③]?"乃馈盘飧,寘璧焉[④]。公子受飧反璧。

①薄,迫也。骈胁,合干。【释文】共,音恭。闻其胼胁,绝句。骈,薄贤切。胁,许业切。《说文》:骈胁,并也。《广雅》云:胁干谓之胁。《通俗》云:腋下谓之胁。欲观,如字,绝句,一读至"裸"字绝句。裸,力果切,又户化切。浴,音欲。薄,如字,《国语》云:薄,帘也。干,古旦切。②若遂以为傅相。【释文】羁,纪宜切。相,息亮切。③自贰,自别异于曹。【释文】盍,户腊切。蚤,音早。别,彼列切。④臣无竞外之交,故用盘藏璧飧中,不欲令人见。【释文】馈,其贵切,遗也。飧,音孙,《说文》云:餔也。《字林》云:水浇饭也。寘,之豉切。竟,音境。令,力呈切。

及宋,宋襄公赠之以马二十乘[①]。

及郑,郑文公亦不礼焉。叔詹谏曰:"臣闻天之所启,人弗及也[②]。晋公子有三焉,天其或者将建诸!君其礼焉。男女同姓,其生不蕃[③],晋公子,姬出也,而至于今,一也[④]。离外之患[⑤],而天不靖晋国,殆将启之,二也。有三士足以上人而从之,三也[⑥]。晋、郑同侪[⑦],其过子弟,固将礼焉,况天之所启乎?"弗听。

①赠,送也。②启,开也。③蕃,息也。【释文】蕃,音烦,注同。④犬戎狐姬之子,故曰姬出。⑤出奔在外。⑥《国语》:狐偃、赵衰、贾佗三人皆卿才。【释文】从,如字,一音才用切。⑦侪,等也。【释文】侪,仕皆切。

及楚,楚子飨之,曰:"公子若反晋国,则何以报不穀?"对曰:"子女玉帛,则君有之;羽毛齿革,则君地生焉。其波及晋国者,君之余也,其何以报君?"曰:"虽然,何以报我?"对曰:"若以君之灵,得反晋国,晋、楚治兵,遇于中原,其辟君三舍。若不获命[①],其左执鞭弭,右属櫜鞬,以与君周旋[②]。"子玉请杀之[③]。楚子曰:"晋公子广而俭[④],文而有礼。其从者肃而宽[⑤],忠而能力。晋侯无亲,外内恶之[⑥]。吾闻姬姓,唐叔之后,其后衰者也,其将由晋公子乎!天将兴之,谁能废之。违天必有大咎。"乃送诸秦。

①三退不得楚止命也。【释文】过,古禾切。②弭,弓末无缘者。櫜以受箭,鞬以受弓。属,著也。周旋,相追逐也。【释文】弭,莫尔切。属,音烛,注同。櫜,古刀切。鞬,九言切。缘,悦绢切。③畏其志大。④志广而体俭。⑤肃,敬也。⑥晋侯,惠公也。【释文】恶,乌路切。

秦伯纳女五人,怀嬴与焉[①]。奉匜沃盥,既而挥之[②]。怒曰:“秦、晋匹也,何以卑我[③]!”公子惧,降服而囚[④]。他日,公享之。子犯曰:“吾不如衰之文也[⑤],请使衰从。”公子赋《河水》[⑥],公赋《六月》[⑦]。赵衰曰:“重耳拜赐。”公子降,拜,稽首,公降一级而辞焉[⑧]。衰曰:“君称所以佐天子者命重耳,重耳敢不拜[⑨]?”

①怀嬴,子圉妻。子圉谥怀公,故号为怀嬴。【释文】咎,其九切。与,音预。②匜,沃盥器也。挥,湔也。【释文】奉,芳勇切。匜,以支切,一音以纸切。《说文》云:似羹魁,柄中有道,可注水。盥,古缓切。挥,许韦切。湔,音荐,王音赞,一音箭,又音笺。③匹,敌也。④去上服,自拘囚以谢之。【释文】去,起吕切。拘,音俱。⑤有文辞也。【释文】衰,初危切,下同。⑥《河水》,逸《诗》,义取河水朝宗于海。海喻秦。⑦《六月》,《诗·小雅》,道尹吉甫佐宣王征伐,喻公子还晋必能匡王国。古者礼会,因古诗以见意,故言赋诗断章也。其全称诗篇者,多取首章之义。他皆放此。【释文】见,贤遍切。断,端缓切。⑧下阶一级,辞公子稽首。【释文】级,音急。⑨《诗》首章言匡王国,次章言佐天子,故赵衰因通言之,为明年秦伯纳之张本。

僖公二十四年

【经】

二十有四年春,王正月。

夏,狄伐郑。

秋七月。

冬,天王出居于郑[①]。

晋侯夷吾卒[②]。

①襄王也。天子以天下为家,故所在称居。天子无外而书出者,讥王蔽于匹夫之孝,不顾天下之重,因其辟母弟之难书出,言其自绝于周。【释文】蔽,必世切。难,乃旦切。②文公定位而后告,未同盟而赴以名。

【传】

二十四年春,王正月,秦伯纳之。不书,不告入也[①]。及河,子犯以璧授公子,曰:“臣负羁绁从君巡于天下[②]，臣之罪甚多矣。臣犹知之，而况君乎？请由此亡。"公子曰："所不与舅氏同心者，有如白水[③]。"投其璧于河[④]。济河，围令狐，入桑泉，取臼衰[⑤]。二月甲午，晋师军于庐柳[⑥]。秦伯使公子絷如晋师，师退，军于郇[⑦]。辛丑，狐偃及秦、晋之大夫盟于郇。壬寅，公子入于晋师。丙午，入于曲沃。丁未，朝于武宫[⑧]。戊申，使杀怀公于高梁。不书，亦不告也[⑨]。

①纳重耳也。②羁，马羁。绁，马缰。【释文】羁，纪宜切，《说文》云：马络头也。绁，息列切，《说文》云：系也。从，才用切，又如字。缰，居良切。③子犯，重耳舅也。言与舅氏同心之明，如此白水。犹《诗》言"谓予不信，有如皦日"。【释文】皦，古了切。④质信于河。【释文】质，音致。⑤桑泉在河东解县西，解县东南有臼城。【释文】令，力丁切。衰，初危切。解，户买切。⑥怀公遣军距重耳。【释文】庐，力居切。柳，力久切。⑦解县西北有郇城。【释文】絷，张立切。郇，音荀。⑧文公之祖武公庙。⑨怀公奔高梁。高梁在平阳杨县西南。再发不告者，言外诸侯入及见杀，亦皆须告乃书于策。

吕、郤畏偪[①]，将焚公宫而弑晋侯。寺人披请见，公使让之，且辞焉[②]，曰："蒲城之役[③]，君命一宿，女即至[④]。其后余从狄君以田渭滨[⑤]，女为惠公来求杀余，命女三宿，女中宿至。虽有君命，何其速也。夫袪犹在[⑥]，女其行乎！"对曰："臣谓君之入也，其知之矣[⑦]。若犹未也，又将及难。君命无二，古之制也。除君之恶，唯力是视。蒲人、狄人，余何有焉[⑧]？今君即位，其无蒲、狄乎？齐桓公置射钩而使管仲相[⑨]，君若易之，何辱命焉[⑩]？行者甚众，岂唯刑臣[⑪]。"公见之，以难告[⑫]。三月，晋侯潜会秦伯于王城。己丑晦，公宫火，瑕甥、郤芮不获公，乃如河上，秦伯诱而杀之。晋侯逆夫人嬴氏以归[⑬]。秦伯送卫于晋三千人，实纪纲之仆[⑭]。

①吕甥、郤芮，惠公旧臣，故畏为文公所偪害。【释文】偪，彼力切。为，于伪切。②辞不见。【释文】弑，音试，又作"杀"。寺，本又作"侍"。披，普皮切。见，贤遍切。③在五年。④即日至。【释文】女，音汝，下皆同。⑤田，猎。【释文】渭，音谓，水名。滨，音宾。⑥披所斩文公衣袂也。【释文】为，于伪切。中，丁仲切，下及注同。女中宿至，或无"至"字。袪，起鱼切。袂，灭制切。⑦知君人之道。⑧当二君(出)[世]，君为蒲、狄之人，于我有何义。【释文】难，乃旦切，下及注皆同。⑨乾时之(杀)[役]，管仲射桓公中带钩。【释文】射，食亦切，注同。相，息亮切。⑩言若反齐桓，己将自去，不须辱君命。⑪披，奄人，故称刑臣。【释文】甚众，一本"甚"作"其"。⑫告吕、郤欲焚公宫。⑬秦穆公女文嬴也。⑭新有吕、郤之难，国未辑睦，故以兵卫文公。诸门户仆隶之事皆秦卒共之，为之纪

纲。【释文】辑，音集，又七入切，本亦作“集”。卒，子忽切。共，音恭，本亦作“供”。

初，晋侯之竖头须，守藏者也[①]。其出也，窃藏以逃[②]，尽用以求纳之[③]。及入，求见，公辞焉以沐。谓仆人曰：“沐则心覆，心覆则图反，宜吾不得见也。居者为社稷之守，行者为羁绁之仆，其亦可也，何必罪居者？国君而仇匹夫，惧者甚众矣。”仆人以告，公遽见之[④]。

①头须，一曰里凫须。竖，左右小吏。【释文】竖，上注切。藏，才浪切，下同。凫，房孚切。《韩诗外传》云：晋文公亡，过曹，里凫须从，因盗重耳资而亡。重耳无粮，馁不能行，介子推割股以食重耳，然后能行。②文公出时。③求纳文公。④言弃小怨所以能安众。【释文】见，贤遍切，下“得见”同。覆，芳服切，下同。守，手又切，又如字。甚，或作“其”。

狄人归季隗于晋而请其二子[①]。文公妻赵衰，生原同、屏括、楼婴[②]。赵姬请逆盾与其母[③]，子余辞[④]。姬曰：“得宠而忘旧，何以使人？必逆之。”固请，许之。来，以盾为才，固请于公以为嫡子，而使其三子下之，以叔隗为内子而己下之[⑤]。

①二子：伯儵、叔刘。②原、屏、楼，三子之邑。【释文】妻，七计切。屏，步丁切。括，古活切。③赵姬，文公女也。盾，狄女叔隗之子。④子余，赵衰字。⑤卿之嫡妻为内子。皆非此年事，盖因狄人归季隗，遂终言叔隗。【释文】嫡，亦作“適”，丁历切。下，遐嫁切，下同。

晋侯赏从亡者，介之推不言禄，禄亦弗及[①]。推曰：“献公之子九人，唯君在矣。惠、怀无亲，外内弃之。天未绝晋，必将有主。主晋祀者，非君而谁？天实置之，而二三子以为己力，不亦诬乎？窃人之财，犹谓之盗，况贪天之功以为己功乎？下义其罪，上赏其奸，上下相蒙[②]，难与处矣！”其母曰：“盍亦求之，以死谁怼？”对曰：“尤而效之，罪又甚焉，且出怨言，不食其食[③]。”其母曰：“亦使知之若何[④]？”对曰：“言，身之文也。身将隐，焉用文之？是求显也。”其母曰：“能如是乎？与女偕隐[⑤]。”遂隐而死。晋侯求之，不获，以绵上为之田，曰：“以志吾过，且旌善人[⑥]。”

①介推，文公微臣。之，语助。【释文】从，才用切。②蒙，欺也。③怨言，谓上下相蒙，难与处。【释文】盍，户腊切。怼，直类切。④既不求之，且欲令推达言于文公。⑤偕，俱也。【释文】焉，於虔切。女，音汝。⑥旌，表也。西河界休县南有地名绵上。

郑之入滑也，滑人听命[①]。师还，又即卫。郑公子士泄、堵俞弥帅师伐滑[②]。王使伯服、游孙伯如郑请盟[③]。郑伯怨惠王之入而不与厉公爵也[④]，又怨襄王之与卫、滑也[⑤]，故不听王命而执二子。王怒，将以狄伐郑。富辰谏曰：“不可。臣闻之，大上以德抚民[⑥]，其次亲亲以相及也[⑦]。昔周公吊二叔之不咸，故封建亲戚以蕃屏周[⑧]。管蔡郕霍，鲁卫毛聃，郜雍曹滕，毕原酆郇，文之昭也[⑨]。邘晋应韩，武之穆也[⑩]。凡蒋邢茅胙祭，周公之胤也[⑪]。召穆公思周德之不类，故纠合宗族于成周而作诗[⑫]，曰：‘常棣之华，鄂不韡韡[⑬]，凡今之人，莫如兄弟[⑭]。’其四章曰：‘兄弟阋于墙，外御其侮[⑮]。’如是，则兄弟虽有小忿，不废懿亲[⑯]。今天子不忍小忿以弃郑亲，其若之何？庸勋亲亲，昵近尊贤，德之大者也[⑰]。即聋从昧，与顽用嚚，奸之大者也。弃德崇奸，祸之大者也[⑱]。郑有平、惠之勋[⑲]，又有厉、宣之亲[⑳]，弃嬖宠而用三良[㉑]，于诸姬为近[㉒]，四德具矣。耳不听五声之和为聋，目不别五色之章为昧，心不则德义之经为顽，口不道忠信之言为嚚，狄皆则之，四奸具矣。周之有懿德也，犹曰‘莫如兄弟’，故封建之[㉓]。其怀柔天下也，犹惧有外侮，扞御侮者莫如亲亲，故以亲屏周。召穆公亦云[㉔]。今周德既衰，于是乎又渝周、召以从诸奸，无乃不可乎[㉕]？民未忘祸，王又兴之[㉖]，其若文、武何[㉗]？”王弗听，使颓叔、桃子出狄师[㉘]。夏，狄伐郑，取栎。王德狄人，将以其女为后。富辰谏曰：“不可。臣闻之曰：‘报者倦矣，施者未厌[㉙]。’狄固贪惏，王又启之，女德无极，妇怨无终[㉚]，狄必为患。”王又弗听。

①入滑在二十年。②堵俞弥，郑大夫。③二子，周大夫。④事在庄二十一年。⑤怨王助卫为滑请。【释文】为，于伪切。⑥无亲疏也。【释文】听，吐定切。而执二子，本或作“而执其二子”，“其”衍字也。大，音泰。⑦先亲以及疏，推恩以成义。⑧吊，伤也。咸，同也。周公伤夏、殷之叔世，疏其亲戚，以至灭亡，故广封其兄弟。【释文】蕃，方元切。⑨十六国皆文王子也。管国在荥阳京县东北，雍国在河内山阳县西，毕国在长安县西北，酆国在始平（鄠）［鄠］县东。【释文】郕，音成。聃，乃甘切。雍，於用切，注同。酆，音丰。郇，音荀。⑩四国皆武王子。应国在襄阳城父县西南，韩国在河东郡界，河内野王县西北有邘城。【释文】邘，音于。⑪胤，嗣也。蒋在弋阳期思县，高平昌邑县西有茅乡，东郡燕县西南有胙亭。【释文】蒋，将丈切。茅，亡交切。胙，才故切，下注“祭胙”同。祭，侧界切。⑫类，善也。纠，收也。召穆公，周卿士，名虎。召，采地，扶风雍县东南有召亭。周厉王之时，周德衰微，兄弟道缺，召穆公于东都收会宗族，特作此周公之乐，歌《常棣》。《诗》属《小雅》。【释文】召，上照切，注同。纠，居黝切。棣，大计切，《字林》大内切。⑬常棣，棣也。鄂鄂然，华外发。不韡韡，言韡韡。以喻兄弟和睦，则强盛而有光辉韡韡然。【释文】鄂，五各切。不，方九切。韡，韦鬼切。⑭言致韡韡之盛，莫如亲兄弟。⑮阋，讼争貌。言内虽不和，犹宜外扞异族之侵侮。【释文】阋，呼历切，《毛诗》传云：很也。

御,鱼吕切,下同。侮,亡甫切,《诗》作“务”。争,争斗之争,本又作“诤”。扞,户旦切。⑯懿,美也。⑰庸,用也。昵,亲也。【释文】昵,女乙切。⑱崇,聚也。【释文】聋,鹿工切。昧,音妹。嚚,鱼巾切。⑲平王东迁,晋、郑是依。惠王出奔,虢、郑纳之。是其勋也。⑳郑始封之祖桓公友,周厉王之子,宣王之母弟。㉑七年杀嬖臣申侯,十六年杀宠子子华也。三良,叔詹、堵叔、师叔,所谓尊贤。【释文】堵,丁古切,又音者。㉒道近当昵之。㉓当周公时,故言周之有懿德。【释文】别,彼列切。㉔周公作诗,召公歌之,故言亦云。㉕变周、召亲兄弟之道。【释文】渝,羊朱切。㉖前有子颓之乱,中有叔带召狄,故曰民未忘祸。【释文】颓,徒回切。㉗言将废文、武之功业。㉘二子,周大夫。【释文】桃,如字,一本或作“姚”,亦宜音桃。㉙施,功劳也。有劳则望报过甚。【释文】栎,力狄切。施,如字.注同。厌,於艳切,又於盐切。㉚妇女之志,近之则不知止足,远之则忿怨无已。终,犹已也。【释文】惏,力南切,《方言》云:杀人而取其财曰惏。近,附近之近。远,于万切。

初,甘昭公有宠于惠后[①],惠后将立之,未及而卒。昭公奔齐[②],王复之[③],又通于隗氏[④]。王替隗氏[⑤]。颓叔、桃子曰:“我实使狄,狄其怨我。”遂奉大叔,以狄师攻王。王御士将御之[⑥],王曰:“先后其谓我何[⑦]?宁使诸侯图之。”王遂出。及坎欿,国人纳之[⑧]。秋,颓叔、桃子奉大叔,以狄师伐周,大败周师,获周公忌父、原伯、毛伯、富辰[⑨]。王出适郑,处于氾[⑩]。大叔以隗氏居于温。

①甘昭公,王子带也。食邑于甘。河南县西南有甘水。②奔齐在十二年。③在二十二年。④隗氏,王所立狄后。⑤替,废也。【释文】替,他计切。⑥《周礼》:王之御士十二人。⑦先后,惠后也。诛大叔,恐违先后志。⑧坎欿,周地,在河南巩县东。【释文】坎,苦感切。欿,大感切。巩,九勇切。⑨原、毛皆采邑。⑩郑南氾也,在襄城县南。【释文】氾,音凡,后皆同。

郑子华之弟子臧出奔宋[①],好聚鹬冠[②]。郑伯闻而恶之[③],使盗诱之。八月,盗杀之于陈、宋之间。君子曰:“服之不衷,身之灾也[④]。《诗》曰:‘彼己之子,不称其服[⑤]。’子臧之服,不称也夫。《诗》曰‘自诒伊戚’,其子臧之谓矣[⑥]。《夏书》曰‘地平天成’,称也[⑦]。”

①十六年杀子华故。②鹬,鸟名。聚鹬羽以为冠,非法之服。【释文】好,呼报切。鹬,尹桔切。③恶其服非法。【释文】恶,乌路切。④衷,犹适也。【释文】衷,音忠,一音丁仲切,注同。⑤《诗·曹风》,刺小人在位,言彼人之德不称其服。【释文】己,音记。称,尺证切,注及下同。刺,七赐切。⑥《诗·小雅》。诒,遗也。戚,忧也。取其自遗忧。【释文】之服,一本作“之及”。夫,音扶。诒,以支切。遗,唯季切,下同。⑦《夏书》,逸

《书》。地平其化,天成其施,上下相称为宜。【释文】夏,户雅切,后《夏书》皆仿此。施,始豉切。

宋及楚平。宋成公如楚,还,入于郑。郑伯将享之,问礼于皇武子[①]。对曰:"宋,先代之后也,于周为客,天子有事膰焉[②],有丧拜焉[③],丰厚可也。"郑伯从之,享宋公有加,礼也[④]。

①皇武子,郑卿。②有事,祭宗庙也。膰,祭肉。尊之,故赐以祭胙。【释文】膰,符袁切,《周礼》又作"鐇"字,音、义皆同。③宋吊周丧,王特拜谢之。④礼物事事加厚,善郑能尊先代。【释文】享宋公有加,绝句。礼也,一本无"也"字,读总为一句。

冬,王使来告难曰:"不穀不德,得罪于母弟之宠子带,鄙在郑地氾[①],敢告叔父[②]。"臧文仲对曰:"天子蒙尘于外,敢不奔问官守[③]?"王使简师父告于晋,使左鄢父告于秦[④]。天子无出,书曰"天王出居于郑",辟母弟之难也[⑤]。天子凶服降名,礼也[⑥]。郑伯与孔将鉏、石甲父、侯宣多省视官具于氾[⑦],而后听其私政,礼也[⑧]。

①鄙,野也。【释文】难,乃旦切,下同。②天子谓同姓诸侯曰叔父。③官守,王之群臣。【释文】守,手又切,注及下同。④二子,周大夫。【释文】鄢,於晚切。⑤叔带,襄王同母弟。⑥凶服,素服。降名,称不穀。⑦三子,郑大夫。省官司,具器用。【释文】鉏,仕居切。⑧得先君后己之礼。【释文】听,吐定切。

卫人将伐邢,礼至曰:"不得其守,国不可得也[①]。我请昆弟仕焉。"乃往,得仕[②]。

①礼至,卫大夫。守,谓邢正卿国子。②为明年灭邢传。

僖公二十五年

【经】

二十有五年春,卫侯燬灭邢[①]。

夏四月癸酉,卫侯燬卒[②]。

宋荡伯姬来逆妇[③]。

宋杀其大夫[④]。

秋,楚人围陈,纳顿子于顿[⑤]。

葬卫文公[⑥]。

冬十有二月癸亥，公会卫子、莒庆，盟于洮⑦。

①卫、邢同姬姓，恶其亲亲相灭，故称名罪之。【释文】燬，况委切。恶，乌路切。②无传。五同盟。③无传。伯姬，鲁女，为宋大夫荡氏妻也。自为其子来逆。称妇，姑存之辞。妇人越竟迎妇，非礼，故书。【释文】为，于伪切。竟，音境。④无传。其事则未闻。于例为大夫无罪，故不称名。⑤顿迫于陈而出奔楚，故楚围陈以纳顿子。不言遂，明一事也。子玉称人，从告。顿子不言归，兴师见纳故。⑥无传。⑦洮，鲁地。卫文公既葬，成公不称爵者，述父之志，降名从未成君，故书子以善之。莒庆不称氏，未赐族。【释文】洮，吐刀切。

【传】

二十五年春，卫人伐邢，二礼从国子巡城，掖以赴外，杀之。正月丙午，卫侯燬灭邢，同姓也，故名。礼至为铭曰："余掖杀国子，莫余敢止①。"

①恶其不知耻，诈以灭同姓，而反铭功于器。【释文】掖，音亦，《说文》：以手持人臂曰掖。恶，乌路切。

秦伯师于河上，将纳王。狐偃言于晋侯曰："求诸侯，莫如勤王①。诸侯信之，且大义也。继文之业而信宣于诸侯，今为可矣②。"使卜偃卜之，曰："吉。遇黄帝战于阪泉之兆③。"公曰："吾不堪也④。"对曰："周礼未改。今之王，古之帝也⑤。"公曰："筮之。"筮之，遇《大有》䷍⑥之《睽》䷥⑦，曰："吉。遇'公用享于天子'之卦⑧。战克而王享，吉孰大焉⑨。且是卦也⑩，天为泽以当日，天子降心以逆公，不亦可乎⑪？《大有》去《睽》而复，亦其所也⑫。"晋侯辞秦师而下⑬。三月甲辰，次于阳樊。右师围温⑭，左师逆王。夏四月丁巳，王入于王城，取大叔于温，杀之于隰城。

①勤，纳王也。②晋文侯仇为平王侯伯，匡辅周室。【释文】仇，音求。③黄帝与神农之后姜氏战于阪泉之野，胜之。今得其兆，故以为吉。④文公自以为己当此兆，故曰不堪。⑤言周德虽衰，其命未改，今之周王自当帝兆，不谓晋。⑥《乾》下《离》上，《大有》。⑦《兑》下《离》上，《睽》。《大有》九三变而为《睽》。⑧《大有》九三爻辞也。三为三公而得位，变而为《兑》，《兑》为说，得位而说，故能为王所宴飨。⑨言卜筮协吉。⑩方更总言二卦之义，不系于一爻。⑪《乾》为天，《兑》为泽，《乾》变为《兑》而上当《离》，《离》为日。日之在天，垂曜在泽，天子在上，说心在下，是降心逆公之象。⑫言去《睽》卦还论《大有》，亦有天子降心之象。《乾》尊《离》卑，降尊下卑，亦其义也。【释文】下，遐嫁切。⑬

辞让秦师使还。顺流故曰下。⑭大叔在温故。

戊午，晋侯朝王，王享醴，命之宥[①]。请隧，弗许[②]，曰："王章也[③]。未有代德而有二王，亦叔父之所恶也。"与之阳樊、温、原、欑茅之田。晋于是始启南阳[④]。

阳樊不服，围之。苍葛呼曰[⑤]："德以柔中国，刑以威四夷，宜吾不敢服也。此谁非王之亲姻，其俘之也！"乃出其民[⑥]。

①既行享礼而设醴酒，又加之以币帛，以助欢也。宥，助也。【释文】隰，音习。醴，音礼。宥，音又。②阙地通路曰隧，王之葬礼也。诸侯皆县柩而下。【释文】隧，音遂，今之延道。阙，其月切。县，音玄。柩，其又切。③章，显王者与诸侯异。④在晋山南河北，故曰南阳。【释文】恶，乌路切。欑，才官切。⑤苍葛，阳樊人。【释文】呼，唤故切。⑥取其土而已。【释文】俘，芳扶切。

秋，秦、晋伐鄀[①]。楚鬥克、屈禦寇以申、息之师戍商密[②]。泰人过析隈，入而系舆人以围商密，昏而傅焉[③]。宵，坎血加书，伪与子仪、子边盟者[④]。商密人惧曰："秦取析矣，戍人反矣。"乃降秦师。秦师囚申公子仪、息公子边以归[⑤]。楚令尹子玉追秦师，弗及[⑥]，遂围陈，纳顿子于顿[⑦]。

①鄀本在商密，秦、楚界上小国，其后迁于南郡鄀县。【释文】鄀，音若，《字林》云：楚邑，楮斫切。②鬥克，申公子仪。屈禦寇，息公子边。商密，鄀别邑，今南乡丹水县。戍，守也。二子屯兵于析，以为商密援。【释文】禦，鱼吕切。屯，徒门切。援，于眷切。③析，楚邑，一名白羽，今南乡析县。隈，隐蔽之处。系缚舆人，诈为克析得其囚俘者。昏而傅城，不欲令商密知囚非析人。【释文】过，古卧切，王音戈。析，星历切，俗作"枿"。隈，乌回切。系，音计。舆，音余。傅，音附，注同。处，昌虑切。令，力呈切。④掘地为坎，以埋盟之余血，加盟书其上。【释文】掘，其勿切，又其月切；本又作"阙"，其月切。⑤商密既降，析戍亦败，故得囚二子。【释文】降，户江切，后除注"降名"皆同。⑥不复言晋者，秦为兵主。【释文】复，扶又切。⑦为顿围陈。【释文】为，于伪切。

冬，晋侯围原，命三日之粮。原不降，命去之。谍出[①]，曰："原将降矣。"军吏曰："请待之。"公曰："信，国之宝也，民之所庇也。得原失信，何以庇之？所亡滋多。"退一舍而原降。迁原伯贯于冀[②]。赵衰为原大夫，狐溱为温大夫[③]。

①谍，间也。【释文】谍，音牒。间，间厕之间。②伯贯，周守原大夫也。【释文】庇，必利切，又音秘。贯，古乱切。③狐溱，狐毛之子。【释文】溱，侧巾切。

卫人平莒于我。十二月，盟于洮，修卫文公之好，且及莒平也[①]。

①莒以元年郦之役怨鲁，卫文公将平之，未及而卒，成公追成父志，降名以行事，故曰修文公之好。【释文】好，呼报切，注同。郦，力知切。

晋侯问原守于寺人勃鞮[①]。对曰："昔赵衰以壶飧从，径，馁而弗食[②]。"故使处原[③]。

①勃鞮，披也。【释文】守，手又切。勃，步忽切。鞮，丁兮切。②言其廉且仁不忘君也。径，犹行也。【释文】飧，音孙。从，才用切，旧如字。径，古定切。一读"以壶飧从"绝句，读"径"为"经"，连下句，乖于杜义。馁，奴罪切，饿也。③从披言也。衰虽有大功，犹简小善以进之，示不遗劳。【释文】披，普皮切。

僖公二十六年

【经】

二十有六年春，王正月己未，公会莒子、卫宁速，盟于向[①]。

齐人侵我西鄙。公追齐师至酅，弗及[②]。

夏，齐人伐我北鄙[③]。

卫人伐齐。

公子遂如楚乞师[④]。

秋，楚人灭夔，以夔子归[⑤]。

冬，楚人伐宋，围缗。公以楚师伐齐，取穀[⑥]。公至自伐齐[⑦]。

①向，莒地。宁速，卫大夫庄子也。【释文】向，舒亮切。②公逐齐师，远至齐地，故书之。济北穀城县西有地名酅下。【释文】酅，本又作"巂"，户圭切，注同，一音似转切。③孝公未入鲁竟，先使微者伐之。【释文】竟，音境，传同。④公子遂，鲁卿也。乞，不保得之辞。⑤夔，楚同姓国，今建平秭归县。夔有不祀之罪，故不讥楚灭同姓。【释文】夔，求龟切。秭，音姊。⑥传例曰：师能左右之曰以。【释文】缗，亡巾切。⑦无传。

【传】

二十六年春，王正月，公会莒兹丕公[①]、宁庄子，盟于向，寻洮之盟也[②]。齐师侵我西鄙，讨是二盟也。夏，齐孝公伐我北鄙。卫人伐齐，洮之盟故也。公使展喜犒师[③]，使受命于展禽[④]。

①兹丕,时君之号。莒,夷,无谥,以号为称。【释文】丕,普悲切。称,尺证切。②洮盟在前年。③劳齐师。【释文】犒,苦报切。劳,力报切,下文同。④柳下惠。

齐侯未入竟,展喜从之,曰:"寡君闻君亲举玉趾,将辱于敝邑,使下臣犒执事[①]。"齐侯曰:"鲁人恐乎?"对曰:"小人恐矣,君子则否。"齐侯曰:"室如县罄,野无青草,何恃而不恐[②]?"对曰:"恃先王之命。昔周公、大公股肱周室,夹辅成王。成王劳之而赐之盟,曰:'世世子孙,无相害也。'载在盟府[③],大师职之[④]。桓公是以纠合诸侯而谋其不协,弥缝其阙而匡救其灾,昭旧职也。及君即位,诸侯之望曰:'其率桓之功[⑤]。'我敝邑用不敢保聚[⑥],曰:'岂其嗣世九年而弃命废职,其若先君何?君必不然。'恃此以不恐。"齐侯乃还。

①言执事,不敢斥尊。【释文】趾,音止,足也。②如,而也。时夏四月,今之二月,野物未成,故言居室而资粮县尽,在野则无蔬食之物,所以当恐。【释文】恐,曲勇切,下及注皆同。县,音玄,注同。罄,亦作"磬"。③载,载书也。【释文】大,音泰,下及注同。夹,古洽切,旧音古协切。④职,主也。大公为大师,兼主司盟之官。⑤率,循也。【释文】缝,扶容切。⑥用此旧盟,故不聚众保守。

东门襄仲、臧文仲如楚乞师[①],臧孙见子玉而道之伐齐、宋,以其不臣也[②]。

①襄仲居东门,故以为氏。臧文仲为襄仲副使,故不书。【释文】使,所吏切。②言其不臣事周室,可以此罪责而伐之。【释文】道,音导。

夔子不祀祝融与鬻熊[①],楚人让之,对曰:"我先王熊挚有疾,鬼神弗赦而自窜于夔[②]。吾是以失楚,又何祀焉[③]?"秋,楚成得臣、鬥宜申帅师灭夔,以夔子归[④]。

①祝融,高辛氏之火正,楚之远祖也。鬻熊,祝融之十二世孙。夔,楚之别封,故亦世绍其祀。【释文】融,余忠切。鬻,音育。②熊挚,楚嫡子,有疾不得嗣位,故别封为夔子。【释文】挚,音至。窜,七乱切,《字林》又千外切。嫡,丁历切。③废其常祀而饰辞文过。④成得臣,令尹子玉也。鬥宜申,司马子西也。

宋以其善于晋侯也鬥[①],叛楚即晋。冬,楚令尹子玉、司马子西帅师伐宋,围缗。

①重耳之出也,宋襄公赠马二十乘。【释文】乘,绳证切。

公以楚师伐齐,取穀。凡师能左右之曰"以"[①]。寘桓公子雍于穀,易牙奉之以为鲁援[②]。楚申公叔侯戍之[③]。桓公之子七人,为七大夫于楚[④]。

①左右,谓进退在己。【释文】左、右,并如字。②雍本与孝公争立,故使居穀以偪齐。【释文】寘,之豉切。援,于眷切。③为二十八年楚子使申叔去穀张本。④言孝公不能抚公族。

僖公二十七年

【经】

二十有七年春，杞子来朝。

夏六月庚寅，齐侯昭卒[1]。

秋八月乙未，葬齐孝公[2]。

乙巳，公子遂帅师入杞[3]。

冬，楚人、陈侯、蔡侯、郑伯、许男围宋[4]。

十有二甲戌，公会诸侯，盟于宋[3]。

①十九年与鲁大夫盟于齐。②无传。三月而葬，速。③弗地曰入。八月无乙巳；乙巳，九月六日。④传言楚子使子玉去宋。经书人者，耻不得志，以微者告，犹序诸侯之上，楚主兵故。⑤无传。诸侯伐宋，公与楚有好而往会之，非后期。宋方见围，无嫌于与盟，故直以宋地。【释文】好，呼报切。与，音预。

【传】

二十七年春，杞桓公来朝，用夷礼，故曰子[1]。公卑杞，杞不共也[2]。

①杞，先代之后，而迫于东夷，风俗杂坏，言语衣服有时而夷，故杞子卒，传言其夷也。今称朝者，始于朝礼，终而不全，异于介葛卢，故唯贬其爵。②杞用夷礼，故贱之。【释文】共，音恭，本亦作“恭”，下注同。

夏，齐孝公卒。有齐怨[1]，不废丧纪，礼也[2]。

①前年齐再伐鲁。②吊赠之数不有废。

秋，入杞，责礼也[1]。

①责不共也。【释文】责礼，本或作“责无礼者”，非。

楚子将围宋，使子文治兵于睽[1]，终朝而毕，不戮一人[2]。子玉复治兵于蒍[3]，终日而毕，鞭七人，贯三人耳。国老皆贺子文，子文饮之酒[4]。蒍贾尚幼，后至，不贺[5]。子文问之，对曰：“不知所贺。子之传政于子玉，曰：‘以靖国也。’靖诸内而败诸外，所获几何？子玉之败，子之举也。举以败国，将何贺焉？子玉刚而无礼，不可以治民。过三百乘，其不能以入矣。苟入而贺,何后之有[6]?"

①子文时不为令尹,故云使治兵,习号令也。睽,楚邑。【释文】睽,苦圭切,又音圭。②终朝,自旦及食时也。子文欲委重于子玉,故略其事。【释文】朝,如字,注同。戮,音六。③子玉为令尹故。蒍,楚邑。【释文】复,扶又切。蒍,于委切。④贺子玉堪其事。【释文】贯,音官,又古乱切。饮,於鸩切。⑤蒍贾,伯嬴,孙叔敖之父。幼,少也。【释文】嬴,音盈。少,诗照切,下同。⑥三百乘,二万二千五百人。【释文】传,音直专切。几,居岂切。乘,绳证切,下同。

冬,楚子及诸侯围宋,宋公孙固如晋告急[1]。先轸曰:"报施救患,取威定霸,于是乎在矣[2]。"狐偃曰:"楚始得曹而新昏于卫,若伐曹、卫,楚必救之,则齐、宋免矣[3]。"于是乎蒐于被庐[4],作三军[5],谋元帅[6]。赵衰曰:"郤縠可。臣亟闻其言矣。说礼乐而敦诗书。诗书,义之府也。礼乐,德之则也。德义,利之本也。《夏书》曰:'赋纳以言,明试以功,车服以庸[7]。'君其试之。"乃使郤縠将中军,郤溱佐之。使狐偃将上军,让于狐毛而佐之[8]。命赵衰为卿,让于栾枝、先轸[9]。使栾枝将下军,先轸佐之。荀林父御戎,魏犨为右[10]。

①公孙固,宋庄公孙。②先轸,晋下军之佐原轸也。报宋赠马之施。【释文】轸,之忍切。施,式氏切,注同。③前年楚使申叔侯戍穀以偪齐。④晋常以春蒐礼,改政令,敬其始也。被庐,晋地。【释文】蒐,所求切。被,皮义切。庐,力居切。⑤闵元年,晋献公作二军,今复大国之礼。⑥中军帅。【释文】帅,所类切,注同。⑦《尚书》,虞、夏书也。赋纳以言,观其志也;明试以功,考其事也;车服以庸,报其劳也。赋,犹取也。庸,功也。【释文】縠,本又作"縠",同,胡木切。亟,欺冀切,数也。说,音悦。⑧狐毛,偃之兄。【释文】将,子匠切,下"将上""将下"皆同。溱,侧巾切。⑨栾枝,贞子也,栾宾之孙。【释文】栾,鲁官切。⑩荀林父,中行桓子。【释文】行,户刚切。

晋侯始入而教其民,二年,欲用之[1]。子犯曰:"民未知义,未安其居[2]。"于是乎出定襄王[3],入务利民,民怀生矣。将用之。子犯曰:"民未知信,未宣其用[4]。"于是乎伐原以示之信[5]。民易资者不求丰焉[6],明征其辞[7]。公曰:"可矣乎?"子犯曰:"民未知礼,未生其共。"于是乎大蒐以示之礼[8],作执秩以正其官[9],民听不惑而后用之。出穀戍,释宋围[10],一战而霸,文之教也[11]。

①二十四年人。②无义则苟生。③二十五年定襄王,以示事君之义。④宣,明也。未明于见用之信。⑤伐原在二十五年。⑥不诈以求多。⑦重言信。⑧蒐,顺少长,明贵贱。【释文】长,丁丈切。⑨执秩,主爵秩之官。【释文】秩,直乙切。⑩楚子使申叔去穀,

子玉去宋。⑪谓明年战城濮。

僖公二十八年

【经】

二十有八年春，晋侯侵曹。晋侯伐卫[①]。

公子买戍卫，不卒戍，刺之[②]。

楚人救卫。

三月丙午，晋侯入曹，执曹伯，畀宋人[③]。

夏四月己巳，晋侯、齐师、宋师、秦师及楚人战于城濮，楚师败绩[④]。

楚杀其大夫得臣[⑤]。

卫侯出奔楚。

五月癸丑，公会晋侯、齐侯、宋公、蔡侯、郑伯、卫子、莒子，盟于践土[⑥]。陈侯如会[⑦]。

公朝于王所[⑧]。

六月，卫侯郑自楚复归于卫[⑨]。

卫元咺出奔晋[⑩]。

陈侯款卒[⑪]。

秋，杞伯姬来[⑫]。

公子遂如齐[⑬]。

冬，公会晋侯、齐侯、宋公、蔡侯、郑伯、陈子、莒子、邾子、秦人于温[⑭]。

天王狩于河阳[⑮]。壬申，公朝于王所[⑯]。

晋人执卫侯，归之于京师[⑰]。

卫元咺自晋复归于卫[⑱]。

诸侯遂围许[⑲]。

曹伯襄复归于曹[⑳]，遂会诸侯围许[㉑]。

①再举晋侯者，曹、卫两来告。②公子买，鲁大夫子丛也。内杀大夫皆书刺，言用《周礼》三刺之法，示不枉滥也。公实畏晋，杀子丛而诬丛以废戍之罪，恐不为远近所信，故显书其罪。【释文】刺，七赐切。丛，似东切。枉，纡往切。③畀，与也。执诸侯当以归京师，

晋欲怒楚使战，故以与宋，所谓“谲而不正”。【释文】畀，必利切，注同。谲，古穴切。④宋公、齐国归父、秦小子慭既次城濮，以师属晋，不与战也。子玉及陈、蔡之师不书，楚人耻败，告文略也。大崩曰败绩。【释文】濮，音卜。慭，鱼觐切。与，音预。⑤子玉违其君命以取败，称名以杀，罪之。⑥践土，郑地。王子虎临盟不同歃，故不书。卫侯出奔，其弟叔武摄位受盟，非王命所加，从未成君之礼，故称子而序郑伯之下。经书癸丑，月十八日也；传书癸亥，月二十八日，经、传必有误。【释文】践，似浅切。土，如字，或一音杜。歃，所洽切，本又作“唼”。⑦无传。陈本与楚，楚败，惧而属晋，来不及盟，故曰如会。⑧无传。王在践土，非京师，故曰王所。⑨复其位曰复归。晋人感叔武之贤而复卫侯，卫侯之入由于叔武，故以国逆为文。例在成十八年。⑩元咺，卫大夫，虽为叔武讼诉，失(若)[君]臣之节，故无贤文。奔例在宣十年。【释文】咺，况晚切。为，于伪切，下“为其”同。诉，本又作“愬”，苏路切。⑪无传。凡四同盟。⑫无传。庄公女。归宁曰来。⑬无传。聘也。⑭陈共公称子，先君未葬，例在九年。宋襄公称子，自在本班。陈共公称子，降在郑下。陈怀公称子而在郑上，传无义例，盖主会所次，非褒贬也。【释文】共，音恭，下“共公”同。⑮晋地，今河内有河阳县。晋实召王，为其辞逆而意顺，故经以王狩为辞。【释文】狩，本又作“守”，音同。⑯壬申，十月十日。有日而无月，史阙文。⑰称人以执，罪及民也。例在成十五年。诸侯不得相治，故归之京师。⑱元咺与卫侯讼，得胜而归，从国逆例者，明卫侯无道于民，国人与元咺。⑲(晋)[会]温诸侯也。许比再会不至，故因会共伐之。【释文】比，如字，王俾利切。⑳晋惑侯獳之言而复曹伯，故从国逆之例。【释文】獳，乃侯切。㉑言遂得复而行，不归国也。

【传】

二十八年春，晋侯将伐曹，假道于卫[①]，卫人弗许。还，自南河济[②]。侵曹伐卫。正月戊申，取五鹿[③]。

①曹在卫东故。②从汲郡南渡，出卫南而东。【释文】汲，音急。③五鹿，卫地。

二月，晋郤縠卒。原轸将中军，胥臣佐下军，上德也[①]。

晋侯、齐侯盟于敛盂[②]。卫侯请盟，晋人弗许。卫侯欲与楚，国人不欲，故出其君以说于晋。卫侯出居于襄牛[③]。

①先轸以下军佐超将中军，故曰上德。胥臣，司空季子。【释文】将，子匠切，注同。胥，思徐切。②敛盂，卫地。【释文】敛，徐音廉，又力检切。盂，音于。③襄牛，卫地。【释

文】说，音悦，或如字。

公子买戍卫[1]，楚人救卫，不克。公惧于晋，杀子丛以说焉[2]。谓楚人曰："不卒戍也[3]。"

①晋伐卫，卫，楚之昏姻，鲁欲与楚，故戍卫。②召子丛而杀之，以谢晋。【释文】说，音悦。③诈告楚人，言子丛不终戍事而归，故杀之。杀子丛在楚救卫下，经在上者，救卫赴晚至。

晋侯围曹，门焉，多死[1]，曹人尸诸城上[2]，晋侯患之，听舆人之谋曰："称舍于墓[3]。"师迁焉，曹人兇惧[4]，为其所得者棺而出之。因其凶也而攻之。三月丙午，入曹。数之，以其不用僖负羁而乘轩者三百人也，且曰："献状[5]。"令无入僖负羁之宫而免其族，报施也[6]。魏犨、颠颉怒曰："劳之不图，报于何有[7]！"爇僖负羁氏[8]。魏犨伤于胸，公欲杀之而爱其材[9]，使问，且视之。病，将杀之。魏犨束胸见使者曰："以君之灵，不有宁也[10]？"距跃三百，曲踊三百[11]。乃舍之，杀颠颉以徇于师，立舟之侨以为戎右[12]。

①攻曹城门。②磔晋死人于城上。【释文】磔，张宅切。③舆，众也。舍墓，为将发冢。【释文】舆，音余。为，如字，又于伪切。④迁至曹人墓。兇兇，恐惧声。【释文】兇，凶勇切。恐，丘勇切。⑤轩，大夫车。言其无德居位者多，故责其功状。【释文】棺，古患切，一音官。轩，许言切。⑥报飧璧之施。【释文】施，始豉切，注同。飧，音孙。⑦二子各有从亡之劳。【释文】颉，户结切。从，才用切。⑧爇，烧也。【释文】爇，如悦切。⑨材，力。⑩言不以病故自安宁。【释文】见，贤遍切。使，所吏切。⑪距跃，超越也。曲踊，跳踊也。百，犹劢也。【释文】距，音巨。跃，羊略切。三，如字，又息暂切。百，音陌，下仿此。跳，徒雕切。劢，音迈。⑫舟之侨，故虢臣，闵二年奔晋，以代魏犨，为先归张本。【释文】舍，如字，又音捨，下同。徇，似俊切。

宋人使门尹般如晋师告急[1]。公曰："宋人告急，舍之则绝[2]，告楚不许。我欲战矣，齐、秦未可，若之何[3]？"先轸曰："使宋舍我而赂齐、秦[4]，藉之告楚[5]。我执曹君而分曹、卫之田以赐宋人。楚爱曹、卫，必不许也[6]。喜赂怒顽，能无战乎[7]？"公说，执曹伯，分曹、卫之田以畀宋人。

①门尹般，宋大夫。【释文】般，音班。②与晋绝。③未肯战。④求救于齐、秦。【释文】舍，音捨。⑤假借齐、秦，使为宋请。【释文】藉，在亦切。为，于伪切。⑥不许齐、秦之请。⑦言齐、秦喜得宋赂而怒楚之顽，必自战也。不可告请，故曰顽。

楚子入居于申[1]，使申叔去穀[2]，使子玉去宋，曰："无从晋师。晋侯在外十九年矣，而果得晋国[3]。险阻艰难，备尝之矣；民之情伪，尽知之矣。天假之年[4]，而除其害[5]。天之所置，其可废乎？《军志》曰：‘允当则归[6]。’又曰：‘知难而退。’又曰：‘有德不可敌。’此三志者，晋之谓矣[7]。”

①申在方城内，故而入。【释文】说，音悦。畀，必利切。②二十六年，申叔戍穀。③晋侯生十七年而亡，亡十九年而反，凡三十六年，至此四十矣。④献公之子九人，唯文公在，故曰天假之年。⑤除惠、怀、吕、郤。⑥无求过分。《军志》，兵书。【释文】当，丁浪切。分，扶问切。⑦谓今与晋遇，当用此三志。

子玉使伯棼请战[1]，曰：“非敢必有功也，愿以间执谗慝之口[2]。”王怒，少与之师，唯西广、东宫与若敖之六卒实从之[3]。

①伯棼，子越椒也。鬥伯比之孙。【释文】棼，扶云切，王扶粉切。②间执，犹塞也。谗慝，若蒍贾之言，谓子玉不能以三百乘入。【释文】间，间厕之间，注同。慝，吐得切。乘，绳证切。③楚子还申，遣此兵以就前围宋之众。楚有左右广，又大子有宫甲，分取以给之。若敖，楚武王之祖父葬若敖者，子玉之祖也。六卒，子玉宋人之兵六百人，言不悉师以益之。【释文】广，古旷切，注同。卒，子忽切，注同。

子玉使宛春告于晋师曰：“请复卫侯而封曹，臣亦释宋之围[1]。”子犯曰：“子玉无礼哉！君取一，臣取二[2]，不可失矣[3]。”先轸曰：“子与之。定人之谓礼，楚一言而定三国，我一言而亡之。我则无礼，何以战乎？不许楚言，是弃宋也，救而弃之，谓诸侯何[4]？楚有三施，我有三怨，怨仇已多，将何以战？不如私许复曹、卫以携之[5]，执宛春以怒楚，既战而后图之[6]。”公说，乃拘宛春于卫，且私许复曹、卫。曹、卫告绝于楚。

①卫侯未出竟，曹伯见执在宋，已失位，故言复卫封曹。【释文】宛，於元切，又於阮切。竟，音境。②君取一，以释宋围，惠晋侯。臣取二，复卫、曹为己功。③言可伐。④言将为诸侯所怪。⑤私许二国，使告绝于楚而后复之。携，离也。【释文】施，始豉切。⑥须胜负决乃定计。

子玉怒，从晋师。晋师退。军吏曰：“以君辟臣，辱也。且楚师老矣，何故退？”子犯曰：“师直为壮，曲为老。岂在久乎？微楚之惠不及此[1]，退三舍辟之，所以报也[2]。背惠食言，以亢其仇[3]，我曲楚直。其众素饱，不可谓老[4]。我退而楚还，我将何求？若其不还，君退臣犯，曲在彼矣。”退三舍。楚众欲止，子玉不可。夏四月戊辰，晋侯、宋公、齐国归父、崔夭、秦小子慭次于城濮[5]。楚师背酅而舍[6]，晋侯患之，听舆人之诵[7]，曰：“原田每每，舍其旧而新是谋[8]。”公疑焉[9]。子犯曰：“战也。战而捷，必得诸侯。若其不捷，表里山河，必无害也[⑩]。"公曰："若楚惠何？"栾贞子曰："汉阳诸姬，楚实尽之[⑪]。思小惠而忘大耻，不如战也。"晋侯梦与楚子搏[⑫]，楚子伏己而盬其脑[⑬]，是以惧。子犯曰："吉。我得天，楚伏其罪，吾且柔之矣[⑭]。"

①重耳过楚，楚成王有赠送之惠。【释文】说，音悦。拘，音俱。过，古禾切。②一舍，三十里。初，楚子云若反国何以报我，故以退三舍为报。③亢，犹当也。仇，谓楚也。【释文】背，音佩，下及注同。亢，苦浪切。④直，气盈饱。⑤国归父、崔夭，齐大夫也。小子慭，秦穆公子也。城濮，卫地。【释文】夭，於表切。⑥酅，丘陵险阻名。【释文】酅，户圭切。⑦恐众畏险，故听其歌诵。⑧高平曰原。喻晋君美盛，若原田之草每每然，可以谋立新功，不足念旧惠。【释文】每，亡回切，又梅对切。舍，音捨。⑨疑众谓已背旧谋新。⑩晋国外河而内山。⑪贞子，栾枝也。水北曰阳。姬姓之国在汉北者，楚尽灭之。⑫搏，手搏。【释文】搏，音博。⑬盬，唼也。【释文】盬，音古。脑，乃老切。唼，子答切，又所答切，又子甲切。⑭晋侯上向故得天，楚子下向地故伏其罪。脑所以柔物。子犯审见事宜，故权言以答梦。【释文】向，或作"嚮"，许亮切，下同。

子玉使鬥勃请战①，曰："请与君之士戏，君冯轼而观之，得臣与寓目焉②。"晋侯使栾枝对曰："寡君闻命矣。楚君之惠未之敢忘，是以在此。为大夫退，其敢当君乎？既不获命矣③，敢烦大夫谓二三子④，戒尔车乘，敬尔君事，诘朝将见⑤。"

①鬥勃，楚大夫。②寓，寄也。【释文】冯，皮冰切。轼，音式。与，音预。寓，音遇。③不获止命。【释文】为，于伪切。④烦鬥勃，令戒敕子玉、子西之属。【释文】令，力呈切。⑤诘朝，平旦。【释文】乘，绳证切，下及注皆同。诘，起吉切。朝，如字，注同。见，如字，又贤遍切。

晋车七百乘，韅、靷、鞅、靽。晋侯登有莘之虚以观师，曰："少长有礼，其可用也①。"遂伐其木以益其兵②。己巳，晋师陈于莘北，胥臣以下军之佐当陈、蔡。子玉以若敖之六卒将中军，曰："今日必无晋矣。"子西将左，子上将右③。胥臣蒙马以虎皮，先犯陈、蔡。陈、蔡奔，楚右师溃④。狐毛设二旆而退之⑤。栾枝使舆曳柴而伪遁⑥，楚师驰之。原轸、郤溱以中军公族横击之⑦。狐毛、狐偃以上军夹攻子西，楚左师溃。楚师败绩。子玉收其卒而止，故不败⑧。

①有莘，故国名。少长，犹言大小。【释文】莘，所巾切。虚，丘鱼切。少，诗照切，注同。长，丁丈切，注同。②伐木以益攻战之具，舆曳柴亦是也。【释文】攻，如字，又音贡。③子西，鬥宜申。子上，鬥勃。【释文】陈，直觐切。卒，子忽切，下同。将，子匠切，下及注

同。④陈、蔡属楚右师。【释文】溃，户内切。⑤旆，大旗也。又建二旆而退，使若大将稍却。【释文】旆，薄贝切。⑥曳柴起尘，诈为众走。【释文】遁，徒困切。⑦公族，公所率之军。⑧三军唯中军完，是不大崩。【释文】夹，古洽切，又音颊。

晋师三日馆谷[①]，及癸酉而还。甲午，至于衡雍，作王宫于践土[②]。

①馆，舍也。食楚军谷三日。②衡雍，郑地，今荥阳卷县。襄王闻晋战胜，自往劳之，故为作宫。【释文】雍，於用切。卷，音权，又丘权切。劳，力报切。为，于伪切。

乡役之三月[①]，郑伯如楚致其师，为楚师既败而惧，使子人九行成于晋[②]。晋栾枝入盟郑伯。五月丙午，晋侯及郑伯盟于衡雍。丁未，献楚俘于王，驷介百乘，徒兵千[③]。郑伯傅王，用平礼也[④]。己酉，王享醴，命晋侯宥[⑤]。王命尹氏及王子虎、内史叔兴父策命晋侯为侯伯[⑥]，赐之大辂之服，戎辂之服[⑦]，彤弓一，彤矢百，玈弓矢千[⑧]，秬鬯一卣[⑨]，虎贲三百人。曰："王谓叔父，敬服王命，以绥四国，纠逖王慝[⑩]。"晋侯三辞，从命。曰："重耳敢再拜稽首，奉扬天子之丕显休命[⑪]。"受策以出，出入三觐[⑫]。

①乡，犹属也。城濮役之前三月。【释文】乡，许亮切，本又作"嚮"，同。属，音烛。②子人，氏；九，名。【释文】为，于伪切。③驷介，四马被甲。徒兵，步卒。【释文】驷，音四。介，音界。被，皮义切。卒，子忽切。④傅，相也。以周平王享晋文侯仇之礼享晋侯。【释文】相，息亮切。⑤既飨，又命晋侯助以束帛，以将厚意。⑥以策书命晋侯为伯也。《周礼》：九命作伯。尹氏、王子虎，皆王卿士也。叔兴父，大夫也。三官命之以宠晋。⑦大辂，金辂。戎辂，戎车。二辂各有服。⑧彤，赤弓。玈，黑弓。弓一矢百，则矢千弓十矣。诸侯赐弓矢，然后专征伐。【释文】彤，徒冬切。玈，音卢，本或作"旅"字，非也。矢千，本或作"玈矢千"，后人专辄加也。⑨秬，黑黍。鬯，香酒。所以降神。卣，器名。【释文】秬，音巨。鬯，敕亮切。卣，音酉，又音由，《尔雅》云：卣，中尊也。⑩逖，远也。有恶于王者，纠而远之。【释文】贲，音奔。逖，敕历切。慝，他得切。⑪稽首，首至地。丕，大也。休，美也。【释文】三，息暂切，又如字，后例放此。丕，普杯切。休，许虬切，注同。⑫出入，犹去来也。从来至去，凡三见王。【释文】见，贤遍切。

卫侯闻楚师败，惧，出奔楚，遂适陈[①]，使元咺奉叔武以受盟[②]。癸亥，王子虎盟诸侯于王庭[③]，要言曰："皆奖王室，无相害也。有渝此盟，明神殛之，俾队其师，无克祚国[④]，及而玄孙，无有老幼。"君子谓是盟也信[⑤]，谓晋于是役也能以德攻[⑥]。

①自襄牛出。②奉，使摄君事。【释文】使摄君事，并如字，或读连上"奉"字为句；使，音所吏切，非也。③践土宫之庭。书践土，别于京师。【释文】别，彼列切。④奖，助

也。渝,变也。殛,诛也。俾,使也。队,陨也。克,能也。【释文】奖,将丈切。渝,羊朱切。殛,纪力切,本又作“极”,下“是殛”同。俾,本亦作“卑”,必尔切。队,直类切。祚,才故切。陨,于敏切。⑤合义信。⑥以文德教民而后用之。【释文】攻,如字,一音公送切。

初,楚子玉自为琼弁玉缨,未之服也[①]。先战,梦河神谓己曰:“畀余,余赐女孟诸之麋[②]。”弗致也。大心与子西使荣黄谏[③],弗听。荣季曰:“死而利国,犹或为之,况琼玉乎?是粪土也,而可以济师,将何爱焉[④]?”弗听。出,告二子曰:“非神败令尹,令尹其不勤民,实自败也[⑤]。”既败,王使谓之曰:“大夫若入,其若申、息之老何[⑥]?”子西、孙伯曰:“得臣将死,二臣止之曰:‘君其将以为戮[⑦]。’”及连穀而死[⑧]。晋侯闻之而后喜可知也[⑨],曰:“莫余毒也已!蔿吕臣实为令尹,奉己而已,不在民矣[⑩]。”

①弁以鹿子皮为之。琼,玉之别名,次之以饰弁及缨。《诗》云:“会弁如星”。【释文】琼,求营切,《说文》云:赤玉。弁,本又作“昪”,皮彦切。会,本又作“璯”,古外切,又户外切。②孟诸,宋薮泽。水草之交曰麋。【释文】先,如字,又悉荐切。畀,必利切,与也。女,音汝。麋,亡皮切。薮,素口切。③大心,子玉之子。子西,子玉之族。子玉刚愎,故因荣黄。荣黄,荣季也。【释文】愎,反逼切。④因神之欲,以附百姓之愿,济师之理。【释文】粪,弗问切。⑤尽心尽力、无所爱惜为勤。【释文】尽,津忍切。⑥申、息二邑子弟皆从子玉而死,言何以见其父老。【释文】从,如字,又才用切。⑦孙伯即大心,子玉子也。二子以此答王使,言欲令子玉往就君戮。【释文】使,所吏切,下“前使”同。令,力呈切。⑧至连穀,王无赦命,故自杀也。文十年传曰:城濮之役,王使止子玉曰无死,不及。子西亦自杀,缢而县绝,故得不死。王时别遣追前使。连穀,楚地。杀得臣,经在践土盟上,传在下者,说晋事毕而次及楚,属文之宜。【释文】穀,胡木切。缢,一赐切,一音于计切。县,音玄。属,音烛。⑨喜见于颜色。【释文】见,贤遍切。⑩言其自守无大志。

或诉元咺于卫侯曰:“立叔武矣。”其子角从公,公使杀之[①]。咺不废命,奉夷叔以入守[②]。六月,晋人复卫侯[③]。宁武子与卫人盟于宛濮[④],曰:“天祸卫国,君臣不协,以及此忧也[⑤]。今天诱其衷[⑥],使皆降心以相从也。不有居者,谁守社稷?不有行者,谁扞牧圉[⑦]?不协之故,用昭乞盟于尔大神以诱天衷。自今日以往,既盟之后,行者无保其力,居者无惧其罪。有渝此盟,以相及也[⑧]。明神先君,是纠是殛。”国人闻此盟也,而后不贰[⑨]。卫侯先期入[⑩],宁子先,长牂守门,以为使也,与之乘而入[⑪]。公子歂犬、华仲前驱[⑫]。叔武将沐,闻君至,喜,捉发走出,前驱射而杀之。公知其无罪也,枕之股而哭之[⑬]。歂犬走出[14]，公使杀之。元咺出奔晋[15]。

①角，元咺子。【释文】从，才用切，又如字。②夷，谥。【释文】守，手又切。③以叔武受盟于践土，故听卫侯归。【释文】听，吐丁切。④武子，宁俞也。陈留长垣县西南有宛亭，近濮水。【释文】宛，于阮切。俞，羊朱切。近，附近之近。⑤卫侯欲与楚，国人不欲，故不和也。⑥衷，中也。【释文】衷，音忠，或丁仲切，下同。⑦牛曰牧，马曰圉。【释文】扞，户旦切。牧，音目。⑧以恶相及。⑨传言叔武之贤，宁俞之忠，卫侯所以书复归。⑩不信叔武。【释文】先，悉荐切。⑪长牂，卫大夫。宁子患公之欲速，故先入，欲安喻国人。【释文】牂，子郎切。使，所吏切。⑫卫侯遂驱，奄宁子未备。二子，卫大夫。【释文】歂，市专切。华，户化切，又如字。⑬公以叔武尸枕其股。【释文】射，食亦切，下注同。枕，支鸩切，注同。⑭手射叔武故。⑮元咺以卫侯驱入，杀叔武，故至晋愬之。

城濮之战，晋中军风于泽[1]，亡大旆之左旃[2]。祁瞒奸命，司马杀之，以徇于诸侯，使茅筏代之[3]。师还。壬午，济河。舟之侨先归，士会摄右[4]。秋七月丙申，振旅，恺以入于晋[5]。献俘授馘，饮至大赏[6]，征会讨贰[7]。杀舟之侨以徇于国，民于是大服。君子谓："文公其能刑矣，三罪而民服[8]。《诗》云：'惠此中国，以绥四方。'不失赏刑之谓也[9]。"

①牛马因风而走，皆失之。②大旆，旗名。系旐曰旆，通帛曰旃。【释文】旃，章然切，《尔雅》云：因章曰旃。③掌此二事而不修，为奸军令。【释文】瞒，莫干切。奸，音干。茷，扶废切。侨，其骄切。④权代舟之侨也。士会，随武子，士蒍之孙。⑤恺，乐也。【释文】恺，开在切。乐，音洛。⑥授，数也。献楚俘于庙。【释文】馘，古获切。数，色主切。⑦征召诸侯，将冬会于温。⑧三罪：颠颉、祁瞒、舟之侨。⑨《诗·大雅》，言赏刑不失则中国受惠，四方安靖。

冬，会于温，讨不服也[1]。

①讨卫、许。

卫侯与元咺讼[1]，宁武子为辅，鍼庄子为坐，士荣为大士[2]。卫侯不胜[3]。杀士荣，刖鍼庄子，谓宁俞忠而免之。执卫侯，归之于京师，寘诸深室[4]。宁子职纳橐饘焉[5]。元咺归于卫，立公子瑕[6]。

①争杀叔武事。②大士，治狱官也。《周礼》：命夫命妇，不躬坐狱讼。元咺又不宜与其君对坐，故使鍼庄子为主，又使卫之忠臣及其狱官质正元咺。传曰王叔之宰与伯舆之大夫坐狱于王庭，各不身亲。盖今长吏有罪，先验吏卒之义。【释文】鍼，其廉切。坐，如字，或一音才卧切。长，丁丈切。卒，子忽切。③三子辞屈。④深室，别为囚室。【释文】

刖，音月，又五刮切。寘，之豉切。⑤宁俞以君在幽隘，故亲以衣食为己职。橐，衣囊。饘，糜也。言其忠至，所虑者深。【释文】橐，音托。饘，之然切。隘，於卖切。囊，乃郎切。糜，亡皮切。⑥瑕，卫公子適。【释文】適，音的。

是会也，晋侯召王，以诸侯见，且使王狩[1]。仲尼曰："以臣召君，不可以训。"故书曰："天王狩于河阳。"言非其地也[2]，且明德也[3]。

壬申，公朝于王所[4]。

丁丑，诸侯围许[5]。

①晋侯大合诸侯，而欲尊事天子以为名义，自嫌强大，不敢朝周，喻王出狩，因得尽群臣之礼，皆谲而不正之事。【释文】见，贤遍切。②使若天王自狩。以失地，故书河阳，实以属晋，非王狩地。③隐其召君之阙，欲以明晋之功德。河阳之狩，赵盾之弑，泄冶之罪，皆违凡变例，以起大义危疑之理，故特称仲尼以明之。【释文】弑，音试。泄，息列切。冶，音也。危疑，如字，一本"危"作"佹"，九委切。④执卫侯，经在朝王下，传在上者，告执晚。⑤十月十五日，有日无月。

晋侯有疾，曹伯之竖侯獳货筮史[1]，使曰以曹为解[2]："齐桓公为会而封异姓[3]，今君为会而灭同姓。曹叔振铎，文之昭也[4]。先君唐叔，武之穆也。且合诸侯而灭兄弟，非礼也。与卫偕命[5]，而不与偕复，非信也。同罪异罚，非刑也[6]。礼以行义，信以守礼，刑以正邪，舍此三者，君将若之何？"公说，复曹伯，遂会诸侯于许[7]。

①竖，掌通内外者。史，晋史。②以灭曹为解故。【释文】解，户卖切，注同，又古买切。③封邢、卫。④叔振铎，曹始封君，文王之子。【释文】铎，待洛切。⑤私许复曹、卫。⑥卫已复故。⑦【释文】邪，似嗟切。舍，音捨。说，音悦。

晋侯作三行以御狄，荀林父将中行，屠击将右行，先蔑将左行[1]。

①晋置上、中、下三军，今复增置三行，以辟天子六军之名。三行无佐，疑大夫帅。【释文】行，户郎切，下及注同。将，子匠切。屠，音徒。击，古狄切，一音计。蔑，亡结切。复，扶又切。

僖公二十九年

【经】

二十有九年春，介葛卢来[1]。

公自至围许[②]。

夏六月，会王人、晋人、宋人、齐人、陈人、蔡人、秦人，盟于翟泉[③]。

秋，大雨雹[④]。

冬，介葛卢来。

①介，东夷国也，在城阳黔陬县。葛卢，介君名也。不称朝，不见公，且不能行朝礼。虽不见公，国宾礼之，故书。【释文】介，音界。黔，巨廉切，又音琴。陬，子侯切，又侧留切。②无传。③翟泉，今洛阳城内大仓西南池水也。鲁侯讳盟天子大夫，诸侯大夫又违礼盟公侯，王子虎违礼下盟，故不言公会，又皆称人。【释文】翟，直历切。大仓，音泰。④【释文】雨，于付切。

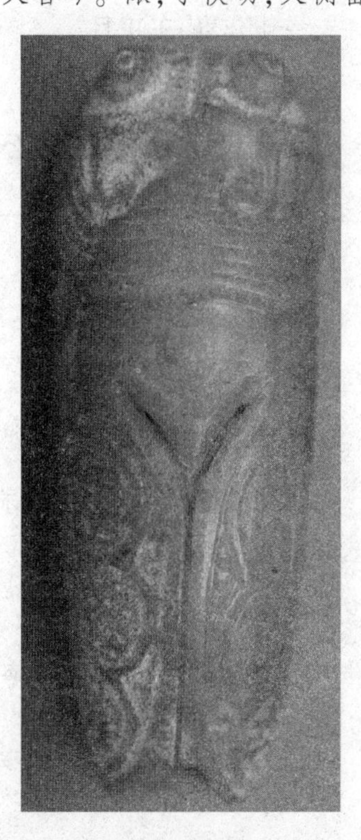
白玉蝉挂件(春秋)

【传】

二十九年春，介葛卢来朝，舍于昌衍之上[①]。公在会，馈之刍米，礼也[②]。

①鲁县东南有昌平城。【释文】衍，以善切。②嫌公行不当致馈，故曰礼也。【释文】馈，其愧切。刍，初俱切。

夏，公会王子虎、晋狐偃、宋公孙固、齐国归父、陈辕涛涂、秦小子慭，盟于翟泉，寻践土之盟，且谋伐郑也[①]。卿不书，罪之也[②]。在礼，卿不会公、侯，会伯、子、男可也[③]。

①经书蔡人而传无名氏，即微者。秦小子慭在蔡下者，若宋向戌之后会。【释文】辕，音袁。涛，音桃。慭，鱼觐切。向，式亮切。②晋侯始霸，翼戴天子，诸侯辑睦，王室无虞，而王子虎下盟列国。以渎大典，诸侯大夫上敌公侯，亏礼伤教，故贬诸大夫，讳公与盟。【释文】辑，音集，又七入切。渎，徒木切。上，时掌切，又如字。与，音预。③大国之卿当小国之君，故可以会伯、子、男。诸卿之见贬，亦兼有此阙，故传重发之。【释文】重，直用切。

秋，大雨雹，为灾也。

冬，介葛卢来，以未见公故，复来朝。礼之，加燕好[①]。介葛卢闻牛鸣，曰："是生三牺，皆用之矣，其音云。"问之而信[②]。

①燕，燕礼也。好，好货也。一岁再来，故加之。【释文】复，扶又切。好，呼报切，注

同。②传言人听或通鸟兽之情。【释文】牺，诈宜切。

僖公三十年

【经】

三十年春，王正月。

夏，狄侵齐。

秋，卫杀其大夫元咺及公子瑕[①]。

卫侯郑归于卫[②]。

晋人、秦人围郑[③]。

介人侵萧[④]。

冬，天王使周公来聘[⑤]。

公子遂如京师，遂如晋[⑥]。

①咺见杀称名者，讼君求直，又先归，立公子瑕，非国人所与，罪之也。瑕立经年，未会诸侯，故不称君。②鲁为之请，故从诸侯纳之例。例在成十八年。【释文】为，于伪切。③晋军函陵，秦军汜南，各使微者围郑，故称人。【释文】函，音咸。汜，音凡，传同。④无传。⑤周公，天子三公兼冢宰也。【释文】兼，如字，又经念切。⑥如京师，报宰周公。

【传】

三十年春，晋人侵郑，以观其可攻与否。狄间晋之有郑虞也，夏，狄侵齐[①]。

①齐，晋与国。【释文】间，间厕之间。

晋侯使医衍鸩卫侯[①]。宁俞货医，使薄其鸩，不死[②]。公为之请，纳玉于王与晋侯，皆十瑴。王许之[③]。秋，乃释卫侯。卫侯使赂周歂、冶廑，曰："苟能纳我，吾使尔为卿[④]。"周、冶杀元咺及子適、子仪[⑤]。公入祀先君。周、冶既服将命[⑥]，周歂先入，及门，遇疾而死。冶廑辞卿[⑦]。

①衍，医名。晋侯实怨卫侯，欲杀而罪不及死，故使医因治疾而加酖毒。【释文】衍，以善切。酖，音鸩。②宁(侯)[俞]视卫侯衣食，故得知之。③双玉曰瑴。公本与卫同好，故为之请。【释文】为，于伪切，及注同。瑴，音角。好，呼报切。④恐元咺距己，故赂

周冶。【释文】歂，市专切。冶，音也。廑，音觐，又音谨，人名也；《汉书音义》云：古勤字也，郑氏音勤。⑤子仪，瑕母弟。不书杀，贱也。【释文】適，丁历切。⑥服卿服，将入庙受命。⑦见周山砍死而惧。

九月甲午，晋侯、秦伯围郑，以其无礼于晋[①]，且贰于楚也。晋军函陵，秦军氾南[②]。佚之狐言于郑伯曰："国危矣，若使烛之武见秦君，师必退[③]。"公从之。辞曰："臣之壮也，犹不如人，今老矣，无能为也已。"公曰："吾不能早用子，今急而求子，是寡人之过也。然郑亡，子亦有不利焉。"许之。夜缒而出[④]，见秦伯，曰："秦、晋围郑，郑既知亡矣。若亡郑而有益于君，敢以烦执事[⑤]。越国之鄙远，君知其难也[⑥]，焉用亡郑以陪邻[⑦]？邻之厚，君之薄也。若舍郑以为东道主，行李之往来，共其乏困[⑧]，君亦无所害。且君尝为晋君赐矣，许君焦、瑕，朝济而夕设版焉，君之所知也[⑨]。夫晋何厌之有？既东封郑，又欲肆其西封[⑩]，若不阙秦，将焉取之？阙秦以利晋，唯君图之。"秦伯说，与郑人盟，使杞子、逢孙、扬孙戍之，乃还[⑪]。

①文公亡过郑，郑不礼之。【释文】过，古禾切。②此东氾也，在荥阳中牟县南。③佚之狐、烛之武，皆郑大夫。【释文】佚，音逸。④缒，县城而下。【释文】缒，丈伪切。县，音玄。⑤执事亦谓秦。⑥设得郑以为秦边邑，则越晋而难保。⑦陪，益也。【释文】焉，於虔切，下"焉取之"同。陪，蒲回切。⑧行李，使人。【释文】舍，音捨，又如字。共，音恭，本亦作"供"。使，所吏切。⑨晋君，谓惠公也。焦、瑕，晋河外五城之二邑。朝济河而夕设版筑以距秦，言背秦之速。【释文】朝，如字，注同。版，音板。背，音佩。⑩封，疆也。肆，申也。【释文】厌，於盐切。疆，居良切。⑪三子，秦大夫，反为郑守。【释文】说，音悦。为，于伪切。

子犯请击之，公曰："不可。微夫人之力不及此[①]。因人之力而敝之，不仁。失其所与，不知。以乱易整，不武[②]。吾其还也。"亦去之。

①请击秦也。夫人，谓秦穆公。【释文】夫，音扶，注同。②秦、晋和整而还相攻，更为乱也。【释文】知，音智。

初，郑公子兰出奔晋[①]，从于晋侯。伐郑，请无与围郑。许之，使待命于东[②]。郑石甲父、侯宣多逆以为大子，以求成于晋，晋人许之[③]。

①兰，郑穆公。②晋东界。【释文】与，音预。③二子，郑大夫。言穆公所以立。

冬，王使周公阅来聘，飨有昌歜、白、黑、形盐[①]。辞曰："国君，文足昭也，武可畏也，则有备物之飨以象其德。荐五味，羞嘉谷，盐虎形[②]，以献其功。吾何以堪之？"

①昌歜,昌蒲殖。白,熬稻。黑,熬黍。形盐,盐形象虎。【释文】阅,音悦。歜,在感切。葅,庄居切。②嘉谷,熬稻、黍也,以象其文也。盐虎形,以象武也。

东门襄仲将聘于周,遂初聘于晋[①]。

①公既命襄仲聘周,未行,故曰将。又命自周聘晋,故曰遂。自入春秋,鲁始聘晋,故曰初。

僖公三十一年

【经】

三十有一年春,取济西田[①]。

公子遂如晋。

夏四月,四卜郊不从,乃免牲[②],犹三望[③]。

秋七月。

冬,杞伯姬来求妇[④]。

狄围卫。十有二月,卫迁于帝丘[⑤]。

①晋分曹田以赐鲁,故不系曹。不用师徒,故曰取。②龟曰卜。不从,不吉也。卜郊不吉,故免牲。免,犹纵也。③三望,分野之星、国中山川,皆因郊祀,望而祭之。鲁废郊天而修其小祀,故曰犹。犹者,可止之辞。【释文】分,扶问切。④无传。自为其子成昏。【释文】为,于伪切。⑤辟狄难也。帝丘,今东郡濮阳县,故帝颛顼之虚,故曰帝丘。【释文】难,乃旦切。颛,音专。顼,许玉切。虚,起鱼切。

【传】

三十一年春,取济西田,分曹地也[①]。使臧文仲往,宿于重馆[②]。重馆人告曰:"晋新得诸侯,必亲其共,不速行,将无及也。"从之。分曹地,自洮以南,东傅于济,尽曹地也[③]。

襄仲如晋,拜曹田也。

①二十八年,晋文讨曹,分其地,竟界未定,至是乃以赐诸侯。【释文】竟,音境。②高平方与县西北有重乡城。【释文】重,直龙切,注同。方,音房。与,音预。③文仲不书,请田而已,非聘享会同也。济水自荥阳东过鲁之西,至乐安入海。【释文】洮,吐刀切。傅,

音附。尽,津忍切。乐,音洛。

夏四月,四卜郊,不从,乃免牲,非礼也[①]。犹三望,亦非礼也。礼不卜常祀[②],而卜其牲、日[③],牛卜日曰牲[④]。牲成而卜郊,上怠慢也[⑤]。望,郊之细也。不郊,亦无望可也。

①诸侯不得郊天,鲁以周公故,得用天子礼乐,故郊为鲁常祀。②必其时。③卜牲与日,知吉凶。④既得吉日,则牛改名曰牲。⑤怠于古典,慢渎龟策。

秋,晋蒐于清原,作五军以御狄[①]。赵衰为卿[②]。

①二十八年,晋作三行,今罢之,更为上下新军。河东闻喜县北有清原。【释文】行,户郎切。②二十七年,命赵衰为卿,让于栾枝,今始从原大夫为新军帅。【释文】帅,所类切。

冬,狄围卫,卫迁于帝丘。卜曰三百年。卫成公梦康叔曰:"相夺予享[①]。"公命祀相。宁武子不可,曰:"鬼神非其族类,不歆其祀[②]。杞、鄫何事[③]?相之不享于此,久矣,非卫之罪也[④],不可以间成王、周公之命祀[⑤]。请改祀命[⑥]。"

①相,夏后启之孙,居帝丘。享,祭也。【释文】曰,音越,或人实切,非也。相,息亮切,注及下同。夏,户雅切,下同。②歆,犹飨也。【释文】歆,许金切。③言杞、鄫夏后,自当祀相。④言帝丘久不祀相,非卫所绝。⑤诸侯受命,各有常祀。【释文】间,间厕之间。⑥改祀相之命。

郑泄驾恶公子瑕,郑伯亦恶之,故公子瑕出奔楚[①]。

①瑕,文公子。传为纳瑕张本。泄驾,亦郑大夫,隐五年泄驾距此九十年,疑非一人。【释文】恶,乌路切,下同。

僖公三十二年

【经】

三十有二年春,王正月。

夏四月己丑,郑伯捷卒[①]。

卫人侵狄[②]。

秋,卫人及狄盟[③]。

冬十有二月己卯,晋侯重耳卒[④]。

①无传。文公也，三同盟。【释文】捷，在接切。②报前年狄围卫。③不地者，就狄庐帐盟。【释文】庐，力於切。帐，张亮切。④同盟践土、狄泉。

【传】

三十二年春，楚鬥章请平于晋，晋阳处父报之。晋、楚始通[①]。

①阳处父，晋大夫。晋、楚自春秋以来，始交使命，为和同。【释文】使，所吏切。

夏，狄有乱。卫人侵狄，狄请平焉。秋，卫人及狄盟。

冬，晋文公卒。庚辰，将殡于曲沃[①]，出绛，柩有声如牛[②]。卜偃使大夫拜，曰："君命大事。将有西师过轶我，击之，必大捷焉[③]。"

杞子自郑使告于秦[④]，曰："郑人使我掌其北门之管[⑤]，若潜师以来，国可得也。"穆公访诸蹇叔，蹇叔曰："劳师以袭远，非所闻也[⑥]。师劳力竭，远主备之，无乃不可乎！师(知)[之]所为，郑必知之。勤而无所，必有悖心[⑦]。且行千里，其谁不知？"公辞焉[⑧]。召孟明、西乞、白乙，使出师于东门之外[⑨]。蹇叔哭之，曰："孟子，吾见师之出而不见其入也。"公使谓之曰："尔何知？中寿，尔墓之木拱矣[⑩]。"蹇叔之子与师，哭而送之，曰："晋人御师必于殽[⑪]。殽有二陵焉[⑫]：其南陵，夏后皋之墓也[⑬]；其北陵，文王之所辟风雨也[⑭]。必死是间[⑮]，余收尔骨焉。"秦师遂东[⑯]。

①殡，窆棺也。曲沃有旧宫焉。【释文】窆，彼验切，一本作"涂"。②如牛呴声。【释文】柩，其救切。《礼》云：在床曰尸，在棺曰柩。呴，呼口切。③声自柩出，故曰君命。大事，戎事也。卜偃闻秦密谋，故因柩声以正众心。【释文】过，古禾切，又古卧切。轶，直结切，又音逸。④三十年，秦使大夫杞子戍郑。⑤管，籥也。【释文】籥，余若切。⑥蹇叔，秦大夫。【释文】蹇，纪辇切。⑦将害良善。【释文】悖，必内切。⑧辞，不受其言。⑨孟明，百里孟明视。西乞，西乞术。白乙，白乙丙。⑩合手曰拱。言其过老，悖不可用。【释文】孟子，本或作"孟兮"。寿，音授，又如字。拱，九勇切。⑪殽在弘农渑池县西。【释文】殽，本又作"崤"，户交切，刘昌宗音豪。渑，绵善切。与，羊恕切。⑫大阜曰陵。⑬皋，夏桀之祖父。【释文】夏，户雅切。皋，古刀切。⑭此道在二殽之间南谷中，谷深委曲，两山相嵚，故可以辟风雨，古道由此。魏武帝西讨巴汉，恶其险而更开北山高道。【释文】辟，音避。谷，古木切，又音欲。嵚，许金切，又音钦，本或作"岚"，力含切。恶，乌路切。⑮以其深险故。⑯为明年晋败秦于殽传。【释文】为，于伪切。

僖公三十三年

【经】

三十有三年春，王二月，秦人入滑[①]。

齐侯使国归父来聘。

夏四月辛巳，晋人及姜戎败秦师于郩[②]。

癸巳，葬晋文公。

狄侵齐。

公伐邾，取訾娄。

秋，公子遂帅师伐邾。

晋人败狄于箕[③]。

冬十月，公如齐。十有二月，公至自齐。乙巳，公薨于小寝[④]。

陨霜不杀草，李、梅实[⑤]。

晋人、陈人、郑人伐许。

①灭而书入，不能有其地。②晋侯讳背丧用兵，故通以贱者告。姜戎，姜姓之戎，居晋南鄙，戎子驹支之先也。晋人角之，诸戎掎之，不同陈，故言及。【释文】背，音佩。掎，居绮切。陈，直觐切。③大原阳邑县南有箕城。郤缺称人者，未为卿。【释文】訾，子斯切。④小寝，内寝也。乙巳，十一月十二日，经书十二月，误。⑤无传。书时失也。周十一月，今九月，霜当微而重，重而不能杀草，所以为灾。【释文】陨，于敏切。

【传】

三十三年春，秦师过周北门，左右免胄而下[①]。超乘者三百乘。王孙满尚幼，观之，言于王曰："秦师轻而无礼，必败[②]。轻则寡谋，无礼则脱[③]。入险而脱，又不能谋，能无败乎？"

①王城之北门。胄，兜鍪。兵车非大将，御者在中，故左右下，御不下。【释文】胄，直救切。兜，丁侯切。鍪，亡侯切。将，子匠切。②谓过天子门，不卷甲（求）［束］兵，超乘示勇。【释文】乘，绳证切，下及注皆同。轻，遣政切，下同。③脱，易也。【释文】脱，他活

切。易，以豉切。

及滑，郑商人弦高将市于周，遇之。以乘韦先，牛十二犒师[①]，曰："寡君闻吾子将步师出于敝邑，敢犒从者。不腆敝邑，为从者之淹，居则具一日之积[②]，行则备一夕之卫。"且使遽告于郑[③]。郑穆公使视客馆[④]，则束载、厉兵、秣马矣[⑤]。使皇武子辞焉，曰："吾子淹久于敝邑，唯是脯资饩牵竭矣[⑥]。为吾子之将行也[⑦]，郑之有原圃，犹秦之有具囿也[⑧]。吾子取其麋鹿以閒敝邑，若何[⑨]？"杞子奔齐，逢孙、扬孙奔宋。孟明曰："郑有备矣，不可冀也。攻之不克，围之不继，吾其还也。"灭滑而还。

①商，行贾也。乘，四。韦，先韦乃入牛。古者将献遗于人，必有以先之。【释文】先，悉荐切，注"有以先之"同。犒，苦报切。贾，音古。遗，唯季切。②腆，厚也。淹，久也。积，刍米菜薪。步师，步犹行也。【释文】从，才用切，下同。腆，他典切。为，于伪切，下"为吾子"同。积，子赐切，注同。③遽，传车。【释文】遽，其据切。传，张恋切。④视秦三大夫之舍。⑤严兵待秦师。【释文】秣，音末，谷马也，《说文》作"䬴"，云：食马谷也。⑥资，粮也。生曰饩。牵，谓牛、羊、豕。【释文】饩，许气切，牲腥曰饩，牲生曰牵。⑦示知其情。⑧原圃、具囿，皆囿名。【释文】圃，布古切。⑨使秦戍自取麋鹿，以为行资，令敝邑得閒暇。若何，犹如何。荥阳中牟县西有圃田泽。【释文】麋，亡悲切。閒，音闲，注同。令，力呈切。

齐国庄子来聘，自郊劳至于赠贿，礼成而加之以敏[①]。臧文仲言于公曰："国子为政，齐犹有礼，君其朝焉。臣闻之，服于有礼，社稷之卫也[②]。"

①迎来曰郊劳，送去曰赠贿。敏，审当于事。【释文】劳，力报切，注同。贿，呼罪切。当，丁浪切，又如字。②为公如齐传。

晋原轸曰："秦违蹇叔，而以贪勤民，天奉我也[①]。奉不可失，敌不可纵。纵敌患生，违天不祥。必伐秦师。"栾枝曰："未报秦施而伐其师，其为死君乎[②]？"先轸曰："秦不哀吾丧而伐吾同姓，秦则无礼，何施之为[③]？吾闻之，一日纵敌，数世之患也。谋及子孙，可谓死君乎[④]？"遂发命，遽兴姜戎。子墨衰绖[⑤]，梁弘御戎，莱驹为右。夏四月辛巳，败秦师于殽，获百里孟明视、西乞术、白乙丙以归。遂墨以葬文公。晋于是始墨[⑥]。

①奉，与也。【释文】奉，扶用切，注及下同。②言以君死故忘秦施。【释文】纵，子用切，下同。施，始豉切，注及下同。③言秦以无礼加己，施不足顾。④言不可谓背君。【释文】数，所主切。背，音佩。⑤晋文公未葬，故襄公称子，以凶服从戎，故墨之。【释文】衰，七雷切。绖，直结切。⑥后遂常以为俗。记礼所由变。【释文】莱，音来。

文嬴请三帅[1]，曰："彼实构吾二君，寡君若得而食之，不厌，君何辱讨焉！使归就戮于秦，以逞寡君之志，若何？"公许之。先轸朝，问秦囚。公曰："夫人请之，吾舍之矣。"先轸怒曰："武夫力而拘诸原，妇人暂而免诸国[2]。堕军实而长寇仇，亡无日矣[3]。"不顾而唾。公使阳处父追之，及诸河，则在舟中矣。释左骖，以公命赠孟明[4]。孟明稽首曰："君之惠，不以累臣衅鼓[5]，使归就戮于秦，寡君之以为戮，死且不朽。若从君惠而免之，三年将拜君赐[6]。"

①文嬴，晋文公始适秦，秦穆公所妻夫人，襄公嫡母。三帅，孟明等。【释文】嬴，音盈。帅，所类切，注同。妻，七计切。嫡，丁历切。②暂，犹卒也。【释文】厌，於艳切，又於盐切。戮，音六。逞，敕领切。拘，音俱。卒，寸忽切。③堕，毁也。【释文】堕，许规切。长，丁丈切。④欲使还拜谢，因而执之。【释文】唾，他卧切。骖，七南切。⑤累，囚系也。杀人以血涂鼓谓之衅鼓。【释文】累，律迫切。衅，许覲切。⑥意欲报伐晋。

秦伯素服郊次[1]，乡师而哭曰："孤违蹇叔以辱二三子，孤之罪也。"不替孟明，[曰]："孤之过也，大夫何罪？且吾不以一眚掩大德[2]。"

①待之于郊。②眚，过也。【释文】乡，许亮切。替，他计切。眚，所景切。掩，於检切。

狄侵齐，因晋丧也。

公伐邾，取訾娄，以报升陉之役[1]。邾人不设备。秋，襄仲复伐邾[2]。

①在二十二年。②鲁亦因晋丧以陵小国。【释文】复，扶又切。

狄伐晋，及箕。八月戊子，晋侯败狄于箕。郤缺获白狄子[1]。先轸曰："匹夫逞志于君[2]而无讨，敢不自讨乎？"免胄入狄师，死焉。狄人归其元[3]，面如生[4]。

①白狄，狄别种也。故西河郡有白部胡。【释文】箕，音基。种，章勇切。②谓不顾而唾。③元，首。④言其有异于人。

初，臼季使过冀，见冀缺耨，其妻馌之[1]。敬，相待如宾。与之归，言诸文公曰："敬，德之聚也。能敬必有德。德以治民，君请用之。臣闻之，出门如宾[2]，承事如祭[3]，仁之则也。"公曰："其父有罪，可乎[4]？"对曰："舜之罪也殛鲧，其举也兴禹[5]。管敬仲，桓之贼也，实相以济。《康诰》曰：'父不慈，子不祗，兄不友，弟不共，不相及也[6]。'《诗》曰：'采葑采菲，无以下体。'君取节焉可也[7]。"文公以为下军大夫。反自箕，襄公以三命命先且居将中军[8]，以再命命先茅之县赏胥臣曰："举郤缺，子之功也[9]。"以一命命郤缺为卿，复与之冀[10]，亦未有军行[11]。

①臼季，胥臣也。冀，晋邑。耨，锄也。野馈曰馌。【释文】臼，其九切。使，所吏切。过，古禾切。耨，乃豆切。馌，于辄切，《字林》于劫切。锄，本又作“鉏”，仕居切。馈，其位切，饷也。②如见大宾。③常谨敬也。④缺父冀芮欲杀文公，在二十四年。【释文】芮，如锐切。杀，音试，或如字。⑤禹，鲧子。【释文】殛，经力切，诛也。鲧，古本切。⑥《康诰》，《周书》。祗，敬也。【释文】相，息亮切。共，音恭。⑦《诗·国风》也。葑菲之菜，上善下恶，食之者不以其恶而弃其善，言可取其善节。【释文】葑，芳逢切。菲，芳匪切。⑧且居，先轸之子。其父死敌，故进之。【释文】且，子徐切。将，子匠切。⑨先茅绝后，故取其县以赏胥臣。⑩还其父故邑。【释文】复，扶又切，又音服。⑪虽登卿位，未有军列。【释文】行，户刚切。

冬，公如齐，朝，且吊有狄师也。反，薨于小寝，即安也[①]。

①小寝，夫人寝也。讥公就所安，不终于路寝。

晋、陈、郑伐许，讨其贰于楚也。

楚令尹子上侵陈、蔡。陈、蔡成，遂伐郑，将纳公子瑕[①]。门于桔柣之门。瑕覆于周氏之汪[②]。外仆髡屯禽之以献[③]。文夫人敛而葬之郐城之下[④]。

①三十一年瑕奔楚。②车倾覆池水中。【释文】桔，户结切。柣，大结切。覆，芳服切，注同。汪，乌黄切。③杀瑕以献郑伯。【释文】髡，苦门切。屯，徒门切。④郑文公夫人也。郐城，故郐国，在荥阳密县东北。传言穆公所以遂有国。【释文】敛，力艳切。郐，古外切。

晋阳处父侵蔡，楚子上救之，与晋师夹泜而军[①]。阳子患之，使谓子上曰：“吾闻之，文不犯顺，武不违敌。子若欲战，则吾退舍，子济而陈[②]，迟速唯命，不然纾我[③]。老师费财，亦无益也[④]。”乃驾以待。子上欲涉，大孙伯曰：“不可。晋人无信，半涉而薄我，悔败何及，不如纾之。”乃退舍[⑤]。阳子宣言曰：“楚师遁矣。”遂归。楚师亦归。大子商臣谮子上曰：“受晋赂而辟之，楚之耻也，罪莫大焉。”王杀子上[⑥]。

①泜水出鲁阳县东，经襄城定陵入汝。【释文】夹，古洽切，一音古协切。泜，音雉，又直里切，王又徒死切。②欲辟楚，使渡成陈而后战。【释文】陈，直觐切，注同。③纾，缓也。【释文】纾，音舒，一音直吕切。④师久为老。【释文】费，芳味切。⑤楚退，欲使晋渡。⑥商臣怨子上止王立己，故谮之。【释文】遁，徒困切。

葬僖公，缓[①]作主，非礼也[②]。凡君薨，卒哭而祔，祔而作主，特祀于主[③]，烝、尝、禘于庙[④]。

①文公元年经书四月葬僖公,僖公实以今年十一月薨,并闰,七月乃葬,故传云缓。自此以下,遂因说作主祭祀之事,文相次也。皆当次在经葬僖公下,今在此,简编倒错。【释文】编,必连切,又音布千切。倒,丁老切。②文二年乃作主,遂因葬文通讯之。③既葬反虞则免丧,故曰卒哭,哭止也。以新死者之神祔之于祖,尸柩已远,孝子思慕,故造木主,立几筵焉。特用丧礼,祭祀于寝,不同之于宗庙。言凡君者,谓诸侯以上,不通于卿大夫。【释文】祔,音附。上,时掌切。④冬祭曰烝,秋祭曰尝。新主既立,特祀于寝,则宗庙四时常祀自如旧也。三年礼毕,又大禘,乃皆同于吉。【释文】烝,之承切。禘,大计切。

文公第六

【释文】文公名兴,僖公子,母声姜。《谥法》:慈惠爱民曰文,忠信接礼曰文。

文公元年

【经】

元年春,王正月,公即位[①]。

二月癸亥,日有食之[②]。

天王使叔服来会葬[③]。

夏四月丁巳,葬我君僖公[④]。

天王使毛伯来锡公命[⑤]。

晋侯伐卫[⑥]。

叔孙得臣如京师[⑦]。

卫人伐晋[⑧]。

秋,公孙敖会晋侯于戚[⑨]。

冬十月丁未,楚世子商臣弑其君頵[⑩]。

公孙敖如齐[⑪]。

①无传。先君未葬而公即位,不可旷年无君。②无传。癸亥,月一日,不书朔,官失之。③叔,氏;服,字。诸侯丧,天子使大夫会葬,礼也。④七月而葬,缓。⑤毛,国;伯,

爵。诸侯为王卿士者。诸侯即位，天子赐以命圭合瑞为信。僖十一年，王赐晋侯命，亦其比也。【释文】锡，星历切。比，必利切，例也，又如字。⑥晋襄公先告诸侯而伐卫，虽大夫亲伐而称晋侯，从告辞也。⑦得臣，叔牙之孙。⑧卫孔达为政，不共盟主，兴兵邻国，受讨丧邑，故贬称人。【释文】丧，息浪切。⑨戚，卫邑，在顿丘卫县西。礼，卿不会公侯，而《春秋》鲁大夫皆不贬者，体例已举，故据用鲁史成文而已。内称公，卒称薨，皆用鲁史。⑩商臣，穆王也。弑君例在宣四年。【释文】頵，忧伦切，又丘伦切。⑪传例曰：始聘焉，礼也。

【传】

元年春，王使内史叔服来会葬。公孙敖闻其能相人也①，见其二子焉。叔服曰："穀也食子，难也收子②。穀也丰下，必有后于鲁国③。"

①公孙敖，鲁大夫庆父之子。【释文】相，息亮切。②穀，文伯。难，惠叔。食子，奉祭祀供养者也。收子，葬子身也。【释文】见，贤遍切，下注"孤见"同。食，音嗣，注同。难，乃多切，又如字。供，俱用切。养，余亮切。③丰下，盖面方，为八年公孙敖奔莒传。

于是闰三月，非礼也①。先王之正时也，履端于始，举正于中，归余于终②。履端于始，序则不愆③。举正于中，民则不惑④。归余于终，事则不悖⑤。

①于历法，闰当在僖公末年，误于今年三月置闰，盖时达历者所讥。②步历之始，以为术之端首。期之日，三百六十有六日，日月之行又有迟速，而必分为十二月，举中气以正。月有余日则归之于终，积而为闰，故言归余于终。【释文】期，居其切。③四时无愆过。【释文】愆，起虔切。④斗建不失其次，寒暑不失其常，故无疑惑。⑤四时得所，则事无悖乱。【释文】悖，必内切。

夏四月丁巳，葬僖公①。

①传皆不虚载经文，而此经孤见，知僖公末年传宜在此下。

王使毛伯卫来锡公命①，叔孙得臣如周拜②。

①卫，毛伯字。【释文】一本作"毛伯卫来锡公命"，又作"天王使"。②谢赐命。

晋文公之季年，诸侯朝晋。卫成公不朝，使孔达侵郑，伐绵、訾及匡①。晋襄公既祥②，使告于诸侯而伐卫，及南阳③。先且居曰："效尤，祸也④。请君朝王，臣从师。"晋侯朝王于温，先且居、胥臣伐卫。五月辛酉朔，晋师围戚。六月戊戌，取之，获孙昭子⑤。卫人使告于陈。陈共公曰："更伐之，我辞之⑥。"卫孔达帅师伐晋。君子以为古。古者越国而谋⑦。

①孔达，卫大夫。匡在颍川新汲县东北。【释文】訾，子斯切。伋，居及切，下同。②诸侯虽谅闇，亦因祥祭为位而哭。【释文】谅，音良，又音亮。③今河内地。④尤卫不朝故伐，今不朝王，是效卫致祸。时王在温，故劝之。【释文】且，子余切。⑤昭子，卫大夫，食戚邑。⑥见伐求和，不竞大甚，故使报伐，示己力足以距晋。【释文】共，音恭。更，古孟切，又音庚。大，音泰，又如字。⑦合古之道而失今事霸王之礼，故国失其邑，身见执辱。

秋，晋侯疆戚田，故公孙敖会之[1]。

①晋取卫田，正其疆界。【释文】疆，居良切，注同。

初，楚子将以商臣为大子，访诸令尹子上。子上曰："君之齿未也[1]，而又多爱，黜乃乱也。楚国之举，恒在少者[2]。且是人也，蠭目而豺声，忍人也[5]，不可立也。"弗听。

①齿，年也，言尚少。【释文】少，诗照切，下文同。②举，立也。③能忍行不义。【释文】蠭，本又作"蜂"，芳逢切。豺，仕皆切。

既又欲立王子职而黜大子商臣[1]。商臣闻之而未察，告其师潘崇曰："若之何而察之？"潘崇曰："享江芈而勿敬也[2]。"从之。江芈怒曰："呼，役夫[3]！宜君王之欲杀女而立职也。"告潘崇曰："信矣。"潘崇曰："能事诸乎[4]？"曰："不能。""能行乎？"曰："不能。""能行大事乎？"曰："能[5]。"

①职，商臣庶弟。②江芈，成王妹，嫁于江。【释文】芈，亡氏切，《史记》以为成王妾。③呼，发声也。役夫，贱者称。【释文】呼，好贺切，注同。役夫，如字。称，尺证切。④问能事职不。【释文】女，音汝。⑤大事，谓弑君。【释文】弑，晋申志切。一本无此注。

冬十月，以宫甲围成王[1]。王请食熊蹯而死[2]，弗听。丁未，王缢。谥之曰灵，不瞑；曰成，乃瞑[3]。穆王立，以其为大子之室与潘崇，使为大师，且掌环列之尹[4]。

①大子宫甲。僖二十八年，王以东宫卒从子玉，盖取此宫甲。【释文】卒，子忽切。从，如字，又才用切。②熊掌难熟，冀久将有外救。【释文】蹯，音烦。③言其忍甚，未敛而加恶谥。【释文】瞑，亡丁切，又亡千切。敛，力验切。④环列之尹，宫卫之官，列兵而环王宫。【释文】大，音泰。环，如字，又音患。

穆伯如齐，始聘焉，礼也[1]。凡君即位，卿出并聘，践修旧好，要结外援[2]，好事邻国，以卫社稷，忠信卑让之道也。忠，德之正也；信，德之固也；卑让，德之基也[3]。

①穆伯，公孙敖。②践，犹履行也。【释文】好，呼报切，下同。要，於遥切。援，于眷切。③传因此发凡，以明诸侯谅闇则国事皆用吉礼。

郩之役[1]，晋人既归秦帅，秦大夫及左右皆言于秦伯曰："是败也，孟明之罪也，必杀之。"秦伯曰:"是孤之罪也。周芮良夫之诗曰:'大风有隧,贪人败类[②]。听言则对,诵言如醉[③]。匪用其良,覆俾我悖[④]。'是贪故也,孤之谓矣。孤实贪以祸夫子,夫子何罪?"复使为政[⑤]。

①在僖三十三年。②《诗·大雅》。隧,蹊径也。周大夫芮伯刺厉王,言贪人之败善类,若大风之行,毁坏众物,所在成蹊径。【释文】帅,所类切。芮,如锐切。《诗·大雅·柔》篇。隧,音遂。败,必迈切,注同。蹊,音兮。径,古定切。③言昏乱之君不好典诵之言,闻之若醉,得道听途说之言,则喜而答对。【释文】诵,似用切。昏,本亦作"惛",音昏。④覆,反也。俾,使也。不用良臣之言,反使我为悖乱。【释文】覆,芳服切。俾,本亦作"卑",必尔切,注同。⑤为明年秦、晋战彭衙传。【释文】复,扶又切。

文公二年

【经】

二年春,王二月甲子,晋侯及秦师战于彭衙,秦师败绩[①]。

丁丑,作僖公主[②]。

三月乙巳,及晋处父盟[③]。

夏六月,公孙敖会宋公、陈侯、郑伯、晋士縠,盟于垂陇[④]。

自十有二月不雨,至于秋七月[⑤]。

八月丁卯,大事于大庙,跻僖公[⑥]。

冬,晋人、宋人、陈人、郑人伐秦[⑦]。

公子遂如齐纳币[⑧]。

①孟明名氏不见,非命卿也。大崩曰败绩。冯翊郃阳县西北有彭衙城。【释文】衙,音牙。见,贤遍切。郃,户纳切。②主者,殷人以柏,周人以栗,三年丧终则迁入于庙。③处父为晋正卿,不能匡君以礼而亲与公盟,故贬其族,族去则非卿,故以微人常称为耦,以直厌不直。不地者,盟晋都。【释文】去,起吕切。称,尺证切。厌,於涉切。④垂陇,郑地,荥阳县东有陇城。士縠出盟诸侯,受成于卫,故贵而书名氏。【释文】縠,户木切,本亦作"毂",同。陇,力勇切。⑤无传。周七月,今五月也。不雨足为灾,不书旱,五谷犹有收。【释文】收,如字,又手又切。⑥大事,禘也。跻,升也。僖公,闵公庶兄,继闵而立,庙

坐宜次闵下，今升在闵上，故书而讥之。时未应吉禘，而于大庙行之，其讥已明，徒以逆祀故，特大其事，异其文。【释文】大，音泰，注及传"大庙"同。跻，子兮切。坐，才卧切，又如字。⑦四人皆卿。秦穆悔过，终用孟明，故贬四国大夫以尊秦伯。⑧传曰：礼也。僖公丧终此年十一月，则纳币在十二月也。士昏六礼，其一纳采，纳征始有玄纁束帛，诸侯则谓之纳币，其礼与士礼不同，盖公为大子时已行昏礼也。【释文】纁，许云切。

【传】

二年春，秦孟明视帅师伐晋，以报殽之役。二月，晋侯禦之。先且居将中军，赵衰佐之[①]。王官无地御戎[②]，狐鞫居为右[③]。甲子，及秦师战于彭衙。秦师败绩。晋人谓秦"拜赐之师"[④]。

①代郤溱。【释文】禦，鱼吕切。将，子匠切。衰，初危切。溱，侧巾切。②代梁弘。③鞫居，续简伯。【释文】鞫，九六切。④以孟明言三年将拜君赐，故嗤之。【释文】嗤，尺之切。

战于殽也，晋梁弘御戎，莱驹为右。战之明日，晋襄公缚秦囚，使莱驹以戈斩之。囚呼，莱驹失戈，狼瞫取戈以斩囚，禽之以从公乘，遂以为右。箕之役[①]，先轸黜之而立续简伯。狼瞫怒。其友曰："盍死之？"瞫曰："吾未获死所[②]。"其友曰："吾与女为难[③]。"瞫曰："《周志》有之：'勇则害上，不登于明堂[④]。'死而不义，非勇也。共用之谓勇[⑤]。吾以勇求右，无勇而黜，亦其所也[⑥]。谓上不我知，黜而宜，乃知我矣[⑦]。子姑待之。"及彭衙，既陈，以其属驰秦师，死焉[⑧]。晋师从之，大败秦师。君子谓："狼瞫于是乎君子。诗曰：'君子如怒，乱庶遄沮[⑨]。'又曰：'王赫斯怒，爰整其旅[⑩]。'怒不作乱，而以从师，可谓君子矣。"

①箕役在僖三十三年。【释文】呼，火故切。瞫，尺甚切，《字林》式衽切。乘，绳证切。②未得可死处。【释文】盍，户腊切。处，昌虑切。③欲共杀先轸。【释文】女，音汝。难，乃旦切。④《周志》，《周书》也。明堂，祖庙也，所以策功序德，故不义之士不得升。⑤共用，死国用。【释文】共，音恭，注同。⑥言今死而不义，更成无勇，宜见退。⑦言今见黜而合宜，则吾不得复言上不我知。【释文】复，扶又切。⑧属，属已兵。【释文】陈，直觐切。⑨《诗·小雅》。言君子之怒，必以止乱。遄，疾也。沮，止也。【释文】遄，市专切。沮，在汝切。⑩《诗·大雅》。言文王赫然奋怒，则整师旅以讨乱。【释文】赫，火百切。

秦伯犹用孟明。孟明增修国政，重施于民。赵成子言于诸大夫曰[①]："秦师又至，将必辟之。惧而增德，不可当也。诗曰：'毋念尔祖，聿修厥德[②]。'孟明念之矣。念德不怠，其可敌乎[3]？”

①成子，赵衰。【释文】施，式豉切。②《诗·大雅》。言念其祖考，则宜述修其德以显之。毋念，念也。【释文】辟，音避。毋，音无，注同。③为明年秦人伐晋传。

丁丑，作僖公主，书，不时也[1]。

①过葬十月，故曰不时。例在僖二十三年。

晋人以公不朝来讨。公如晋。夏四月己巳，晋人使阳处父盟公以耻之[1]。书曰："及晋处父盟。"以厌之也[2]。适晋不书，讳之也[3]。公未至，六月，穆伯公诸侯及晋司空士縠盟于垂陇，晋讨卫故也[4]。书士縠，堪其事也[5]。陈侯为卫请成于晋，执孔达以说[6]。

①使大夫盟公，欲以耻辱鲁也。经书三月乙巳，经、传必有误。②厌，犹损也。晋以非礼盟公，故文厌之以示讥。【释文】厌，於涉切，注同。③不书公如晋。④讨元年卫人伐晋。士縠，士芀子。【释文】芀，于委切。⑤晋司空，非卿也。以士縠能堪卿事，故书。【释文】书士縠，或作"书曰晋士縠"。⑥陈始与卫谋，谓可以强得免，今晋不听，故更执孔达以苟免也。【释文】为，于伪切。

秋八月丁卯，大事于大庙，跻僖公，逆祀也[1]。于是夏父弗忌为宗伯[2]，尊僖公，且明见曰："吾见新鬼大，故鬼小[3]。先大后小，顺也。跻圣贤，明也[4]。明、顺，礼也。"

①僖是闵兄，不得为父子。尝为臣，位应在下，令居闵上，故曰逆祀。【释文】令，力呈切。闵上，时掌切，一本或无"上"字。②宗伯，掌宗庙昭穆之礼。【释文】夏，户雅切。昭，上遥切，后"昭穆"之例仿此。③新鬼，僖公，既为兄，死时年又长。故鬼，闵公，死时年少。弗忌明言其所见。【释文】长，丁丈切。少，诗照切。④又以僖公为圣贤。

君子以为失礼。礼无不顺。祀，国之大事也，而逆之，可谓礼乎？子虽齐圣，不先父食久矣[1]。故禹不先鲧，汤不先契[2]，文、武不先不窋[3]。宋祖帝乙，郑祖厉王，犹上祖也[4]。是以《鲁颂》曰："春秋匪解，享祀不忒，皇皇后帝，皇祖后稷[5]。"君子曰礼，谓其后稷亲而先帝也[6]。《诗》曰："问我诸姑，遂及伯姊[7]。"君子曰礼，谓其姊亲而先姑也[8]。仲尼曰："臧文仲，其不仁者三，不知者三。下展禽[9]，废六关[10]，妾织蒲，三不仁也[11]。作虚器[12]，纵逆祀[13]，祀爰居，三不知也。[14]"

①齐，肃也。臣继君犹子继父。【释文】先，悉荐切，下"不先"皆同。②鲧，禹父。契，汤十三世祖。【释文】鲧，古本切。契，息列切，殷始封之君。③不窋，后稷子。【释文】窋，知律切。④帝乙，微子父。厉王，郑桓公父。二国不以帝乙、厉王不肖而犹尊尚之。【释文】肖，悉召切。⑤忒，差也。皇皇，美也。后帝，天也。《诗》颂僖公郊祭上天，

配以后稷。【释文】解，佳买切。忒，他得切。⑥先称帝也。⑦《诗·邶风》也。卫女思归而不得，故愿致问于姑姊。【释文】邶，音佩。⑧僖亲，文公父。夏父弗忌欲阿时君，先其所亲，故传以二诗深责其意。⑨展禽，柳下惠也。文仲知柳下惠之贤而使在下位，己欲立而立人。【释文】知，音智，下同。⑩塞关、阳关之属。凡六关，所以禁绝末游而废之。【释文】塞，悉再切。⑪家人贩席，言其与民争利。【释文】贩，甫万切。⑫谓居蔡，山节藻棁也。有其器而无其位，故曰虚。【释文】棁，章悦切。⑬听夏父跻僖公。⑭海鸟曰爰居，止于鲁东门外，文仲以为神，命国人祀之。【释文】爰居，《尔雅》一名杂县。樊光云似凤皇。爰居事见《国语》。《庄子》云：鲁侯御而觞之于庙。

冬，晋先且居、宋公子成、陈辕选、郑公子归生伐秦，取汪，及彭衙而还，以报彭衙之役。卿不书，为穆公故，尊秦也，谓之崇德[①]。

【释文】成，音城，本或作"戌"，音恤。选，息兖切。汪，乌黄切。为，于伪切。

襄仲如齐纳币，礼也。凡君即位，好舅甥，修昏姻，娶元妃以奉粢盛，孝也[①]。孝，礼之始也。

①谓谅闇既终，嘉好之事通于外内，外内之礼始备。此除凶之即位也，于是遣卿申好舅甥之国，修礼以昏姻也。元妃。嫡夫人，奉粢庸，共祭祀。【释文】好，呼报切，注同。娶，七住切。妃，芳非切。粢，音咨。盛，音成。嫡，丁历切。共，音恭。

文公三年

【经】

三年春，王正月，叔孙得臣会晋人、宋人、陈人、卫人、郑人伐沈。沈溃[①]。

夏五月，王子虎卒[②]。

秦人伐晋[③]。

秋，楚人围江。

雨螽于宋[④]。

冬，公如晋。十有二月己巳，公及晋侯盟。

晋阳处父帅师伐楚以救江。

①传例曰：民逃其上曰溃。沈，国名也。汝南平舆县北有沈亭。【释文】沈，尸甚切。

溃，户内切。舆，音余，一音预。②不书爵者，天王赴也。翟泉之盟，虽辄假王命，周王因以同盟之例为赴。【释文】为，于伪切，又如字，本或作“来赴”。③晋人耻不出，以微者告。④自上而隋，有似于雨，宋人以其死为得天祐，喜而来告，故书。【释文】雨，于付切，注及传同。螽，音终。隋，徒火切，传、注同。祐，音又。

【传】

三年春，庄叔会诸侯之师伐沈，以其服于楚也。沈溃。凡民逃其上曰溃，在上曰逃[①]。

①溃，众散流移，若积水之溃，自坏之象也。国君轻走，群臣不知其谋，与匹夫逃窜无异，是以在众曰溃，在上曰逃，各以类言之。【释文】轻，如字，又遣政切。窜，七乱切。

卫侯如陈，拜晋成也[①]。

①二年，陈侯为卫请成于晋。【释文】为，于伪切。

夏四月乙亥，王叔文公卒，来赴，吊如同盟，礼也[①]。

①王子虎与僖公同盟于翟泉，文公是同盟之子，故赴以名。传因王子虎异于诸侯，王叔又未与文公盟，故于此显示体例也。经书五月，又不书日，从赴也。

秦伯伐晋，济河焚舟[①]，取王官，及郊[②]。晋人不出，遂自茅津济，封殽尸而还[③]。遂霸西戎，用孟明也。君子是以知秦穆公之为君也，举人之周也[④]，与人之壹也[⑤]；孟明之臣也，其不解也，能惧思也；子桑之忠也，其知人也，能举善也[⑥]。《诗》曰“于以采蘩，于沼于沚，于以用之，公侯之事”，秦穆有焉[⑦]。“夙夜匪解，以事一人”，孟明有焉[⑧]。“诒厥孙谋，以燕翼子”，子桑有焉[⑨]。

①示必死也。②王官、郊，晋地。③茅津在河东大阳县西。封，埋藏之。【释文】大，音泰。④周，备也。不偏以一恶弃其善。⑤壹，无二心。⑥子桑，公孙枝，举孟明者。【释文】解，佳卖切。⑦《诗·国风》。言沼沚之蘩至薄，犹采以共公侯，以喻秦穆不遗小善。【释文】蘩，音烦。沼，之绍切。沚，音止。共，音恭。⑧《诗·大雅》。美仲山甫也。一人，天子也。⑨诒，遗也。燕，安也。翼，成也。《诗·大雅》。美武王能遗其子孙善谋，以安成子孙。言子桑有举善之谋。【释文】诒，以之切。遗，唯季切。

秋，雨螽于宋，队而死也[①]。

①螽飞至宋，队地而死若雨。【释文】队，直类切。

楚师围江。晋先仆伐楚以救江[①]。冬，晋以江故告于周[②]。王叔桓公、晋阳处父伐楚以救江[③]，门于方城，遇息公子朱而还[④]。

①晋救江在雨奋下,故使围江之经随在雨奋下。②欲假天子之威以伐楚。③桓公,周卿士,王叔文公之子。桓公不书,示威名,不亲伐。④子朱,楚大夫,伐江之帅也。闻晋师起而江兵解,故晋亦还。【释文】帅,所类切。解。音蟹,又佳卖切。

晋人惧其无礼于公也,请改盟[①]。公如晋,及晋侯盟。晋侯飨公,赋《菁菁者莪》[②]。庄叔以公降,拜[③],曰:“小国受命于大国,敢不慎仪?君贶之以大礼,何乐如之?抑小国之乐,大国之惠也。”晋侯降,辞[④],登,成拜[⑤]。公赋《嘉乐》[⑥]。

①改二年处父之盟。②《菁菁者莪》,《诗·小雅》,取其“既见君子,乐且有仪”。【释文】菁,子丁切。莪,五多切。乐,音洛,下文“何乐”“小国之乐”同。③谢其以公比君子也。④降阶,辞让公。⑤俱还上,成拜礼。【释文】上,时掌切,又如字。⑥《嘉乐》,《诗·大雅》,义取其“显显令德,宜民宜人,受禄于天”。【释文】嘉,户嫁切。乐,如字,注同。

文公四年

【经】

四年春,公至自晋[①]。

夏,逆妇姜于齐[②]。

狄侵齐[③]。

秋,楚人灭江[④]。

晋侯伐秦。

卫侯使宁俞来聘。

冬十有一月壬寅,夫人风氏薨[⑤]。

①无传。②称妇,有姑之辞。③无传。④灭例在文十五年。⑤僖公母,风姓也。赴同祔姑,故称夫人。【释文】俞,羊朱切。祔,音附。

【传】

四年春,晋人归孔达于卫,以为卫之良也,故免之[①]。

夏,卫侯如晋拜[②]。曹伯如晋,会正[③]。

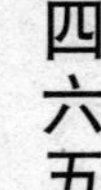

①二年,卫执孔达以说晋。②谢归孔达。③会受贡赋之政也。传言襄公能继文之业,而诸侯服从。

逆妇姜于齐,卿不行,非礼也[1]。君子是以知出姜之不允于鲁也[2]。曰:“贵聘而贱逆之[3],君而卑之,立而废之[4],弃信而坏其主,在国必乱,在家必亡[5]。不允宜哉!《诗》曰:‘畏天之威,于时保之。’敬主之谓也[6]。”

①礼,诸侯有故则使卿逆。②允,信也。始来不见尊贵,故终不为国人所敬信也。文公薨而见出,故曰出姜。③公子遂纳币,是贵聘也。④君,小君也。不以大人礼迎,是卑废之。⑤主,内主也。【释文】坏,音怪。⑥《诗·颂》,言畏天威,于是保福禄。

秋,晋侯伐秦,围邧、新城,以报王官之役[1]。

①邧、新城,秦邑也。王官役在前年。【释文】邧,愿晚切,一音元。

楚人灭江,秦伯为之降服、出次、不举,过数[1]。大夫谏,公曰:“同盟灭,虽不能救,敢不矜乎!吾自惧也[2]。”君子曰:“《诗》云:‘惟彼二国,其政不获。惟此四国,爰究爰度。’其秦穆之谓矣[3]。”

①降服,素服也。出次,辟正寝。不举,去盛馔。邻国之礼有数,今秦伯过之。【释文】为,于伪切,下注“为赋”“为歌”皆同。去,起吕切。馔,仕眷切。②秦、江同盟,不告,故不书。【释文】矜,居陵切。③《诗·大雅》,言夏、商之君政不得人心,故四方诸侯皆惧而谋度其政事也。言秦穆亦能感江之灭,惧而思政。爰,于也。究、度,皆谋也。【释文】究,音救。度,待洛切,注同。

卫宁武子来聘,公与之宴,为赋《湛露》及《彤弓》[1]。不辞,又不答赋。使行人私焉[2]。对曰:“臣以为肄业及之也[3]。昔诸侯朝正于王[4],王宴乐之,于是乎赋《湛露》,则天子当阳,诸侯用命也[5]。诸侯敌王所忾而献其功[6],王于是乎赐之彤弓一,彤矢百,玈弓矢千,以觉报宴[7]。今陪臣来继旧好[8],君辱贶之,其敢干大礼以自取戾[9]?”

①非礼之常,公特命乐人以示意,故言为赋。《湛露》《彤弓》,《诗·小雅》。【释文】湛,直减切。彤,徒冬切。②私问之。③肄,习也。鲁人失所赋,宁武子佯不知,此其愚不可及。【释文】肄,字又作“肆”,以二切,注同。佯,音阳,一音祥。④朝而受政教也。⑤《湛露》曰:“湛湛露斯,匪阳不晞。”晞,干也。言露见日而干,犹诸侯禀天子命而行。【释文】乐,音洛,下注“宴乐”同。晞,音希。⑥敌,犹当也。忾,恨怒也。【释文】忾,苦爱切。⑦觉,明也。谓诸侯有四夷之功,王赐之弓矢,又为歌《彤弓》,以明报功宴乐。【释文】玈,音卢。觉,音角。⑧方论天子之乐,故自称陪臣。【释文】好,呼报切。⑨贶,赐也。

干,犯也。戾,罪也。【释文】贶,音况。戾,力计切。

冬,成风薨①。

①为明年王使来含赗传。

文公五年

【经】

五年春,王正月,王使荣叔归含,且赗①。

三月辛亥,葬我小君成风②。王使召伯来会葬③。

夏,公孙敖如晋④。

秦人入鄀⑤。

秋,楚人灭六⑥。

冬十月甲申,许男业卒⑦。

①珠玉曰含。含,口实。车马曰赗。【释文】含,本亦作"唅",户暗切,《说文》作"琀",云:送终口中玉。赗,芳凤切。②无传。反哭成丧,故曰葬我小君。③召伯,天子卿也。召,采地;伯,爵也。来不及葬,不讥者,不失五月之内。【释文】召,上照切。④无传。⑤入例在十五年。【释文】鄀,音若。⑥六国,今庐江六县。【释文】庐,力居切。⑦无传。与僖公六同盟。

【传】

五年春,王使荣叔来含且赗,召昭公来会葬,礼也①。

①成风,庄公之妾,天子以夫人礼赗之,明母以子贵,故曰礼。

初,鄀叛楚即秦,又贰于楚。夏,秦人入鄀。

六人叛楚即东夷。秋,楚成大心、仲归帅师灭六①。冬,楚子燮灭蓼②。臧文仲闻六与蓼灭,曰:"皋陶、庭坚不祀忽诸。德之不建,民之无援,哀哉③!"

①仲归,子家。②蓼国,今安丰蓼县。【释文】燮,息列切。蓼,音了。③蓼与六皆皋陶后也。伤二国之君不能建德结援大国,忽然而亡。【释文】陶,音遥。

晋阳处父聘于卫,反过宁。宁嬴从之①,及温而还。其妻问之。嬴曰:"以刚。《商书》曰：'沈渐刚克，高明柔克[2]。'夫子壹之，其不没乎[3]。天为刚德，犹不干时[4]，况在人乎？且华而不实，怨之所聚也[5]。犯而聚怨，不可以定身[6]。余惧不获其利而离其难，是以去之[7]。"

晋赵成子、栾贞子、霍伯、臼季皆卒[8]。

①宁，晋邑，汲郡修武县也。嬴，逆旅大夫。【释文】嬴，音盈。②沈渐，犹滞溺也。高明，犹亢爽也。言各当以刚柔胜己本性，乃能成全也。此在《洪范》，今谓之《周书》。【释文】渐，似廉切，注同。滞溺，一本作"带溺"。亢，苦浪切。③阳子性纯刚。④寒暑相顺。⑤言过其行。【释文】行，下孟切。⑥刚则犯人。⑦为六年晋杀处父传。【释文】难，乃旦切。⑧成子，赵衰，新上军帅、中军佐也。贞子，栾枝，下军帅也。霍伯，先且居，中军帅也。臼季，胥臣，下军佐也。为六年蒐于夷传。【释文】帅，所类切，下同。蒐，所求切。

文公六年

【经】

六年春，葬许僖公[1]。

夏，季孙行父如陈[2]。

秋，季孙行父如晋。

八月乙亥，晋侯驩卒[3]。

冬十月，公子遂如晋，葬晋襄公[4]。

晋杀其大夫阳处父[5]。

晋狐射姑出奔狄[6]。

闰月，不告月，犹朝于庙[7]。

①无传。②行父，季友孙。③再同盟。【释文】驩，唤官切。④卿共葬事，文、襄之制也。三月而葬，速。【释文】共，音恭。⑤处父侵官，宜为国讨，故不言贾季杀。⑥射姑，狐偃子贾季也。奔例在宣十年。【释文】射，音亦，一音夜。⑦诸侯每月必告朔听政，因朝宗庙。文公以闰非常月，故阙不告朔，怠慢政事，虽朝于庙，则如勿朝，故曰犹。犹者，可止之辞。【释文】不告月，月或作"朔"，误也。告朔，本或作"告月"。

【传】

六年春，晋蒐于夷，舍二军[①]。使狐射姑将中军[②]，赵盾佐之[③]。阳处父至自温[④]，改蒐于董，易中军[⑤]。阳子，成季之属也[⑥]，故党于赵氏，且谓赵盾能，曰："使能，国之利也。"是以上之。宣子于是乎始为国政[⑦]，制事典[⑧]，正法罪[⑨]，辟狱刑[⑩]，董逋逃[⑪]，由质要[⑫]，治旧洿[⑬]，本秩礼[⑭]，续常职[⑮]，出滞淹[⑯]。既成，以授大傅阳子与大师贾佗，使行诸晋国，以为常法[⑰]。

①僖三十一年，晋蒐清原，作五军；今舍二军，复三军之制。夷，晋地。前年四卿卒，故蒐以谋军帅。【释文】舍，音捨，注同。帅，所类切，下同。②代先且居。【释文】将，子匠切。③代赵衰也。盾，赵衰子。【释文】盾，徒本切。④往年聘卫过温，今始至。【释文】过，古禾切。⑤易以赵盾为帅，射姑佐之。河东汾阴县有董亭。⑥处父尝为赵衰属大夫。⑦宣，赵盾谥。⑧典，常也。⑨轻重当。【释文】当，丁浪切。⑩辟犹理也。【释文】辟，婢亦切，后同者更不音。⑪董，督也。【释文】逋，补吾切。⑫由，用也。质要，契券也。⑬治，理。洿，秽。【释文】洿，音乌，本又作"汙"，同。⑭贵贱不失其本。⑮修废官。⑯拔贤能也。⑰贾佗以公族从文公而不在五人之数。【释文】大，音泰，下同。佗，徒河切。从，才用切。

臧文仲以陈、卫之睦也，欲求好于陈。夏，季文子聘于陈，且娶焉[①]。

①臣非君命不越竟，故因聘而自为娶。【释文】好，呼报切。娶，七住切。竟，音境。为，于伪切。

秦伯任好卒[①]，以子车氏之三子奄息、仲行、鍼虎为殉[②]，皆秦之良也。国人哀之，为之赋《黄鸟》[③]。君子曰："秦穆之不为盟主也，宜哉！死而弃民。先王违世，犹诒之法，而况夺之善人乎！《诗》曰：'人之云亡，邦国殄瘁[④]。'无善人之谓。若之何夺之？"

①任好，秦穆公名。【释文】任，音壬。②子车，秦大夫氏也。以人从葬为殉。【释文】车，音居。仲，本亦作"中"，音仲。行，户郎切。鍼，其廉切。殉，似俊切，杀人以死曰殉，《字林》弋绢切。③《黄鸟》，《诗·秦风》，义取黄鸟止于棘、桑，往来得其所，伤三良不然。【释文】为，于伪切，下注"为立""为作善"皆同。④《诗·大雅》，言善人亡则国瘁病。【释文】诒，以之切。瘁，似醉切。

"古之王者知命之不长，是以并建圣哲[①]，树之风声[②]，分之采物[③]，著之话言[④]，为之律度[⑤]，陈之艺极[⑥]，引之表仪[⑦]，予之法制，告之训典[⑧]，教之防利[⑨]，委之常秩[⑩]，道之礼则，使无失其土宜，众隶赖之，而后即命[11]。圣王同之。今纵无法以遗后嗣，而又收其良以死，难以在上矣。"君子是以知秦之不复东征也[12]。

①建立圣知，以司牧民。【释文】王，如字，一音于况切。知，音智。②因土地风俗为立声教之法。③旌旗衣服，各有分制。【释文】分，扶问切，注同。④话，善也。为作善言遗戒。【释文】话，户快切。⑤钟律度量，所以治历明时。【释文】量，音亮。⑥艺，准也。极，中也。贡献多少之法。传曰：贡之无艺。又曰：贡献无极。⑦引，道也。表仪，犹威仪。【释文】道，音导，下同。⑧训典，先王之书。⑨防恶兴利。⑩委，任也。常秩，官司之常职。⑪即，就也。⑫不能复征讨东方诸侯，为霸主。【释文】遗，唯季切。复，扶又切，注同。

秋，季文子将聘于晋，使求遭丧之礼以行[1]。其人曰："将焉用之[2]？"文子曰："备豫不虞，古之善教也。求而无之，实难[3]。过求何害[4]？"

①季文子，季孙行父也。闻晋侯疾故。②其人，从者。【释文】焉，於虔切。从，才用切。③难卒得。【释文】卒，寸忽切。④所谓文子三思。【释文】三，息暂切。

八月乙亥，晋襄公卒。灵公少，晋人以难故，欲立长君[1]。赵孟曰："立公子雍[2]。好善而长，先君爱之，且近于秦。秦，旧好也。置善则固，事长则顺，立爱则孝，结旧则安。为难故，故欲立长君，有此四德者，难必抒矣[3]。"贾季曰："不如立公子乐[4]。辰嬴嬖于二君[5]，立其子，民必安之。"赵孟曰："辰嬴贱，班在九人[6]，其子何震之有[7]？且为二嬖，淫也。为先君子，不能求大而出在小国，辟也。母淫子辟，无威。陈小而远，无援，将何安焉？杜祁以君故，让偪姞而上之[8]，以狄故，让季隗而己次之，故班在四[9]。先君是以爱其子而仕诸秦，为亚卿焉[10]。秦大而近，足以为援，母义子爱，足以威民，立之不亦可乎？"使先蔑、士会如秦，逆公子雍[11]。贾季亦使召公子乐于陈，赵孟使杀诸郫[12]。贾季怨阳子之易其班也[13]，而知其无援于晋也[14]，九月，贾季使续鞫居杀阳处父[15]。书曰："晋杀其大夫。"侵官也[16]。

①立少君，恐有难。【释文】少，诗照切，注同。难，乃旦切，注及下皆同。长，丁丈切，下皆同。②赵孟，赵盾也。公子雍，文公子，襄公庶弟，杜祁之子。③抒，除也。【释文】好，呼报切，下皆同。近，附近之近。抒，直吕切，又时吕切。④乐，文公子。【释文】乐，音岳，一音洛。⑤辰嬴，怀嬴也。二君，怀公、文公也。【释文】嬖，必计切。⑥班，位也。⑦震，威也。⑧杜祁，杜伯之后，祁，姓也。偪姞，姞姓之女，生襄公为世子，故杜祁让使在己上。【释文】辟，匹亦切，又作"僻"，下同。祁，巨之切。偪，彼力切。姞，其吉切，又其

乙切。⑨以季隗是文公托狄时妻，故复让之。然则杜祁本班在二。【释文】隗，五罪切。复，扶又切，下"将复怨"同。⑩亚，次也，言其贤故位尊。【释文】亚，於嫁切。⑪先蔑，士伯也。士会，随季也。⑫郫，晋地。【释文】郫，音婢支切。⑬本中军帅，易以为佐。【释文】帅，所类切，下"命帅"同。⑭少族多怨。⑮鞫居，狐氏之族。⑯君已命帅，处父易之，故曰侵官。

冬十月，襄仲如晋，葬襄公。

十一月丙寅，晋杀续简伯[①]。贾季奔狄。宣子使臾骈送其帑[②]。夷之蒐，贾季戮臾骈，臾骈之人欲尽杀贾氏以报焉。臾骈曰："不可。吾闻前志有之曰'敌惠敌怨，不在后嗣'，忠之道也[③]。夫子礼于贾季，我以其宠报私怨，无乃不可乎[④]？介人之宠，非勇也[⑤]。损怨益仇，非知也[⑥]。以私害公，非忠也。释此三者，何以事夫子？"尽具其帑，与其器用财贿，亲帅扞之，送致诸竟[⑦]。

①简伯，续鞫居。十一月无丙寅，丙寅，十二月八日也。日月必有误。②帑，妻子也。宣子以贾季中军之佐，同官故。【释文】臾，羊朱切。骈，蒲贤切，又蒲丁切。帑，音奴。③敌犹对也，若及子孙则为非对，非对则为迁怒。【释文】尽，津忍切。④言已蒙宣子宠位。⑤介，因也。【释文】介，音界。⑥杀季家欲以除怨，宣子将复怨已，是益仇。【释文】知，音智。⑦扞，卫也。【释文】扞，户旦切。竟，音境。

闰月不告朔，非礼也[①]。闰以正时[②]，时以作事[③]，事以厚生[④]，生民之道，于是乎在矣。不告闰朔，弃时政也，何以为民[⑤]？

①经称告月，传称告朔，明告月必以朔。②四时渐差，则致闰以正之。③顺时命事。④事不失时则年丰。⑤【释文】为，如字，治也，或音于伪切，非也。

文公七年

【经】

七年春，公伐邾。

三月甲戌，取须句[①]。遂城郚[②]。

夏四月，宋公王臣卒[③]。

宋人杀其大夫[④]。

戊子，晋人及秦人战于令狐[5]。

晋先蔑奔秦[6]。

狄侵我西鄙。

秋八月，公会诸侯、晋大夫，盟于扈[7]。

冬，徐伐莒[8]。

公孙敖如莒莅盟[9]。

①须句，鲁之封内属国也。僖公反其君之后，邾复灭之。书取，易也。例在襄十三年。【释文】句，其俱切。复，扶又切。易，以豉切。②无传。因伐邾师以城郚。郚，鲁邑，卞县南有郚城。备邾难。【释文】郚，音吾。难，乃旦切。③二年，与鲁大夫盟于垂陇。【释文】王，如字，又往方切。④宋人攻昭公，并杀二大夫，故以非罪书。⑤赵盾废嫡而外求君，故贬称人。晋讳背先蔑而夜薄秦师，以战告。【释文】令，力呈切。嫡，本又作“適”，丁历切。背，音佩。⑥不言出，在外奔。⑦扈，郑地，荥阳卷县西北有扈亭。不分别书会人，总言诸侯、晋大夫盟者，公后会而及其盟。【释文】扈，音户。卷，音权，又丘权切。别，彼列切。⑧不书将帅，徐夷告辞略。【释文】将，子匠切。⑨【释文】莅，音利，音类。

【传】

七年春，公伐邾，间晋难也[1]。三月甲戌，取须句，寘文公子焉，非礼也[2]。

①公因霸国有难而侵小。【释文】间，间厕之间，或如字。难，乃旦切，注同。②邾文公子叛在鲁，故公使为守须句大夫也。绝大皞之祀以与邻国叛臣，故曰非礼。【释文】寘，之豉切，下同。大，音泰。皞，户老切。

夏四月，宋成公卒。于是公子成为右师[1]，公孙友为左师[2]，乐豫为司马[3]，鳞矔为司徒[4]，公子荡为司城[5]，华御事为司寇[6]。

①庄公子。②目夷子。③戴公玄孙。④桓公孙。【释文】矔，古乱切。⑤桓公子也。以武公名，废司空为司城。⑥华元父也。传言六卿皆公族，昭公不亲信之，所以致乱。【释文】御，鱼吕切，本又作“禦”，音同。

昭公将去群公子，乐豫曰：“不可。公族，公室之枝叶也，若去之则本根无所庇荫矣。葛藟犹能庇其本根[1]，故君子以为比[2]，况国君乎？此谚所谓‘庇焉而纵寻斧焉’者也[3]，必不可，君其图之。亲之以德，皆股肱也，谁敢携贰？若之何去之？”不听。

①葛之能藟蔓繁滋者，以本枝荫庥之多。【释文】去，起吕切，下及注同。庇，必利切，

又悲位切，下同。蒴，本又作“荫”，於鸩切。藟，本或作“虆”，力轨切。蔓，音万。庥，许求切，本又作“庇”。虆，类龟切。②谓诗人取以喻九族兄弟。【释文】比，必尔切。③纵，放也。

穆、襄之族率国人以攻公[①]，杀公孙固、公孙郑于公宫[②]。六卿和公室，乐豫舍司马以让公子卬[③]，昭公即位而葬。书曰：“宋人杀其大夫。”不称名，众也，且言非其罪也[④]。

①穆公、襄公之子孙，昭公所欲去者。②二子在公宫，故为乱兵所杀。③卬，昭公弟。【释文】舍，音捨，下同。卬，五郎切。④不称杀者及死者名。杀者众，故名不可知；死者无罪，则例不称名。

秦康公送公子雍于晋，曰：“文公之入也无卫，故有吕、郤之难[①]。”乃多与之徒卫。穆嬴日抱大子以啼于朝，曰：“先君何罪？其嗣亦何罪？舍適嗣不立而外求君，将焉寘此[②]？”出朝，则抱以适赵氏，顿首于宣子曰：“先君奉此子也而属诸子，曰：‘此子也才，吾受子之赐；不才，吾唯子之怨[③]。’今君虽终，言犹在耳[④]，而弃之，若何？”宣子与诸大夫皆患穆嬴，且畏偪[⑤]，乃背先蔑而立灵公，以御秦师。

①僖二十四年文公入。【释文】难，乃旦切。②穆嬴，襄公夫人，灵公母也。【释文】嬴，音盈。適，本又作“嫡”，同，丁历切。焉，於虔切，下“焉用”同。③欲使宣子教训之。【释文】属，音烛。④在宣子之耳。⑤畏国人以大义来偪己。【释文】偪，彼力切。

箕郑居守。赵盾将中军，先克佐之[①]。荀林父佐上军[②]。先蔑将下军，先都佐之。步招御戎，戎津为右。及堇阴[③]，宣子曰：“我若受秦，秦则宾也；不受，寇也。既不受矣，而复缓师，秦将生心。先人有夺人之心[④]，军之善谋也。逐寇如追逃，军之善政也。”训卒利兵，秣马蓐食，潜师夜起[⑤]。戊子，败秦师于令狐，至于刳首。己丑，先蔑奔秦，士会从之[⑥]。

①克，先且居子，代狐射姑。【释文】背，音佩。箕，音基。守，手又切，下注同。将，子匠切，下注同。②箕郑将上军居守，故佐独行。③先蔑、士会逆公子雍，前还晋。晋人始以逆雍出军，卒然变计立灵公，故车右戎御犹在职。堇阴，晋地。【释文】招，上遥切。堇，音谨，一音靳。卒，寸忽切。④夺敌之战心也。【释文】复，扶又切。先，悉荐切。有夺人之心，本或此句下有“后人待其反”，误。⑤蓐食，早食于寝蓐也。【释文】卒，子忽切。秣，音末。蓐，音辱。⑥从刳首去也。令狐在河东，当与刳首相接。【释文】刳，苦胡切。

先蔑之使也，荀林父止之，曰：“夫人、大子犹在，而外求君，此必不行。子以疾辞，若何？不然将及[①]。摄卿以往可也，何必子？同官为寮，吾尝同寮，敢不尽心乎！”弗听，为赋《板》之三章[②]，又弗听。及亡，荀伯尽送其帑及其器用财贿于秦，曰：“为同寮故也[③]。”

①祸将及己。【释文】使，所吏切。②《板》，《诗·大雅》，其三章义取刍荛之言，犹不可忽，况同寮乎。僖二十八年林父将中行，先蔑将左行。【释文】寮，本又作“僚”，力雕切。为，于伪切，下“为同寮”同。刍，初俱切。荛，晋饶。行，户郎切，下同。③荀伯，林父。

士会在秦三年，不见士伯[①]。其人曰：“能亡人于国[②]，不能见于此，焉用之[③]？”士季曰：“吾与之同罪[④]，非义之也，将何见焉[⑤]？”及归，遂不见[⑥]。

①士伯，先蔑。②言能与人俱亡于晋国。③何用如此。④俱有迎公子雍之罪。⑤言己非慕先蔑之义而从之。⑥责先蔑为正卿而不匡谏，且俱出奔，恶有党也。士会归在十三年。【释文】恶，乌路切。

狄侵我西鄙，公使告于晋。赵宣子使因贾季问酆舒，且让之[①]。酆舒问于贾季曰：“赵衰、赵盾孰贤？”对曰：“赵衰，冬日之日也。赵盾，夏日之日也[②]。”

①酆舒，狄相。让其伐鲁。【释文】酆，芳忠切。相，息亮切。②冬日可爱，夏日可畏。

秋八月，齐侯、宋公、卫侯、郑伯、许男、曹伯会晋赵盾盟于扈，晋侯立故也。公后至，故不书所会。凡会诸侯，不书所会，后也[①]。后至，不书其国，辟不敏也[②]。

①不书所会，谓不具列公侯及卿大夫。②此传还自释凡例之意。

白玉玦（春秋）

穆伯娶于莒，曰戴己，生文伯，其娣声己生惠叔[①]。戴己卒，又聘于莒，莒人以声己辞，则为襄仲聘焉[②]。冬，徐伐莒。莒人来请盟[③]。穆伯如莒莅盟，且为仲逆。及鄢陵，登城见之，美[④]，自为娶之。仲请攻之，公将许之。叔仲惠伯谏曰[⑤]：“臣闻之，兵作于内为乱，于外为寇，寇犹及人，乱自及也。今臣作乱而君不禁，以启寇仇，若之何？”公止之，惠伯成之[⑥]。使仲舍之[⑦]，公孙敖反之[⑧]，复为兄弟如初。从之[⑨]。

①穆伯，公孙敖也。文伯，穀也。惠叔，难也。【释文】己，音纪，一音祀。娣，大计切。难，乃多切。②襄仲，公孙敖从父昆弟。【释文】为，音于伪切，下“且为”“自为”同。③见伐，故欲结援。④鄢陵，莒邑。【释文】鄢，於晚切。⑤惠伯，叔牙孙。⑥平二子。⑦舍，不娶。【释文】舍，音捨，注同。⑧还莒女。⑨为明年公孙敖奔莒传。【释文】复，音服，又扶

又切。

晋郤缺言于赵宣子曰："日卫不睦，故取其地①，今已睦矣，可以归之。叛而不讨，何以示威？服而不柔，何以示怀②？非威非怀，何以示德？无德，何以主盟？子为正卿，以主诸侯，而不务德，将若之何？《夏书》曰③：'戒之用休④，董之用威⑤，劝之以《九歌》，勿使坏。'九功之德皆可歌也，谓之九歌。六府、三事，谓之九功。水、火、金、木、土、谷，谓之六府。正德、利用、厚生，谓之三事。义而行之，谓之德、礼⑥。无礼不乐，所由叛也。若吾子之德莫可歌也，其谁来之⑦？盍使睦者歌吾子乎？"宣子说之⑧。

①日，往日。取卫地在元年。②柔，安也。③逸《书》。④有休则戒之以勿休。⑤董，督也。有罪则督之以威刑。⑥德，正德也。礼以制财用之节，又以厚生民之命。⑦来，犹归也。【释文】乐，音洛。⑧为明年晋归郑、卫田张本。【释文】盍，户腊切。

文公八年

【经】

八年春，王正月。

夏四月。

秋八月戊申，天王崩。

冬十月壬午，公子遂会晋赵盾，盟于衡雍①。

乙酉，公子遂会雒戎，盟于暴②。

公孙敖如京师，不至而复。丙戌，奔莒③。

螽④。

宋人杀其大夫司马，宋司城来奔⑤。

①壬午，月五日。【释文】雍，於用切。②乙酉，月八日也。暴，郑地。公子遂不受命而盟，宜去族，善其解国患，故称公子以贵之。【释文】会雒戎，本或作"伊、雒之戎"，此后人妄取传文加耳。雒，音洛。去，起吕切。③不言出，受命而出，自外行。④无传。为灾故书。⑤司马死不舍节，司城奉身而退，故皆书官而不名，贵之。【释文】舍，音捨。

【传】

八年春，晋侯使解扬归匡、戚之田于卫①，且复致公婿池之封，自申至于虎牢之境②。

①匡本卫邑，中属郑。孔达伐不能克，今晋令郑还卫及取戚田，皆见元年。【释文】解，音蟹。中，丁仲切。令，力呈切。见，贤遍切。②公婿池，晋君女婿。又取卫地以封之，今并还卫也。申，郑地。传言赵盾所以能相幼主而盟诸侯。【释文】复，扶又切。婿，音细，俗作"聓"。竟，音境，下注同。相，息亮切。

夏，秦人伐晋，取武城，以报令狐之役[①]。

①令狐役在七年。

秋，襄王崩[①]。

①为公孙敖如周吊传。

晋人以扈之盟来讨[①]。

冬，襄仲会晋赵孟，盟于衡雍，报扈之盟也，遂会伊、雒之戎[②]。书曰"公子遂"，珍之也[③]。

①前年盟扈，公后至。②伊、雒之戎将伐鲁，公子遂不及复君，故专命与之盟。③珍，贵也。大夫出竟，有可以安社稷、利国家者，专之可。

穆伯如周吊丧，不至，以币奔莒，从己氏焉[①]。

①己氏，莒女。

宋襄夫人，襄王之姊也，昭公不礼焉[①]。夫人因戴氏之族[②]，以杀襄公之孙孔叔、公孙钟离及大司马公子卬，皆昭公之党也。司马握节以死，故书以官[③]。司城荡意诸来奔，效节于府人而出[④]。公以其官逆之，皆复之。亦书以官，皆贵之也[⑤]。

①昭公适祖母。【释文】适，丁历切。②华、乐、皇皆戴族。③节，国之符信也，握之以死，示不废命。④效，犹致也。意诸，公子荡之孙。【释文】效，户教切。⑤卿违从大夫，公贤其效节，故以本官逆之，请宋而复之，司城官属悉来奔，故言皆复。

夷之蒐，晋侯将登箕郑父、先都[①]，而使士縠、梁益耳将中军[②]。先克曰："狐、赵之勋，不可废也。"从之[③]。先克夺蒯得田于堇阴[④]。故箕郑父、先都、士縠、梁益耳、蒯得作乱[⑤]。

①登之于上军也。夷蒐在六年。②士縠本司空。【释文】縠，户木切。将，子匠切。③狐偃、赵衰有从亡之勋。【释文】从，才用切。④七年晋御秦师于堇阴，以军事夺其田也。先克，中军佐。【释文】蒯，苦怪切。⑤为明年杀先克张本。【释文】为，于伪切。

文公九年

【经】

九年春，毛伯来求金①。

夫人姜氏如齐②。

二月，叔孙得臣如京师。辛丑，葬襄王③。

晋人杀其大夫先都④。

三月，夫人姜氏至自齐⑤。

晋人杀其大夫士縠及箕郑父⑥。

楚人伐郑⑦。

公子遂会晋人、宋人、卫人、许人救郑。

夏，狄侵齐⑧。

秋八月，曹伯襄卒⑨。

九月癸酉，地震⑩。

冬，楚子使椒来聘⑪。

秦人来归僖公、成风之襚⑫。

葬曹共公⑬。

①求金以共葬事，虽逾年而未葬，故不称王使。【释文】共，音恭，本亦作“供”，下同。②无传。归宁。③卿共葬事，礼也。④下军佐也，以作乱讨，故书名。⑤无传。告于庙。⑥与先都同罪也。⑦楚子师于狼渊，不亲伐。⑧无传。⑨无传。七年同盟于扈。⑩无传。地道安静，以动为异，故书。⑪称君以使大夫，其礼辞与中国同。椒不书氏，史略文。⑫衣服曰襚。秦辟陋，故不称使，不称夫人，从来者辞。【释文】襚，音遂，《说文》云：赠终者衣被曰棁。以此襚为衣死人衣。辟，匹亦切。⑬无传。【释文】共，音恭。

【传】

九年春，王正月己酉，使贼杀先克①。乙丑，晋人杀先都、梁益耳②。

①箕郑等所使也。乱，杀先克，不赴，故不书。②乙丑，正月十九日。经书二月，

从告。

毛伯卫来求金,非礼也[①]。不书王命,未葬也。

①天子不私求财,故曰非礼。

二月,庄叔如周。葬襄王。

三月甲戌,晋人杀箕郑父、士縠、蒯得[①]。

①梁益耳、蒯得不书,皆非卿。

范山言于楚子曰:"晋君少,不在诸侯,北方可图也[①]。"楚子师于狼渊以伐郑[②]。囚公子坚、公子龙及乐耳[③]。郑及楚平。公子遂会晋赵盾、宋华耦、卫孔达、许大夫救郑,不及楚师。卿不书,缓也,以惩不恪[④]。

①范山,楚大夫。【释文】少,诗照切,下注同。②陈师狼渊,为伐郑援也。颍川颍阴县西有狼陂。【释文】陂,彼皮切。③三子,郑大夫。【释文】龙,莫江切。④华耦,华父督曾孙。公子遂独不在贬者,诸鲁事自非指为其国褒贬,则皆从国史,不同之于他国,此《春秋》大意。他皆仿此。【释文】惩,直升切。恪,苦各切。为,于伪切。

夏,楚侵陈,克壶丘[①],以其服于晋也。秋,楚公子朱自东夷伐陈[②],陈人败之,获公子茷。陈惧,乃及楚平[③]。

①壶丘,陈邑。②子朱,息公也。③以小胜大,故惧而请平也。传言晋君少,楚陵中国,明年所以有厥貉之会。【释文】茷,扶废切。貉,武百切。

冬,楚子越椒来聘,执币傲[①]。叔仲惠伯曰:"是必灭若敖氏之宗。傲其先君,神弗福也[②]。"

①子越椒,令尹子文从子。傲,不敬。【释文】傲,五报切,注下同。从,才用切。②十二年传曰:"先君之敝器,使下臣致诸执事。"明奉使皆告庙,故言傲其先君也。为宣四年楚灭若敖氏张本。【释文】敖,五刀切。使,所吏切。

秦人来归僖公、成风之襚,礼也[①]。诸侯相吊贺也,虽不当事,苟有礼焉,书也,以无忘旧好[②]。

①秦慕诸夏,欲通敬于鲁,因有翟泉之盟,故追赠僖公,并及成风。本非鲁方嶽同盟,无相赴吊之制,故不讥其缓而以接好为礼。【释文】夏,户雅切。嶽,音岳。好,呼报切,下文注同。②送死不及尸,故曰不当事。书者,书于典策,垂示子孙,使无忘过厚之好。

文公十年

【经】

十年春，王正月辛卯，臧孙辰卒[①]。

夏，秦伐晋[②]。

楚杀其大夫宜申[③]。

自正月不雨，至于秋七月[④]。

及苏子盟于女栗[⑤]。

冬，狄侵宋[⑥]。

楚子、蔡侯次于厥貉[⑦]。

①无传。公与小敛，故书日。【释文】与，音预。敛，力验切。②不称将帅，告辞略。【释文】将，子匠切。帅，所类切。③宜申，子西也。谋弑君，故书名。④无传。义与二年同。⑤女栗，地名，阙。苏子，周卿士。顷王新立，故与鲁盟，亲诸侯也。【释文】女，音汝，一音如字。顷，音倾。⑥无传。⑦厥貉，地名，阙。将伐宋而未行，故书次。

【传】

十年春，晋人伐秦，取少梁[①]。夏，秦伯伐晋，取北徵[②]。

①少梁，冯翊夏阳县。【释文】少，商照切，下注同。夏，户雅切。②报少梁。【释文】徵，如字，《三苍》云：县，属冯翊，音惩，一音张里切。

初，楚范巫矞似谓成王与子玉、子西曰[①]："三君皆将强死。"城濮之役，王思之，故使止子玉曰："毋死。"不及。止子西，子西缢而县绝[②]，王使适至，遂止之，使为商公[③]。沿汉泝江，将入郢[④]。王在渚宫[⑤]，下，见之。惧而辞曰："臣免于死，又有谗言，谓臣将逃，臣归死于司败也[⑥]。"王使为工尹[⑦]。又与子家谋弑穆王。穆王闻之，五月，杀鬥宜申及仲归[⑧]。

①矞似，范邑之巫。【释文】矞，尹必切。②在僖二十八年。【释文】强，其丈切。濮，音卜。毋，音无。缢，一豉切。县，音玄。③商，楚邑，今上雒商县。【释文】使，所吏切。④沿，顺流。泝，逆流。【释文】沿，悦专切。泝，息路切。郢，以井切，又以政切。⑤小洲曰渚。【释文】渚，章吕切。水中可居者曰洲。洲，音州。⑥陈、楚名司寇为司败。子西畏

谗言,不敢之商县。⑦掌百工之官。⑧仲归,子家。不书,非卿。

秋七月,及苏子盟于女栗,顷王立故也[1]。

①僖十年,狄灭温,苏子奔卫。今复见,盖王复之。【释文】复,扶又切。见,贤遍切。

陈侯、郑伯会楚子于息。冬,遂及蔡侯次于厥貉[1],将以伐宋。宋华御事曰:"楚欲弱我也。先为之弱乎,何必使诱我?我实不能,民何罪?"乃逆楚子,劳,且听命[2]。遂道以田孟诸[3]。宋公为右盂,郑伯为左盂[4]。期思公复遂为右司马[5],子朱及文之无畏为左司马[6]。命夙驾载燧[7],宋公违命[8],无畏挟其仆以徇。或谓子舟曰:"国君不可戮也。"子舟曰:"当官而行,何强之有[9]?《诗》曰:'刚亦不吐,柔亦不茹[10]。''毋纵诡随,以谨罔极[11]。'是亦非辟强也,敢爱死以乱官乎[12]!"

①陈、郑及宋麇子不书者,宋、郑执卑,苟免为楚仆,任受役于司马,麇子耻之,遂逃而归。三君失位降爵,故不列于诸侯。宋、郑犹然,则陈侯必同也。【释文】麇,九伦切。②时楚欲诱呼宋共战。御事,华元父。【释文】劳,力报切。③孟诸,宋大薮也,在梁国睢阳县东北。【释文】道,音导。薮,素口切。睢,音绥。④盂,田猎陈名。【释文】盂,音于。陈,直觐切。⑤复遂,楚期思邑名。今弋阳期思县。【释文】弋,以职切。⑥将猎,张两甄,故置二左司马,然则右司马人当中央。【释文】甄,吉然切。⑦燧,取火者。【释文】命,眉病切。燧,本又作"遂",音遂。⑧不夙驾载燧。⑨子舟,无畏字。【释文】挟,耻乙切。徇,似俊切。舟,音州。⑩《诗·大雅》,美仲山甫不辟强御。【释文】茹,如吕切。⑪《诗·大雅》。诡人随人,无正心者。谨,犹慎也。罔,无也。极,中也。【释文】诡,九委切。⑫为宣十四年宋人杀子舟张本。

厥貉之会,麇子逃归[1]。

①为明年楚子伐麇传。

文公十一年

【经】

十有一年春,楚子伐麇[1]。

夏,叔彭生会晋郤缺于承筐[2]。

秋,曹伯来朝。

公子遂如宋。

狄侵齐。

冬十月甲午，叔孙得臣败狄于鹹[3]。

①讨前年逃厥貉会。【释文】麇，音九伦切。②承筐，宋地，在陈留襄邑县西。彭生，叔仲惠伯。郤缺，冀缺。【释文】叔彭生，"叔"又作"𡭝"；本或作"叔仲彭生"，"仲"衍字。缺，丘悦切。③鹹，鲁地。【释文】鹹，音咸。

【传】

十一年春，楚子伐麇，成大心败麇师于防渚[1]。潘崇复伐麇，至于钖穴[2]。

①成大心，子玉之子太孙伯也。防渚，麇地。②钖穴，麇地。【释文】复，扶又切。钖，音羊，或作"锡"，星历切。

夏，叔仲惠伯会晋郤缺于承筐，谋诸侯之从于楚者[1]。

①九年，陈、郑及楚平。十年，宋听楚命。

秋，曹文公来朝，即位而来见也[1]。

①【释文】见，贤遍切。

襄仲聘于宋，且言司城荡意诸而复之[1]，因贺楚师之不害也[2]。

①八年，意诸来奔。归不书，史失之。②往年楚次厥貉，将以伐宋也。

鄋瞒侵齐[1]，遂伐我。公卜使叔孙得臣追之，吉。侯叔夏御庄叔[2]，绵房甥为右，富父终甥驷乘[3]。冬十月甲午，败狄于鹹，获长狄侨如[4]。富父终甥摏其喉以戈，杀之[5]，埋其首于子驹之门[6]，以命宣伯[7]。

①鄋瞒，狄国名，防风之后，漆姓。【释文】鄋，所求切，《说文》作"𨛬"，云：北方长狄国也，在夏为防风氏，殷为汪芒氏。《字林》𨛬，一音先牢切。瞒，莫干切。漆，音七。②庄叔，得臣。【释文】夏，户雅切。③驷乘，四人共车。【释文】乘，绳证切，注及下同。④侨如，鄋瞒国之君，盖长三丈。获侨如不书，贱夷狄也。【释文】侨，又作"乔"，其骄切。长，如字，又直亮切。⑤摏，犹冲也。【释文】摏，舒容切。喉，音侯。戈，古禾切。⑥子驹，鲁郭门。骨节非常，恐后世怪之，故详其处。【释文】处，昌吕切。⑦得臣待事而名其三子，因名宣伯曰侨如，以旌其功。【释文】名，如字，或亡政切。

初，宋武公之世，鄋瞒伐宋[1]，司徒皇父帅师禦之，耏班御皇父充石[2]，公子穀甥为右，司寇牛父驷乘，以败狄于长丘[3]，获长狄缘斯[4]，皇父之二子死焉[5]。宋公于是以门赏耏班，使食其征[⑥]，谓之彨门。晋之灭潞也[⑦]，获侨如之弟焚如。齐襄公之二年[⑧]，鄋瞒伐齐，齐王子成父获其弟荣如[⑨]，埋其首于周首之北门[⑩]。卫人获其季弟简如[⑪]，鄋瞒由是遂亡[⑫]。

①在春秋前。②皇父，戴公子。充石，皇父名。【释文】禦，本亦作“御”，鱼吕切。彨，音而。③长丘，宋地。④缘斯，侨如之先。⑤皇父与穀甥及牛父皆死，故彨班独受赏。⑥门，关门。征，税也。【释文】税，舒锐切。⑦在宣十五年。【释文】潞，音路。⑧鲁桓之十六年。⑨荣如，焚如之弟。焚如后死而先说者，欲其兄弟伯季相次。荣如以鲁桓十六年死，至宣十五年一百三岁，其兄犹在。传言既长且寿，有异于人。王子成父，齐大夫。【释文】寿，如字，一音授。⑩周首，齐邑，济北穀城县东北有周首亭。⑪伐齐退走，至卫见获。⑫长狄之种绝。【释文】种，章勇切。

郕大子朱儒自安于夫钟[①]，国人弗徇[②]。

①安，处也。夫钟，郕邑。【释文】郕，音成。儒，如朱切。夫，音扶。②徇，顺也。为明年郕伯来奔传。【释文】徇，似俊切。

文公十二年

【经】

十有二年春，王正月，郕伯来奔[①]。

杞伯来朝[②]。

二月庚子，子叔姬卒[③]。

夏，楚人围巢[④]。

秋，滕子来朝。

秦伯使术来聘[⑤]。

冬十有二月戊午，晋人、秦人战于河曲[⑥]。

季孙行父帅师城诸及郓[⑦]。

①称爵，见公以诸侯礼迎之。【释文】见，贤遍切。②复称伯，舍夷礼。【释文】复，扶又切，一音服。舍，音捨。③既嫁成人，虽见出弃，犹以恩录其卒。④巢，吴、楚间小国，庐江六县东有居巢城。⑤术不称氏，史略文。⑥不书败绩，交绥而退，不大崩也。称人，秦、

晋无功,以微者告也。皆陈曰战,例在庄十一年。河曲在河东蒲坂县南。【释文】陈,直覲切。坂,音反。⑦郓,莒、鲁所争者。城阳姑幕县南有员亭,员即郓也。以其远偪外国,故帅师城之。【释文】郓,音运。幕,音莫。员,音云,一音运,本又作“郧”,音同。

【传】

十二年春,郕伯卒,郕人立君[①]。大子以夫钟与郕邽来奔[②]。公以诸侯逆之,非礼也[③]。故书曰:“郕伯来奔。”不书地,尊诸侯也[④]。

①大子自安于外邑故。②郕邽,亦邑。【释文】邽,音圭。③非公宠叛人。④既尊以为诸侯,故不复见其窃邑之罪。【释文】复,扶又切。见,贤遍切。

杞桓公来朝,始朝公也[①]。且请绝叔姬而无绝昏,公许之[②]。二月,叔姬卒,不言杞,绝也[③]。书叔姬,言非女也[④]。

①公即位,始来朝。②不绝昏,立其娣以为夫人。不书大归,未笄而卒。③既许其绝,故不言杞。④女未嫁而卒不书。

楚令尹大孙伯卒,成嘉为令尹[①]。群舒叛楚[②]。夏,子孔执舒子平及宗子,遂围巢[③]。

①若敖曾孙子孔。②群舒,偃姓,舒庸、舒鸠之属。今庐江南有舒城,舒城西南有龙舒。③平,舒君名。宗、巢二国,群舒之属。

秋,滕昭公来朝,亦始朝公也。

秦伯使西乞术来聘,且言将伐晋。襄仲辞玉曰:“君不忘先君之好,照临鲁国,镇抚其社稷,重之以大器,寡君敢辞玉[①]。”对曰:“不腆敝器,不足辞也[②]。”主人三辞。宾答曰:“寡君愿徼福于周公、鲁公以事君[③],不腆先君之敝器,使下臣致诸执事以为瑞节[④],要结好命,所以藉寡君之命,结二国之好[⑤],是以敢致之。”襄仲曰:“不有君子,其能国乎?国无陋矣。”厚贿之[⑥]。

①大器,圭璋也。不欲与秦为好,故辞玉。【释文】好,呼报切,注及下皆同。重,直用切。璋,音章。②腆,厚也。【释文】腆,他典切。③徼,要也。鲁公,伯禽也。言愿事君以并蒙先君之福。【释文】徼,古尧切。要,於尧切,下同。④节,信也。出聘必告庙,故称先君之器。【释文】瑞,垂伪切。⑤藉,荐也。【释文】藉,在夜切,注同。⑥贿,赠送也。【释文】贿,呼罪切。

秦为令狐之役故,冬,秦伯伐晋,取羁马[①]。晋人御之。赵盾将中军,荀林父佐之[②]。郤缺将上军[③],臾骈佐之[④]。栾盾将下军[⑤],胥甲佐之[⑥]。范无恤御戎[⑦],以从秦师于河曲。

臾骈曰："秦不能久，请深垒固军以待之。"从之。

①令狐役在七年。羁马，晋邑。【释文】为，于伪切。令，力丁切。②林父代先克。【释文】将，子匠切。③代箕郑。④代林父。【释文】骈，步边切。⑤栾枝子，代先蔑。【释文】栾，力官切。盾，徒本切。⑥胥臣子，代先都。⑦代步昭。【释文】昭，上遥切。

秦人欲战，秦伯谓士会曰："若何而战[1]？"对曰："赵氏新出其属曰臾骈，必实为此谋，将以老我师也[2]。赵有侧室曰穿，晋君之婿也[3]，有宠而弱，不在军事[4]，好勇而狂，且恶臾骈之佐上军也。若使轻者肆焉，其可[5]。"秦伯以璧祈战于河[6]。

①晋士会七年奔秦。【释文】垒，力轨切。②臾骈，赵盾属大夫，新出佐上军。③侧室，支子。穿，赵夙庶孙。【释文】穿，音川。④弱，年少也，又未尝涉知军事。【释文】少，诗照切。⑤肆，暂往而退也。【释文】恶，乌路切。轻，遣政切。肆，音四。⑥祷求胜。【释文】祷，丁老切，一音丁报切。

十二月戊午，秦军掩晋上军，赵穿追之，不及[1]。反，怒曰："裹粮坐甲，固敌是求，敌至不击，将何俟焉？"军吏曰："将有待也[2]。"穿曰："我不知谋，将独出。"乃以其属出。宣子曰："秦获穿也，获一卿矣[3]。秦以胜归，我何以报？"乃皆出战，交绥[4]。秦行人夜戒晋师曰："两君之士皆未憖也[5]，明日请相见也。"臾骈曰："使者目动而言肆，惧我也[6]，将遁矣。薄诸河，必败之[7]。"胥甲、赵穿当军门呼曰："死伤未收而弃之，不惠也；不待期而薄人于险，无勇也。"乃止[8]。秦师夜遁。复侵晋，入瑕[9]。

①上军不动，赵穿独追之。②待可击。【释文】裹，音果。③僖三十三年，晋侯以一命命郤缺为卿，不在军帅之数，然则晋自有散位从卿者。【释文】帅，所类切。散，悉但切。④《司马法》曰：逐奔不远，从绥不及。逐奔不远则难诱，从绥不及则难陷。然则古名退军为绥。秦、晋志未能坚战，短兵未至争而两退，故曰交绥。【释文】争，争斗之争。⑤憖，缺也。【释文】憖，鱼觐切，又鱼辖切，《方言》云：伤也；《字林》云：间也，牛吝切。⑥目动，心不安；言肆，声放失常节。【释文】使，所吏切。⑦薄，迫也。【释文】遁，徒困切。薄，蒲莫切，下同。败，卑卖切。⑧晋师止，为宣元年放胥甲传。⑨【释文】复，扶又切。

城诸及郓，书，时也。

文公十三年

【经】

十有三年春，王正月。

夏五月壬午，陈侯朔卒[①]。

邾子蘧蒢卒[②]。

自正月不雨，至于秋七月[③]。

大室屋坏[④]。

冬，公如晋。

卫侯会公于沓[⑤]。

狄侵卫[⑥]。

十有二月己丑，公及晋侯盟[⑦]。

公还自晋。郑伯会公于棐[⑧]。

①无传，再同盟。②未同盟而赴以名。【释文】蘧，其居切。蒢，丈居切。③无传。义与二年同。④大庙之室。【释文】大，音泰，注及传同。⑤沓，地阙。【释文】沓，徒答切。⑥无传。⑦十二月无己丑，己丑，十一月十一日。⑧棐，郑地。【释文】棐，芳味切，又非尾切。

【传】

十三年春，晋侯使詹嘉处瑕，以守桃林之塞[①]。

①詹嘉，晋大夫，赐其瑕邑，令帅众守桃林以备秦。桃林在弘农华阴县东潼关。【释文】詹，章廉切。塞，悉代切。令，力呈切。华，户化切。潼，音童。

晋人患秦之用士会也，夏，六卿相见于诸浮[①]。赵宣子曰："随会在秦，贾季在狄，难日至矣，若之何[②]？"中行桓子曰："请复贾季[③]，能外事，且由旧勋[④]。"郤成子曰："贾季乱，且罪大[⑤]，不如随会，能贱而有耻，柔而不犯[⑥]，其知足使也，且无罪。"乃使魏寿馀伪以魏叛者，以诱士会，执其帑于晋，使夜逸[⑦]。请自归于秦，秦伯许之[⑧]。履士会之足于朝[⑨]。秦伯师于河西[⑩]，魏人在东[⑪]。寿馀曰："请东人之能与夫二三有司言者，吾与之先[⑫]。"使士会。士会辞曰："晋人，虎狼也，若背其言，臣死，妻子为戮，无益于君，不可悔也[13]。"秦伯曰："若背其言，所不归尔帑者，有如河[14]！"乃行。绕朝赠之以策，曰："子无谓秦无人，吾谋适不用也[15]。"既济，魏人譟而还[16]。秦人归其帑。其处者为刘氏[17]。

①诸浮，晋地。②六年，贾季奔狄。【释文】难，乃旦切。日，人实切。③中行桓子，荀林父也。僖二十八年始将中行，故以为氏。【释文】行，户郎切，注同。将，子匠切。④有狐偃之旧勋。⑤杀阳处父故。⑥不可犯以不义。⑦魏寿馀，毕万之后。帑，寿馀子。【释文】知，音智。帑，音奴。⑧许受其邑。⑨蹑士会足，欲使行。【释文】蹑，女涉切。⑩将取魏。⑪今河北县，于秦为在河之东。⑫欲与晋人在秦者共，先告喻魏有司。【释文】夫，音扶。⑬辞行，示己无去心。【释文】背，音佩，下同。⑭言必归其妻子，明白如河。⑮示己觉其情。⑯喜得士会。【释文】譟，素报切。还，音旋。⑰士会，尧后刘累之胤，别族复累之姓。【释文】累，劣彼切。

邾文公卜迁于绎①。史曰："利于民而不利于君。"邾子曰："苟利于民，孤之利也。天生民而树之君，以利之也。民既利矣，孤必与焉。"左右曰："命可长也，君何弗为？"邾子曰："命在养民。死之短长，时也。民苟利矣，迁也，吉莫如之②！"遂迁于绎。五月，邾文公卒。君子曰："知命。"

①绎，邾邑，鲁国邹县北有绎山。【释文】绎，音亦。邹，侧留切。②左右以一人之命为言，文公以百姓之命为主。一人之命各有短长，不可如何，百姓之命乃传世无穷，故徙之。【释文】与，音预。传，直专切。

秋七月，大室之屋坏，书，不共也①。

①简慢宗庙，使至倾颓，故书以见臣子不共。【释文】颓，大回切。见，贤遍切。

冬，公如晋，朝，且寻盟。卫侯会公于沓，请平于晋。公还，郑伯会公于棐，亦请平于晋。公皆成之①。郑伯与公宴于棐，子家赋《鸿雁》②。季文子曰："寡君未免于此③。"文子赋《四月》④。子家赋《载驰》之四章⑤，文子赋《采薇》之四章⑥。郑伯拜⑦，公答拜。

①郑、卫贰于楚，畏晋，故因公请平。②子家，郑大夫公子归生也。《鸿雁》，《诗·小雅》，义取侯伯哀恤鳏寡，有征行之劳；言郑国寡弱，欲使鲁侯还晋恤之。【释文】鳏，古顽切。③言亦同有微弱之忧。④《四月》，《诗·小雅》，义取行役逾时，思归祭祀，不欲为还晋。【释文】为，于伪切，下皆同。⑤《载驰》，《诗·鄘风》，四章以下义取小国有急，欲引大国以救助。【释文】鄘，音容。⑥《采薇》，《诗·小雅》，取其"岂敢定居，一月三捷"，许为郑还，不敢安居。【释文】三，息暂切，又如字。捷，在接切。⑦谢公为行。

文公十四年

【经】

十有四年春,王正月,公至自晋①。

邾人伐我南鄙。

叔彭生帅师伐邾。

夏五月乙亥,齐侯潘卒②。

六月,公会宋公、陈侯、卫侯、郑伯、许男、曹伯、晋赵盾,癸酉,同盟于新城③。

秋七月,有星孛入于北斗④。

公至自会⑤。

晋人纳捷菑于邾,弗克纳⑥。

九月甲申,公孙敖卒于齐⑦。

齐公子商人弑其君舍⑧。

宋子哀来奔⑨。

冬,单伯如齐⑩。

齐人执单伯⑪。

齐人执子叔姬⑫。

①无传,告于庙。②七年盟于扈。乙亥,四月二十九日,书五月,从赴。【释文】潘,判干切。③新城,宋地,在梁国穀熟县西。④孛,彗也。既见而移入北斗,非常所有,故书之。【释文】孛,音佩,徐无溃切,嵇康音渤海字。彗,嵇似岁切,一音虽遂切。见,贤遍切。⑤无传。⑥邾有成君,晋赵盾不度于义,而大兴诸侯之师,涉邾之竟,见辞而退,虽有服义之善,所兴者广,所害者众,故贬称人。【释文】菑,侧其切。度,特洛切。竟,音境。⑦既许复之,故从大夫例书卒。⑧舍未逾年而称君者,先君既葬,舍已即位。弑君例在宣四年。⑨大夫奔例书名氏,贵之,故书字。⑩单伯,周卿士,为鲁如齐,故书。【释文】单,音善。为,于伪切。⑪诸侯无执王使之义,故不(衣)[依]行人例。【释文】使,所吏切。⑫叔姬,鲁女,齐侯舍之母。不称夫人,自鲁录之,父母辞。

【传】

十四年春，顷王崩。周公阅与王孙苏争政，故不赴。凡崩、薨，不赴则不书。祸、福，不告亦不书[①]。惩不敬也[②]。

①奔亡，祸也。归复，福也。【释文】顷，音倾。阅，音悦。②欲使怠慢（音）［者］自戒。【释文】惩，直升切。

邾文公之卒也[①]，公使吊焉，不敬。邾人来讨，伐我南鄙，故惠伯伐邾。

①在前年。

子叔姬妃齐昭公，生舍。叔姬无宠，舍无威。公子商人骤施于国[①]，而多聚士，尽其家，贷于公有司以继之[②]。夏五月，昭公卒，舍即位。

①骤，数也。商人，桓公子。【释文】妃，音配，本亦作"配"。骤，仕救切。施，式氏切。数，音朔。②家财尽，从公及国之有司富者贷。【释文】尽，津忍切。贷，音特，又音忒，注同。

邾文公元妃齐姜生定公，二妃晋姬生捷菑。文公卒，邾人立定公，捷菑奔晋。

六月，同盟于新城，从于楚者服[①]，且谋邾也[②]。

①从楚者，陈、郑、宋。②谋纳捷菑。

秋七月乙卯夜，齐商人弒舍而让元[①]。元曰："尔求之久矣。我能事尔，尔不可使多蓄憾[②]，将免我乎？尔为之[③]。"

①元，商人兄，齐惠公也。书九月，从告。七月无乙卯，日误。【释文】弒，本作"杀"，音试。②不为君则恨多。【释文】蓄，敕六切，本又作"畜"。憾，本又作"感"，户暗切。③言将复杀我。【释文】复，扶又切。

有星孛入于北斗，周内史叔服曰："不出七年，宋、齐、晋之君皆将死乱[①]。"

①后三年宋弒昭公，五年齐弒懿公，七年晋弒灵公。史服但言事征而不论其占，固非（求）［末］学所得详言。【释文】弒，音试，下同。

晋赵盾以诸侯之师八百乘纳捷菑于邾[①]。邾人辞曰："齐出貜且长[②]。"宣子曰："辞顺而弗从，不祥。"乃还[③]。

①八百乘，六万人，言力有余。【释文】乘，绳证切，注同。②貜且，定公。【释文】貜，俱缚切，徐居碧切。且，子余切。长，丁丈切，下注同。③立適以长，故曰辞顺。【释文】適，丁历切。

周公将与王孙苏讼于晋，王叛王孙苏[①]，而使尹氏与聃启讼周公于晋[②]。赵宣子平王室而复之[③]。

①王，匡王。叛，不与。②讼，理之。尹氏，周卿士。聃启，周大夫。【释文】聃，乃甘切。③复使和亲。

楚庄王立[①]，子孔、潘崇将袭群舒，使公子燮与子仪守而伐舒蓼[②]。二子作乱，城郢而使贼杀子孔，不克而还。八月，二子以楚子出，将如商密[③]。庐戢梨及叔麇诱之，遂杀鬥克及公子燮[④]。

初，鬥克囚于秦[⑤]，秦有郩之败[⑥]，而使归求成，成而不得志[⑦]。公子燮求令尹而不得，故二子作乱[⑧]。

①穆王子也。②即群舒。【释文】燮，昔协切。守，手又切。蓼，音了。③《国语》曰：楚庄王幼弱，子仪为师，王子燮为傅。【释文】还，音旋。④庐，今襄阳中庐县。戢梨，庐大夫。叔麇，其佐。鬥克，子仪也。【释文】庐，力於切，又音卢，注同。戢，侧立切。麇，九伦切。⑤在僖二十五年。⑥在僖三十三年。⑦无赏报也。⑧传言楚庄幼弱，国内乱，所以不能与晋竞。

穆伯之从己氏也[①]，鲁人立文伯[②]。穆伯生二子于莒而求复，文伯以为请。襄仲使无朝，听命，复而不出[③]，三年而尽室以复适莒。文伯疾而请曰："縠之子弱[④]，请立难也[⑤]。"许之。文伯卒，立惠叔。穆伯请重赂以求复，惠叔以为请，许之。将来，九月卒于齐，告丧，请葬，弗许[⑥]。

①在八年。【释文】己，音纪，又音祀。②穆伯之子縠也。③不得使与听政事，终寝于家，故出入不书。【释文】为，如字，又于伪切，下"为请"同，十五年亦放此。与，音预。④子，孟献子，年尚少。【释文】尽，津忍切。复，扶又切。少，诗照切。⑤难，縠弟。【释文】难，乃多切，又如字。⑥请以卿礼葬。

宋高哀为萧封人，以为卿[①]，不义宋公而出，遂来奔[②]。书曰："宋子哀来奔。"贵之也[③]。

①萧，宋附庸。仕附庸，还升为卿。②出而待放，从放所来，故曰遂。③贵其不食汙君之禄，辟祸速也。【释文】汙，汙辱之汙。

齐人定懿公，使来告难，故书以九月[①]。齐公子元不顺懿公之为政也，终不曰"公"，曰"夫己氏"[②]。

①齐人不服，故三月而后定。书以九月，明经日月皆从赴。【释文】难，乃旦切。②犹

言某甲。【释文】夫,音扶。己,音纪。

襄仲使告于王,请以王宠求昭姬于齐①。曰:“杀其子,焉用其母?请受而罪之。”冬,单伯如齐,请子叔姬,齐人执之②。又执子叔姬③。

①昭姬,子叔姬。②恨鲁恃王势以求女故。【释文】焉,於虔切。③欲以耻辱鲁。

文公十五年

【经】

十有五年春,季孙行父如晋。

三月,宋司马华孙来盟①。

夏,曹伯来朝。

齐人归公孙敖之丧②。

六月辛丑朔,日有食之。鼓,用牲于社③。

单伯至自齐。

晋郤缺帅师伐蔡。戊申,入蔡④。

秋,齐人侵我西鄙。

季孙行父如晋。

冬十有一月,诸侯盟于扈⑤。

十有二月,齐人来归子叔姬⑥。

齐侯侵我西鄙,遂伐曹,入其郛⑦。

①华孙奉使邻国,能临事制宜,至鲁而后定盟,故不称使;其官皆从,故书司马。【释文】华,户化切。使,所吏切。从,才用切。②大夫丧还不书,善鲁感子以赦父,敦公族之恩,崇仁孝之教,故特录敖丧归以示义。③传例曰:非礼也。④传例曰:获大城曰入。⑤将伐齐,晋侯受赂而止,故总曰诸侯,言不足序列。⑥齐人以王故,来送子叔姬,故与直出者异文。⑦郛,郭也。【释文】郛,音孚。

【传】

十五年春,季文子如晋,为单伯与子叔姬故也①。

①因晋请求。【释文】为，于伪切，下"为孟氏"、下注"为惠叔"皆同。

三月，宋华耦来盟，其官皆从之。书曰"宋司马华孙"，贵之也[①]。公与之宴，辞曰："君之先臣督，得罪于宋殇公，名在诸侯之策。臣承其祀，其敢辱君[②]？请承命于亚旅[③]。"鲁人以为敏[④]。

①古之盟会，必备威仪，崇贽币，宾主以成礼为敬，故传曰卿行旅从。春秋时率多不能备仪，华孙能率其属以从古典，所以敬事而自重。使重而事敬，则鲁尊而礼笃，故贵而不名。【释文】从，才用切，注"旅从"同，又音如字。贽，音至。率，所类切，又音律。使，所吏切。②耦，华督曾孙也。督弑殇公在桓二年。耦自以罪人子孙故，不敢屈辱鲁君，对共宴会。③亚旅，上大夫也。【释文】亚，於嫁切。④无故扬其先祖之罪是不敏，鲁人以为敏，明君子所不与也。

夏，曹伯来朝，礼也。诸侯五年再相朝，以修王命，古之制也[①]。

①十一年，曹伯来朝，虽至此乃来，亦五年。传为冬齐侯伐曹张本。

齐人或为孟氏谋[①]，曰："鲁，尔亲也。饰棺寘诸堂阜[②]，鲁必取之。"从之。卞人以告[③]。惠叔犹毁以为请[④]，立于朝以待命。许之，取而殡之[⑤]。齐人送之。书曰："齐人归公孙敖之丧。"为孟氏，且国故也[⑥]。葬视共仲[⑦]。

①孟氏，公孙敖家，庆父为长庶，故或称孟氏。【释文】长，丁丈切。②堂阜，齐鲁竟上地。饰棺不殡，示无所归。【释文】寘，之豉切。竟，音境。殡，必刃切。③卞人，鲁卞邑大夫。【释文】卞，皮彦切。④敖卒则惠叔请之，至今期年而犹未已，毁过丧礼。【释文】期，居其切。⑤殡于孟氏之寝，终叔服之言。⑥为惠叔毁请，且国之公族，故听其归殡而书之。【释文】为，于伪切。⑦制如庆父，皆以罪降。【释文】共，音恭。

声己不视，帷堂而哭[①]。襄仲欲勿哭[②]，惠伯曰："丧，亲之终也[③]。虽不能始，善终可也。史佚有言曰：'兄弟致美[④]。'救乏、贺善、吊灾、祭敬、丧哀，情虽不同，毋绝其爱，亲之道也。子无失道，何怨于人？"襄仲说，帅兄弟以哭之。

①声己，惠叔母，怨敖从莒女，故帷堂。【释文】己，音纪。②怨敖取其妻。③惠伯，叔彭生。④各尽其美义乃终。

他年，其二子来[①]，孟献子爱之，闻于国[②]。或谮之曰："将杀子。"献子以告季文子。二子曰："夫子以爱我闻，我以将杀子闻，不亦远于礼乎？远礼不如死。"一人门于句鼆，一人门于戾丘，皆死[③]。

①敖在莒所生。【释文】毋，音无。说，音悦。②献子，穀之子仲叔蔑。【释文】闻，音

问，或如字，下同。蔑，亡结切。③句鼆、戾丘，鲁邑，有寇攻门，二子御之而死。【释文】远，于万切，下同。句，古侯切。鼆，又作“黾”，莫幸切。戾，力计切。

六月辛丑朔，日有食之，鼓，用牲于社，非礼也[①]。日有食之，天子不举[②]，伐鼓于社[③]，诸侯用币于社[④]，伐鼓于朝[⑤]，以昭事神、训民、事君[⑥]，示有等威，古之道也[⑦]。

①得常鼓之月而于社用牲，为非礼。②去盛馔。【释文】去，起吕切。馔，仕眷切。③责群阴。伐，犹击也。④社尊于诸侯，故请救而不敢责之。⑤退自责。⑥天子不举，诸侯用币，所以事神；尊卑异制，所以训民。⑦等威，威仪之等差。【释文】差，初佳切，又初宜切。

齐人许单伯请而赦之，使来致命[①]。书曰“单伯至自齐”，贵之也[②]。

①以单伯执节不移，且畏晋，故许之。②单伯为鲁拘执，既免而不废礼，终来致命，故贵而告庙。【释文】为，于伪切，下“似为”同。拘，音俱。

新城之盟[①]，蔡人不与[②]。晋郤缺以上军、下军伐蔡[③]，曰：“君弱，不可以怠[④]。”戊申，入蔡，以城下之盟而还。凡胜国，曰“灭之”[⑤]；获大城焉，曰“入之”[⑥]。

①在前年。②不会盟。【释文】与，音预，下同。③兼帅二军。④怠，解也。【释文】解，佳卖切。⑤胜国，绝其社稷，有其土地。【释文】还，音旋。⑥得大都而不有。

秋，齐人侵我西鄙，故季文子告于晋。

冬十一月，晋侯、宋公、卫侯、蔡侯、陈侯、郑伯、许男、曹伯盟于扈，寻新城之盟，且谋伐齐也[①]。齐人赂晋侯，故不克而还。于是有齐难，是以公不会[②]。书曰：“诸侯盟于扈。”无能为故也[③]。凡诸侯会，公不与，不书，讳君恶也[④]。与而不书，后也[⑤]。

①齐执王使，且数伐鲁。【释文】使，所吏切，下“王使”同。数，音朔。②明今不序诸侯，不以公不会故。【释文】难，乃旦切，下注同。③恶其受赂，不能讨齐。【释文】恶，乌路切。④谓国无难，不会义事，故为恶。不书，谓不国别序诸侯。⑤谓后期也。今贬诸侯，似为公讳，故传发例以明之。【释文】为，于伪切。

齐人来归子叔姬，王故也[①]。

①单伯虽见执，能守节不移，终达王命，使叔姬得归。

齐侯侵我西鄙，谓诸侯不能也[①]。遂伐曹，入其郛，讨其来朝也[②]。季文子曰：“齐侯其不免乎！己则无礼[③]，而讨于有礼者，曰：‘女何故行礼！’礼以顺天，天之道也。己则反天，而又以讨人，难以免矣。《诗》曰：‘胡不相畏，不畏于天[④]？’君子之不虐幼贱，畏于天也。在《周颂》曰：‘畏天之威，于时保之[⑤]。’不畏于天，将何能保？以乱取国，奉礼以守，犹惧不终，多行无礼，弗能在矣[⑥]！”

①不能讨己。②此年夏朝。③执王使而伐无罪。【释文】己，音纪。使，所吏切。④《诗·小雅》。【释文】女，音汝。相，息亮切.又如字。⑤《诗·周颂》，言畏天威，于是保福禄。⑥为十八年齐弑商人传。【释文】守，手又切。

文公十六年

【经】

十有六年春，季孙行父会齐侯于阳穀，齐侯弗及盟[①]。

夏五月，公四不视朔[②]。

六月戊辰，公子遂及齐侯盟于郪丘[③]。

秋八月辛未，夫人姜氏薨[④]。

毁泉台[⑤]。

楚人、秦人、巴人灭庸[⑥]。

冬十有一月，宋人弑其君杵臼[⑦]。

①及，与也。②诸侯每月必告朔听政，因朝于庙，今公以疾阙，不得视二月、三月、四月、五月朔也。春秋十二公，以疾不视朔非一也，义无所取，故特举此以表行事，因明公之实有疾，非诈齐。③信公疾，且以赂故。郪丘，齐地。【释文】郪，音西，又七西切。④僖公夫人，文公母也。⑤泉台，台名。毁，坏之也。【释文】坏，音怪。⑥【释文】巴，必麻切。⑦称君，君无道也。例在宣四年。【释文】杵，昌吕切。臼，强柳切。

【传】

十六年春，王正月，及齐平[①]。公有疾，使季文子会齐侯于阳穀。请盟，齐侯不肯，曰："请俟君间[②]。"

①齐前年再伐鲁，鲁为受弱，故平。【释文】为，于伪切。②间，疾瘳。【释文】间，如字。瘳，敕周切，差也。

夏五月，公四不视朔，疾也。公使襄仲纳赂于齐侯，故盟于郪丘。

有蛇自泉宫出，入于国，如先君之数[①]。

秋八月辛未，声姜薨，毁泉台[②]。

①伯禽至僖公十七君。【释文】《史记·鲁世家》：鲁公伯禽子考公酋，弟炀公熙，子幽公宰，弟魏公费，子历公跃，子献公具，子顺公濞，弟武公敖，子懿公献，弟孝公称，子惠公弗皇，子隐公息姑，弟桓公允，子庄公同，子闵公开，兄僖公申，十七也。魏公，《世本》作徽公。顺公，一作慎公。②鲁公以为蛇妖所出而声姜薨，故坏之。【释文】坏，音怪。

楚大饑，戎伐其西南，至于阜山，师于大林。又伐其东南，至于阳丘，以侵訾枝[①]。庸人帅群蛮以叛楚[②]。麇人率百濮聚于选，将伐楚[③]。于是申、息之北门不启[④]。

①戎，山夷也。大林、阳丘、訾枝皆楚邑。【释文】饑，音饥，一音机。訾，子斯切。②庸，今上庸县，属楚之小国。③选，楚地。百濮，夷也。【释文】麇，九伦切。濮，音卜。选，息兖切，又息恋切。④备中国。

楚人谋徙于阪高[①]。蒍贾曰："不可。我能往，寇亦能往，不如伐庸。夫麇与百濮，谓我饑不能师，故伐我也。若我出师，必惧而归。百濮离居，将各走其邑，谁暇谋人？"乃出师。旬有五日，百濮乃罢[②]。自庐以往，振廪同食[③]。次于句澨[④]。使庐戢梨侵庸[⑤]，及庸方城[⑥]。庸人逐之，囚子扬窗[⑦]。三宿而逸，曰："庸师众，群蛮聚焉，不如复大师[⑧]，且起王卒，合而后进。"师叔曰："不可[⑨]。姑又与之遇以骄之。彼骄我怒，而后可克，先君蚡冒所以服陉隰也[⑩]。"又与之遇，七遇皆北[⑪]，唯裨、鯈、鱼人实逐之[⑫]。庸人曰："楚不足与战矣。"遂不设备。

①楚险地。【释文】阪，音反，一音扶板切。②濮夷无屯聚，见难则散归。【释文】蒍，于委切。屯，徒门切。聚，才住切，又如字。难，乃旦切，又如字。③往，往伐庸也。振，发也。廪，仓也。同食，匕下无异馔也。【释文】庐，力於切，又音卢。廪，力甚切。④楚西界也。【释文】句，古侯切。澨，市世切。⑤戢梨，庐大夫。⑥方城，庸地，上庸县东有方城亭。⑦窗，戢梨官属。【释文】窗，初江切。⑧还复句澨师。⑨师叔，楚大夫潘尪也。【释文】卒，子忽切。尪，乌黄切。⑩蚡冒，楚武王父。陉隰，地名。【释文】可克，或作"可击"。蚡，扶粉切。冒，莫报切。《史记·楚世家》云：蚡冒卒，弟熊达杀蚡冒子而代立，是为楚武王。与杜异。陉，音刑。隰，音习。⑪军走曰北。【释文】北，如字，一音佩。⑫裨、鯈、鱼，庸三邑。鱼，鱼复县，今巴东永安县。轻楚，故但使三邑人逐之。【释文】裨，婢支切。鯈，直留切。

楚子乘驲，会师于临品[①]，分为二队[②]：子越自石溪，子贝自仞，以伐庸[③]。秦人、巴人从楚师。群蛮从楚子盟[④]，遂灭庸[⑤]。

①驲,传车也。临品,地名。【释文】驲,人实切。传,丁恋切。②队,部也。两道攻之。【释文】队,徒对切。③子越,鬥椒也。石溪、仞,入庸道。【释文】溪,苦兮切,本或作“谿”。贝,补盖切,今俗本多作“员”,音云。仞,人慎切。④蛮见楚强敌。⑤传言楚有谋臣,所以兴。

宋公子鲍礼于国人[①]。宋饑,竭其粟而贷之。年自七十以上,无不馈饴也,时加羞珍异[②]。无日不数于六卿之门[③]。国之材人,无不事也[④]。亲自桓以下,无不恤也[⑤]。公子鲍美而艳,襄夫人欲通之[⑥],而不可[⑦],乃助之施。昭公无道,国人奉公子鲍以因夫人。

①鲍,昭公庶弟文公也。【释文】鲍,步卯切。②羞,进也。【释文】上,时掌切。馈,其愧切。饴,以支切,又以志切,遗也。③数,不疏。【释文】数,音朔。④有贤材者。⑤桓,鲍之曾祖。⑥鲍適祖母。【释文】艳,移验切。適,丁历切。⑦以礼自防闲。

于是,华元为右师[①],公孙友为左师,华耦为司马[②],鳞鱹为司徒,荡意诸为司城,公子朝为司寇[③]。初,司城荡卒,公孙寿辞司城[④],请使意诸为之[⑤]。既而告人曰:“君无道,吾官近,惧及焉[⑥]。弃官则族无所庇。子,身之贰也,姑纾死焉[⑦]。虽亡子,犹不亡族[⑧]。”既,夫人将使公田孟诸而杀之。公知之,尽以宝行。荡意诸曰:“盍适诸侯?”公曰:“不能其大夫至于君祖母以及国人[⑨],诸侯谁纳我?且既为人君,而又为人臣,不如死。”尽以其宝赐左右而使行[⑩]。夫人使谓司城去公,对曰:“臣之而逃其难,若后君何[⑪]?”冬十一月甲寅,宋昭公将田孟诸,未至,夫人王姬使帅甸攻而杀之[⑫]。荡意诸死之[⑬]。书曰:“宋人弑其君杵臼。”君无道也[⑭]。

文公即位,使母弟须为司城[⑮]。华耦卒,而使荡虺为司马[⑯]。

①元,华督曾孙,代公子成。【释文】施,式豉切。②代公子卬。③代华御事。【释文】鱹,古乱切。朝,如字。④寿,荡之子。⑤意诸,寿之子。⑥祸及己。⑦姑,且也。纾,缓也。【释文】庇,必利切,又悲位切。纾,音舒。⑧己在故也。⑨君祖母,诸侯祖母之称,谓襄夫人。【释文】盍,户腊切。称,尺证切。⑩行,去也。⑪言无以事后君。【释文】难,乃旦切。⑫襄夫人,周襄王姊,故称王姬。帅甸,郊甸之师。【释文】甸,徒遍切。⑬不书,不告。⑭始例发于臣之罪,今称国人,故重明君罪。【释文】重,直用切。⑮代意诸。⑯虺,意诸之弟。【释文】虺,况鬼切。

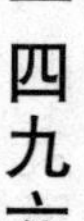

文公十七年

【经】

十有七年春,晋人、卫人、陈人、郑人伐宋[①]。

夏四月癸亥,葬我小君声姜。

齐侯伐我西鄙[②]。

六月癸未,公及齐侯盟于穀。诸侯会于扈[③]。

秋,公至自穀[④]。

冬,公子遂如齐。

①自闵、僖已下,终于《春秋》,陈侯常在卫侯上。今大夫会在卫下,传不言陈公孙宁后至,则宁位非上卿故也。②“西”当为“北”,盖经误。③昭公虽以无道见弑,而文公犹宜以弑君受讨,故林父伐宋以失所称人,晋侯平宋以无功不序,明君虽不君,臣不可不臣.所以督大教。【释文】弑,本或作“杀”,音试,下同。④无传。

【传】

十七年春,晋荀林父、卫孔达、陈公孙宁、郑石楚伐宋。讨曰:“何故弑君!”犹立文公而还。卿不书,失其所也[①]。

①卿不书,谓称人。

夏四月癸亥,葬声姜。有齐难,是以缓[①]。

①过五月之例。【释文】难,乃旦切,下及注皆同。

齐侯伐我北鄙。襄仲请盟。六月,盟于穀[①]。

①晋不能救鲁,故请服。

晋侯蒐于黄父[①],遂复合诸侯于扈,平宋也[②]。公不与会,齐难故也。书曰“诸侯”,无功也[③]。

于是,晋侯不见郑伯,以为贰于楚也。

①一名黑壤,晋地。【释文】父,音甫。壤,如丈切。②传不列诸国而言复合,则如上十五年会扈之诸侯可知也。【释文】复,扶又切,注同。③刺欲平宋而复不能。【释文】

与，音预。

郑子家使执讯而与之书，以告赵宣子[①]，曰："寡君即位三年[②]，召蔡侯而与之事君。九月，蔡侯入于敝邑以行[③]。敝邑以侯宣多之难，寡君是以不得与蔡侯偕[④]。十一月，克减侯宣多而随蔡侯以朝于执事[⑤]。十二年六月，归生佐寡君之嫡夷[⑥]，以请陈侯于楚而朝诸君[⑦]。十四年七月，寡君又朝，以蒇陈事[⑧]。十五年五月，陈侯自敝邑往朝于君。往年正月，烛之武往朝夷也[⑨]。八月，寡君又往朝。以陈、蔡之密迩于楚而不敢贰焉，则敝邑之故也[⑩]。虽敝邑之事君，何以不免[⑪]？在位之中，一朝于襄[⑫]，而再见于君[⑬]。夷与孤之二三臣相及于绛[⑭]，虽我小国，则蔑以过之矣。今大国曰：'尔未逞吾志。'敝邑有亡，无以加焉。古人有言曰：'畏首畏尾，身其余几[⑮]。'又曰：'鹿死不择音[⑯]。'小国之事大国也，德，则其人也[⑰]；不德，则其鹿也，铤而走险，急何能择[⑱]？命之罔极，亦知亡矣[⑲]。将悉敝赋以待于鯈，唯执事命之[⑳]。文公二年六月壬申，朝于齐[㉑]。四年二月壬戌，为齐侵蔡[㉒]，亦获成于楚[㉓]。居大国之间而从于强令，岂其罪也[㉔]？大国若弗图，无所逃命。"

晋巩朔行成于郑，赵穿、公婿池为质焉[㉕]。

①执讯，通讯问之官。为书与宣子。【释文】讯，音信。②鲁文二年。③行，朝晋也。④宣多既立穆公，恃宠专权。【释文】偕，音皆。⑤减，损也。难未尽而行，言汲汲于朝晋。【释文】汲，音急。⑥归生，子家名。夷，大子名。【释文】嫡，丁历切。⑦请陈于楚，与俱朝晋。⑧蒇，敕也。敕成前好。【释文】蒇，敕展切。好，呼报切，一本作"事"。⑨将夷往朝晋。⑩密迩，比近也。【释文】比，毗志切。⑪免，免罪也。⑫襄公。【释文】朝，直遥切。⑬君，灵公也。【释文】见，贤遍切。⑭孤之二三臣，谓烛之武、归生自谓也。绛，晋国都。⑮言首尾有畏则身中不畏者少。【释文】几，居岂切。⑯音，所茠荫之处。古字声同皆相假借。【释文】茠，虚求切。荫，於鸩切。⑰以德加己则以人道相事。⑱铤，疾走貌。言急则欲荫茠于楚，如鹿赴险。【释文】铤，它顶切。⑲言晋命无极。⑳鯈，晋、郑之竟。言欲以兵距晋。【释文】鯈，直留切。竟，音境。㉑郑文二年六月壬申，鲁庄二十三年六月二十日。㉒鲁庄二十五年二月无壬戌，壬戌，三月二十日。【释文】为，于伪切。㉓郑与楚成。㉔令，号令也。㉕赵穿，卿也。公婿池，晋侯女婿。【释文】巩，九勇切。质，音致，下同。

秋，周甘歜败戎于邥垂，乘其饮酒也[①]。

①歜，周大夫。邥垂，周地，河南新城县北有垂亭。为成元年晋侯平戎于王张本。【释文】歜，昌欲切。邥，音审。

冬十月,郑大子夷、石楚为质于晋[①]。

夷,灵公也。石楚,郑大夫。

襄仲如齐,拜穀之盟。复曰:"臣闻齐人将食鲁之麦。以臣观之,将不能。齐君之语偷。臧文仲有言曰:'民主偷必死[①]。'"

①偷,犹苟且。【释文】偷,他侯切。

文公十八年

【经】

十有八年春,王二月丁丑,公薨于台下。

秦伯罃卒[①]。

夏五月戊戌,齐人弑其君商人[②]。

六月癸酉,葬我君文公。

秋,公子遂、叔孙得臣如齐[③]。

冬十月,子卒[④]。

夫人姜氏归于齐。

季孙行父如齐[⑤]。

莒弑其君庶其[⑥]。

①无传。未同盟而赴以名。【释文】罃,于耕切。②不称盗,罪商人。③书二卿,以两事行,非相为介。【释文】介,音界。④先君既葬,不称君者,鲁人讳弑,以未成君书之。子,在丧之称。【释文】弑,申志切,本又作"杀之"。称,尺证切。⑤无传。⑥称君,君无道也。

【传】

十八年春,齐侯戒师期[①],而有疾,医曰:"不及秋,将死。"公闻之,卜曰:"尚无及期[②]。"惠伯令龟[③],卜楚丘占之曰:"齐侯不及期,非疾也。君亦不闻[④]。令龟有咎[⑤]。"二月丁丑,公薨。

①将以伐鲁。②尚,庶几也。欲令先师期死。【释文】令,力呈切。先,悉荐切,下同。

③以卜事告龟。④言君先齐侯终。⑤言令龟者亦有凶咎，见于卜兆，为惠伯死张本。【释文】见，贤遍切。

齐懿公之为公子也，与邴歜之父争田，弗胜。及即位，乃掘而刖之[①]，而使歜仆[②]。纳阎职之妻，而使职骖乘[③]。夏五月，公游于申池[④]。二人浴于池，歜以扑抶职[⑤]。职怒。歜曰："人夺女妻而不怒，一抶女，庸何伤？"职曰："与刖其父而弗能病者何如[⑥]？"乃谋弑懿公，纳诸竹中。归，舍爵而行[⑦]。齐人立公子元[⑧]。

①断其尸足。【释文】邴，音丙，又彼病切。歜，昌欲切。掘，其勿切，又其月切。刖，音月，又五刮切。断，丁管切。②仆，御也。③骖乘，陪乘。【释文】骖，音七南切。乘，绳证切，注同。④齐南城西门名申门，齐城无池，唯此门左右有池，疑此则是。⑤扑，箠也。抶，击也。欲以相感激。【释文】扑，普卜切，字宜从手，作木边非也。抶，敕乙切。箠，市蕊切，又之蕊切。激，古历切。⑥言不以父刖为病恨。【释文】女，音汝。⑦饮酒讫，乃去。言齐人恶懿公，二人无所畏。【释文】舍，音赦，置也。恶，乌路切。⑧桓公子惠公。

六月，葬文公。

秋，襄仲、庄叔如齐，惠公立故，且拜葬也[①]。

①襄仲贺惠公立，庄叔谢齐来会葬。

文公二妃敬嬴生宣公。敬嬴嬖而私事襄仲。宣公长而属诸襄仲，襄仲欲立之，叔仲不可[①]。仲见于齐侯而请之。齐侯新立而欲亲鲁，许之。冬十月，仲杀恶及视而立宣公[②]。书曰"子卒"，讳之也。仲以君命召惠伯[③]。其宰公冉务人止之，曰："入必死。"叔仲曰："死君命可也。"公冉务人曰："若君命可死，非君命何听？"弗听，乃入，杀而埋之马矢之中[④]。公冉务人奉其帑以奔蔡，既而复叔仲氏[⑤]。

①叔仲，惠伯。【释文】嬴，音盈。嬖，必计切。长，丁丈切。属，音烛。②恶，大子；视，其母弟。杀视不书，贱之。【释文】见，贤遍切。③诈以子恶命。④惠伯死不书者，史畏襄仲，不敢书杀惠伯。【释文】听，音吐定切。⑤不绝其后。

夫人姜氏归于齐，大归也[①]。将行，哭而过市曰："天乎，仲为不道，杀适立庶。"市人皆哭，鲁人谓之哀姜[②]。

①恶、视之母出姜也。嫌与有罪出者异，故复发传。【释文】复，扶又切。②所谓出姜，不允于鲁。【释文】过，古禾切，又古卧切。適，丁历切。

莒纪公生大子仆，又生季佗，爱季佗而黜仆，且多行无礼于国[①]。仆因国人以弑纪公，以其宝玉来奔，纳诸宣公。公命与之邑，曰："今日必授。"季文子使司寇出诸竟，曰："今日必达[②]。”公问其故。季文子使大史克对曰：“先大夫臧文仲教行父事君之礼，行父奉以周旋，弗敢失队。曰：‘见有礼于其君者，事之如孝子之养父母也。见无礼于其君者，诛之如鹰鹯之逐鸟雀也。’先君周公制《周礼》曰：‘则以观德[③]，德以处事[④]，事以度功[⑤]，功以食民[⑥]。’作《誓命》曰：‘毁则为贼[⑦]，掩贼为藏[⑧]，窃(贼)[贿]为盗[⑨]，盗器为奸[⑩]。主藏之名[⑪]，赖奸之用[⑫]，为大凶德，有常无赦[⑬]，在《九刑》不忘[⑭]。’行父还观莒仆，莫可则也[⑮]。孝敬忠信为吉德，盗贼藏奸为凶德。夫莒仆，则其孝敬，则弑君父矣；则其忠信，则窃宝玉矣。其人，则盗贼也；其器，则奸兆也[⑯]。保而利之，则主藏也。以训则昏，民无则焉。不度于善[⑰]，而皆在于凶德，是以去之。”

①纪，号也。莒夷无谥，故有别号。【释文】佗，徒何切。②未见公而文子出之，故来不书。【释文】竟，音境。③则，法也。合法则为吉德。【释文】大，音泰。队，直类切。养，余亮切。鹰，於陵切。鹯，之然切，《说文》止仙切，《字林》巳仙切。④处犹制也。⑤度，量也。【释文】度，待洛切，注及下同。⑥食，养也。【释文】食，音嗣，注同。⑦誓，要信也。毁则，坏法也。【释文】坏，音怪。⑧掩，匿也。【释文】匿，女乙切。⑨贿，财也。⑩器，国用也。⑪以掩贼为名。⑫用奸器也。⑬刑有常。⑭誓命以下皆《九刑》之书，《九刑》之书今亡。⑮还，犹周旋。【释文】还，音旋。⑯兆，域也。⑰度，居也。

“昔高阳氏有才子八人[①]：苍舒、隤敳、梼戭、大临、尨降、庭坚、仲容、叔达[②]，齐圣广渊，明允笃诚，天下之民谓之‘八恺[③]’。高辛氏有才子八人[④]：伯奋、仲堪、叔献、季仲、伯虎、仲熊、叔豹、季狸[⑤]，忠肃共懿，宣慈惠和，天下之民谓之‘八元[⑥]’。此十六族也，世济其美，不陨其名[⑦]，以至于尧，尧不能举。舜臣尧，举八恺，使主后土[⑧]，以揆百事，莫不时序，地平天成[⑨]。举八元，使布五教于四方[⑩]，父义、母慈、兄友、弟共、子孝，内平外成[⑪]。昔帝鸿氏有不才子[⑫]，掩义隐贼，好行凶德，丑类恶物，顽嚚不友，是与比周[⑬]，天下之民谓之‘浑敦[⑭]’。少皞氏有不才子[⑮]，毁信废忠，崇饰恶言，靖谮庸回，服谗蒐慝，以诬盛德[⑯]，天下之民谓之‘穷奇[⑰]’。颛顼氏有不才子，不可教训，不知话言[⑱]，告之则顽[⑲]，舍之则嚚[⑳]，傲很明德，以乱天常，天下之民谓之‘梼杌[㉑]’。此三族也，世济其凶，增其恶名，以至于尧，尧不能去[㉒]。缙云氏有不才子[㉓]，贪于饮食，冒于货贿，侵欲崇侈，不可盈厌，聚敛积实，不知纪极，不分孤寡，不恤穷匮[㉔]，天下之民以比三凶[㉕]，谓之‘饕餮[㉖]’。舜臣尧[㉗]，宾于四门[㉘]，流四凶族[㉙]，浑敦、穷奇、梼杌、饕餮，投诸四裔，以御螭魅[㉚]。是以尧崩而天下如一，同心戴舜以为天子，以其举十六相，去四凶也。故《虞书》数舜之功，曰‘慎徽五典，五典克从’，无违教也[㉛]；曰‘纳于百揆，百揆时序’，无废事也[㉜]；曰‘宾于四门，四门穆穆’，无凶人也[33]。舜有大功二十而为天子[34]。今行父虽未获一吉人,去一凶矣,于舜之功,二十之一也,庶几免于戾乎[35]!"

①高阳,帝颛顼之号。八人,其苗裔。【释文】去,起吕切。颛,音专。顼,许玉切。裔,以制切。②此即垂、益、禹、皋陶之伦,庭坚即皋陶字。【释文】隤,徒回切。敳,五才切,一音五回切,韦昭音瑰。梼,直由切,韦昭音桃。戭,以善切,《汉书》作"敳",韦昭已震切。龙,莫江切。降,下江切。陶,音遥。③齐,中也。渊,深也。允,信也。笃,厚也。恺,和也。【释文】恺,开在切。④高辛,帝喾之号。八人,亦其苗裔。【释文】喾,苦毒切。⑤此即稷、契、朱虎、熊罴之伦。【释文】奋,甫问切。熊,音雄。狸,力之切。契,息列切,依字当作"偰"。罴,彼皮切。⑥肃,敬也。懿,美也。宣,徧也。元,善也。【释文】徧,音遍。⑦济,成也。陨,队也。【释文】陨,于敏切。队,直类切。⑧后土,地官。禹作司空,平水土,即主地之官。⑨揆,度也。成,亦平也。【释文】揆,葵癸切。⑩契作司徒,五教在宽,故知契在八元之中。【释文】契,斯列切,下同。⑪内诸夏,外夷狄。【释文】夏,户雅切。⑫帝鸿,黄帝。⑬丑,亦恶也。比,近也。周,密也。【释文】好,呼报切。嚚,鱼巾切。心不则德义之经为顽,口不道忠信之言为嚚。比,毗志切。⑭谓驩兜。浑敦,不开通之貌。【释文】浑,户本切。敦,徒本切。驩,呼端切。兜,都侯切。⑮少皞,金天氏之号,次黄帝。【释文】少,诗照切,注同。皞,胡老切。⑯崇,聚也。靖,安也。庸,用也。回,邪也。服,行也。蒐,隐也。慝,恶也。盛德,贤人也。【释文】蒐,所留切。慝,他得切。邪,似嗟切。⑰谓共工。其行穷,其好奇。【释文】奇,其宜切。共,音恭。行,下孟切。好,呼报切。⑱话,善也。【释文】话,户快切。⑲德义不入心。⑳不道忠信。【释文】舍,音赦。㉑谓鲧。梼杌,顽凶无俦匹之貌。【释文】傲,五报切。很,户垦切。梼,徒刀切。杌,五忽切。鲧,古本切。㉒方以宣公比尧,行父比舜,故言尧亦不能去,须贤臣而除之。【释文】去,起吕切,注及下皆同。㉓缙云,黄帝时官名。㉔冒,亦贪也。盈,满也。实,财也。【释文】厌,於艳切。匮,其愧切。㉕非帝子孙,故别以比三凶。㉖贪财为饕,贪食为餮。【释文】饕,他刀切。餮,他结切。注同。㉗为尧臣。㉘辟四门,达四聪,以宾礼众贤。【释文】辟,婢亦切。聪,本亦作"窻",七工切。㉙案四凶罪状而流放之。㉚投,弃也。裔,远也。放之四远,使当魑魅之灾。魑魅,山林异气所生,为人害者。【释文】御,鱼吕切。魑,敕知切,山神,兽形。魅,亡备切,《说文》作"鬽"云:老精物也,鬽或从未。㉛徽,美也。典,常也。此八元之功。【释文】戴,多代切。相,息亮切,下注同。去,起吕切。数,色主切。徽,许归切。㉜此八恺之功。㉝流四凶。㉞举十六相,去四凶也。㉟史克激称以辨宣公

之惑,释行父之志,故其言美恶有过辞,盖事宜也。【释文】激,古历切。

宋武氏之族道昭公子,将奉司城须以作乱[①]。十二月,宋公杀母弟须及昭公子,使戴、庄、桓之族攻武氏于司马子伯之馆[②]。遂出武、穆之族[③],使公孙师为司城[④]。公子朝卒,使乐吕为司寇,以靖国人[⑤]。

彩绘凤鸟双连杯(春秋)

①文公弑昭公,故武族欲因其子以作乱。司城须,文公弟。【释文】宋武氏之族,本或作"武穆之族"者,后人取下文妄加也。道,音导。②戴族,华、乐也。庄族,公孙师也。桓族,向、鱼、鳞、荡也。司马子伯,华耦也。【释文】向,舒亮切。③穆族党于武氏故。④公孙师,庄公之孙。⑤乐吕,戴公之曾孙。为宣三年宋师围曹传。

宣公第七

【释文】宣公名倭,一名接,又作委,文公子,母敬嬴。《谥法》:善问周达曰宣。

宣公元年

【经】

元年春,王正月,公即位[①]。

公子遂如齐逆女[②]。

三月,遂以夫人妇姜至自齐[③]。

夏,季孙行父如齐。

晋放其大夫胥甲父于卫[④]。

公会齐侯于平州[⑤]。

公子遂如齐。

六月，齐人取济西田[6]。

秋，邾子来朝[7]。

楚子、郑人侵陈，遂侵宋。晋赵盾帅师救陈[8]。

宋公、陈侯、卫侯、曹伯会晋师于棐林，伐郑[9]。

冬，晋赵穿帅师侵崇[10]。

晋人、宋人伐郑。

①无传。②不讥丧娶者，不待贬责而自明也。卿为君逆，例在文四年。【释文】娶，七喻切。为，于伪切。③称妇，有姑之辞。不书氏，史阙文。④放者，受罪黜免，宥之以远。【释文】宥，音又。⑤平州，齐地，在泰山牟县西。【释文】牟，亡侯切。⑥鲁以赂齐，齐人不用师徒，故曰取。⑦无传。⑧传言救陈、宋，经无"宋"字，盖阙。【释文】盾，徒本切。⑨晋师救陈、宋，四国君往会之，共伐郑也。不言会赵盾，取于兵会，非好会也。棐林，郑地，荥阳宛陵县东南有林乡。【释文】棐，芳尾切。好，呼报切。⑩【释文】崇，本亦作"密"。

【传】

元年春，王正月，公子遂如齐逆女，尊君命也[1]。三月，遂以夫人妇姜至自齐，尊夫人也[2]。

①诸侯之卿，出入称名氏，所以尊君命也。传于此发者，与还文不同，故释之。②遂不言公子，替其尊称，所以成小君之尊也。公子，当时之宠号，非族也，故传不言舍族。《释例》论之备矣。【释文】称，尺证切。舍，音捨。

夏，季文子如齐，纳赂以请会[1]。

①宣公篡立，未列于会，故以赂请之。【释文】篡，初患切。

晋人讨不用命者，放胥甲父于卫[1]，而立胥克[2]。先辛奔齐[3]。

①胥甲，下军佐，文十二年战河曲，不肯薄秦于险。②克，甲之子。③辛，甲之属大夫。

会于平州，以定公位[1]。东门襄仲如齐拜成[2]。六月，齐人取济西之田，为立公故，以赂齐也[3]。

①篡立者，诸侯既与之会，则不得复讨，臣子杀之，与弑君同，故公与齐会而位定。【释文】复，扶又切。②谢得会也。③济西，故曹地，僖三十一年晋文以分鲁。【释文】为，

于伪切。

宋人之弑昭公也[①]，晋荀林父以诸侯之师伐宋，宋及晋平。宋文公受盟于晋。又会诸侯于扈，将为鲁讨齐。皆取赂而还[②]。郑穆公曰："晋不足与也。"遂受盟于楚。陈共公之卒，楚人不礼焉[③]。陈灵公受盟于晋。秋，楚子侵陈，遂侵宋。晋赵盾帅师救陈、宋。会于棐林，以伐郑也。楚蒍贾救郑，遇于北林[④]，囚晋解扬，晋人乃还[⑤]。

①在文十六年。②文十五年、十七年，二扈之盟皆受赂。③卒在文十三年。【释文】共，音恭。④与晋师相遇。荥阳中牟县西南有林亭，在郑北。⑤解扬，晋大夫。【释文】解，音蟹。

晋欲求成于秦，赵穿曰："我侵崇，秦急崇，必救之[①]。吾以求成焉。"冬，赵穿侵崇，秦弗与成。晋人伐郑，以报北林之役[②]。

于是，晋侯侈，赵宣子为政，骤谏而不入，故不竞于楚[③]。

①崇，秦之与国。【释文】秦急崇，绝句，本或作"崇急秦必救之"，是后人改耳。②报囚解扬。③竞，强也。为明年郑伐宋张本。【释文】侈，昌氏切，又户氏切。骤，仕救切。

宣公二年

【经】

二年春，王二月壬子，宋华元帅师及郑公子归生帅师，战于大棘。宋师败绩，获宋华元[①]。

秦师伐晋。

夏，晋人、宋人、卫人、陈人侵郑[②]。

秋九月乙丑，晋赵盾弑其君夷皋[③]。

冬十月乙亥，天王崩[④]。

①得大夫，生死皆曰获。例在昭二十三年。大棘在陈留襄邑县南。②郑为楚伐宋，获其大夫。晋赵盾兴诸侯之师将为宋报耻，畏楚而还，失霸者之义，故贬称人。【释文】为，于伪切。③灵公不君而称臣以弑者，以示良史之法，深责执政之臣。例在四年。【释文】皋，古刀切。④无传。

【传】

二年春,郑公子归生受命于楚,伐宋[①]。宋华元、乐吕御之。二月壬子,战于大棘,宋师败绩,囚华元,获乐吕[②],及甲车四百六十乘,俘二百五十人,馘百人。狂狡辂郑人,郑人入于井[③],倒戟而出之,获狂狡。君子曰:“失礼违命,宜其为禽也。戎,昭果毅以听之之谓礼[④],杀敌为果,致果为毅。易之,戮也[⑤]。”

①受楚命也。【释文】受命于楚,本或作“命于楚”。②乐吕,司空。获不书,非元帅也。获,生死通名。经言获华元,故传特护之曰囚,以明其生获,故得见赎而还。【释文】帅,所类切。赎,食欲切。③狂狡,宋大夫。辂,迎也。【释文】乘,绳证切,下同。俘,芳夫切。馘,古获切。馘百人,或作“馘百”者,“人”衍字。狡,古卯切。辂,五嫁切。④听谓常存于耳,著于心,想闻其政令。【释文】倒,丁老切。宜其为禽,一本作“宜其禽也”。毅,鱼既切。著,直略切。⑤易,反易。

将战,华元杀羊食士,其御羊斟不与。及战,曰:“畴昔之羊,子为政[①],今日之事,我为政。”与入郑师,故败。君子谓:“羊斟非人也,以其私憾,败国殄民[②],于是刑孰大焉。《诗》所谓‘人之无良’者[③],其羊斟之谓乎!残民以逞。”

①畴昔,犹前日也。【释文】食,音嗣。斟,之金切。与,音预。②憾,恨也。殄,尽也。【释文】憾,本亦作“感”,户暗切,注同。败,必迈切,又如字。殄,大典切。③《诗·小雅》,义取不良之人,相怨以亡。

宋人以兵车百乘、文马百驷[①]以赎华元于郑。半入,华元逃归,立于门外,告而入[②]。见叔牂,曰:“子之马然也[③]。”对曰:“非马也,其人也[④]。”既合而来奔[⑤]。

①画马为文四百匹。【释文】逞,敕领切。②告宋城门而后入,言不苟。③叔牂,羊斟也。卑贱得先归,毕元见而慰之。【释文】牂,子郎切。④叔牂知前言以显,故不敢让罪。⑤叔牂言毕,遂奔鲁。合,犹答也。

宋城,华元为植,巡功[①]。城者讴曰:“睅其目,皤其腹,弃甲而复[②]。于思于思,弃甲复来[③]。”使其骖乘谓之曰:“牛则有皮,犀兕尚多,弃甲则那[④]?”役人曰:“从其有皮,丹漆若何?”华元曰:“去之,夫其口众我寡[⑤]。”

①植,将主也。【释文】植,直吏切,注同。将,子匠切。②睅,出目。皤,大腹。弃甲,谓亡师。【释文】讴,乌侯切。睅,户板切,《说文》《字林》云:大目也,苏林云:寝视不安貌,孟康曰:犹分然也。皤,步何切。③于思,多鬓之貌。【释文】思,如字,又西才切,贾逵

云：白头貌。复，扶又切。来，力知切，又如字，以协上韵。鬓，字又作"鬚"，修于切。④那，犹何也。【释文】骖，士南切。犀，音西。兕，徐履切。那，乃多切。⑤传言华元不吝其咎，宽而容众。【释文】漆，音七。吝，力忍切。咎，其九切。

秦师伐晋，以报崇也[①]，遂围焦[②]。夏，晋赵盾救焦，遂自阴地，及诸侯之师侵郑[③]，以报大棘之役。楚鬥椒救郑，曰："能欲诸侯而恶其难乎？"遂次于郑以待晋师。赵盾曰："彼宗竞于楚，殆将毙矣[④]。姑益其疾。"乃去之[⑤]。

①伐崇在元年。②焦，晋河外邑。③阴地，晋河南山北，自上洛以东至陆浑。【释文】浑，户昏切。④竞，强也。鬥椒，若敖之族，自子文以来，世为令尹。【释文】恶，乌路切。难，乃旦切。毙，婢世切。⑤欲示弱以骄之。传言赵盾所以称人，且为四年楚灭若敖氏张本。

晋灵公不君[①]，厚敛以彫墙[②]，从台上弹人而观其辟丸也。宰夫胹熊蹯不熟，杀之，寘诸畚，使妇人载以过朝[③]。赵盾、士季见其手，问其故而患之。将谏，士季曰："谏而不入，则莫之继也。会请先，不入，则子继之。"三进，及溜，而后视之[④]，曰："吾知所过矣，将改之。"稽首而对曰："人谁无过？过而能改，善莫大焉。《诗》曰：'靡不有初，鲜克有终[⑤]。'夫如是，则能补过者鲜矣。君能有终，则社稷之固也，岂唯群臣赖之？又曰：'衮职有阙，惟仲山甫补之。'能补过也[⑥]。君能补过，衮不废矣[⑦]。"犹不改。宣子骤谏，公患之，使鉏麑贼之[⑧]。晨往，寝门辟矣，盛服将朝，尚早，坐而假寐[⑨]。麑退，叹而言曰："不忘恭敬，民之主也。贼民之主，不忠。弃君之命，不信。有一于此，不如死也。"触槐而死[⑩]。

①失君道也，以明于例应称国以弑。【释文】弑，申志切。②彫，画也。【释文】敛，力验切。彫，本亦作"雕"。墙，在良切。③畚，以草索为之，筥属。【释文】弹，徒丹切。胹，音而，煮也。蹯，扶元切。寘，之豉切。畚，音本。索，素各切。筥，九吕切。④士季，随会也。三进三伏，公不省而又前也。公知欲谏，故佯不视。【释文】手，一本作"首"。溜，力救切，屋霤也。⑤《诗·大雅》也。【释文】鲜，息浅切，少也，下同。⑥《诗·大雅》也。衮，君之上服。阙，过也。言服衮者有过，则仲山甫能补之。【释文】衮，古本切。⑦常服衮也。⑧鉏麑，晋力士。【释文】鉏，仕俱切。麑，音迷，一音五兮切。⑨不解衣冠而睡。【释文】辟，婢亦切。盛，音成，本或作"成"。睡，垂伪切。⑩槐，赵盾庭树。【释文】槐，音怀，又音回。

秋九月，晋侯饮赵盾酒，伏甲将攻之。其右提弥明知之[①]，趋登曰："臣侍君寝，过三爵，非礼也。"遂扶以下。公嗾夫獒焉，明搏而杀之[②]。盾曰："弃人用犬，虽猛何为[③]？"斗且出，提弥明死之。

①右，车右。【释文】饮，於鸩切。提，本又作"祇"，上支切。弥，面支切。②獒，猛犬也。【释文】扶，旧本作"扶"，房孚切，服虔注作跣，先典切，云：徒跣也。今杜注本往往有跣者。嗾，素口切，《说文》云：使犬也。服本作"取"。夫，音扶。獒，五羔切，《尚书传》云：大犬也，《尔雅》云：狗四尺为獒，《说文》云：犬知人心可使者。搏，音博。③责公不养士而更以犬为己用。

初，宣子田于首山，舍于翳桑[①]，见灵辄饿，问其病[②]。曰："不食三日矣。"食之，舍其半。问之，曰："宦三年矣[③]，未知母之存否，今近焉[④]，请以遗之。"使尽之，而为之箪食与肉[⑤]，寘诸橐以与之。既而与为公介[⑥]，倒戟以御公徒，而免之。问何故。对曰："翳桑之饿人也。"问其名居[⑦]，不告而退[⑧]，遂自亡也[⑨]。

①田，猎也。翳桑，桑之多荫翳者。首山在河东蒲坂县东南。【释文】翳，於计切。荫，音阴，又於鸩切。②灵辄，晋人。③宦，学也。【释文】食之，音嗣。舍，音捨。④去家近。⑤箪，笥也。【释文】遗，唯季切，下注同。箪，音丹。笥，思嗣切。⑥灵辄为公甲士。【释文】橐，他洛切。与，音预。介，音界。⑦问所居。⑧不望报也。⑨辄亦去。

乙丑，赵穿攻灵公于桃园[①]。宣子未出山而复[②]。太史书曰："赵盾弑其君。"以示于朝。宣子曰："不然。"对曰："子为正卿，亡不越竟，反不讨贼，非子而谁？"宣子曰："乌呼，'我之怀矣，自诒伊戚'，其我之谓矣[③]！"孔子曰："董狐，古之良史也，书法不隐[④]。赵宣子，古之良大夫也，为法受恶[⑤]。惜也，越竟乃免[⑥]。"

宣子使赵穿逆公子黑臀于周而立之[⑦]。壬申，朝于武宫[⑧]。

①穿，赵盾之从父昆弟子。乙丑，九月二十七日。【释文】攻，如字，本或作"弑"。②晋竟之山也。盾出奔，闻公弑而还。【释文】竟，音境，下文注同。弑，音试。③逸《诗》也。言人多所怀恋，则自遗忧。【释文】大，音泰。④不隐盾之罪。⑤善其为法受屈。【释文】为，于伪切，注同。⑥越竟则君臣之义绝，可以不讨贼。⑦黑臀，晋文公子。【释文】臀，徒门切。⑧壬申，十月十五日。既有日而无月，冬又在壬申下，明传文无较例。【释文】较，音角。

初，丽姬之乱，诅无畜群公子[①]，自是晋无公族[②]。及成公即位，乃宦卿之適而为之田，以为公族[③]，又宦其馀子亦为馀子[④]，其庶子为公行[⑤]。晋于是有公族、馀子、公行[⑥]。赵盾请以括为公族[⑦]，曰："君姬氏之爱子也[⑧]。微君姬氏，则臣狄人也。"公许之[⑨]。冬，赵盾为旄车之族[⑩]。使屏季以其故族为公族大夫[⑪]。

①诅，盟誓。【释文】丽，力知切。诅，侧虑切。②无公子，故废公族之官。③宦，仕也。为置田邑，以为公族大夫。【释文】適，本又作“嫡”，丁历切，下及注同。为置，于伪切。④馀子，適子之母弟也，亦治馀子之政。⑤庶子，妾子也，掌率公戎行。【释文】行，户郎切，注及下同。⑥皆官名。⑦括，赵盾异母弟，赵姬之中子屏季也。【释文】括，古活切。中，如字，又丁仲切。屏，步丁切。⑧赵姬，文公女、成公姊也。⑨盾，狄外孙也。姬氏逆之以为適，事见僖二十四年。【释文】见，贤遍切。⑩旄军，公行之官。盾本卿適，其子当为公族，辟屏季故，更掌旄车。【释文】旄，音毛，一本作“軞”。⑪ 盾以其故官属与屏季，使为衰之適。【释文】衰，初危切。

宣公三年

【经】

三年春，王正月，郊牛之口伤，改卜牛，牛死，乃不郊[①]。犹三望。

葬匡王[②]。

楚子伐陆浑之戎。

夏，楚人侵郑。

秋，赤狄侵齐[③]。

宋师围曹。

冬十月丙戌，郑伯兰卒[④]。

葬郑穆公[⑤]。

①牛不称牲，未卜日。②无传。四月而葬，速。③无传。④再与文同盟。⑤无传。

【传】

三年春，不郊而望，皆非礼也[①]。望，郊之属也。不郊亦无望，可也[②]。

①言牛虽伤死，当更改卜，取其吉者，郊不可废也。前年冬，天王崩，未葬而郊者，不以王事废天事。《礼记·曾子问》：“天子崩未殡，五祀不行，既殡而祭。”自启至于反哭，五祀之祭不行，已葬而祭。②已有例在僖三十一年，复发传者，嫌牛死与卜不从异。【释文】复，扶又切。

晋侯伐郑，及郔。郑及晋平。士会入盟[①]。

①郔，郑地。为夏楚侵郑传。【释文】郔，音延。

楚子伐陆浑之戎，遂至于雒，观兵于周疆[①]。定王使王孙满劳楚子[②]。楚子问鼎之大小轻重焉[③]。对曰："在德不在鼎。昔夏之方有德也[④]，远方图物[⑤]，贡金九牧[⑥]，铸鼎象物[⑦]，百物而为之备，使民知神、奸[⑧]。故民入川泽山林，不逢不若[⑨]。螭魅罔两[⑩]，莫能逢之[⑪]，用能协于上下以承天休[⑫]。桀有昏德，鼎迁于商，载祀六百[⑬]。商纣暴虐，鼎迁于周。德之休明，虽小，重也[⑭]。其奸回昏乱，虽大，轻也[⑮]。天祚明德，有所厎止[⑯]。成王定鼎于郏鄏[⑰]，卜世三十，卜年七百，天所命也。周德虽衰，天命未改，鼎之轻重，未可问也。"

①雒水出上雒冢领山，至河南巩县入河。【释文】疆，居良切。②王孙满，周大夫。【释文】劳，力报切。③示欲偪周取天下。④禹之世。【释文】夏，户雅切。⑤图画山川奇异之物而献之。⑥使九州之牧贡金。⑦象所图物，著之于鼎。【释文】铸，之树切。著，张虑切，旧直略切。⑧图鬼神百物之形，使民逆备之。⑨若，顺也。⑩螭，山神，兽形。魅，怪物。罔两，水神。【释文】螭，敕知切。魅，亡备切，本又作"鬽"。罔，亡丈切。两，本又作"蜽"，音同。《说文》云：罔两，山川之精物也。⑪逢，遇也。⑫民无灾害则上下和而受天祐。【释文】休，许虬切，下同。祐，音又。⑬载、祀皆年。【释文】载、祀，《尔雅》云：商曰祀，唐、虞曰载，周曰年，夏曰岁。⑭不可迁。【释文】纣，直九切。⑮言可移。⑯厎，致也。【释文】祚，才故切。厎，音旨。⑰郏鄏，今河南也。武王迁之，成王定之。【释文】郏，古洽切。鄏，音辱。

夏，楚人侵郑，郑即晋故也。

宋文公即位，三年，杀母弟须及昭公子，武氏之谋也[①]。使戴、桓之族攻武氏于司马子伯之馆，尽逐武、穆之族。武、穆之族以曹师伐宋。秋，宋师围曹，报武氏之乱也。

①武氏谋奉弟须及昭公子以作乱，事在文十八年。

冬，郑穆公卒。初，郑文公有贱妾曰燕姞[①]，梦天使与己兰[②]，曰："余为伯鯈。余，而祖也[③]，以是为而子[④]。以兰有国香，人服媚之如是[⑤]。"既而文公见之，与之兰而御之。辞曰："妾不才，幸而有子，将不信，敢征兰乎[⑥]？"公曰："诺。"生穆公，名之曰兰。

①姞，南燕姓。【释文】姞，其乙切，又其吉切。②兰，香草。③伯鯈，南燕祖。【释文】鯈，直留切。④以兰为女子名。【释文】女，音汝。⑤媚，爱也，欲令人爱之如兰。【释文】媚，亡冀切。令，力呈切。⑥惧将不见信，故欲计所赐兰为怀子月数。

文公报郑子妃曰陈妫[①]，生子华、子臧。子臧得罪而出[②]。诱子华而杀之南里[③]，使盗杀子臧于陈、宋之间[4]。又娶于江，生公子士。朝于楚，楚人鸩之，及叶而死[5]。又娶于苏，生子瑕、子俞弥。俞弥早卒。洩驾恶瑕，文公亦恶之，故不立也[6]。公逐群公子，公子兰奔晋，从晋文公伐郑[7]。石癸曰："吾闻姬、姞耦，其子孙必蕃[8]。姞，吉人也，后稷之元妃也[9]。今公子兰，姞甥也。天或启之，必将为君，其后必蕃，先纳之可以亢宠[10]。"与孔将鉏、侯宣多纳之，盟于大宫而立之[11]，以与晋平。

穆公有疾，曰："兰死，吾其死乎，吾所以生也。"刈兰而卒[12]。

①郑子，文公叔父子仪也。汉律：淫季父之妻曰报。【释文】妫，九危切。②出奔宋。【释文】臧，作郎切。③在僖十六年。南里，郑地。④在僖二十四年。⑤叶，楚地，今南阳叶县。【释文】鸩，直荫切。叶，式涉切。⑥波驾，郑大夫。【释文】俞，音榆。恶，乌路切，下同。⑦在僖三十年。【释文】从，如字，又才用切。⑧姞姓宜为姬配耦。【释文】癸，居揆切。蕃，音烦，下同。⑨姞姓之女为后稷妃，周是以兴，故曰吉人。⑩亢，极也。【释文】亢，苦浪切。⑪大宫，郑祖庙。【释文】鉏，仕俱切。大，音泰，注同。⑫传言穆氏所以大兴于郑，天所启也。【释文】刈，鱼废切。

宣公四年

【经】

四年春，王正月，公及齐侯平莒及郯，莒人不肯。公伐莒，取向[1]。

秦伯稻卒[2]。

夏六月乙酉，郑公子归生弑其君夷[3]。

赤狄侵齐[4]。

秋，公如齐[5]。

公至自齐[6]。

冬，楚子伐郑。

①莒、郯二国相怨，故公与齐侯共平之。向，莒邑，东海丞县东南有向城。远，疑也。【释文】郯，音谈。向，舒亮切。丞，韦昭之甑切，一作"承"，又音拯。②无传。未同盟。【释文】稻，徒老切。③传例曰：称臣，臣之罪也。子公实弑而书子家罪，其权不足也。④无传。⑤无传。⑥无传。告于庙，例在桓二年。

【传】

四年春，公及齐侯平莒及郯，莒人不肯。公伐莒，取向，非礼也。平国以礼不以乱，伐而不治，乱也[①]。以乱平乱，何治之有？无治，何以行礼？

①责公不先以礼治之而用伐。【释文】治，直吏切。

楚人献鼋于郑灵公[①]。公子宋与子家将见[②]。子公之食指动[③]，以示子家，曰："他日我如此，必尝异味。"及入，宰夫将解鼋，相视而笑。公问之[④]，子家以告。及食大夫鼋，召子公而弗与也[⑤]。子公怒，染指于鼎，尝之而出。公怒，欲杀子公。

①穆公大子夷也。【释文】鼋，音元。②宋，子公也。子家，归生。【释文】见，贤遍切。③第二指也。④问所笑。【释文】解，如字，一音蟹。⑤欲使指动无效。【释文】食，音嗣。

子公与子家谋先[①]。子家曰："畜老，犹惮杀之[②]，而况君乎？"反谮子家，子家惧而从之[③]。夏，弑灵公。书曰："郑公子归生弑其君夷。"权不足也[④]。君子曰："仁而不武，无能达也[⑤]。"凡弑君，称君，君无道也；称臣，臣之罪也[⑥]。

①先公为难。【释文】染，如琰切。先，悉荐切。难，乃旦切。②六畜。【释文】畜，许又切，注同，王许六切。惮，徒旦切，难也。③谮子家于公。④子家权不足以御乱，惧谮而从弑君，故书以首恶。【释文】御，鱼吕切。⑤初称畜老，仁也。不讨子公，是不武也。故不能自通于仁道，而陷弑君之罪。⑥称君，谓唯书君名而称国以弑，言众所共绝也。称臣者，谓书弑者之名以示来世，终为不义。改杀称弑，辟其恶名，取有渐也。书弑之义，《释例》论之备矣。

郑人立子良[①]，辞曰："以贤，则去疾不足[②]；以顺，则公子坚长。"乃立襄公[③]。襄公将去穆氏[④]，而舍子良[⑤]。子良不可，曰："穆氏宜存，则固愿也。若将亡之，则亦皆亡，去疾何为[⑥]？"乃舍之，皆为大夫。

①穆公庶子。②去疾，子良名。【释文】去，起吕切，下皆同。③襄公，坚也。【释文】长，丁丈切。④逐群兄弟。⑤以其让已。【释文】舍，音赦，下同。⑥何为独留。

初，楚司马子良生子越椒。子文曰："必杀之[①]。是子也，熊虎之状，而豺狼之声，弗杀，必灭若敖氏矣。谚曰：'狼子野心。'是乃狼也，其可畜乎？"子良不可。子文以为大戚，及将死，聚其族，曰："椒也知政，乃速行矣，无及于难。"且泣曰："鬼犹求食，若敖氏之鬼，不其馁而[②]？"及令尹子文卒，鬥般为令尹[③]，子越为司马。蒍贾为工正，谮子扬而杀之，子越为令尹，已为司马[④]。子越又恶之[⑤]，乃以若敖氏之族圄伯嬴于轑阳而杀之[⑥]，遂处烝野，将攻王。王以三王之子为质焉，弗受[7]，师于漳澨[8]。

①子文，子良之兄。②而，语助，言必馁。【释文】难，乃旦切。馁，奴罪切，饿也。③般，子文之子子扬。【释文】般，音班。④贾为椒谮子扬而己得椒处。【释文】蔿，于委切。为，于伪切。处，昌虑切。⑤恶贾。【释文】恶，乌路切，注同。⑥圄，囚也。伯嬴，蔿贾也。轑阳，楚邑。【释文】圄，鱼吕切。嬴，音盈。轑，音辽。⑦烝野，楚邑。三王：文、成、穆。【释文】烝，之承切。质，音致。⑧漳澨，漳水边。【释文】漳，音章。澨，市制切。

秋七月戊戌，楚子与若敖氏战于皋浒[1]。伯棼射王，汰辀，及鼓跗，著于丁宁[2]。又射汰辀，以贯笠毂[3]。师惧，退。王使巡师曰："吾先君文王克息，获三矢焉。伯棼窃其二，尽于是矣。"鼓而进之，遂灭若敖氏。

①皋浒，楚地。【释文】浒，呼五切。②伯棼，越椒也。辀，车辕。汰，过也。箭过车辕上。丁宁，钲也。【释文】棼，扶云切。射，食亦切。汰，他末切。辀，陟留切。跗，芳扶切。著，直略切。钲，音征。③兵车无盖，尊者则边人执笠依毂而立，以御寒暑，名曰笠毂。此言箭过车辕，及壬之盖。【释文】贯，古乱切。笠，音立。毂，古木切。

初，若敖娶于䢵[1]，生鬥伯比。若敖卒，从其母畜于䢵[2]，淫于䢵子之女，生子文焉。䢵夫人使弃诸梦中[3]，虎乳之。䢵子田，见之，惧而归，夫人以告[4]，遂使收之。楚人谓乳穀，谓虎於菟，故命之曰鬥穀於菟。以其女妻伯比[5]，实为令尹子文[6]。其孙箴尹克黄使于齐[7]，还，及宋，闻乱。其人曰："不可以入矣。"箴尹曰："弃君之命，独谁受之？君，天也，天可逃乎？"遂归，复命而自拘于司败。王思子文之治楚国也，曰："子文无后，何以劝善？"使复其所，改命曰生[8]。

①䢵，国名。【释文】䢵，本又作"郧"，音云。②畜，养也。【释文】畜，许六切。③梦，泽名，江（下）［夏］安陆县城东南有云梦城。【释文】梦，音蒙，又亡贡切。④告女私通所生。【释文】乳，如主切。⑤伯比所淫者。【释文】穀，奴口切。於，音乌。菟，音徒。妻，七计切。⑥鬥氏始自子文为令尹。⑦箴尹，官名。克黄，子扬之子。【释文】箴，之金切。⑧易其名也。【释文】使，所吏切。拘，音俱。

冬，楚子伐郑，郑未服也[1]。

①前年楚侵郑，不获成，故曰未服。

宣公五年

【经】

五年春,公如齐。

夏,公至自齐。

秋九月,齐高固来逆叔姬[①]。

叔孙得臣卒[②]。

冬,齐高固及子叔姬来[③]。

楚人伐郑。

①高固,齐大夫。不书女,归降于诸侯。②无传。不书日,公不与小敛。【释文】与,音预。敛,力验切。③叔姬宁,固反马。

【传】

五年春,公如齐,高固使齐侯止公,请叔姬焉[①]。

夏,公至自齐。书,过也[②]。

①留公强成昏。【释文】强,其丈切。②公既见止,连昏于邻国之臣,厌尊毁列,累其先君,而于庙行饮至之礼,故书以示过。【释文】厌,於涉切。累,劣伪切。

秋九月,齐高固来逆女,自为也。故书曰:"逆叔姬。"卿自逆也[①]。

①適诸侯称女,適大夫称字,所以别尊卑也。此《春秋》新例,故称书曰,而不言凡也。不于庄二十七年发例者,嫌见逼而成昏,因明之。【释文】为,于伪切。别,彼列切。

冬,来,反马也[①]。

①礼,送女留其送马,谦不敢自安,三月庙见,遣使反马。高固遂与叔姬俱宁,故经、传具见以示讥。【释文】见,贤遍切,下同。使,所吏切。

楚子伐郑,陈及楚平。晋荀林父救郑,伐陈[①]。

①为明年晋、卫侵陈传。

宣公六年

【经】

六年春，晋赵盾、卫孙免侵陈。

夏四月。

秋八月，螽[①]。

冬十月。

①无传。

【传】

六年春，晋、卫侵陈，陈即楚故也。

夏，定王使子服求后于齐[①]。

①子服，周大夫。

秋，赤狄伐晋。围怀，及邢丘[①]。晋侯欲伐之。中行桓子曰：“使疾其民[②]，以盈其贯，将可殪也[③]。《周书》曰：‘殪戎殷[④]。’此类之谓也[⑤]。”

①邢丘，今河内平皋县。②骄则数战，为民所疾。【释文】数，所角切。③殪，尽也。贯，犹习也。【释文】贯，古患切，注同。殪，於计切。④《周书·康诰》也。义取周武王以兵伐殷，尽灭之。⑤为十五年晋灭狄传。【释文】为，于伪切，下注同。

冬，召桓公逆王后于齐[①]。

①召桓公，王卿士，事不关鲁，故不书，为成二年王甥舅张本。【释文】召，上照切。

楚人伐郑，取成而还[①]。

①九年、十一年传称厉之役，盖在此。

郑公子曼、满与王子伯廖语，欲为卿[①]。伯廖告人曰：“无德而贪，其在《周易》《丰》䷶[②]之《离》䷝[③]，弗过之矣[④]。”间一岁，郑人杀之[⑤]。

①二子，郑大夫。【释文】曼，音万。廖，力雕切。②《离》下《震》上，《丰》。③《丰》上六变而为纯《离》也。《周易》论变，故虽不筮，必以变言其义。《丰》上六曰：“丰其屋，蔀其家，窥其户，阒其无人，三岁不觌，凶。”义取无德而大其屋，不过三岁必灭亡。【释文】

蔀，步口切，又普口切。窥，苦规切。阒，苦鶪切。觌，徒历切。④不过三年。⑤【释文】间，间厕之间。

宣公七年

【经】

七年春，卫侯使孙良夫来盟。

夏，公会齐侯伐莱①。

秋，公至自伐莱②。

大旱③。

冬，公会晋侯、宋公、卫侯、郑伯、曹伯于黑壤④。

①传例曰：不与谋也。莱国，今东莱黄县。【释文】莱，音来。与，音预。②无传。③无传。书旱而不书雩，雩无功，或不雩。④【释文】壤，如丈切。

【传】

七年春，卫孙桓子来盟，始通，且谋会晋也①。

①公即位，卫始修好。【释文】好，呼报切。

夏，公会齐侯伐莱，不与谋也。凡师出，与谋曰及，不与谋曰会①。

①与谋者，谓同志之国，相与讲议利害，计成而行之，故以相连及为文。若不获已，应命而出，则以外合为文，皆据鲁而言。师者，国之大事，存亡之所由，故详其举动，以例别之。【释文】与，音预，下及注“与谋”同，年末“不与”放此。应，应对之应。别，彼列切，下及注同。

赤狄侵晋，取向阴之禾①。

①此无“秋”字，盖阙文。晋用桓子谋，故纵狄。【释文】向，舒亮切。

郑及晋平，公子宋之谋也，故相郑伯以会。冬，盟于黑壤，王叔桓公临之，以谋不睦①。

①王叔桓公，周卿士，衔天子之命以监临诸侯，不同歃者，尊卑之别也。【释文】相，息亮切。歃，所合切，又所甲切。监，古衔切。

晋侯之立也①，公不朝焉，又不使大夫聘，晋人止公于会。盟于黄父，公不与盟，以赂免[2]。故黑壤之盟不书,讳之也[3]。

①在二年。②黄父即黑壤。③慢盟主以取执止之辱,故讳之。

宣公八年

【经】

八年春,公至自会[1]。

夏六月,公子遂如齐,至黄乃复[2]。

辛巳,有事于大庙。仲遂卒于垂[3]。

壬午,犹绎。万入去籥[4]。

戊子,夫人嬴氏薨[5]。

晋师、白狄伐秦。

楚人灭舒、蓼。

秋七月甲子,日有食之,既[6]。

冬十月己丑,葬我小君敬嬴[7]。雨,不克葬。庚寅,日中而克葬[8]。

城平阳[9]。

楚师伐陈。

①无传。义与五年书过同。②无传。盖有疾而还。大夫受命而出,虽死,以尸将事,遂以疾还,非礼也。③有事,祭也。仲遂卒与祭同日,略书有事,为绎张本。不言公子,因上行还间无异事,省文,从可知也。称字,时君所嘉,无义例也。垂,齐地,非鲁竟,故书地。【释文】大,音泰,传同。为,于伪切。省,所景切。竟,音境。④绎,又祭,陈昨日之礼,所以宾尸。万,舞名。籥,管也。犹者,可止之辞。鲁人知卿佐之丧不宜作乐,而不知废绎,故内舞去籥,恶其声闻。【释文】去,起吕切,注及传同。籥,羊略切。管,音馆。恶,乌路切。闻,音问,又如字。⑤无传。宣公母也。⑥无传。月三十日食。⑦敬,谥;嬴,姓也。反哭成丧,故称葬小君。⑧克,成也。⑨今泰山有平阳县。

【传】

八年春,白狄及晋平。夏,会晋伐秦[1]。晋人获秦谍,杀诸绛市,六日而苏[2]。

①经在仲遂卒下，从赴。②盖记异也。【释文】谍，徒协切，间也，今谓之细作。绛，古巷切。

有事于大庙，襄仲卒而绎，非礼也。

楚为众舒叛故，伐舒、蓼，灭之[①]。楚子疆之[②]，及滑汭[③]，盟吴、越而还[④]。

①舒、蓼，二国名。【释文】为，于伪切。②正其界也。【释文】疆，居良切。③滑，水名。【释文】滑，于八切。汭，如锐切，一音如悦切。④吴国，今吴郡。越国，今会稽山阴县也。传言楚强吴、越服从。【释文】会，古外切。稽，古兮切。强，其良切。

晋胥克有蛊疾[①]，郤缺为政[②]。秋，废胥克，使赵朔佐下军[③]。

①惑以丧志。【释文】蛊，音古。丧，息浪切。②代赵盾。③朔，盾之子，代胥克。为成十七年胥童怨郤氏张本。

冬，葬敬嬴。旱，无麻，始用葛茀[①]。雨，不克葬，礼也。礼，卜葬，先远日，辟不怀也[②]。

①记礼变之所由。茀，所以引柩，殡则有之，以备火，葬则以下柩。【释文】茀，方勿切，引棺索也。柩，其又切。②怀，思也。

城平阳，书，时也。

陈及晋平。楚师伐陈，取成而还[①]。

①言晋、楚争强。

宣公九年

【经】

九年春，王正月，公如齐[①]。

公至自齐[②]。

夏，仲孙蔑如京师。

齐侯伐莱[③]。

秋，取根牟[④]。

八月，滕子卒[⑤]。

九月，晋侯、宋公、卫侯、郑伯、曹伯会于扈。

晋荀林父帅师伐陈。

辛酉，晋侯黑臀卒于扈[6]。

冬十月癸酉，卫侯郑卒[7]。

宋人围滕。

楚子伐郑。

晋郤缺帅师救郑。

陈杀其大夫泄冶[8]。

①无传。②无传。③无传。④根牟，东夷国也，今琅邪阳都县东有牟乡。⑤未同盟。⑥卒于竟外，故书地。四与文同盟。九月无辛酉，日误。【释文】竟，音境。⑦无传。三与文同盟。⑧泄冶直谏于淫乱之朝以取死，故不为《春秋》所贵而书名。【释文】泄，息列切。冶，音也。

【传】

九年春，王使来征聘[1]。夏，孟献子聘于周，王以为有礼，厚贿之[2]。

①征，召也。言周征也。征聘不书，微加讽谕，不指斥。【释文】讽，芳凤切。②【释文】贿，呼罪切，《字林》音悔。

秋，取根牟，言易也[1]。

①【释文】易，以豉切。

滕昭公卒[1]。

①为宋围滕传。

会于扈，讨不睦也[1]。陈侯不会[2]。晋荀林父以诸侯之师伐陈[3]。晋侯卒于扈，乃还。

①谋齐、陈。②前年与楚成故。③不书诸侯师，林父帅之，无将帅。【释文】将，子匠切。帅，所类切。

冬，宋人围滕，因其丧也。

陈灵公与孔宁、仪行父通于夏姬，皆衷其衵服以戏于朝[1]。泄冶谏曰："公卿宣淫，民无效焉[2]，且闻不令，君其纳之[3]。"公曰："吾能改矣。"公告二子，二子请杀之，公弗禁，遂杀泄冶。孔子曰："《诗》云：'民之多辟，无自立辟。'其泄冶之谓乎[4]！"

①二子，陈卿。夏姬，郑穆公女，陈大夫御叔妻。衷，怀也。衵服，近身衣。【释文】夏，户雅切。衷，音忠，王丁仲切。衵，女乙切，一音汝栗切，《说文》云：日日所衣裳也，《字林》同，又仁一切。御，如字，一音鱼吕切。近，附近之近。②宣，示也。【释文】效，户教

切。③纳藏祖服。【释文】闻,如字,一音问。④辟,邪也。辟,法也。《诗·大雅》,言邪辟之世不可立法,国无道,危行言孙。【释文】禁,居鸩切,又音金。辟,本又作"僻",匹亦切;下"立辟",婢亦切,注同。邪,似嗟切,下同。行,下孟切。孙,音逊。

楚子为厉之役故,伐郑[①]。

①六年,楚伐郑,取成于厉。既成,郑伯逃归。事见十一年。【释文】为,于伪切。见,贤遍切。

晋郤缺救郑,郑伯败楚师于柳棼[①]。国人皆喜,唯子良忧曰:"是国之灾也,吾死无日矣[②]。"

①柳棼,郑地。【释文】柳,力手切。棼,扶云切。②自是晋、楚交共伐郑,十二年卒有楚子入郑之祸。

宣公十年

【经】

十年春,公如齐。

公至自齐[①]。

齐人归我济西田[②]。

夏四月丙辰,日有食之[③]。

己巳,齐侯元卒[④]。

齐崔氏出奔卫[⑤]。

公如齐。

五月,公至自齐[⑥]。

癸巳,陈夏徵舒弑其君平国[⑦]。

六月,宋师伐滕。

公孙归父如齐,葬齐惠公[⑧]。

晋人、宋人、卫人、曹人伐郑[⑨]。

秋,天王使王季子来聘[⑩]。

公孙归父帅师伐邾,取绎[⑪]。

大水[12]。

季孙行父如齐。

冬，公孙归父如齐。

齐侯使国佐来聘[13]。

饥[14]。

楚子伐郑。

①无传。②元年以赂齐也。不言来，公如齐，因受之。【释文】济，子礼切。③无传。不书朔，官失之。④未同盟而赴以名。⑤齐略见举族出，因其告辞，以见无罪。【释文】见，贤遍切，下同。⑥无传。⑦徵舒，陈大夫也。灵公恶不加民，故称臣以弑。【释文】夏，户雅切。⑧无传。归父，襄仲之子。⑨郑及楚平故。⑩王季子者，《公羊》以为天王之母弟，然则字季子，天子大夫称字。⑪绎，邾邑，鲁国邹县北有绎山。【释文】绎，音亦。⑫无传。⑬既葬成君，故称君命使也。⑭无传。有水灾，嘉谷不成。

【传】

十年春，公如齐。齐侯以我服故，归济西之田[1]。

①公比年朝齐故。

夏，齐惠公卒。崔杼有宠于惠公，高、国畏其偪也[1]，公卒而逐之，奔卫。书曰"崔氏"，非其罪也，且告以族，不以名[2]。凡诸侯之大夫违[3]，告于诸侯曰："某氏之守臣某[4]，失守宗庙，敢告。"所有玉帛之使者，则告[5]，不然，则否[6]。

①高、国二家，齐正卿。【释文】杼，直吕切。偪，彼力切。②典策之法，告者皆当书以名，今齐特以族告，夫子因而存之，以示无罪。又言且告以族不以名者，明《春秋》有因而用之，不皆改旧史。③违，奔放也。④上某氏者姓，下某名。【释文】守，手又切。⑤玉帛之使谓聘。【释文】使，所吏切。⑥恩好不接，故亦不告。【释文】好，呼报切。

公如齐奔丧[1]。

①公亲奔丧，非礼也。公出朝会、奔丧、会葬皆书如，不言其事，史之常也。

陈灵公与孔宁、仪行父饮酒于夏氏。公谓行父曰："徵舒似女。"对曰："亦似君。"徵舒病之[1]。公出，自其厩射而杀之。二子奔楚[2]。

①灵公即位于今十五年，征舒已为卿，年大，无嫌是公子，盖以夏姬淫放，故谓其子多似以为戏。【释文】夏，户雅切。女，音汝。②【释文】厩，居又切。射，食亦切。

滕人恃晋而不事宋，六月，宋师伐滕。

郑及楚平[①]。诸侯之师伐郑，取成而还。

①前年败楚师，恐楚深怨，故与之平。

秋，刘康公来报聘[①]。

①报孟献子之聘，即王季子也，其后食采于刘。

师伐邾，取绎[①]。

①为子家如齐传。

季文子初聘于齐[①]。

①齐侯初即位。

冬，子家如齐，伐邾故也[①]。

①鲁侵小，恐为齐所讨，故往谢。

国武子来报聘[①]。

①报文子也。

楚子伐郑。晋士会救郑，逐楚师于颍北[①]。诸侯之师戍郑。郑子家卒。郑人讨幽公之乱，斫子家之棺而逐其族[②]。改葬幽公，谥之曰灵。

①颍水出河南阳城，至下蔡入淮。②以四年弑君故也。斫薄其棺，不使从卿礼。【释文】斫，竹角切。

宣公十一年

【经】

十有一年春，王正月。

夏，楚子、陈侯、郑伯盟于辰陵[①]。

公孙归父会齐人伐莒[②]。

秋，晋侯会狄于欑函[③]。

冬十月，楚人杀陈夏徵舒[④]。

丁亥，楚子入陈[⑤]。纳公孙宁、仪行父于陈[⑥]。

①楚复伐郑，故受盟也。辰陵，陈地，颍川长平县东南有辰亭。【释文】复，扶又切，下

"复封陈"同。②无传。③晋侯往会之，故以狄为会主。欑函，狄地。【释文】欑，才端切。函，音咸。④不言楚子而称人，讨贼辞也。⑤楚子先杀徵舒而欲县陈，后得申叔时谏，乃复封陈，不有其地，故书入在杀徵舒之后。⑥二子，淫昏乱人也。君弑之后，能外托楚以求报君之仇，内结强援于国，故楚庄得平步而讨陈，除弑君之贼。于时陈成公播荡于晋，定亡君之嗣，灵公成丧，贼讨同复，功足以补过，故君子善楚复之。【释文】播，补贺切。荡，如字。

【传】

十一年春，楚子伐郑，及栎。子良曰："晋、楚不务德而兵争，与其来者可也。晋、楚无信，我焉得有信？"乃从楚。夏，楚盟于辰陵，陈、郑服也[①]。

①传言楚与晋狎主盟。【释文】栎，力狄切。争，争斗之争。焉，於虔切。夏楚盟，本或作"楚子"。

楚左尹子重侵宋[①]，王待诸郔[②]。令尹蒍艾猎城沂[③]，使封人虑事[④]，以授司徒[⑤]。量功命日[⑥]，分财用[⑦]，平板榦[⑧]，称畚筑[⑨]，程土物[⑩]，议远迩[⑪]，略基趾[⑫]，具餱粮[⑬]，度有司[⑭]，事三旬而成[⑮]，不愆于素[⑯]。

①子重，公子婴齐，庄王弟。②郔，楚地。【释文】郔，音延。③艾猎，孙叔敖也。沂，楚邑。【释文】艾，五盖切。猎，力涉切。沂，鱼依切。④封人，其时主筑城者。虑事，(无)[谋]虑计功。【释文】虑，如字，一音力於切。⑤司徒掌役。⑥命作日数。⑦财(具)[用]，筑作具。⑧榦，桢也。【释文】榦，古旦切，亦作"幹"。桢，音贞。⑨量轻重。畚，盛土器。【释文】畚，音本。盛，音成。⑩为作程限。【释文】为，于伪切，又如字。⑪均劳逸。⑫趾，城足。略，行也。【释文】趾，音止。行，下孟切。⑬餱，干食也。【释文】餱，音侯。粮，音良。干食，如字，一音嗣，本或作"干饭"。⑭谋监主。【释文】度，待洛切。监，古衔切。⑮十日为旬。⑯不过素所虑之期也。传言叔敖之能使民。【释文】愆，起虔切。

晋郤成子求成于众狄，众狄疾赤狄之役，遂服于晋[①]。秋，会于欑函，众狄服也。是行也，诸大夫欲召狄。郤成子曰："吾闻之，非德，莫如勤，非勤，何以求人？能勤有继，其从之也[②]。《诗》曰：'文王既勤止[③]。'文王犹勤，况寡德乎？"

①赤狄潞氏最强，故服役众狄。【释文】潞，音路。②勤则功继之。③《诗·颂》。文王勤以创业。【释文】创，初亮切。

冬，楚子为陈夏氏乱故，伐陈[①]。谓陈人无动，将讨于少西氏[②]。遂入陈，杀夏徵舒，轘诸栗门[3],因县陈[4]。陈侯在晋[5]。

①十年,夏徵舒弑君。【释文】为,于伪切。②少西,徵舒之祖子夏之名。【释文】少,诗照切。③轘,车裂也。栗门,陈城门。【释文】轘,音患。④灭陈以为楚县。⑤灵公子成公午。

申叔时使于齐,反,复命而退。王使让之曰:“夏徵舒为不道,弑其君,寡人以诸侯讨而戮之,诸侯县公皆庆寡人[1],女独不庆寡人,何故?”对曰:“犹可辞乎?”王曰:“可哉!”曰:“夏徵舒弑其君,其罪大矣,讨而戮之,君之义也。抑人亦有言曰:‘牵牛以蹊人之田[2],而夺之牛。’牵牛以蹊者,信有罪矣;而夺之牛,罚已重矣。诸侯之从也,曰讨有罪也。今县陈,贪其富也。以讨召诸侯,而以贪归之,无乃不可乎?”王曰:“善哉!吾未之闻也。反之,可乎?”对曰:“可哉!吾侪小人所谓取诸其怀而与之也[3]。”乃复封陈,乡取一人焉以归,谓之夏州[4]。故书曰:“楚子入陈,纳公孙宁、仪行父于陈。”书有礼也[5]。

①楚县大夫皆僭称公。【释文】使,所吏切。僭,子念切。②抑,辞也。蹊,径也。【释文】女,音汝。蹊,音兮。径,古定切。③叔时谦言小人意浅,谓譬如取人物于其怀而还之,为愈于不还。【释文】侪,仕皆切,辈也。④州,乡属,示讨夏氏所获也。【释文】复,扶又切。夏,户雅切。⑤没其县陈本意,全以讨乱存国为文,善其复礼。

厉之役,郑伯逃归[1],自是楚未得志焉。郑既受盟于辰陵,又徼事于晋[2]。

①盖在六年。②为明年楚围郑传。十年郑及楚平,既无其事,辰陵盟后,郑徼事晋,又无端迹,传皆特发以明经也。自厉之役,郑南北两属,故未得志。九年楚子伐郑,不以黑壤兴伐,远称厉之役者,志恨在厉役,此皆传上下相包通之义也。【释文】徼,古尧切。

宣公十二年

【经】

十有二年春,葬陈灵公[1]。

楚子围郑[2]。

夏六月乙卯,晋荀林父帅师及楚子战于邲,晋师败绩[3]。

秋七月。

冬十有二月戊寅,楚子灭萧[4]。

晋人、宋人、卫人、曹人同盟于清丘[5]。

宋师伐陈，卫人救陈[6]。

①无传。贼讨国复，二十二月然后得葬。②前年盟辰陵，而又徼事晋故。【释文】徼，古尧切。③晋上军成陈，故书战。郯，郑地。【释文】郯，扶必切，一音弼。陈，音直觐切。④萧，宋附庸国。十二月无戊寅，戊寅，十一月九日。⑤晋、卫背盟，故大夫称人。宋华椒承群伪之言，以误其国，宋虽有守信之善，而椒犹不免讥。清丘，卫地，今在濮阳县东南。【释文】背，蒲对切，下注同。⑥背清丘之盟。

【传】

十二年春，楚子围郑。旬有七日，郑人卜行成，不吉。卜临于大宫[1]，且巷出车，吉[2]。国人大临，守陴者皆哭[3]。楚子退师，郑人修城，进复围之，三月克之[4]。入自皇门，至于逵路[5]。郑伯肉袒牵羊以逆[6]，曰："孤不天[7]，不能事君，使君怀怒以及敝邑，孤之罪也，敢不唯命是听？其俘诸江南以实海滨，亦唯命。其翦以赐诸侯，使臣妾之，亦唯命[8]。若惠顾前好[9]，徼福于厉、宣、桓、武，不泯其社稷[10]，使改事君，夷于九县[11]，君之惠也，孤之愿也，非所敢望也。敢布腹心，君实图之。"左右曰："不可许也，得国无赦。"王曰："其君能下人，必能信用其民矣，庸可几乎？"退三十里而许之平[12]。潘尫入盟，子良出质[13]。

①临，哭也。大宫，郑祖庙。【释文】临，力鸩切，注下同。大，音泰，注同。②出车于巷，示将见迁，不得安居。③陴，城上僻倪。皆哭，所以告楚穷也。【释文】陴，婢支切，徐扶移切。僻，普计切。倪，五计切。④哀其穷哭，故为退师，而犹不服，故复围之九十日。【释文】复，扶又切，注同。为，于伪切。⑤涂方九轨曰逵。【释文】逵，求龟切，《尔雅》云：九达谓之逵，《说文》作"馗"，云：九达道，似龟背，故谓之馗。逵，或"馗"字。⑥肉袒牵羊，示服为臣仆。【释文】袒，徒早切。⑦不为天所祐。【释文】祐，音又。⑧翦，削也。【释文】俘，芳夫切，囚也。滨，音宾。翦，子浅切。⑨楚、郑世有盟誓之好。【释文】好，呼报切，注同。⑩周厉王、宣王，郑之所自出也。郑桓公、武公，始封之贤君也。愿楚要福于此四君，使社稷不灭。泯，犹灭也。厉宣，郑桓公友，周厉王之子，宣王之母弟。桓武，郑武公名滑突，桓公之子。【释文】泯，弥忍切，徐亡轸切。要，於遥切。⑪楚灭九国以为县，愿得比之。【释文】九县，庄十四年灭息，十六年灭邓，僖五年灭弦，十二年灭黄，二十六年灭夔，文四年灭江，五年灭六、蓼，十六年灭庸。传称楚武王克权，使鬥缗尹之，又称文王县申、息，凡十一国，不知何以言九。⑫退一舍以礼郑。【释文】下，遐嫁切。几，音冀。⑬

潘尪，楚大夫。子良，郑伯弟。【释文】尪，乌黄切。质，音致。

夏六月，晋师救郑。荀林父将中军[1]，先縠佐之[2]。士会将上军[3]，郤克佐之[4]。赵朔将下军[5]，栾书佐之[6]。赵括、赵婴齐为中军大夫[7]。巩朔、韩穿为上军大夫。荀首、赵同为下军大夫[8]。韩厥为司马[9]。

①代郤缺。【释文】将，子匠切，下及注同，下"尹将""将左""将右"放此。②彘季，代林父。【释文】縠，户木切，又作"瀫"，同。彘，直例切。③河曲之役，郤缺将上军，宣八年代赵盾为政，将中军。士会代将上军。④郤缺之子，代臾骈。【释文】臾，羊朱切。骈，蒲边切。⑤代栾盾。⑥栾盾之子，代赵朔。⑦括、婴齐皆赵盾异母弟。⑧荀首，林父弟。赵同，赵婴兄。【释文】巩，九勇切。⑨韩万玄孙。

及河，闻郑既及楚平，桓子欲还，曰："无及于郑而剿民，焉用之[1]？楚归而动，不后[2]。"随武子曰："善[3]。会闻用师，观衅而动[4]。德刑政事典礼不易，不可敌也，不为是征[5]。楚军讨郑，怒其贰而哀其卑，叛而伐之，服而舍之，德刑成矣。伐叛，刑也；柔服，德也。二者立矣。昔岁入陈[6]，今兹入郑，民不罢劳，君无怨讟[7]，政有经矣[8]。荆尸而举[9]，商农工贾不败其业，而卒乘辑睦[10]，事不奸矣[11]。蔿敖为宰，择楚国之令典[12]，军行，右辕，左追蓐[13]，前茅虑无[14]，中权，后劲[15]，百官象物而动，军政不戒而备[16]，能用典矣。其君之举也，内姓选于亲，外姓选于旧[17]。举不失德，赏不失劳。老有加惠[18]，旅有施舍[19]。君子小人，物有服章[20]。贵有常尊，贱有等威[21]，礼不逆矣。德立，刑行，政成，事时，典从，礼顺，若之何敌之？见可而进，知难而退，军之善政也。兼弱攻昧，武之善经也[22]。子姑整军而经武乎[23]！犹有弱而昧者，何必楚？仲虺有言曰：'取乱侮亡。'兼弱也[24]。《汋》曰：'於铄王师，遵养时晦[25]。'耆昧也[26]。《武》曰：'无竞惟烈[27]。'抚弱耆昧以务烈所，可也[28]。"彘子曰："不可[29]。晋所以霸，师武臣力也。今失诸侯，不可谓力。有敌而不从，不可谓武。由我失霸，不如死。且成师以出，闻敌强而退，非夫也[30]。命为军帅，而卒以非夫，唯群子能，我弗为也。"以中军佐济[31]。

①桓子，林父。剿，劳也。【释文】剿，初交切，徐子小切。焉，於虔切。②动兵伐郑。③武子，士会。④衅，罪也。【释文】衅，许靳切，服云：间也。⑤言征伐为有罪，不为有礼。【释文】为，于伪切，注同。⑥讨徵舒。⑦讟，谤也。【释文】罢，音皮。讟，徒木切。⑧经，常也。⑨荆，楚也。尸，陈也。楚武王始更为此陈法，遂以为名。【释文】陈，直觐切，下同。⑩步曰卒，车曰乘。【释文】贾，音古。卒，子忽切，注同。乘，绳证切，注皆同。辑，音集，又七入切。⑪奸，犯也。【释文】奸，音干。⑫宰，令尹。蔿敖，孙叔敖。【释文】蔿，于

伪切。⑬在车之右者，挟辕为战备；在左者，追求草蓐为宿备。传曰令尹南辕，又曰改乘辕，楚陈以辕为主。【释文】蓐，音辱。挟，胡牒切，又古洽切，又古协切。⑭虑无，如今军行前有斥候蹹伏，皆持以绛及白为幡，见骑贼举绛幡，见步贼举白幡，备虑有无也。茅，明也。或曰时楚以茅为旌识。【释文】蹹，徒腊切。幡，芳元切。骑，其寄切。识，申志切，一音志。⑮中军制谋，后以精兵为殿。【释文】劲，吉政切。殿，丁练切。⑯物犹类也。戒，敕令。⑰言亲疏并用。⑱赐老则不计劳。⑲旅客来者，施之以惠，舍不劳役。⑳尊卑别也。【释文】别，彼列切。㉑威仪有等差。【释文】差，初佳切，又初宜切。㉒昧，昏乱。经，法也。【释文】昧，音妹。㉓姑，且也。㉔仲虺，汤左相，薛之祖奚仲之后。【释文】虺，许鬼切。侮，亡吕切。相，息亮切。㉕《汋》，《诗·颂》篇名。铄，美也，言美武王能遵天之道，须暗昧者恶积而后取之。【释文】汋，章略切。於，音乌。铄，舒若切，注同。㉖耆，致也，致讨于昧。【释文】耆，音旨，徐其夷切，下同。㉗《武》，《诗·颂》篇名。烈，业也，言武王兼弱取昧，故成无疆之业。【释文】疆，居良切。㉘言当务从武王之功业，抚而取之。【释文】以务烈所，绝句。㉙彘子，先縠。㉚非丈夫。㉛佐，彘子所帅也。济，渡河。【释文】帅，所类切，下及注"有帅""元帅""三帅"同。

知庄子曰："此师殆哉[①]。《周易》有之，在《师》䷆[②]之《临》䷒[③]，曰：'师出以律，否臧，凶[④]。'执事顺成为臧，逆为否[⑤]。众散为弱[⑥]，川壅为泽[⑦]，有律以如己也[⑧]，故曰律。否臧，且律竭也[⑨]。盈而以竭，夭且不整，所以凶也[⑩]。不行之谓《临》[⑪]，有帅而不从，《临》孰甚焉！此之谓矣[⑫]。果遇，必败[⑬]，彘子尸之[⑭]。虽免而归，必有大咎[⑮]。"韩献子谓桓子曰[⑯]："彘子以偏师陷，子罪大矣。子为元帅，师不用命，谁之罪也？失属亡师，为罪已重，不如进也[⑰]。事之不捷，恶有所分[⑱]，与其专罪，六人同之，不犹愈乎[⑲]？"师遂济。楚子北，师次于郔[⑳]。沈尹将中军[㉑]，子重将左，子反将右，将饮马于河而归[㉒]。闻晋师既济，王欲还，嬖人伍参欲战[㉓]。令尹孙叔敖弗欲，曰："昔岁入陈，今兹入郑，不无事矣。战而不捷，参之肉其足食乎？"参曰："若事之捷，孙叔为无谋矣。不捷，参之肉将在晋军，可得食乎？"令尹南辕反旆[㉔]，伍参言于王曰："晋之从政者新，未能行令。其佐先縠刚愎不仁，未肯用命[㉕]。其三帅者专行不获[㉖]，听而无上，众谁适从[㉗]？此行也，晋师必败。且君而逃臣，若社稷何？"王病之，告令尹，改乘辕而北之，次于管以待之。

①庄子，荀首。【释文】知，音智。②《坎》下《坤》上，《师》。③《兑》下《坤》上，《临》。《师》初六变而之《临》。④此《师》卦初六爻辞。律，法；否，不也。【释文】臧，子郎切。⑤今彘子逆命不顺成，故应否臧之凶。【释文】应，应对之应。⑥《坎》为众，今变为《兑》，

《兑》柔弱。⑦《坎》为川，今变为《兑》，《兑》为泽，是川见壅。【释文】壅，於勇切，本又作"雍"，注皆同。⑧如，从也。法行则人从法，法败则法从人。《坎》为法象，今为众则散，为川则壅，是失法之用，从人之象。⑨竭，败也。《坎》变为《兑》，是法败。⑩水遇夭塞，不得整流，则竭涸也。【释文】夭，於表切。⑪水变为泽，乃成《临》卦。泽，不行之物。⑫譬彘子之违命，亦不可行。⑬遇敌。⑭主此祸。⑮为明年晋杀先縠传。【释文】咎，其九切。⑯献子，韩厥。⑰令郑属楚，故曰失属。彘子以偏师陷，故曰亡师。【释文】令，力呈切。⑱捷，成也。⑲三军皆败，则六卿同罪，不得独责元帅。⑳郔，郑北地。【释文】郔，音延。㉑沈或作"寝"。寝，县也，今汝阴固始县。【释文】沈，音审。㉒子反，公子侧。【释文】饮，於鸩切。㉓参，伍奢之祖父。【释文】嬖，必计切，徐甫诣切，《字林》方豉切。参，七南切。㉔回车南乡。旆，军前大施。【释文】旆。蒲贝切乡，又作"嚮"，许亮切。㉕愎，很也。【释文】愎，皮逼切。很，胡垦切。㉖欲专其所行而不得。㉗听彘子、赵同、赵括，则为军无上，令众不知所从。【释文】適，丁历切。

晋师在敖、鄗之间①。郑皇戌使如晋师，曰："郑之从楚，社稷之故也，未有贰心。楚师骤胜而骄，其师老矣，而不设备，子击之，郑师为承②，楚师必败。"彘子曰："败楚服郑，于此在矣，必许之。"栾武子曰③："楚自克庸以来④，其君无日不讨国人而训之⑤，于民生之不易，祸至之无日，戒惧之不可以怠⑥。在军，无日不讨军实而申儆之⑦，于胜之不可保，纣之百克而卒无后，训之以若敖、蚡冒筚路蓝缕，以启山林⑧。箴之曰：'民生在勤，勤则不匮。'不可谓骄⑨。先大夫子犯有言曰：'师直为壮，曲为老。'我则不德，而徼怨于楚，我曲楚直，不可(为)[谓]老⑩。其君之戎，分为二广⑪，广有一卒，卒偏之两⑫。右广初驾，数及日中，左则受之，以至于昏。内官序当其夜⑬，以待不虞。不可谓无备。子良，郑之良也。师叔，楚之崇也⑭。师叔入盟，子良在楚，楚、郑亲矣。来劝我战，我克则来，不克遂往，以我卜也，郑不可从。"赵括、赵同曰："率师以来，唯敌是求。克师得属，又何俟？必从彘子⑮。"知季曰："原、屏，咎之徒也⑯。"赵庄子曰："栾伯善哉⑰，实其言，必长晋国⑱。"

①荥阳京县东北有管城。敖、鄗二山在荥阳县西北。【释文】乘，绳证切。管，古缓切。管城，管叔所封也，或作"菅"，古颜切，非也。敖，五刀切。鄗，苦交切。②承，继也。【释文】戌，虽律切。使，所吏切。骤，仕救切。③武子，栾书。【释文】败，必迈切。④在文十六年。⑤讨，治也。⑥于，曰也。【释文】易，以豉切。⑦军实，军器。【释文】儆，敬领切。⑧若敖、蚡冒，皆楚之先君。筚路，柴车。蓝缕，敝衣。言此二君勤俭以启土。【释文】纣，直九切。蚡，扶粉切。冒，莫报切。筚，音必。蓝，力甘切。缕，力主切。⑨箴，诫。

【释文】箴,章金切。匱,其位切。⑩不德,谓以力争诸侯。徼,要也。【释文】要,一遥切。⑪君之亲兵。【释文】广,古旷切,下及注皆同。⑫十五乘为一广。《司马法》:百人为卒,二十五人为两。车十五乘为大偏。今广十五乘,亦用旧偏法,复以二十五人为承副。【释文】卒,子忽切,注同。乘,绳证切,下同。复,扶又切,下"不复逐"同。⑬内官,近官。序,次也。【释文】序当其夜,一本作"序当其次"。⑭师叔,潘尪,为楚人所崇贵。⑮得属,服郑。⑯知季,庄子也。原,赵同。屏,赵括。徒,党也。【释文】知,音智。荀首后为智氏。屏,步丁切。⑰庄子,赵朔。栾伯,武子。⑱实犹充也。栾书之身行,能充此言,则当执晋国之政也。【释文】长,丁两切。行,下孟切。

楚少宰如晋师[①],曰:"寡君少遭闵凶,不能文[②]。闻二先君之出入此行也[③],将郑是训定,岂敢求罪于晋?二三子无淹久[④]。"随季对曰:"昔平王命我先君文侯曰:'与郑夹辅周室,毋废王命。'今郑不率[⑤],寡君使群臣问诸郑,岂敢辱候人[⑥]?敢拜君命之辱。"彘子以为谄,使赵括从而更之,曰:"行人失辞[⑦]。寡君使群臣迁大国之迹于郑[⑧],曰:'无辟敌。'群臣无所逃命。"

①少宰,官名。【释文】少,诗召切,注及下同。②闵,忧也。③二先君:楚成王、穆王。④淹,留也。⑤率,遵也。【释文】夹,古洽切,旧古协切。毋,音无。⑥候人,谓伺候望敌者。【释文】候,户豆切。伺,音司,一音息嗣切。⑦言误对。【释文】谄,敕检切。⑧迁,徙也。

楚子又使求成于晋,晋人许之,盟有日矣[①]。楚许伯御乐伯,摄叔为右,以致晋师[②]。许伯曰:"吾闻致师者,御靡旌摩垒而还[③]。"乐伯曰:"吾闻致师者,左射以菆[④],代御执辔,御下两马,掉鞅而还[⑤]。"摄叔曰:"吾闻致师者,右入垒,折馘[⑥],执俘而还。"皆行其所闻而复。晋人逐之,左右角之[⑦]。乐伯左射马而右射人,角不能进,矢一而已。麋兴于前,射麋丽龟[⑧]。晋鲍癸当其后,使摄叔奉麋献焉,曰:"以岁之非时,献禽之未至,敢膳诸从者。"鲍癸止之,曰:"其左善射,其右有辞,君子也。"既免[⑨]。

①有期日。②单车挑战,又示不欲崇和,以疑晋之群帅。【释文】单,音丹。挑,徒了切,下文同。帅,所类切。③靡旌,驱疾也。摩,近也。【释文】摩,末多切。垒,力轨切。近,附近之近。④左,车左也。菆,矢之善者。【释文】射,食亦切,下三字同。菆,侧留切。⑤两,饰也。掉,正也。于閒暇。【释文】两,或作"裲",皆力掌切,又音亮。掉,徒吊切,徐乃较切。鞅,于丈切。閒,音闲。⑥折馘,断耳。【释文】折,之设切,注同。馘,古获切。断,音短。⑦张两角,从旁夹攻之。⑧丽,著也。龟,背之隆高当心者。【释文】麋,亡悲

切。著，直略切。⑨止不复逐。【释文】从，才用切，下"从者"同。

晋魏锜求公族未得[①]，而怒，欲败晋师。请致师，弗许。请使，许之。遂往，请战而还。楚潘党逐之，及荧泽，见六麋，射一麋以顾献曰："子有军事，兽人无乃不给于鲜，敢献于从者[②]。"叔党命去之[③]。赵旃求卿未得[④]，且怒于失楚之致师者，请挑战，弗许。请召盟，许之，与魏锜皆命而往。郤献子曰："二憾往矣[⑤]，弗备必败。"彘子曰："郑人劝战，弗敢从也。楚人求成，弗能好也。师无成命，多备何为？"士季曰："备之善。若二子怒楚，楚人乘我，丧师无日矣[⑥]。不如备之。楚之无恶，除备而盟，何损于好？若以恶来，有备不败。且虽诸侯相见，军卫不彻，警也[⑦]。"彘子不可[⑧]。士季使巩朔、韩穿帅七覆于敖前[⑨]，故上军不败。赵婴齐使其徒先具舟于河，故败而先济。

①锜，魏犨子，欲为公族大夫。【释文】锜，鱼绮切。犨，尺周切。②荧泽在荧阳县东。新杀为鲜，见六得一，言其不如楚。【释文】败，必迈切，又如字。使，所吏切。荧，户扃切。射，食亦切。鲜，音仙，注同。③叔党，潘党，潘尫之子。④旃，赵穿子。⑤献子，郤克。【释文】憾，胡暗切。⑥乘，犹登也。【释文】好，呼报切，下同。丧，息浪切。⑦彻，去也。【释文】警，音景。去，起吕切。⑧不肯设备。⑨帅，将也。覆，为伏兵七处。【释文】覆，扶又切，注同。帅，如字。将，子匠切。处，昌虑切。

潘党既逐魏锜[①]，赵旃夜至于楚军[②]，席于军门之外，使其徒入之[③]。楚子为乘广三十乘，分为左右。右广鸡鸣而驾，日中而说[④]。左则受之，日入而说。许偃御右广，养由基为右。彭名御左广，屈荡为右[⑤]。乙卯，王乘左广以逐赵旃。赵旃弃车而走林，屈荡搏之，得其甲裳[⑥]。晋人惧二子之怒楚师也，使軘车逆之[⑦]。潘党望其尘，使骋而告曰："晋师至矣。"楚人亦惧王之入晋军也，遂出陈。孙叔曰："进之。宁我薄人，无人薄我。《诗》云：'元戎十乘，以先启行。'先人也[⑧]。《军志》曰：'先人有夺人之心。'薄之也[⑨]。"遂疾进师，车驰卒奔，乘晋军。桓子不知所为，鼓于军中曰："先济者有赏。"中军、下军争舟，舟中之指可掬也[⑩]。

出齿玉璜(春秋)

①言魏锜见逐而退。②二人虽俱受命而行不相随，赵旃在后至。③布席坐，示无所畏也。④说，舍也。【释文】乘，绳证切，下"三十乘""十乘"并注同。说，舒锐切，注及下同。⑤楚王更迭载之，故各有御、右。【释文】屈，居勿切。更，音庚。迭，直结切。⑥下曰

裳。【释文】搏，音博。⑦軘车，兵车名。【释文】軘，徒温切。⑧元戎，戎车在前也。《诗·小雅》，言王者军行，必有戎车十乘，在前开道，先人为备。【释文】骋，敕景切。陈，直觐切，下注皆同。先，悉荐切，注下同。⑨夺敌战心。⑩两手曰掬。【释文】卒，子忽切，下及下注同。掬，九六切。

晋师右移，上军未动[①]。工尹齐将右拒卒以逐下军[②]。楚子使唐狡与蔡鸠居告唐惠侯曰[③]："不穀不德而贪，以遇大敌，不穀之罪也。然楚不克，君之羞也，敢藉君灵以济楚师[④]。"使潘党率游阙四十乘[⑤]，从唐侯以为左拒，以从上军。驹伯曰："待诸乎[⑥]。"随季曰："楚师方壮，若萃于我，吾师必尽[⑦]，不如收而去之。分谤生民，不亦可乎[⑧]？"殿其卒而退，不败[⑨]。王见右广，将从之乘。屈荡户之，曰："君以此始，亦必以终[⑩]。"自是楚之乘广先左[⑪]。

①言余军皆移去，唯上军在。经所以书战，言犹有陈。②工尹齐，楚大夫。右拒，陈名。【释文】拒，音矩，本亦作"矩"，下同。③二子，楚大夫。唐，属楚之小国，义阳安昌县东南有上唐乡。【释文】狡，古卯切。④藉，犹假借也。⑤游车补阙者。【释文】乘，绳证切，下"之乘"、注"易乘"皆同。⑥驹伯，郤克，上军佐也。⑦萃，集也。【释文】萃，似醉切。⑧同奔为分谤，不战为生民。⑨以其所将卒为军后殿。【释文】殿，多练切，注同。⑩户，止也。中易乘则恐军人惑。⑪以乘左得胜故。

晋人或以广队不能进[①]，楚人惎之脱扃[②]，少进，马还，又惎之拔旆投衡，乃出[③]。顾曰："吾不如大国之数奔也。"

①广，兵车。【释文】队，直类切。②惎，教也。扃，车上兵阑。【释文】惎，其器切。扃，古荧切，徐公冥切，服云：扃，横木校轮间。一曰车前横木也。《西京赋》云：旗不脱扃；薛综云：扃，所以止旗也。③还，便旋不进。旆，大旗也。拔旗投衡上，使不帆风，差轻。【释文】帆，凡剑切，本又作"杷"，普霸切。差，初卖切。

赵旃以其良马二，济其兄与叔父，以他马反，遇敌不能去，弃车而走林。逢大夫与其二子乘[①]，谓其二子无顾[②]。顾曰："赵傁在后[③]。"怒之，使下，指木曰："尸女于是。"授赵旃绥，以免。明日以表尸之[④]，皆重获在木下[⑤]。

①逢，氏。【释文】数，所角切。乘，绳证切。②不欲见赵旃。③傁，老称也。【释文】傁，素口切。称，尺证切。④表所指木取其尸。【释文】女，音汝。⑤兄弟累尸而死。【释文】重，直龙切。

楚熊负羁囚知罃。知庄子以其族反之[①]，厨武子御[②]，下军之士多从之[③]。每射，抽矢，菆，纳诸厨子之房[④]。厨子怒曰："非子之求而蒲之爱[⑤]，董泽之蒲，可胜既乎[⑥]？"知季曰："不以人子，吾子其可得乎？吾不可以苟射故也。"射连尹襄老，获之，遂载其尸。射公子榖臣，囚之。以二者还[⑦]。

①负羁，楚大夫。知罃，知庄子之子。族，家兵。反，还战。【释文】罃，于耕切。还，音环。②武子，魏锜。【释文】厨，直诛切。③知庄子下军大夫故。④抽，擢也。菆，好箭。房，箭舍。【释文】射，食夜切，又食亦切。擢，直角切。⑤蒲，杨柳，可以为箭。⑥董泽，泽名，河东闻喜县东北有董池陂。既，尽也。【释文】胜，音升。陂，彼宜切。⑦榖臣，楚王子。【释文】射，食亦切，下同。

及昏，楚师军于邲，晋之余师不能军[①]，宵济，亦终夜有声[②]。

丙辰，楚重至于邲[③]，遂次于衡雍。潘党曰："君盍筑武军[④]，而收晋尸以为京观[⑤]？臣闻克敌必示子孙，以无忘武功。"楚子曰："非尔所知也。夫文，止戈为武[⑥]。武王克商，作《颂》曰：'载戢干戈，载櫜弓矢[⑦]。我求懿德，肆于时《夏》，允王保之[⑧]。'又作《武》，其卒章曰：'耆定尔功[⑨]。'其三曰：'铺时绎思，我徂惟求定[⑩]。'其六曰：'绥万邦，屡丰年[⑪]。'夫武，禁暴、戢兵、保大、定功、安民、和众、丰财者也[⑫]。故使子孙无忘其章[⑬]。今我使二国暴骨，暴矣；观兵以威诸侯，兵不戢矣。暴而不戢，安能保大？犹有晋在，焉得定功？所违民欲犹多，民何安焉？无德而强争诸侯，何以和众？利人之几[⑭]，而安人之乱，以为己荣，何以丰财[⑮]？武有七德，我无一焉，何以示子孙？其为先君宫，告成事而已[⑯]。武非吾功也。古者明王伐不敬，取其鲸鲵而封之，以为大戮，于是乎有京观，以惩淫慝[⑰]。今罪无所[⑱]，而民皆尽忠以死君命，又可以为京乎？"祀于河，作先君宫，告成事而还[⑲]。

①不能成营屯。②言其兵众，将不能用。【释文】将，子匠切。③重，辎重也。【释文】重，直勇切，又直用切，注上"重"字同。辎，侧其切。重，直用切。④筑军营以章武功。【释文】雍，于用切。盍，户腊切。⑤积尸封土其上，谓之京观。【释文】观，古乱切，注及下"京观"同。⑥文，字。⑦戢，藏也。櫜，韬也。《诗》美武王能诛灭暴乱而息兵。【释文】戢，侧立切。櫜，古刀切。韬，他刀切。⑧肆，遂也。夏，大也。言武王既息兵，又能求美德，故遂大而信王保天下。【释文】夏，户雅切，注同。⑨《武》，《颂》篇名。耆，致也。言武王诛纣，致定其功。【释文】耆，音旨，注同。⑩其三，三篇。铺，布也。绎，陈也。时，是也。思，辞也。颂美武王能布政陈教，使天下归往求安定。【释文】铺，普吴切，徐音敷。绎，音亦。⑪其六，六篇。绥，安也。屡，数也。言武王既安天下，数致丰年。此三、六之数与今《诗·颂》篇次不同，盖楚乐歌之次第。【释文】屡，力住切，下注同。数，所角切，

下"数致"同。⑫此武七德。⑬著之篇章，使子孙不忘。⑭几，危也。【释文】暴骨，蒲卜切，或作"曝"。焉得，于虔切。强，其丈切。⑮兵动则年荒。⑯祀先君，告战胜。⑰鲸鲵，大鱼名，以喻不义之人吞食小国。【释文】鲸，其京切。鲵，五兮切。惩，直升切。慝，他得切。⑱晋罪无所犯也。⑲传言楚庄有礼，所以遂兴。

是役也，郑石制实入楚师，将以分郑而立公子鱼臣。辛未，郑杀仆叔及子服[①]。君子曰："史佚所谓毋怙乱者，谓是类也[②]。《诗》曰：'乱离瘼矣，爰其适归[③]？'归于怙乱者也夫[④]！"

①仆叔，鱼臣也。子服，石制也。②言恃人之乱以要利。【释文】佚，音逸。毋，音无。怙，音户。要，一遥切。③《诗·小雅》。离，忧也。瘼，病也。爰，于也。言祸乱忧病于何所归乎，叹之。【释文】瘼，音莫。④恃乱则祸归之。【释文】夫，音扶。

郑伯、许男如楚[①]。

①为十四年晋伐郑传。

秋，晋师归，桓子请死，晋侯欲许之。士贞子谏曰："不可[①]。城濮之役，晋师三日谷[②]，文公犹有忧色。左右曰：'有喜而忧，如有忧而喜乎[③]？'公曰：'得臣犹在，忧未歇也[④]。困兽犹斗，况国相乎！'及楚杀子玉[⑤]，公喜而后可知也[⑥]，曰：'莫余毒也已。'是晋再克而楚再败也。楚是以再世不竞[⑦]。今天或者大警晋也[⑧]，而又杀林父以重楚胜，其无乃久不竞乎？林父之事君也，进思尽忠，退思补过，社稷之卫也，若之何杀之？夫其败也，如日月之食焉，何损于明？"晋侯使复其位[⑨]。

①贞子，士渥浊。【释文】渥，於角切。②在僖二十八年。【释文】濮，音卜。③言忧喜失时。④歇，尽也。【释文】歇，许竭切。⑤子玉，得臣。【释文】相，息亮切，下"熊相"同。⑥喜见于颜色。【释文】见，贤遍切。⑦成王至穆王。【释文】竞，其敬切。⑧警，戒也。⑨言晋景所以不失霸。【释文】重，直用切。

冬，楚子伐萧，宋华椒以蔡人救萧。萧人囚熊相宜僚及公子丙。王曰："勿杀，吾退。"萧人杀之。王怒，遂围萧。萧溃。申公巫臣曰："师人多寒。"王巡三军，拊而勉之[①]。三军之士，皆如挟纩[②]。遂傅于萧。还无社与司马卯言，号申叔展[③]。叔展曰："有麦麴乎？"曰："无。""有山鞠穷乎？"曰："无[④]。""河鱼腹疾奈何[⑤]？"曰："目于眢井而拯之[⑥]。""若为茅绖，哭井则已[⑦]。"明日萧溃，申叔视其井，则茅绖存焉，号而出之[⑧]。

①拊抚慰勉之。【释文】僚，了雕切。溃，户内切。拊，芳甫切。②纩，绵也。言说以忘寒。【释文】挟，户牒切。纩，音旷。说，音悦。③还无社，萧大夫。司马卯、申叔展皆楚

大夫也。无社素识叔展，故因卯呼之。【释文】傳，音傳。还，音旋。卯，马鲍切。号，徐户到切，一音户刀切。④麦麴、鞠穷所以御湿，欲使无社逃泥水中，无社不解，故曰无。军中不敢正言，故谬语。【释文】麴，去六切。鞠，起弓切。御，鱼吕切，下同。解，音蟹，下同。⑤叔展言无御湿药，将病。⑥无社意解，欲入井，故使叔展视虚废井而求拯己。出溺为拯。【释文】眢，乌丸切，《字林》云：井无水也，一皮切。拯，拯救之拯，注同。⑦叔展又教结茅以表井，须哭乃应以为信。【释文】绖，直结切。己，音纪，旧音以。应，应对之应。⑧号，哭也。传言萧人无守心。【释文】号，户刀切，注同。守，手又切。

晋原縠、宋华椒、卫孔达，曹人同盟于清丘[1]，曰："恤病讨贰。"于是卿不书，不实其言也[2]。宋为盟故，伐陈[3]。卫人救之。孔达曰："先君有约言焉，若大国讨，我则死之[4]。"

①原縠，先縠。②宋伐陈，卫救之，不讨贰也。楚伐宋，晋不救，不恤病也。③陈贰于楚故。【释文】为，于伪切。④卫成公与陈共公有旧好，故孔达欲背盟救陈而以死谢晋，为十四年卫杀孔达传。【释文】约，於妙切，又如字。共，音恭。好，呼报切。背，音佩，十四年经注同。

宣公十三年

【经】

十有三年春，齐师伐莒。

夏，楚子伐宋。

秋，螽[1]。

冬，晋杀其大夫先縠[2]。

①无传。为灾，故书。②书名，以罪讨。

【传】

十三年春，齐师伐莒，莒恃晋而不事齐故也。

夏，楚子伐宋，以其救萧也[1]。君子曰："清丘之盟，唯宋可以免焉[2]。"

①救萧在前年。②宋讨陈之贰。今宋见伐，晋、卫不顾盟以恤宋，而经同贬宋大夫。传嫌华椒之罪累及其国，故曰唯宋可以免。【释文】累，劣伪切。

秋,赤狄伐晋,及清,先縠召之也[①]。

①邲战不得志,故召狄欲为变。清,一名清原。

冬,晋人讨邲之败,与清之师,归罪于先縠而杀之,尽灭其族。君子曰:"恶之来也,己则取之,其先縠之谓乎[①]!"

①尽灭其族,谓诛已甚,故曰恶之来也。

清丘之盟,晋以卫之救陈也讨焉[①]。使人弗去,曰:"罪无所归,将加而师。"孔达曰:"苟利社稷,请以我说[②],罪我之由。我则为政而亢大国之讨,将以谁任[③]?我则死之[④]。"

①寻清丘之盟以责卫。②欲自杀以说晋。【释文】使,所吏切。说,如字,又音悦,下同。③亢,御也。谓御宋讨陈也。【释文】亢,苦浪切。任,音壬。④为明年杀孔达传。

宣公十四年

【经】

十有四年春,卫杀其大夫孔达[①]。

夏五月壬申,曹伯寿卒[②]。

晋侯伐郑。

秋九月,楚子围宋。

葬曹文公[③]。

冬,公孙归父会齐侯于穀。

①书名,背盟于大国,罪之。②无传。文十四年盟新城。③无传。

【传】

十四年春,孔达缢而死。卫人以说于晋而免[①]。遂告于诸侯曰:"寡君有不令之臣达,构我敝邑于大国,既伏其罪矣,敢告[②]。"卫人以为成劳,复室其子[③],使复其位[④]。

①以杀告,故免于伐。【释文】缢,一赐切。②诸杀大夫亦皆告。③以有平国之功,故以女妻之。【释文】复,扶又切。妻,七计切。④袭父禄位。

夏,晋侯伐郑,为邲故也[①]。告于诸侯,蒐焉而还[②]。中行桓子之谋也,曰:"示之以整,使谋而来。"郑人惧,使子张代子良于楚[③]。郑伯如楚,谋晋故也。郑以子良为有礼,故召之④。

①晋败于邲,郑遂属楚。【释文】为,于伪切。②蒐,简阅车马。【释文】蒐,所留切。阅,音悦。③十二年,子良质于楚。子张,穆公孙。【释文】行,户郎切。质,音致。④有让国之礼。

楚子使申舟聘于齐,曰:“无假道于宋①。”亦使公子冯聘于晋,不假道于郑。申舟以孟诸之役恶宋②,曰:“郑昭宋聋③,晋使不害,我则必死。”王曰:“杀女,我伐之。”见犀而行④。及宋,宋人止之,华元曰:“过我而不假道,鄙我也。鄙我,亡也⑤。杀其使者必伐我,伐我,亦亡也。亡一也。”乃杀之。楚子闻之,投袂而起⑥,屦及于窒皇⑦,剑及于寝门之外,车及于蒲胥之市。秋九月,楚子围宋。

①申舟,无畏。②文十年,楚子田孟诸,无畏抶宋公仆。【释文】冯,皮冰切。恶,乌路切。抶,敕乙切。③昭,明也。聋,闇也。【释文】聋,力工切。④犀,申舟子,以子托王,示必死。【释文】使,所吏切,下“使者”同。女,音汝。见,贤遍切。⑤以我比其边鄙,是与亡国同。【释文】过,古卧切,又古禾切。⑥投,振也。袂,袖也。【释文】袂,面世切。袖,徐又切。⑦窒皇,寝门阙。【释文】屦,九具切。窒,直结切。

冬,公孙归父会齐侯于穀。见晏桓子,与之言鲁乐。桓子告高宣子曰①:“子家其亡乎,怀于鲁矣②。怀必贪,贪必谋人。谋人,人亦谋己。一国谋之,何以不亡③?”

①桓子,晏婴父。宣子,高固。【释文】乐,音洛。②子家,归父字。怀,思也。③为十八年归父奔齐传。

孟献子言于公曰:“臣闻小国之免于大国也,聘而献物①,于是有庭实旅百②;朝而献功③,于是有容貌采章,嘉淑而有加货④,谋其不免也。诛而荐贿,则无及也⑤。今楚在宋,公其图之。”公说⑥。

①物,玉帛皮币也。②主人亦设笾豆百品,实于庭以答宾。③献其治国若征伐之功于牧伯。④容貌,威仪。容,颜也。采章,车服文章也。嘉淑,令辞称赞也。加货,命宥币帛也。言往共则来报亦备。⑤荐,进也。见责而往,则不足解罪。【释文】贿,呼罪切。⑥为明年归父会楚子传。【释文】说。音悦。

宣公十五年

【经】

十有五年春,公孙归父会楚子于宋。

夏五月,宋人及楚人平[①]。

六月癸卯,晋师灭赤狄潞氏,以潞子婴儿归[②]。

秦人伐晋[③]。

王札子杀召伯、毛伯[④]。

秋,螽[⑤]。

仲孙蔑会齐高固于无娄[⑥]。

初税亩[⑦]。

冬,蝝生[⑧]。

饥[⑨]。

①平者,总言二国和,故不书其人。②潞,赤狄之别种。潞氏,国,故称氏。子,爵也。林父称师,从告。【释文】潞,音路。种,章勇切。③无传。④称杀者名,两下相杀之辞。两下相杀,则杀者有罪。王札子,王子札也,盖经文倒"札"字。【释文】札,侧入切,徐侧乙切。召,上照切。倒,丁老切。⑤无传。【释文】螽,音终。⑥无传。无娄,杞邑。⑦公田之法,十取其一,今又履其余亩,复十收其一,故哀公曰二吾犹不足,遂以为常,故曰初。【释文】税,始锐切。复,扶又切。⑧螽子以冬生,遇寒而死,故不成螽。【释文】蝝,悦全切,《字林》尹绢切。刘歆云:蚍蜉子也,董仲舒云:蝗子。⑨风雨不和,五稼不丰。

【传】

十五年春,公孙归父会楚子于宋[①]。宋人使乐婴齐告急于晋。晋侯欲救之。伯宗曰:"不可[②]。古人有言曰:'虽鞭之长,不及马腹[③]。'天方授楚,未可与争。虽晋之强,能违天乎？谚曰:'高下在心[④]。'川泽纳污[⑤],山薮藏疾[⑥],瑾瑜匿瑕[⑦],国君含垢[⑧],天之道也[⑨],君其待之[⑩]。"乃止。使解扬如宋,使无降楚,曰:"晋师悉起,将至矣。"郑人囚而献诸楚,楚子厚赂之,使反其言[⑪],不许,三而许之。登诸楼车,使呼宋人而告之[⑫]。遂致其君命。楚子将杀之,使与之言曰:"尔既许不穀而反之,何故？非我无信,女则弃之,速即尔刑。"对曰:"臣闻之,君能制命为义,臣能承命为信,信载义而行之为利。谋不失利,以卫社稷,民之主也。义无二信[⑬],信无二命[⑭]。君之赂臣,不知命也。受命以出,有死无賈[⑮],又可赂乎？臣之许君,以成命也[⑯]。死而成命,臣之禄也。寡君有信臣[⑰],下臣获考死[⑱],又何求？"楚子舍之以归。

①终前年传。②伯宗,晋大夫。③言非所击。④度时制宜。【释文】度,待洛切。

⑤受污浊。【释文】污，音乌，注同。⑥山之有林薮，毒害者居之。【释文】薮，素口切。⑦匿，亦藏也。虽美玉之质，亦或居藏瑕秽。【释文】瑾，其靳切。瑜，羊朱切。匿，女力切。⑧忍垢耻。【释文】垢，古口切，本或作"诟"，音同。⑨晋侯耻不救宋，故伯宗为说小恶不损大德之喻。【释文】为，于伪切。⑩待楚衰。⑪反言晋不救。【释文】解，音蟹。降，户江切。⑫楼车，车上望橹。【释文】橹，音鲁。⑬欲为义者，不行两信。【释文】女，音汝，下注"而女"同。⑭欲行信者，不受二命。⑮霣，废队也。【释文】霣，于敏切。队，直类切。⑯成其君命。⑰己不废命。⑱考，成也。

夏五月，楚师将去宋[①]。申犀稽首于王之马前，曰："毋畏知死而不敢废王命，王弃言焉。"王不能答[②]。申叔时仆[③]，曰："筑室反耕者，宋必听命。"从之[④]，宋人惧，使华元夜入楚师，登子反之床，起之曰："寡君使元以病告[⑤]，曰：'敝邑易子而食，析骸以爨[⑥]。虽然，城下之盟，有以国毙，不能从也[⑦]。去我三十里，唯命是听。'"子反惧，与之盟而告王。退三十里。宋及楚平，华元为质。盟曰："我无尔诈，尔无我虞[⑧]。"

①在宋积九月，不能服宋故。②未服宋而去，故曰弃言。③仆，御也。④筑室于宋，分兵归田，示无去志。王从其言。⑤兵法，因其乡人而用之，必先知其守将左右、谒者、守门者、舍人之姓名，因而利道之。华元盖用此术，得以自通。【释文】守，手又切。将，子匠切。道，音导。⑥爨，炊也。【释文】析，思历切。骸，户皆切，本又作"骨"，《公羊传》作"骸"，何休注云：骸，骨也。爨，七乱切。⑦宁以国毙，不从城下盟。【释文】毙，婢世切。⑧楚不诈宋，宋不备楚。盟不书，不告。【释文】质，音致。

潞子婴儿之夫人，晋景公之姊也。酆舒为政而杀之，又伤潞子之目[①]。晋侯将伐之，诸大夫皆曰："不可。酆舒有三儁才[②]，不如待后之人。"伯宗曰："必伐之。狄有五罪，儁才虽多，何补焉？不祀，一也。耆酒，二也。弃仲章而夺黎氏地，三也[③]。虐我伯姬，四也。伤其君目，五也。怙其儁才，而不以茂德，滋益罪也。后之人或者将敬奉德义以事神人，而申固其命[④]，若之何待之？不讨有罪，曰'将待后'，后有辞而讨焉，毋乃不可乎？夫恃才与众，亡之道也。商纣由之，故灭[⑤]。天反时为灾[⑥]，地反物为妖[⑦]，民反德为乱，乱则妖灾生。故文反正为乏[⑧]。尽在狄矣。"晋侯从之。六月癸卯，晋荀林父败赤狄于曲梁。辛亥，灭潞[⑨]。酆舒奔卫，卫人归诸晋，晋人杀之。

①酆舒，潞相。【释文】酆，芳忠切。相，息亮切。②儁，绝异也。言有才艺胜人者三。【释文】儁，音俊。③仲章，潞贤人也。黎氏，黎侯国，上党壶关县有黎亭。【释文】耆，市志切。黎，礼兮切。④审其政令。⑤由，用也。⑥寒暑易节。⑦群物失性。⑧文，字。

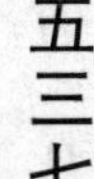

⑨曲梁，今广平曲梁县也。书癸卯，从赴。

王孙苏与召氏、毛氏争政[①]，使王子捷杀召戴公及毛伯卫[②]。卒立召襄[③]。

①三人皆王卿士。②王子捷，即王札子。③襄，召戴公之子。

秋七月，秦桓公伐晋，次于辅氏[①]。壬午，晋侯治兵于稷以略狄土[②]，立黎侯而还[③]。及雒，魏颗败秦师于辅氏[④]。获杜回，秦之力人也。

①晋地。②略，取也。稷，晋地，河东闻喜县西有稷山。壬午，七月二十九日。晋时新破狄，土地未安，权秦师之弱，故别遣魏颗距秦，而东行定狄地。【释文】颗，苦果切。③狄夺其地，故晋复立之。【释文】复，扶又切。④晋侯还及雒也。雒，晋地。【释文】雒，音洛。

初，魏武子有嬖妾，无子。武子疾，命颗曰："必嫁是[①]。"疾病，则曰："必以为殉。"及卒，颗嫁之，曰："疾病则乱，吾从其治也。"及辅氏之役，颗见老人结草以亢杜回[②]，杜回踬而颠，故获之。夜梦之曰："余，而所嫁妇人之父也[③]。尔用先人之治命，余是以报[④]。"

①武子，魏犨，颗之父。【释文】嬖，必计切。②亢，御也。【释文】殉，似俊切，本或作"必以殉"。治，直吏切，下"治命"同。亢，苦浪切。③而，女也。【释文】踬，陟吏切，徐丁四切。④传举此以示教。

晋侯赏桓子狄臣千室[①]，亦赏士伯以瓜衍之县[②]。曰："吾获狄土，子之功也。微子，吾丧伯氏矣[③]。"羊舌职说是赏也[④]，曰："《周书》所谓'庸庸祗祗'者，谓此物也夫[⑤]。士伯庸中行伯[⑥]，君信之，亦庸士伯，此之谓明德矣。文王所以造周，不是过也。故《诗》曰：'陈锡载周[⑦]。'能施也。率是道也，其何不济？"

①千家。②士伯，士贞子。【释文】瓜，古华切。衍，以善切。③伯，桓子字。邲之败，晋侯将杀林父，士伯谏而止。【释文】丧，息浪切。④职，叔向父。【释文】说，音悦。向，香丈切。⑤《周书·康诰》。庸，用也。祗，敬也。物，事也。言文王能用可用，敬可敬。【释文】夫，音扶。⑥言中行伯可用。⑦锡，赐也。《诗·大雅》，言文王布陈大利，以赐天下，故能载行周道，福流子孙。【释文】施，式豉切。

晋侯使赵同献狄俘于周，不敬。刘康公曰："不及十年，原叔必有大咎[①]，天夺之魄矣[②]。"

①刘康公，王季子也。原叔，赵同也。【释文】俘，芳夫切。不敬，一本作"而傲"。②心之精爽，是谓魂魄。为成八年晋杀赵同传。【释文】魄，普白切。

初税亩，非礼也。谷出不过藉[①]，以丰财也。

①周法：民耕百亩，公田十亩，借民力而治之，税不过此。

冬，蝝生，饥。幸之也[1]。

①蝝，未为灾而书之者，幸其冬生，不为物害，时岁虽饥，犹喜而书之。

宣公十六年

【经】

十有六年春，王正月，晋人灭赤狄甲氏及留吁[1]。

夏，成周宣榭火[2]。

秋，郯伯姬来归[3]。

冬，大有年[4]。

①甲氏、留吁，赤狄别种，晋既灭潞氏，今又并尽其余党。士会称人，从告。【释文】吁，况于切。种，章勇切。并，必政切，一音如字。②传例曰：人火之也。成周，洛阳。宣榭，讲武屋，别在洛阳者。《尔雅》曰：无室曰榭，谓屋歇前。【释文】榭，本又作"谢"，音同。③【释文】郯，音谈。④无传。

【传】

十六年春，晋士会帅师灭赤狄甲氏及留吁、铎辰[1]。三月，献狄俘[2]。晋侯请于王，戊申，以黻冕命士会将中军，且为大傅[3]。于是晋国之盗逃奔于秦。羊舌职曰："吾闻之，禹称善人[4]，不善人远，此之谓也夫。《诗》曰：'战战兢兢，如临深渊，如履薄冰。'善人在上也[5]。善人在上，则国无幸民。谚曰：'民之多幸，国之不幸也。'是无善人之谓也[6]。"

①铎辰不书，留吁之属。【释文】铎，待洛切。②献于王也。③代林父将中军，且加以大傅之官。黻冕，命卿之服。大傅，孤卿。【释文】黻，音弗。将，子匠切。大，音泰，注同。④称，举也。⑤言善人居位则无不戒惧。【释文】远，于万切。夫，音扶。兢，居矜切，本亦作"矜"。⑥【释文】谚，音彦。

夏，成周宣榭火，人火之也。凡火，人火曰火，天火曰灾。

秋，郯伯姬来归，出也。

为毛、召之难故，王室复乱[1]。王孙苏奔晋，晋人复之[2]。

①毛、召难在前年。【释文】为，于伪切。难，乃旦切，注同。复，扶又切。②毛、召之党欲讨苏氏，故出奔。

冬，晋侯使士会平王室，定王享之，原襄公相礼[①]，郗烝[②]。武子私问其故[③]。王闻之，召武子曰："季氏，而弗闻乎？王享有体荐[④]，宴有折俎[⑤]。公当享，卿当宴，王室之礼也[⑥]。"武子归而讲求典礼，以修晋国之法[⑦]。

①原襄公，周大夫。相，佐也。【释文】相，息亮切，注同。②烝，升也，升郗于俎。【释文】郗，户交切。烝，之承切。③享当体荐而殽烝，故怪问之。武，士会谥；季，其字。④享则半解其体而荐之，所以示其俭。⑤体解节折，升之于俎，物皆可食，所以示慈惠也。【释文】折，之设切，注同。⑥公谓诸侯。⑦传言典礼之废久。

宣公十七年

【经】

十有七年春，王正月庚子，许男锡我卒[①]。

丁未，蔡侯申卒[②]。

夏，葬许昭公[③]。

葬蔡文公[④]。

六月癸卯，日有食之[⑤]。

己未，公会晋侯、卫侯、曹伯、邾子同盟于断道[⑥]。

秋，公至自会[⑦]。

冬十有一月壬午，公弟叔肸卒[⑧]。

①无传。再与文同盟。【释文】锡，星历切。②无传。未同盟而赴以名。丁未，二月四日。③无传。④无传。⑤无传。不书朔，官失之。⑥断道，晋地。【释文】断，直管切，一音短。⑦无传。⑧传例曰：公母弟。【释文】肸，许乙切。

【传】

十七年春，晋侯使郤克征会于齐[①]。齐顷公帷妇人，使观之。郤子登，妇人笑于房[②]。献子怒，出而誓曰："所不此报，无能涉河[③]！"献子先归，使栾京庐待命于齐，曰："不得齐事，无复命矣[④]。”郤子至，请伐齐，晋侯弗许；请以其私属，又弗许[⑤]。

①征，召也。欲为断道会。②跛而登阶，故笑之。【释文】顷，音倾。跛，波可切。③不复渡河而东。【释文】复，扶又切。④栾京庐，郤克之介，使得齐之罪乃复命。【释文】庐，音卢，又力於切。⑤私属，家众也。为成二年战于鞌传。【释文】鞌，音安。

齐侯使高固、晏弱、蔡朝、南郭偃会[①]。及敛盂，高固逃归[②]。夏，会于断道，讨贰也。盟于卷楚[③]，辞齐人。晋人执晏弱于野王，执蔡朝于原，执南郭偃于温[④]。苗贲皇使，见晏桓子[⑤]，归，言于晋侯曰：“夫晏子何罪？昔者诸侯事吾先君，皆如不逮[⑥]，举言群臣不信，诸侯皆有贰志[⑦]。齐君恐不得礼[⑧]，故不出，而使四子来。左右或沮之[⑨]，曰：‘君不出，必执吾使。’故高子及敛盂而逃。夫三子者曰：‘若绝君好，宁归死焉。’为是犯难而来。吾若善逆彼[⑩]，以怀来者，吾又执之，以信齐沮，吾不既过矣乎？过而不改，而又久之，以成其悔，何利之有焉？使反者得辞[⑪]，而害来者，以惧诸侯，将焉用之？”晋人缓之，逸[⑫]。

秋八月，晋师还。

①晏弱，桓子。【释文】朝，如字。②闻郤克怒故。【释文】敛，徐音廉，一音力渐切。盂，音于。③卷楚，即断道。【释文】卷，音权，一音居免切。④执三子不书，非卿。野王县今属河内。⑤贲皇，楚鬥椒之子，楚灭鬥氏而奔晋，食邑于苗地。晏弱时在野王，故因使而见之。【释文】贲，扶云切。使，所吏切，注及下同。⑥言汲汲也。【释文】逮，音代，或大计切。汲，音急。⑦举亦皆也。⑧不见礼待。⑨沮，止也。【释文】沮，在吕切。⑩彼齐三人。【释文】好，呼报切。为，于伪切。难，乃旦切。⑪反者高固，谓得不当来之辞。⑫缓，不拘执，使得逃去也。传言晋不能修礼，诸侯所以贰。【释文】焉，於虔切。拘，九于切。

范武子将老[①]，召文子曰：“燮乎！吾闻之，喜怒以类者鲜[②]，易者实多[③]。《诗》曰：‘君子如怒，乱庶遄沮；君子如祉，乱庶遄已[④]。’君子之喜怒，以已乱也。弗已者，必益之。郤子其或者欲已乱于齐乎？不然，余惧其益之也。余将老，使郤子逞其志，庶有豸乎[⑤]？尔从二三唯敬[⑥]。”乃请老，郤献子为政。

①老，致仕。初受随，故曰随武子，后更受范，复为范武子。【释文】复，扶又切。②文子，士会之子，燮其名。【释文】燮，素协切。鲜，息浅切。③易，迁怒也。④《诗·小雅》也。遄，速也。沮，止也。祉，福也。【释文】遄，市专切。祉，音耻。⑤豸，解也。欲使郤子从政，快志以止乱。【释文】豸，本又作“鸠”，直是切，或音居牛切，非也。解，音蟹。此训见《方言》。⑥二三子，晋诸大夫。

冬,公弟叔肸卒。公母弟也。凡大子之母弟,公在曰公子,不在曰弟[①]。凡称弟,皆母弟也[②]。

①以兄为尊。②此策书之通例也。庶弟不得称公弟,而母弟或称公子。若嘉好之事,则仍旧史之文,唯相杀害,然后据例以示义,所以为笃亲亲之恩,崇友于之好。《释例》论之备矣。【释文】好,呼报切。

宣公十八年

【经】

十有八年春,晋侯、卫世子臧伐齐[①]。

公伐杞[②]。

夏四月。

秋七月,邾人戕鄫子于鄫[③]。

甲戌,楚子旅卒[④]。

公孙归父如晋。

冬十月壬戌,公薨于路寝。

归父还自晋,至笙,遂奔齐[⑤]。

①【释文】臧,子郎切。②无传。③传例曰:自外曰戕。邾大夫就鄫杀鄫子。【释文】戕,在良切,徐又在精切。鄫,才陵切。④未同盟而赴以名。吴、越之葬,僭而不典,故绝而不书,同之夷蛮,以惩求名之伪。【释文】僭,子念切。惩,直升切,止也;又作"徵",如字,明也。⑤大夫还不书,《春秋》之常也。今书归父还奔,善其能以礼退。不书族者,非常所及,今特书,略之。笙,鲁竟外,故不言出。【释文】笙,音生,徐又敕贞切,云:本又作"柽",亦作"朾"。案徐后音,是依二传文。竟,音境。

【传】

十八年春,晋侯、卫大子臧伐齐,至于阳穀。齐侯会晋侯盟于缯,以公子强为质于晋。晋师还,蔡朝、南郭偃逃归[①]。

①晋既与齐盟,守者解缓,故得逃。【释文】缯,才陵切。质,音致。解,佳买切。

夏，公使如楚乞师，欲以伐齐[1]。

①公不事齐，齐与晋盟，故惧而乞师于楚。不书，微者行。

秋，邾人戕鄫子于鄫。凡自内虐其君曰弑，自外曰戕[1]。

①弑、戕，皆殺也，所以别内外之名。弑者积微而起，所以相测量，非一朝一夕之渐；戕者，卒暴之名。【释文】弑，音试，注同。弑字从式，殺字从殳，他皆放此。别，彼列切。朝，如字。卒，寸忽切。

楚庄王卒，楚师不出。既而用晋师[1]，楚于是乎有蜀之役[2]。

①成二年战于鞌是。②在成二年冬。蜀，鲁地，泰山博县西北有蜀亭。

公孙归父以襄仲之立公也，有宠[1]，欲去三桓以张公室[2]。与公谋而聘于晋，欲以晋人去之。冬，公薨。季文子言于朝曰："使我杀適立庶以失大援者，仲也夫[3]！"臧宣叔怒曰："当其时不能治也，后之人何罪？子欲去之，许请去之[4]。"遂逐东门氏[5]。子家还，及笙[6]，坛帷，复命于介[7]。既复命，袒、括发[8]，即位哭，三踊而出[9]。遂奔齐。书曰："归父还自晋。"善之也。

①归父，襄仲子。②时三桓强，公室弱，故欲去之，以张大公室。【释文】去，起吕切，下注"将去"同。张，如字，一音涉亮切。③適谓子恶，齐外甥，襄仲杀之而立宣公，南通于楚，既不能固，又不能坚事齐、晋，故云失大援也。【释文】適，丁历切，注同。援，于眷切。夫，音扶。④宣叔，文仲子，武仲父，许其名也。时为司寇，主行刑。言子自以归父害己，欲去者许，请为子去之。【释文】为，于伪切。⑤襄仲居东门，故曰东门氏。⑥子家，归父。⑦除(也)[土]为坛而张帷。介，副也，将去，使介反命于君。【释文】坛，音善。介，音界。⑧以麻约发。【释文】袒，音但。括，古活切。⑨依在国丧礼设哭位，公薨故。

成公第八

【释文】陆云：成公名黑肱，宣公子。《谥法》：安民立政曰成。

成公元年

【经】

元年春，王正月，公即位[1]。

二月辛酉，葬我君宣公[②]。

无冰[③]。

三月，作丘甲[④]。

夏，臧孙许及晋侯盟于赤棘[⑤]。

秋，王师败绩于茅戎[⑥]。

冬十月。

①无传。②无传。③无传。周二月，今之十二月，而无冰，书冬温。④《周礼》：九夫为井，四井为邑，四邑为丘。丘十六井，出戎马一匹、牛三头。四丘为甸，甸六十四井，出长毂一乘、戎马四匹、牛十二头、甲士三人、步卒七十二人。此甸所赋，今鲁使丘出之，讥重敛，故书。【释文】甸，徒练切，又绳证切。乘，绳证切。卒，尊忽切。敛，力验切。⑤晋地。⑥茅戎，戎别(也)[种]。不言战，王者至尊，天下莫之得校，故以自败为文。不书败地，而书茅戎，明为茅戎所败。书秋，从告。【释文】茅戎，亡交切。《史记》及二传皆作“贸戎”。种，章勇切。

【传】

元年春，晋侯使瑕嘉平戎于王[①]，单襄公如晋拜成[②]。刘康公徼戎，将遂伐之[③]。叔服曰：“背盟而欺大国，此必败[④]。背盟不祥，欺大国不义，神人弗助，将何以胜？”不听，遂伐茅戎。三月癸未，败绩于徐吾氏[⑤]。

①平文十七年郰垂之役。詹嘉处瑕，故谓之瑕嘉。【释文】郰，音审。詹，之廉切。②单襄公，王卿士。谢晋为平戎。【释文】单，音善。为，于伪切，下文同。③康公，王季子也。戎平还，欲要其无备。【释文】徼，古尧切，要也。要，一遥切。④叔服，周内史。【释文】背，音佩，下同。⑤徐吾氏，茅戎之别也。

为齐难故，作丘甲[①]。

①前年鲁乞师于楚，欲以伐齐，楚师不出，故惧而作丘甲。【释文】难，乃旦切，下同。

闻齐将出楚师，夏，盟于赤棘[①]。

①与晋盟，惧齐、楚。

秋，王人来告败[①]。

①解经所以秋乃书。

冬，臧宣叔令修赋、缮完[①]、具守备，曰：“齐、楚结好，我新与晋盟，晋、楚争盟，齐师必至。虽晋人伐齐，楚必救之，是齐、楚同我也[②]。知难而有备，乃可以逞[③]。”

①治完城郭。【释文】缮，市战切。完，和端切。②同，共也。【释文】守，手又切。好，呼报切。③逞，解也。为二年齐侯伐我传。【释文】解，音蟹。

成公二年

【经】

二年春，齐侯伐我北鄙。

夏四月丙戌，卫孙良夫帅师及齐师战于新筑，卫师败绩[①]。

六月癸酉，季孙行父、臧孙许、叔孙侨如、公孙婴齐帅师会晋郤克、卫孙良夫、曹公子首及齐侯战于鞌，齐师败绩[②]。

秋七月，齐侯使国佐如师。己酉，及国佐盟于袁娄[③]。

八月壬午，宋公鲍卒[④]。

庚寅，卫侯速卒[⑤]。

取汶阳田[⑥]。

冬，楚师、郑师侵卫[⑦]。

十有一月，公会楚公子婴齐于蜀[⑧]。

丙申，公及楚人、秦人、宋人、陈人、卫人、郑人、齐人、曹人、邾人、薛人、鄫人盟于蜀[⑨]。

①新筑，卫地。皆陈曰战，大崩曰败绩。四月无丙戌，丙戌，五月一日。【释文】筑，音竹。陈，直觐切。②鲁乞师于晋，而不以与谋之例者，从盟主之令，上行于下，非匹敌和成之类。例在宣七年。曹大夫常不书而书公子首者，首命于国，备于礼，成为卿故也。鞌，齐地。【释文】侨，其骄切。郤，去逆切。鞌，音安。与，音预。敌，如字，一本或作“適”，亦音敌。③《穀梁》曰：鞌去齐五百里，袁娄去齐五十里。④未同盟而赴以名。【释文】鲍，步卯切。⑤宣十七年盟于断道。据传，庚寅，九月七日。⑥晋使齐还鲁，故书取。不以好得，故不言归。【释文】汶，音问。好，呼报切。⑦子重不书，不亲伐。⑧公与大夫会，不贬婴齐者，时有许、蔡之君故。⑨齐在郑下，非卿。传曰：卿不书，匮盟也。然则楚卿于是始与中国准。自此以下，楚卿不书，皆贬恶也。【释文】匮，其位切。

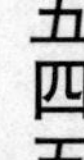

【传】

二年春,齐侯伐我北鄙,围龙[①]。顷公之嬖人卢蒲就魁门焉[②],龙人囚之。齐侯曰:“勿杀!吾与而盟,无入而封[③]。”弗听,杀而膊诸城上[④]。齐侯亲鼓,士陵城,三日,取龙,遂南侵及巢丘[⑤]。

①龙,鲁邑,在泰山博县西南。②攻龙门也。【释文】顷,音倾。嬖,必计切。魁,苦回切。③封,竟。【释文】竟,音境。④膊,磔也。【释文】膊,普各切。磔,陟百切。⑤取龙、侵巢丘不书,其义未闻。

卫侯使孙良夫、石稷、宁相、向禽将侵齐,与齐师遇[①]。石子欲还,孙子曰:“不可。以师伐人,遇其师而还,将谓君何[②]?若知不能,则如无出。今既遇矣,不如战也。”夏,有[③]。

①齐伐鲁还,相遇于卫地。良夫,孙林父之父。石稷,石碏四世孙。宁相,宁俞子。【释文】相,息亮切。向,舒亮切。碏,七略切。俞,羊朱切。②言无以答君。③阙文。失新筑战事。

石成子曰:“师败矣。子不少须,众惧尽[①]。子丧师徒,何以复命?”皆不对。又曰:“子,国卿也。陨子,辱矣[②]。子以众退,我此乃止[③]。”且告车来甚众[④]。齐师乃止,次于鞫居[⑤]。

①成子,石稷也。卫师已败,而孙良夫复欲战,故成子欲使须救。【释文】复,扶又切。②陨,见禽获。【释文】丧,息浪切。陨,于敏切。③我于此止御齐师。【释文】御,鱼吕切。④新筑人救孙桓子,故并告令军中。⑤鞫居,卫地。【释文】鞫,居六切。

新筑人仲叔于奚救孙桓子,桓子是以免[①]。既,卫人赏之以邑[②],辞。请曲县[③]、繁缨以朝,许之[④]。仲尼闻之曰:“惜也,不如多与之邑。唯器与名,不可以假人[⑤],君之所司也。名以出信[⑥],信以守器[⑦],器以藏礼[⑧],礼以行义[⑨],义以生利[⑩],利以平民,政之大节也。若以假人,与人政也。政亡,则国家从之,弗可止也已。”

①于奚,守新筑大夫。②赏于奚。③轩县也。《周礼》:天子乐,宫县,四周;诸侯轩县,阙南方。【释文】县,音玄,注同。④繁缨,马饰。皆诸侯之服。【释文】繁,步干切,注同。⑤器,车服。名,爵号。⑥名位不愆,为民所信。【释文】愆,起虔切。⑦动不失信,则车服可保。⑧车服所以表尊卑。⑨尊卑有礼,各得其宜。⑩得其宜则利生。

孙桓子还于新筑,不入[①],遂如晋乞师。臧宣叔亦如晋乞师。皆主郤献子[②]。晋侯许之七百乘[③]。郤子曰:“此城濮之赋也[④]。有先君之明与先大夫之肃,故捷。克于先大夫,无能为役[5]，请八百乘。”许之[6]。郤克将中军，士燮佐上军[7]，栾书将下军[8]，韩厥为司马，以救鲁、卫。臧宣叔逆晋师，且道之。季文子帅师会之。及卫地，韩献子将斩人，郤献子驰，将救之，至则既斩之矣。郤子使速以徇，告其仆曰：“吾以分谤也[9]。”

①不入国。②宣十七年，郤克至齐，为妇人所笑，遂怒，故鲁、卫因之。孙桓子、臧宣叔皆不以国命，各自诣郤克，故不书。③五万二千五百人。【释文】乘，绳证切，下同。④城濮在僖二十八年。【释文】濮，音卜。⑤不中为之役使。⑥六万人。⑦范文子，代荀庚。【释文】将，子匠切。⑧代赵朔。⑨不欲使韩氏独受谤。【释文】道，音导。徇，似俊切。

师从齐师于莘[1]。六月壬申，师至于靡笄之下[2]。齐侯使请战，曰：“子以君师，辱于敝邑，不腆敝赋，诘朝请见[3]。”对曰：“晋与鲁、卫，兄弟也，来告曰：‘大国朝夕释憾于敝邑之地[4]。’寡君不忍，使群臣请于大国，无令舆师淹于君地[5]。能进不能退，君无所辱命[6]。”齐侯曰：“大夫之许，寡人之愿也；若其不许，亦将见也。”齐高固入晋师，桀石以投人[7]，禽之而乘其车[8]，系桑本焉，以徇齐垒[9]，曰：“欲勇者贾余余勇[10]。”

①莘，齐地。【释文】莘，所巾切。②靡笄，山名。【释文】靡，如字，又音摩。笄，音鸡。③诘朝，平旦。【释文】腆，他典切。诘，起吉切。朝，如字，注及下“朝夕”“朝食”同。见，贤遍切。④大国谓齐。敝邑，鲁、卫自称。【释文】憾，胡暗切，本又作“感”。⑤舆，众也。淹，久也。【释文】令，力呈切。师，如字，下“无令舆师”同，一音所类切。⑥言自欲战，不复须君命。【释文】复，扶又切。⑦桀，担也。【释文】担，丁甘切。⑧既获其人，因释己车而载所获者车。⑨将至齐垒，以桑树系车而走，欲自异。【释文】垒，力轨切。⑩贾，买也。言己勇有余，欲卖之。【释文】贾，音古，注同。卖，摩懈切。

癸酉，师陈于鞌。邴夏御齐侯，逢丑父为右。晋解张御郤克，郑丘缓为右。齐侯曰：“余姑翦灭此而朝食[1]。”不介马而驰之[2]。郤克伤于矢，流血及屦，未绝鼓音[3]，曰：“余病矣！”张侯曰：“自始合，而矢贯余手及肘，余折以御，左轮朱殷，岂敢言病？吾子忍之[4]！”缓曰：“自始合，苟有(俭)[险]，余必下推车，子岂识之？然子病矣[5]！”张侯曰：“师之耳目，在吾旗鼓，进退从之。此车一人殿之，可以集事[6]，若之何其以病败君之大事也？擐甲执兵，固即死也[7]。病未及死，吾子勉之！”左并辔，右援枹而鼓，马逸不能止，师从之[8]。齐师败绩。(遂)[逐]之，三周华不注[9]。

①姑，且也。翦，尽也。【释文】陈，直觐切。邴，音丙，又彼命切。夏，户雅切。解，音蟹。张，如字，又直亮切。②介，甲也。③中军将自执旗鼓，故虽伤而击鼓不息。【释文】

将,子匠切,下"将在左"同。④张侯,解张也。朱,血色,血色久则殷。殷,音近烟,今人谓赤黑为殷色。言血多污车轮,御犹不敢息。【释文】贯,古乱切,下注同。肘,竹九切。折,之设切。殷,於闲切,徐於辰切,注同。近,附近之近。污,污秽之污,《字林》一故切。⑤以其不识己推车。【释文】推,昌谁切,又他回切,注及下"推车"同。⑥殿,镇也。集,成也。【释文】殿,多练切,注同。⑦擐,贯也。即,就也。【释文】若之何其以病,陆云:绝句。擐,音患。⑧晋师从郤克军。【释文】并,必政切,徐方聘切。援,音爰。枹,音浮,鼓槌也,《字林》云:击鼓柄也,本亦作"桴"。⑨华不注,山名。【释文】华,如字,又户化切。注,之住切。

韩厥梦子舆谓己曰:"旦辟左右[①]。"故中御而从齐侯[②]。邴夏曰:"射其御者,君子也。"公曰:"谓之君子而射之,非礼也[③]。"射其左,越于车下[④]。射其右,毙于车中。綦毋张丧车,从韩厥,曰:"请寓乘[⑤]。"从左右,皆肘之,使立于后[⑥]。韩厥俛,定其右[⑦]。逢丑父与公易位[⑧]。将及华泉,骖絓于木而止[⑨]。丑父寝于轏中[⑩],蛇出于其下,以肱击之,伤而匿之,故不能推车而及[⑪]。韩厥执絷马前[⑫],再拜稽首,奉觞加璧以进[⑬],曰:"寡君使群臣为鲁、卫请,曰:'无令舆师陷入君地[⑭]。'下臣不幸,属当戎行,无所逃隐[⑮]。且惧奔辟而忝两君。臣辱戎士[⑯],敢告不敏,摄官承乏[⑰]。"丑父使公下,如华泉取饮。郑周父御佐车,宛茷为右,载齐侯以免[⑱]。韩厥献丑父,郤献子将戮之。呼曰:"自今无有代其君任患者,有一于此,将为戮乎!"郤子曰:"人不难以死免其君,我戮之不祥,赦之以劝事君者。"乃免之。

①子舆,韩厥父。②居中代御者。自非元帅,御者皆在中,将在左。【释文】帅,所类切。③齐侯不知戎礼。【释文】射,食亦切,下并注皆同。④越,队也。【释文】队,宜类切。⑤綦毋张,晋大夫。寓,寄也。【释文】綦,音其。毋,音无。丧,息浪切。乘,绳证切。⑥以左右皆死,不欲使立其处。【释文】处,昌虑切。⑦俛,俯也。右被射,仆车中,故俯安隐之。【释文】俛,音勉。仆,音赴,又蒲北切。⑧居公处。⑨骖,马絓也。【释文】华,户化切。絓,户卦切,一音卦。骖,七南切。⑩轏,士车。【释文】轏,仕产切,又仕板切,《字林》仕谏切,云:卧车也。⑪为韩厥所及。丑父欲为右,故匿其伤。【释文】肱,古弘切。匿,女力切,注同。⑫絷,马绊也。执之,示修臣仆之职。【释文】絷,张立切。绊,音半。⑬进觞璧亦以示敬。【释文】觞,式羊切。⑭本但为二国救请,不欲乃过入君地,谦辞。【释文】为.于伪切,注同。令,力呈切。⑮属,适。【释文】属,音烛,注同。行,下郎切。⑯若奔辟,则为辱晋君,并为齐侯羞,故言二君。此盖韩厥自处臣仆,谦敬之饰言。【释文】

辟，音避，注同。徐扶臂切，服氏扶赤切。⑰言欲以己不敏，摄承空乏，从君俱还。【释文】从，才用切，又如字。⑱佐车，副车。【释文】宛，纤元切。茷，扶废切。

齐侯免，求丑父，三入三出[①]。每出，齐师以帅退。入于狄卒[②]，狄卒皆抽戈楯冒之。以入于卫师，卫师免之[③]。遂自徐关入。齐侯见保者，曰："勉之！齐师败矣[④]。"辟女子[⑤]，女子曰："君免乎？"曰："免矣。"曰："锐司徒免乎？"曰："免矣[⑥]。"曰："苟君与吾父免矣，可若何[⑦]！"乃奔[⑧]。齐侯以为有礼[⑨]，既而问之，辟司徒之妻也[⑩]，予之石窌[⑪]。

①重其代己，故三入晋军求之。【释文】呼，火故切。任，音壬。难，乃旦切。②齐师大败，皆有退心，故齐侯轻出其众，以帅厉退者，遂进入狄卒。狄卒者，狄人从晋讨齐者。【释文】卒，子忽切，注同。轻，遣政切。迸，补诤切。③狄、卫畏齐之强，故不敢害齐侯，皆共免护之。【释文】楯，食准切，又音允。冒，亡报切。④所过城邑，皆勉励其守者。⑤使辟君也。齐侯单还，故妇人不辟之。【释文】辟，音避，注下同，一音扶亦切。单，音丹。⑥锐司徒，主锐兵者。【释文】锐，悦岁切。⑦言余人不可复如何。【释文】复，扶又切。⑧走辟君。⑨先问君，后问父故也。⑩辟司徒，主垒壁者。【释文】辟，音壁，必觅切，注同，徐甫亦切。⑪石窌，邑名，济北卢(孙)[县]东有地名石窌。【释文】窌，力救切，一音力到切。

晋师从齐师，入自丘舆，击马陉[①]。齐侯使宾媚人赂以纪甗、玉磬与地[②]。不可，则听客之所为。宾媚人致赂，晋人不可，曰："必以萧同叔子为质[③]，而使齐之封内尽东其亩[④]。"对曰："萧同叔子非他，寡君之母也。若以匹敌，则亦晋君之母也。吾子布大命于诸侯，而曰：'必质其母以为信。'其若王命何[⑤]？且是以不孝令也。《诗》曰：'孝子不匮，永锡尔类[⑥]。'若以不孝令于诸侯，其无乃非德类也乎[⑦]？先王疆理天下物土之宜，而布其利[⑧]，故《诗》曰：'我疆我理，南东其亩[⑨]。'今吾子疆理诸侯，而曰'尽东其亩'而已，唯吾子戎车是利[⑩]，无顾土宜，其无乃非先王之命也乎？反先王则不义，何以为盟主？其晋实有阙[⑪]。四王之王也[⑫]，树德而济同欲焉[⑬]。五伯之霸也[⑭]，勤而抚之，以役王命[⑮]。今吾子求合诸侯，以逞无疆之欲[⑯]。《诗》曰：'布政优优，百禄是遒[⑰]。'子实不优，而弃百禄，诸侯何害焉[⑱]！不然[⑲]，寡君之命使臣，则有辞矣，曰：'子以君师辱于敝邑，不腆敝赋，以犒从者[⑳]。畏君之震，师徒桡败[㉑]。吾子惠徼齐国之福，不泯其社稷，使继旧好，唯是先君之敝器、土地不敢爱。子又不许，请收合余烬[㉒]，背城借一[㉓]。敝邑之幸，亦云从也。况其不幸，敢不唯命是听[㉔]？'"鲁、卫谏曰："齐疾我矣[㉕]！其死亡者，皆亲昵也。子若不许，仇我必甚。唯子则又何求？子得其国宝[㉖]，我亦得地[㉗]，而纾于难[㉘]，其荣多矣！齐、晋亦唯天所授，岂必晋？”晋人许之，对曰：“群臣帅赋舆以为鲁、卫请㉙，若苟有以藉口而复于寡君㉚，君之惠也。敢不唯命是听？”

①丘舆、马陉，皆齐邑。【释文】陉，音刑。②媚人，国佐也。甗，玉磬，皆灭纪所得。【释文】媚，美冀切。赂，音路。甗，鱼辇切，徐音彦，又音言，《字林》牛健切。甑，子孕切，又慈陵切。③同叔，萧君之字，齐侯外祖父。子，女也。难斥言其母，故远言之。【释文】质，徐音致，下同。难，乃旦切。④使垄亩东西行。【释文】尽，津忍切。垄，力勇切。行，户郎切，又如字。⑤言违王命。⑥《诗·大雅》，言孝心不乏者，又能以孝道长赐其志类。⑦不以孝德赐同类。⑧疆，界也。理，正也。物土之宜，播殖之物各从土宜。【释文】疆，居良切，注下皆同。⑨《诗·小雅》。或南或东.从其土宜。⑩晋之伐齐，循垄东行易。【释文】易，以豉切。⑪阙，失。⑫禹、汤、文、武。【释文】下“王”，于况切。⑬树，立也。济，成也。⑭夏伯昆吾，商伯大彭、豕韦，周伯齐桓、晋文。【释文】或曰齐桓、晋文：宋襄、秦穆、楚庄。⑮役，事也。⑯疆，竟也。【释文】竟，如字，又音境。⑰《诗·颂》。殷汤布政优和，故百禄来聚。遒，聚也。【释文】遒，在由切，徐子由切。⑱言不能为诸侯害。⑲不见许。⑳战而曰犒。为孙辞。【释文】使，所吏切。犒，苦报切。从，才用切。㉑震，动。桡，曲也。【释文】桡，刀教切。㉒烬，火余木。【释文】泯，弥忍切。好，呼报切。合，如字，一音閤。烬，似刃切。㉓欲于城下，复借一战。【释文】背，音佩。复，扶又切。㉔言完全之时，尚不敢违晋。今若不幸，则从命。㉕谏郤克也。㉖谓甗、磬。【释文】昵，女乙切。㉗齐归所侵。㉘齐服则难缓。【释文】纾，音舒，缓也，一音直吕切。难，乃旦切，注同。㉙赋舆，犹兵车。㉚藉，荐。复，白也。【释文】为，于伪切。藉，在夜切，注同。

禽郑自师逆公①。秋七月，晋师及齐国佐盟于爰娄，使齐人归我汶阳之田。公会晋师于上鄍②，赐三帅先路三命之服③，司马、司空、舆帅、候正、亚旅，皆受一命之服④。

①禽郑，鲁大夫。归逆公会晋师。②上鄍，地阙。公会晋师不书，史阙。【释文】鄍，觅经切。③三帅：郤克、士燮、栾书。已尝受王先路之赐，今改而易新，并此车所建所服之物。【释文】帅，所类切，注及下同。④晋司马、司空皆大夫，舆帅主兵车，候正主斥候，亚旅亦大夫也。皆鲁侯赐。

八月，宋文公卒。始厚葬，用蜃炭，益车马，始用殉①，重器备②，椁有四阿，棺有翰桧③。君子谓：“华元、乐举，于是乎不臣。臣治烦去惑者也，是以伏死而争。今二子者，君生则纵其惑④，死又益其侈，是弃君于恶也，何臣之为⑤？”

①烧蛤为炭以瘗，多埋车马，用人从葬。【释文】蜃，市忍切，蛤也。炭，吐旦切。殉，

似俊切。蛤，古答切。瘗，於例切。圹，苦晃切，一音旷。②重，犹多也。【释文】重，直恭切，注同。③四阿，四注椁也。翰，旁饰；桧，上饰，皆王礼。【释文】椁，音郭。翰，户旦切，一音韩。桧，古外切，徐音会。④谓文十八年杀母弟须。【释文】去，起吕切，下"去之"同。争，争斗之争。⑤若言何用为臣。【释文】侈，昌氏切，又式氏切。

九月，卫穆公卒，晋三子自役吊焉，哭于大门之外[①]。卫人逆之[②]，妇人哭于门内[③]，送亦如之。遂常以葬[④]。

①师还过卫，故因吊之。未复命，故不敢成礼。【释文】过，古禾切，又古卧切。②逆，于门外设丧位。③丧位，妇人哭于堂，宾在门外，故移在门内。④至葬行此礼。

楚之讨陈夏氏也[①]，庄王欲纳夏姬，申公巫臣曰："不可。君召诸侯，以讨罪也。今纳夏姬，贪其色也。贪色为淫，淫为大罚。《周书》曰'明德慎罚[②]'，文王所以造周也。明德，务崇之之谓也。慎罚，务去之之谓也。若兴诸侯，以取大罚，非慎之也。君其图之！"王乃止。子反欲取之，巫臣曰："是不祥人也！是夭子蛮[③]，杀御叔[④]，杀灵侯[⑤]，戮夏南[⑥]，出孔、仪[⑦]，丧陈国[⑧]，何不祥如是？人生实难，其有不获死乎[⑨]？天下多美妇人，何必是？"子反乃止。

①在宣十一年。【释文】夏，户雅切，下同。②《周书·康诰》。③子蛮，郑灵公，夏姬之兄，杀死无后。【释文】杀，申志切，下文"杀灵侯"同。④御叔，夏姬之夫，亦早死。【释文】御，鱼据切。⑤陈灵公。⑥夏姬子徵舒。⑦孔宁、仪行父。⑧楚灭陈。【释文】丧，息浪切，下注"而丧"同。⑨言死易得，无为取夏姬召速之。【释文】易，以豉切。

王以予连尹襄老。襄老死于邲，不获其尸[①]，其子黑要烝焉[②]。巫臣使道焉，曰："归，吾聘女[③]。"又使自郑召之，曰："尸可得也[④]，必来逆之。"姬以告王，王问诸屈巫[⑤]。对曰："其信！知罃之父，成公之嬖也，而中行伯之季弟也[⑥]，新佐中军，而善郑皇戌，甚爱此子[⑦]。其必因郑而归王子与襄老之尸以求之[⑧]。郑人惧于邲之役而欲求媚于晋，其必许之。"王遣夏姬归。将行，谓送者曰："不得尸，吾不反矣。"巫臣聘诸郑，郑伯许之[⑨]。

①邲战在宣十二年。②黑要，襄老子。【释文】要，一遥切。烝，之承切。③道夏姬使归郑。【释文】道，音导，注同。聘，匹政切。女，音汝。④襄老尸。⑤屈巫，巫臣。【释文】屈，居勿切。⑥知罃父，荀首也。中行伯，荀林父也。邲之战，楚人囚知罃。【释文】知，音智。罃，於耕切。⑦爱知罃也。⑧王子，楚公子穀臣也。邲之战，荀首囚之。⑨聘夏姬。

及共王即位，将为阳桥之役[①]，使屈巫聘于齐，且告师期。巫臣尽室以行[②]。申叔跪从其父将适郢，遇之[③]，曰："异哉！夫子有三军之惧，而又有《桑中》之喜，宜将窃妻以逃者也[④]。"及郑，使介反币，而以夏姬行[⑤]。将奔齐，齐师新败，曰："吾不处不胜之国。"遂奔晋，而因郤至[⑥]，以臣于晋。晋人使为邢大夫[⑦]。

①楚伐鲁至阳桥，在此年冬。【释文】共，音恭。②室家尽去。③叔跪，申叔时之子。【释文】跪，其委切，一音居委切。从，才用切。郢，以井切，又以政切。④《桑中》，《卫风》，淫奔之诗。⑤介，副也。币，聘物。【释文】介，音界。⑥至，郤克族子。⑦邢，晋邑。【释文】邢，音刑。

子反请以重币锢之[①]，王曰："止！其自为谋也，则过矣。其为吾先君谋也，则忠。忠，社稷之固也，所盖多矣[②]。且彼若能利国家，虽重币，晋将可乎[③]？若无益于晋，晋将弃之，何劳锢焉[④]？"

①禁锢勿令仕。【释文】锢，音固。令，力呈切。②盖，覆也。【释文】上"为"，于伪切，又如字。下"为"，于伪切。③言不许。④为七年楚灭巫臣族、晋南通吴张(仁)[本]。

晋师归，范文子后入。武子曰："无为吾望尔也乎[①]？"对曰："师有功，国人喜以逆之，先入，必属耳目焉，是代帅受名也，故不敢。"武子曰："吾知免矣[②]。"郤伯见，公曰："子之力也夫！"对曰："君之训也，二三子之力也，臣何力之有焉[③]！"范叔见，劳之如郤伯，对曰："庚所命也，克之制也，燮何力之有焉[④]！"栾伯见，公亦如之，对曰："燮之诏也，士用命也，书何力之有焉[⑤]！"

①武子，士会，文子之父。②知其不益已祸。【释文】属，章欲切，后同。帅，所类切，下注"称帅""军帅""将帅"同。吾知，一本无"知"字。③郤伯，郤克。【释文】见，贤遍切，下同。夫，音扶。④荀庚将上军，时不出，范文子上军佐代行，故称帅以让。【释文】劳，力报切。将，子匠切，下同。⑤诏，告也。栾书下军帅，故推功上军。传言晋将帅克让，所以能胜齐。

宣公使求好于楚。庄王卒，宣公薨，不克作好[①]。公即位，受盟于晋[②]，会晋伐齐。卫人不行使于楚[③]，而亦受盟于晋，从于伐齐。故楚令尹子重为阳桥之役以救齐。将起师，子重曰："君弱[④]，群臣不如先大夫，师众而后可。《诗》曰：'济济多士，文王以宁[⑤]。'夫文王犹用众，况吾侪乎[⑥]？且先君庄王属之曰：'无德以及远方，莫如惠恤其民而善用之。'"乃大户[⑦]，已责[⑧]，逮鳏[⑨]，救乏，赦罪，悉师，王卒尽行。彭名御戎，蔡景公为左，许灵公为右[⑩]。二君弱，皆强冠之。

①在宣十八年。【释文】好，呼报切，下同。②元年盟赤棘。③不聘楚。【释文】使，

所吏切。④传曰：募人生十年而丧先君。共王即位，至是三年，盖年十二三矣。⑤《诗·大雅》，言文王以众士安。【释文】济，子礼切。⑥侪，等。【释文】侪，仕皆切。⑦阅民户口。【释文】阅，音悦。⑧弃逋责。【释文】逋，补吴切。⑨施及老鳏。【释文】鳏，古顽切。施，始豉切。⑩王卒尽行，故王戎车亦行，虽无楚王，令二君当左右之位。【释文】卒，子忽切，注同。令，力呈切。

冬，楚师侵卫，遂侵我，师于蜀[①]。使臧孙往[②]，辞曰："楚远而久，固将退矣。无功而受名，臣不敢[③]。"楚侵及阳桥[④]，孟孙请往赂之[⑤]，以执斫、执针、织纴[⑥]，皆百人，公衡为质[⑦]，以请盟。楚人许平。

①公赂之而退，故不书侵。【释文】强，其丈切。冠，古乱切。②臧孙，宣叔也。③不敢虚受退楚名。④阳桥，鲁地。⑤楚侵遂深，故孟孙请以赂往。孟孙，献子也。⑥执斫，匠人。执针，女工。织纴，织缯布者。【释文】斫，竹角切。针，之林切。纴，女金切，徐而鸩切。⑦公衡，成公子。【释文】质，音致。

十一月，公及楚公子婴齐、蔡侯、许男、秦右大夫说、宋华元、陈公孙宁、卫孙良夫、郑公子去疾及齐国之大夫盟于蜀[①]。卿不书，匮盟也。于是乎畏晋而窃与楚盟，故曰匮盟[②]。蔡侯、许男不书，乘楚车也，谓之失位[③]。君子曰："位其不可不慎也乎！蔡、许之君，一失其位，不得列于诸侯，况其下乎？《诗》曰：'不解于位，民之攸塈[④]。'其是之谓矣。"

①齐大夫不书其名，非卿也。【释文】说，音悦。去，起吕切。②匮，乏也。③乘楚王车为左右，则失位也。卿不书则称人，诸侯不书，皆不见经，君臣之别。【释文】见，贤遍切。别，彼列切。④《诗·大雅》，言在上者勤正其位，则国安而民息也。攸，所也。塈，息也。【释文】解，佳卖切。塈，许器切。

楚师及宋，公衡逃归。臧宣叔曰："衡父不忍数年之不宴[①]，以弃鲁国，国将若之何？谁居？后之人必有任是夫！国弃矣[②]。"

是行也，晋辟楚，畏其众也。君子曰："众之不可以已也。大夫为政，犹以众克，况明君而善用其众乎？《大誓》所谓'商兆民离，周十人同'者，众也[③]。"

①宴，乐也。【释文】数，所主切。乐，音洛。②居，辞也。言后人必有当此患。【释文】居，音基。任，音壬。夫，音扶。③《大誓》，《周书》。万亿曰兆。民离则弱，合则成众。言殷以散亡，周以众兴。

晋侯使巩朔献齐捷于周，王弗见，使单襄公辞焉，曰："蛮夷戎狄，不式王命[①]，淫湎毁常，王命伐之，则有献捷，王亲受而劳之，所以惩不敬，劝有功也。兄弟甥舅，侵败王略[②]，王命伐之，告事而已，不献其功，所以敬亲昵[3]，禁淫慝也[4]。今叔父克遂，有功于齐[5]，而不使命卿镇抚王室，所使来抚余一人，而巩伯实来，未有职司于王室[6]，又奸先王之礼[7]，余虽欲于巩伯[8]，其敢废旧典以忝叔父？夫齐，甥舅之国也，而大师之后也[9]，宁不亦淫从其欲以怒叔父，抑岂不可谏诲？”士庄伯不能对[10]。王使委于三吏[11]，礼之如侯伯克敌使大夫告庆之礼，降于卿礼一等。王以巩伯宴，而私贿之，使相告之曰：“非礼也，勿籍[12]。”

①式，用也。【释文】捷，在妾切。②兄弟，同姓国。甥舅，异姓国。略，经略法度。【释文】湎，面善切。劳，力报切。败，必迈切。③告伐事而不献囚俘。【释文】昵，女乙切。④淫慝为虣掠百姓，取囚俘也。【释文】慝，他得切。虣，本又作“暴”，薄报切。掠，音亮。⑤克，能也。⑥巩朔，上军大夫，非命卿，名位不达于王室。⑦谓献齐捷。【释文】奸，音干。⑧欲受其献。⑨齐世与周昏，故曰甥舅。【释文】大，音泰。⑩庄伯，巩朔。【释文】从，子用切，本亦作“纵”。⑪委，属也。三吏，三公也。【释文】陆云：天子之吏也。⑫相，相礼者。籍，书也。王畏晋，故私宴贿以慰巩朔。【释文】相，息亮切，沣同。

成公三年

【经】

三年春，王正月，公会晋侯、宋公、卫侯、曹伯伐郑[1]。

辛亥，葬卫穆公[2]。

二月，公至自伐郑[3]。

甲子，新宫灾，三日哭[4]。

乙亥，葬宋文公[5]。

夏，公如晋。

郑公子去疾帅师伐许。

公至自晋[6]。

秋，叔孙侨如帅师围棘[7]。

大雩[8]。

晋郤克、卫孙良夫伐廧咎如[9]。

冬十有一月，晋侯使荀庚来聘。

卫侯使孙良夫来聘。

丙午,及荀庚盟。

丁未,及孙良夫盟⑩。

郑伐许⑪。

①宋、卫未葬,而称爵以接邻国,非礼也。②无传。③无传。④无传。三年丧毕,宣公神主新入庙,故谓之新宫。书三日哭,善得礼。宗庙,亲之神灵所冯居而遇灾,故哀而哭之。【释文】冯,皮冰切。⑤无传。七月而葬,缓。⑥无传。⑦棘,汶阳田之邑,在济北蛇丘县。【释文】蛇,以支切,一音如字。⑧无传。以过时书。⑨赤狄别种。【释文】廧,在良切。咎,古刀切。种,章勇切。⑩先晋后卫,尊霸主。⑪无传。不书将帅,告辞略。【释文】将,子匠切。帅,所类切。

【传】

三年春,诸侯伐郑,次于伯牛,讨邲之役也①。遂东侵郑②。郑公子偃帅师御之③,使东鄙覆诸鄤④,败诸丘舆⑤。皇戌如楚献捷。

①伯牛,郑地。邲役在宣十二年。②晋潜军深入。③偃,穆公子。④覆,伏兵也。【释文】覆,扶又切,注同。鄤,亡袁切,又莫干切,徐武旦切,一音万。⑤鄤、丘舆,皆郑地。晋偏军为郑所败,故不书。

夏,公如晋,拜汶阳之田①。

①前年晋使齐归鲁汶阳田故。

许恃楚而不事郑,郑子良伐许。

晋人归公子穀臣与连尹襄老之尸于楚,以求知罃①。于是荀首佐中军矣②,故楚人许之。王送知罃,曰:“子其怨我乎?”对曰:“二国治戎,臣不才,不胜其任,以为俘馘。执事不以衅鼓③,使归即戮,君之惠也。臣实不才,又谁敢怨?”王曰:“然则德我乎?”对曰:“二国图其社稷,而求纾其民④,各惩其忿以相宥也⑤,两释累囚以成其好⑥。二国有好,臣不与及,其谁敢德⑦?”王曰:“子归,何以报我?”对曰:“臣不任受怨,君亦不任受德,无怨无德,不知所报。”王曰:“虽然,必告不穀。”对曰:“以君之灵,累臣得归骨于晋,寡君之以为戮,死且不朽⑧。若从君之惠而免之,以赐君之外臣首⑨;首其请于寡君而以戮于宗,亦死且不朽。若不获命⑩,而使嗣宗职⑪,次及于事,而帅偏师以修封疆,虽遇执事⑫,其弗敢违⑬。其竭力致死,无有二心,以尽臣礼,所以报也。”王曰:“晋未可与争。”重为之礼而归之。

①郯之战，楚获知罃。②荀首，知罃父。③以血涂鼓为衅鼓。【释文】胜，音升，下注同。俘，芳夫切。馘，古获切。衅，许覲切。④纾，缓也。【释文】纾，音舒。⑤宥，赦也。【释文】惩，直升切。宥，音又。⑥累，（繁）［系］也。【释文】累，力谁切。好，呼报切，下同。⑦言二国本不为己。【释文】与，音预。为，于伪切。⑧戮其不胜任。【释文】任，音壬，下"亦不任"同。⑨称于异国君曰外臣。⑩君不许戮。⑪嗣其祖宗之位职。⑫遇楚将帅。【释文】疆，居良切。⑬违，辟也。

秋，叔孙侨如围棘。取汶阳之田，棘不服，故围之[1]。

①侨如，叔孙得臣子。

晋郤克、卫孙良夫伐廧咎如，讨赤狄之余焉[1]。廧咎如溃，上失民也[2]。

①宣十五年，晋灭赤狄潞氏，其余民散入廧咎如，故（咎）［讨］之。②此传释经之文，而经无"廧咎如溃"，盖经阙此四字。【释文】溃，户内切。

冬十一月，晋侯使荀庚来聘，且寻盟[1]。卫侯使孙良夫来聘，且寻盟[2]。公问诸臧宣叔曰："（仲）［中］行伯之于晋也，其位在三[3]。孙子之于卫也，位为上卿，将谁先？"对曰："次国之上卿当大国之中，中当其下，下当其上大夫[4]。小国之上卿当大国之下卿，中当其上大夫，下当其下大夫[5]。上下如是，古之制也[6]。卫在晋，不得为次国[7]。晋为盟主，其将先之[8]。"丙午，盟晋；丁未，盟卫，礼也。

①寻元年赤棘盟。荀庚，林父之子。②寻宣七年盟。③下卿。④降一等。⑤降大国二等。⑥古制：公为大国，侯、伯为次国，子、男为小国。⑦春秋时以强弱为大小，故卫虽侯爵，犹为小国。⑧计等则二人位敌，以盟主故先晋。

十二月甲戌，晋作六军[1]。韩厥、赵括、巩朔、韩穿、荀骓、赵旃皆为卿，赏鞌之功也[2]。

①为六军，僭王也。万二千五百人为军。【释文】僭，子念切。②韩厥为新中军，赵括佐之。巩朔为新上军，韩穿佐之。荀骓为新下军，赵旃佐之。晋旧自有三军，今增此，故为六军。【释文】骓，音佳。

齐侯朝于晋，将授玉[1]。郤克趋进曰："此行也，君为妇人之笑辱也，寡君未之敢任[2]。"晋侯享齐侯。齐侯视韩厥，韩厥曰："君知厥也乎？"齐侯曰："服改矣[3]。"韩厥登，举爵曰："臣之不敢爱死，为两君之在此堂也。"

①行朝礼。②言齐侯之来，以谢妇人之笑，非为修好，故云晋君不任当此惠。【释文】为，于伪切，下"为两君"同。任，音壬。③戎朝异服也。言服改，明识其人。

荀罃之在楚也，郑贾人有将寘诸褚中以出。既谋之，未行，而楚人归之。贾人如晋，荀罃善视之，如实出己。贾人曰："吾无其功，敢有其实乎？吾小人，不可以厚诬君子。"遂适齐[1]。

①传言知罃之贤。【释文】贾，音古，下同。寘，之豉切。褚，中吕切。

成公四年

【经】

四年春，宋公使华元来聘。

三月壬申，郑伯坚卒[1]。

杞伯来朝。

夏四月甲寅，臧孙许卒[2]。

公如晋。

葬郑襄公[3]。

秋，公至自晋。

冬，城郓[4]。

郑伯伐许。

①无传。二年大夫盟于蜀。壬申，二月二十八日。②无传。③无传。④无传。公欲叛晋，故城而为备。【释文】郓，音运。

【传】

四年春，宋华元来聘，通嗣君也[1]。

①宋共公即位。【释文】共，音恭。

杞伯来朝，归叔姬故也[1]。

①将出叔姬，先修礼朝鲁，言其故。

夏，公如晋，晋侯见公，不敬。季文子曰："晋侯必不免[1]。《诗》曰：'敬之敬之，天惟显思，命不易哉[2]！'夫晋侯之命在诸侯矣，可不敬乎[3]？"秋，公至自晋，欲求成于楚而叛晋，季文子曰："不可。晋虽无道，未可叛也。国大臣睦，而迩于我[4]，诸侯听焉，未可以贰[⑤]。史佚之志有之[⑥]，曰：‘非我族类，其心必异。’楚虽大，非吾族也[⑦]，其肯字我乎？”公乃止[⑧]。

①言将不能寿终也。后十年陷厕而死。②《诗·颂》，言天道显明，受其命甚难，不可不敬以奉之。【释文】易，以豉切。③敬诸侯，则得天命。④迩，近也。⑤听，服也。⑥周文王大史。【释文】大，音泰。⑦与鲁异姓。⑧字，爱也。

冬十一月，郑公孙申帅师疆许田[①]，许人败诸展陂。郑伯伐许，取鉏任、泠敦之田[②]。

①前年郑伐许侵其田，今正其界。【释文】疆，居良切。②展陂，亦许地。【释文】陂，彼皮切。鉏，仕居切。任，音壬。泠，力丁切。

晋栾书将中军[①]，荀首佐之，士燮佐上军，以救许伐郑，取氾、祭[②]。楚子反救郑，郑伯与许男讼焉[③]，皇戌摄郑伯之辞[④]。子反不能决也，曰：“君若辱在寡君，寡君与其二三臣共听两君之所欲，成其可知也[⑤]。不然，侧不足以知二国之成[⑥]。”

①代郤克。【释文】将，子匠切。②氾、祭，郑地，成皋县东有氾水。【释文】氾，音凡，注同，或音祀。祭，侧介切。③于子反前争曲直。④代之对。⑤欲使自屈在楚子前决之。⑥侧，子反名。为明年许诉郑于楚张本。【释文】愬，音素。

晋赵婴通于赵庄姬[①]。

①赵婴，赵盾弟。庄姬，赵朔妻。朔，盾之子。

成公五年

【经】

五年春，王正月，杞叔姬来归[①]。

仲孙蔑如宋。

夏，叔孙侨如会晋荀首于穀[②]。

梁山崩[③]。

秋，大水[④]。

冬十有一月己酉，天王崩。

十有二月己丑，公会晋侯、齐侯、宋公、卫侯、郑伯、曹伯、邾子、杞伯，同盟于虫牢[⑤]。

①出也。传在前年。②穀，齐地。③记异也。梁山在冯翊夏阳县北。④无传。⑤虫

牢，郑地，陈留封丘县北有桐牢。

【传】

五年春，原、屏放诸齐[1]。婴曰："我在，故栾氏不作。我亡，吾二昆其忧哉！且人各有能有不能[2]，舍我何害？"弗听。婴梦天使谓己："祭余，余福女。"使问诸士贞伯，贞伯曰："不识也。"既而告其人曰[3]："神福仁而祸淫，淫而无罚，福也。祭，其得亡乎[4]？"祭之，之明日而亡[5]。

①放赵婴也。原同、屏季，婴之兄。【释文】屏，步丁切。②言己虽淫而能令庄姬护赵氏。【释文】令，力丁切。③自告贞伯从人。【释文】舍，音捨，又音赦。听，吐丁切。女，音汝。从，才用切。④以得放遣为福。⑤为八年晋杀赵同、赵括传。

孟献子如宋，报华元也[1]。

①前年宋华元来聘。

夏，晋荀首如齐逆女，故宣伯饫诸穀[1]。

①野馈曰饫，运粮馈之，敬大国也。【释文】饫，音郓。馈，其愧切。

梁山崩，晋侯以传召伯宗[1]。伯宗辟重，曰："辟传[2]！"重人曰："待我，不如捷之速也[3]。"问其所，曰："绛人也。"问绛事焉，曰："梁山崩，将召伯宗谋之。"问："将若之何？"曰："山有朽壤而崩，可若何？国主山川[4]，故山崩川竭，君为之不举[5]，降服[6]，乘缦[7]，彻乐[8]，出次[9]，祝币[10]，史辞[11]，以礼焉[12]。其如此而已，虽伯宗若之何？"伯宗请见之[13]，不可[14]。遂以告而从之[15]。

春秋服饰

①传，驿。【释文】传，中恋切，注及下同。驿，音亦。②重载之车。【释文】上"辟"，匹亦切，徐甫赤切，本又作"僻"。下"辟"，音避。③捷，邪出。【释文】捷。在妾切。邪，似嗟切。④主谓所主祭。【释文】绛，古巷切。壤，如丈切。⑤去盛馔。【释文】为，于伪切。去，起吕切。馔，仕恋切。⑥损盛服。⑦车无文。【释文】缦，武旦切，又莫半切。⑧息八音。⑨舍于郊。⑩陈玉帛。⑪自罪责。⑫礼山川。⑬见之于晋君。【释文】见，贤遍切，

注皆同。⑭不肯见。⑮从重人言。

许灵公诉郑伯于楚[①]。六月,郑悼公如楚,讼,不胜,楚人执皇戌及子国[②]。故郑伯归,使公子偃请成于晋。秋八月,郑伯及晋赵同盟于垂棘[③]。

①前比年郑伐许故。②以郑伯不直故也。子国,郑穆公子。③垂棘,晋地。

宋公子围龟为质于楚而还[①],华元享之。请鼓噪以出,鼓噪以复入[②],曰:"习攻华氏。"宋公杀之[③]。

①围龟,文公子。【释文】质,音致,下注同。②出入辄击鼓。【释文】噪,素报切。复,扶又切,下同。③盖宣十五年宋楚平后,华元使围龟代己为质,故怨而欲攻华氏。

冬,同盟于虫牢,郑服也。诸侯谋复会,宋公使向为人辞以子灵之难[①]。

①子灵,围龟也。宋公不欲会,以新诛子灵为辞,为明年侵宋传。【释文】向,舒亮切。难,乃旦切,一本无"之难"二字。子灵为辞,一本无"为辞"二字。

十一月己酉,定王崩[①]。

①经在虫牢盟上,传在下,月倒错。众家传悉无此八字,或衍文。【释文】倒,丁老切。

成公六年

【经】

六年春,王正月,公至自会[①]。

二月辛巳,立武宫[②]。

取鄟[③]。

卫孙良夫帅师侵宋。

夏六月,邾子来朝[④]。

公孙婴齐如晋[⑤]。

壬申,郑伯费卒[⑥]。

秋,仲孙蔑、叔孙侨如帅师侵宋。

楚公子婴齐帅师伐郑。

冬,季孙行父如晋。

晋栾书帅师救郑。

①无传。②鲁人自鞌之功至今无患，故筑武军，又作先君武公官，以告成事，欲以示后世。③附庸国也。【释文】剸，徐音专，又市奝切。④无传。⑤婴齐。叔肸子。⑥前年同盟虫牢。【释文】费，音秘。

【传】

六年春，郑伯如晋拜成[①]，子游相[②]，授玉于东楹之东[③]。士贞伯曰："郑伯其死乎？自弃也已！视流而行速，不安其位，宜不能久[④]。"

①谢前年再盟。②子游，公子偃。【释文】相，息亮切，下"宁相"同。③礼：授玉两楹之间。郑伯行疾，故东过。④视流，不端谛。【释文】谛，音帝。

二月，季文子以鞌之功立武宫，非礼也[①]。听于人以救其难，不可以立武。立武由己，非由人也[②]。

①宣十二年，潘党劝楚子立武军，楚子答以武有七德，非己所堪。其为先君宫，告成事而已。今鲁倚晋之功，又非霸主，而立武宫，故讥之。【释文】倚，於绮切。②言请人救难，胜非己功。【释文】难，乃旦切，注同。

取鄟，言易也[①]。

①【释文】易，以豉切。

三月，晋伯宗、夏阳说，卫孙良夫、宁相，郑人，伊雒之戎、陆浑、蛮氏侵宋[①]，以其辞会也[②]。师于鍼，卫人不保[③]。说欲袭卫，曰："虽不可入，多俘而归，有罪不及死。"伯宗曰："不可。卫唯信晋，故师在其郊而不设备。若袭之，是弃信也。虽多卫俘，而晋无信，何以求诸侯？"乃止。师还，卫人登陴[④]。

①夏阳说，晋大夫。蛮氏，戎别种也。河南新城县东南有蛮城。经唯书卫孙良夫，独卫告也。【释文】夏，户雅切。说，音悦，下文注同。浑，户门切。种，章勇切。②辞会在前年。③不守备。【释文】鍼，其廉切，一音针。④闻说谋故。【释文】陴，毗支切。

晋人谋去故绛[①]。诸大夫皆曰："必居郇瑕氏之地[②]，沃饶而近盬[③]，国利君乐，不可失也。"韩献子将新中军，且为仆大夫[④]。公揖而入。献子从。公立于寝庭[⑤]，谓献子曰："何如[⑥]？"对曰："不可。郇瑕氏土薄水浅[⑦]，其恶易觏[⑧]。易觏则民愁，民愁则垫隘[⑨]，于是乎有沉溺重膇之疾[⑩]。不如新田[⑪]，土厚水深，居之不疾[⑫]，有汾、浍以流其恶[⑬]，且民从教[⑭]，十世之利也。夫山、泽、林、盬，国之宝也。国饶，则民骄佚[⑮]。近宝，公室乃贫，不可谓乐[⑯]。"公说，从之。夏四月丁丑，晋迁于新田[⑰]。

①晋复命新田为绛,故谓此故绛。【释文】复,扶又切。②郇瑕,古国名,河东解县西北有郇城。【释文】郇,音荀。解,音蟹。③盬,盐也。猗氏县盐池是。【释文】近,附近之近,下及注"近宝"皆同。盬,音古。猗,於宜切。④兼大仆。【释文】乐,音洛,下"谓乐"同。将,子匠切,下注"将军"同。大,音泰。⑤路寝之庭。⑥问诸大夫言是非。⑦土薄地下。⑧恶,疾疹。覯,成也。【释文】易,以豉切,下注同。覯,古豆切。疹,敕覲切,本或作"疢",同。⑨垫隘,羸困也。【释文】垫,丁念切。隘,於卖切。羸,劣伪切。⑩沉溺,湿疾。重膇,足肿。【释文】溺,乃历切。膇,治伪切,一音直愧切。肿,章勇切,一音常勇切。⑪今平阳绛邑县是。⑫高燥故。⑬汾水出太原,经绛北,西南入河。浍水出平阳绛县南,西入汾。恶,垢秽。【释文】汾,扶云切。浍,古外切。垢,古口切。⑭无灾患。⑮财易致,则民骄佚。【释文】佚,音逸。⑯近宝,则民不务本。⑰为季孙如晋传。【释文】说,音悦。

六月,郑悼公卒[①]。

①终士贞伯之言。

子叔声伯如晋。命伐宋[①]。秋,孟献子、叔孙宣伯侵宋,晋命也。

①晋人命声伯。

楚子重伐郑,郑从晋故也[①]。

①前年从晋盟。

冬,季文子如晋,贺迁也。

晋栾书救郑,与楚师遇于绕角[①]。楚师还,晋师遂侵蔡。楚公子申、公子成以申、息之师救蔡[②],御诸桑隧[③]。赵同、赵括欲战,请于武子,武子将许之[④]。知庄子[⑤]、范文子[⑥]、韩献子[⑦]谏曰:"不可。吾来救郑,楚师去我,吾遂至于此[⑧],是迁戮也。戮而不已,又怒楚师,战必不克[⑨]。虽克,不令。成师以出,而败楚之二县,何荣之有焉[⑩]?若不能败,为辱已甚,不如还也。"乃遂还。

①绕角,郑地。②申、息,楚二县。【释文】成,音城。③汝南朗陵县东有桑里,在上蔡西南。【释文】御,鱼吕切。隧,音遂。④武子,栾书。⑤荀首,中军佐。⑥士燮,上军佐。⑦韩厥,新中军将。⑧此,蔡地。⑨迁戮不义,怒敌难当,故不克。⑩六军悉出,故曰成师。以大胜小,不足为荣。

于是,军帅之欲战者众,或谓栾武子曰:"圣人与众同欲,是以济事。子盍从众[①]?子为大政[②],将酌于民者也[③]。子之佐十一人[④],其不欲战者,三人而已[⑤],欲战者可谓众矣。《商书》曰:'三人占,从二人。'众故也[⑥]。"武子曰:"善钧,从众[⑦]。夫善,众之主也。三卿为主,可谓众矣[⑧]。从之,不亦可乎[⑨]?"

①盍,何不也。【释文】帅,所类切,下注同。盍,户腊切。②中军元帅。③酌取民心以为政。④六军之卿佐。⑤知、范、韩也。⑥《商书·洪范》。⑦钧,等也。⑧三卿皆晋之贤人。⑨传善栾书得从众之义,且为八年晋侵蔡传。

成公七年

【经】

七年春,王正月,鼷鼠食郊牛角,改卜牛。鼷鼠又食其角,乃免牛[①]。

吴伐郯[②]。

夏五月,曹伯来朝。

不郊,犹三望[③]。

秋,楚公子婴齐帅师伐郑。

公会晋侯、齐侯、宋公、卫侯、曹伯、莒子、邾子、杞伯救郑。

八月戊辰,同盟于马陵[④]。

公至自会[⑤]。

吴入州来[⑥]。

冬,大雩[⑦]。

卫孙林父出奔晋。

①无传。称牛,未卜日。免,放也。免牛可也,不郊,非礼也。【释文】鼷,音兮。②【释文】郯,音谈。③无传。书不郊,间有事。三望,非礼。④马陵,卫地,阳平元城县东南有地名马陵。⑤无传。⑥州来,楚邑,淮南下蔡县是也。⑦无传。书过。

【传】

七年春,吴伐郯,郯成。季文子曰:"中国不振旅,蛮夷入伐,而莫之或恤[①],无吊者也夫[②]!《诗》曰:'不吊昊天,乱靡有定。'其此之谓乎[③]!有上不吊,其谁不受乱[④]?吾亡无日矣!"君子曰:"知惧如是,斯不亡矣。"

①振,整也。旅,众也。②言中国不能相愍恤,故夷狄内侵。【释文】夫,音扶。③

《诗·小雅》，刺在上者不能吊愍下民，故号天告乱。【释文】昊，户老切。号，户刀切。④上谓霸主。

郑子良相成公以如晋，见，且拜师[1]。

①谢前年晋救郑之师，为楚伐郑张本。【释文】相，息亮切。见，贤遍切。

夏，曹宣公来朝。

秋，楚子重伐郑，师于汜[1]。诸侯救郑。郑共仲、侯羽军楚师[2]，囚郧公钟仪，献诸晋。八月，同盟于马陵，寻虫牢之盟，且莒服故也[3]。

晋人以钟仪归，囚诸军府[4]。

①汜，郑地，在襄城县南。【释文】汜。音凡。②二子，郑大夫。【释文】共，音恭。③虫牢盟在五年。莒本属齐，齐服，故莒从之。【释文】郧，本亦作"员"，音云，邑名。④军藏府也。为九年晋侯见钟仪张本。【释文】藏，才浪切。

楚围宋之役[1]，师还，子重请取于申、吕以为赏田，王许之[2]。申公巫臣曰："不可。此申、吕所以邑也，是以为赋，以御北方。若取之，是无申、吕也[3]。晋、郑必至于汉。"王乃止。子重是以怨巫臣。子反欲取夏姬，巫臣止之，遂取以行，子反亦怨之。及共王即位[4]，子重、子反杀巫臣之族子阎、子荡及清尹弗忌[5]及襄老之子黑要[6]，而分其室。子重取子阎之室，使沈尹与王子罢分子荡之室，子反取黑要与清尹之室。巫臣自晋遗二子书[7]，曰："尔以谗慝贪淋事君，而多杀不辜。余必使尔罢于奔命以死。"

①在宣十四年。②分申、吕之田以自赏。③言申、吕赖此田成邑耳，不得此田，则无以出兵赋而二邑坏也。【释文】所邑也，一本作"所以邑也"。御，鱼吕切。④楚共王以鲁成公元年即位。【释文】共，音恭。⑤皆巫臣之族。【释文】阎，音盐。⑥以夏姬故，并怨黑要。【释文】要，一遥切。⑦子重、子反。【释文】罢，音皮，下同。遗，唯季切。

巫臣请使于吴，晋侯许之。吴子寿梦说之。乃通吴于晋[1]，以两之一卒适吴，舍偏两之一焉[2]。与其射御，教吴乘车，教之战陈，教之叛楚[3]。寘其子狐庸焉，使为行人于吴。吴始伐楚，伐巢、伐徐[4]。子重奔命[5]。马陵之会，吴入州来，子重自郑奔命[6]。子重、子反于是乎一岁七奔命。蛮夷属于楚者，吴尽取之，是以始大，通吴于上国[7]。

①寿梦，季札父。【释文】慝，他得切。惏，力含切。使，所吏切。梦，莫公切。说，音悦。札，侧八切。②《司马法》：百人为卒，二十五人为两。车九乘为小偏，十五乘为大偏。盖留九乘车及一两二十五人，令吴习之。【释文】卒，子忽切，注同。舍，音赦，旧音拾。乘，绳证切，下注同。令，力呈切。③前是吴常属楚。【释文】陈，直觐切。④巢、徐，楚属

国。【释文】寘,之豉切。⑤救徐、巢。⑥因伐郑而行。⑦上国,诸夏。【释文】夏,户雅切。

卫定公恶孙林父。冬,孙林父出奔晋[1]。卫侯如晋,晋反戚焉[2]。

①林父,孙良夫之子。【释文】恶,乌路切。②戚,林父邑。林父出奔,戚随属晋。【释文】戚,七狄切。

成公八年

【经】

八年春,晋侯使韩穿来言汶阳之田,归之于齐[1]。

晋栾书帅师侵蔡。

公孙婴齐如莒。

宋公使华元来聘。

夏,宋公使公孙寿来纳币[2]。

晋杀其大夫赵同、赵括[3]。

秋七月,天子使召伯来赐公命[4]。

冬十月癸卯,杞叔姬卒[5]。

晋侯使士燮来聘。

叔孙侨如会晋士燮、齐人、邾人伐郯[6]。

卫人来媵[7]。

①齐服事晋,故晋来语鲁,使还二年所取田。【释文】语,鱼据切。②昏聘不使卿,今华元将命,故特书之。宋公无主昏者,自命之,故称使也。公孙寿,荡意诸之父。③传曰:原、屏,咎之徒也。明本不以德义自居,宜其见讨,故从告辞而称名。④诸侯即位,天子赐以命圭,与之合瑞。八年乃来,缓也。天子、天王,王者之通称。【释文】称,尺证切。⑤前五年来归者。女既适人,虽见出弃,犹以成人礼书之,终为杞伯所葬,故称杞叔姬。⑥先谋而称会,盟主之命不同之于列国。⑦古者诸侯取適夫人及左右媵,各有侄娣,皆同姓之国,国三人,凡九女,所以广继嗣也。鲁将嫁伯姬于宋,故卫来媵之。【释文】媵,以证切,又绳证切。適,丁历切。侄,大结切,《字林》丈一切。娣,大计切。

【传】

八年春,晋侯使韩穿来言汶阳之田,归之于齐。季文子饯之[①],私焉[②],曰:“大国制义以为盟主,是以诸侯怀德畏讨,无有贰心。谓汶阳之田,敝邑之旧也,而用师于齐,使归诸敝邑[③]。今有二命曰:‘归诸齐。’信以行义,义以成命,小国所望而怀也。信不可知,义无所立,四方诸侯,其谁不解体[④]?《诗》曰:‘女也不爽,士贰其行。士也罔极,二三其德[⑤]。’七年之中,一与一夺,二三孰甚焉!士之二三,犹丧妃耦,而况霸主?霸主将德是以[⑥],而二三之,其何以长有诸侯乎?《诗》曰:‘犹之未远,是用大简[⑦]。’行父惧晋之不远犹而失诸侯也,是以敢私言之。”

①饯,送行饮酒。【释文】饯,钱浅切,《说文》云:送去食也;《字林》子扇切;《毛诗》笺云:祖而舍軷,饮酒于其侧曰饯。②私与之言。③用师,鞌之战。④言不复肃敬于晋。【释文】复,扶又切。⑤爽,差也。极,中也。《诗·卫风》,妇人怨丈夫不一其行,喻鲁事晋犹女之不敢过差,而晋有罔极之心,反二三其德。【释文】行,下孟切,注同。差,初卖切,一音初佳切。⑥以,用也。【释文】丧,息浪切。妃,音配。耦,五口切。⑦犹,图也。简,谏也。《诗·大雅》,言王者图事不远,故用大道谏之。【释文】长,音如字,一音丁丈切。

晋栾书侵蔡[①],遂侵楚,获申骊[②]。楚师之还也[③],晋侵沈,获沈子揖初,从知、范、韩也[④]。君子曰:“从善如流,宜哉[⑤]!《诗》曰:‘恺悌君子,遐不作人[⑥]。’求善也夫!作人,斯有功绩矣。”是行也,郑伯将会晋师[⑦],门于许东门,大获焉[⑧]。

①六年未得志故。②申骊,楚大夫。【释文】骊,力驰切。③谓六年遇于绕角时。④绕角之役,栾书从知庄子、范文子、韩献子之言,不与楚战。自是常从其谋,师出有功,故传善之。沈国,今汝南平(与)[舆]县。【释文】揖,徐音集,又於立切。(与)[舆],音余,一音预。⑤宜有功也。如流,喻速。⑥遐,远也。作,用也。《诗·大雅》,言文王能远用善人。不,语助。【释文】恺,开在切,乐也。悌,徒礼切,易也。⑦会伐蔡之师。【释文】夫,音扶。⑧过许,见其无备,因攻之。【释文】过,古禾切。

声伯如莒,逆也[①]。

①自为逆妇而书者,因聘而逆。【释文】为,于伪切,下文“为赵婴”同。

宋华元来聘,聘共姬也[①]。

①穆姜之女,成公姊妹,为宋共公夫人。聘不应使卿,故传发其事而已。【释文】共,

音恭。

夏，宋公使公孙寿来纳币，礼也[①]。

①纳币应使卿。

晋赵庄姬为赵婴之亡故，谮之于晋侯[①]，曰："原、屏将为乱。"栾、郤为征[②]。六月，晋讨赵同、赵括。武从姬氏畜于公宫[③]。以其田与祁奚。韩厥言于晋侯曰："成季之勋，宣孟之忠[④]，而无后，为善者其惧矣。三代之令王，皆数百年保天之禄。夫岂无辟王？赖前哲以免也[⑤]。《周书》曰：'不敢侮鳏寡。'所以明德也[⑥]。"乃立武，而反其田焉。

①赵婴亡在五年。②栾氏、郤氏亦征其为乱。③赵武，庄姬之子。庄姬，晋成公女。畜，养也。④成季，赵衰。宣孟，赵盾。【释文】祁，巨之切，《字林》上尸切。衰，初危切。盾，徒本切。⑤言三代亦有邪辟之君，但赖其先人以免祸耳。【释文】数，所主切。辟，匹亦切，注及下同。哲，陟列切。邪，似嗟切。⑥《周书·康诰》，言文王不侮鳏寡而德益明，欲使晋侯之法文王。【释文】侮，亡甫切。鳏，古顽切。

秋，召桓公来赐公命[①]。

①召桓公，周卿士。

晋侯使申公巫臣如吴，假道于莒。与渠丘公立于池上[①]，曰："城已恶！"莒子曰："辟陋在夷，其孰以我为虞[②]？"对曰："夫狡焉[③]思启(对)[封]疆以利社稷者，何国蔑有？唯然，故多大国矣，唯或思或纵也[④]。勇夫重闭，况国乎[⑤]？"

①渠丘公，莒子朱也。池，城池也。渠丘，邑名，莒县有蘧里。【释文】蘧，其居切。②虞，度也。【释文】已恶，如字，已，犹太也，本或作"城已恶矣"。度，待洛切。③狡猾之人。【释文】狡，交卯切。猾，于八切。④世有思开封疆者，有纵其暴掠者，莒人当唯此为命。【释文】疆，居良切。唯然，音维，本或作"虽"，后人改也。掠，音亮。⑤为明年莒溃传。【释文】重，直龙切，又直勇切。闭，补计切，又补结切，一音户旦切。

冬，杞叔姬卒。来归自杞，故书[①]。

①愍其见出来归，故书卒也。若更适大夫，则不复书卒。【释文】复，扶又切。

晋士燮来聘，言伐郯也，以其事吴故[①]。公赂之，请缓师。文子不可[②]，曰："君命无贰，失信不立。礼无加货，事无二成[③]。君后诸侯，是寡君不得事君也[④]。燮将复之。"季孙惧，使宣伯帅师会伐郯。

①七年郯与吴成。②文子，士燮。③公私不两成。④欲与鲁绝。【释文】后，如字，徐音胡豆切。

卫人来媵共姬，礼也。凡诸侯嫁女，同姓媵之，异姓则否[①]。

①必以同姓者，参骨肉至亲，所以息阴讼。

成公九年

【经】

九年春，王正月，杞伯来逆叔姬之丧以归。

公会晋侯、齐侯、宋公、卫侯、郑伯、曹伯、莒子、杞伯同盟于蒲[①]。

公至自会[②]。

二月，伯姬归于宋[③]。

夏，季孙行父如宋致女[④]。

晋人来媵[⑤]。

秋七月丙子，齐侯无野卒[⑥]。

晋人执郑伯[⑦]。

晋栾书帅师伐郑。

冬十有一月，葬齐顷公[⑧]。

楚公子婴齐帅师伐莒。庚申，莒溃[⑨]。

楚人入郓[⑩]。

秦人、白狄伐晋。

郑人围许。

城中城[⑪]

①蒲，卫地，在长垣县西南。②无传。③宋不使卿逆，非礼。④女嫁三月，又使大夫随加聘问，谓之致女，所以致成妇礼，笃昏姻之好。【释文】好，呼报切。⑤媵伯姬也。⑥无传。五同盟。丙子，六月一日，书七月，从赴。⑦郑伯既受盟于蒲，又受楚赂会于邓，故晋执之。称人者，晋以无道于民告诸侯。例在十五年。⑧无传。【释文】顷，音倾。⑨民逃其上曰溃。⑩郓，莒别邑也。楚偏师入郓，故称人。⑪鲁邑也，在东海廪丘县西南。此闰月城，在十一月之后，十二月之前，故传曰书时。

【传】

九年春，杞桓公来逆叔姬之丧，请之也[①]。杞叔姬卒，为杞故也[②]。逆叔姬，为我也[③]。

①叔姬已绝于杞，鲁复强请杞，使还取葬。【释文】复，扶又切，下同。强，其丈切，②还为杞妇，故卒称杞。【释文】为，于伪切，下注“为鲁”、下文“为归汶阳”同。③既弃而复逆其丧，明为鲁故。【释文】逆叔姬，绝句。为我也，本或无“为”字。

为归汶阳之田故，诸侯贰于晋[①]。晋人惧，会于蒲，以寻马陵之盟[②]。季文子谓范文子曰：“德则不竞，寻盟何为[③]？”范文子曰：“勤以抚之，宽以待之，坚强以御之，明神以要之，柔服而伐贰，德之次也。”是行也，将始会吴，吴人不至[④]。

①归田在前年。②马陵盟在七年。③竞，强也。④为十五年会钟离传。【释文】御，鱼吕切。要，一遥切。

二月，伯姬归于宋。

①为致女复命起。

楚人以重赂求郑，郑伯会楚公子成于邓[①]。

①为晋人执郑伯传。

夏，季文子如宋致女，复命，公享之。赋《韩奕》之五章[①]，穆姜出于房，再拜，曰：“大夫勤辱，不忘先君以及嗣君，施及未亡人[②]。先君犹有望也[③]！敢拜大夫之重勤。”又赋《绿衣》之卒章而入[④]。

①《韩奕》，《诗·大雅》篇名，其五章言蹶父嫁女于韩侯，为女相所居，莫如韩乐。文子喻鲁侯有蹶父之德，宋公如韩侯，宋士如韩乐。【释文】蹶，九卫切。为，于伪切。相，息亮切。乐，音洛，下同。②穆姜，伯姬母，闻文子言宋乐，喜而出，谢其行劳。妇人夫死，自称未亡人。【释文】施，以豉切。③言先君亦望文子之若此。④《绿衣》，《诗·邶风》也，取其“我思古人，实获我心”，喻文子言得己意。【释文】重，直勇切，又直用切。绿，如字，本又作“褖”，吐乱切，注同。邶，音佩，又作“鄁”。

晋人来媵，礼也[①]。

①同姓故。

秋，郑伯如晋。晋人讨其贰于楚也，执诸铜鞮[①]。

①铜鞮，晋别县，在上党。【释文】鞮，丁兮切。

栾书伐郑，郑人使伯蠲行成，晋人杀之，非礼也。兵交，使在其间可也[①]。楚子重侵陈以救郑[2]。

①明杀行人例。【释文】巂，古玄切，又音圭。使，音所吏切。②陈与晋故。

晋侯观于军府，见钟仪。问之曰："南冠而絷者，谁也[1]？"有司对曰："郑人所献楚囚也。"使税之[2]，召而吊之。再拜稽首。问其族，对曰："泠人也[3]。"公曰："能乐乎？"对曰："先人之职官也，敢有二事[4]？"使与之琴，操南音[5]。公曰："君王何如？"对曰："非小人之所得知也。"固问之，对曰："其为大子也，师保奉之，以朝于婴齐而夕于侧也[6]。不知其他。"

①南冠，楚冠。絷，拘执。【释文】絷，中立切。拘，九于切。②郑献钟仪在七年。税，解也。【释文】税，吐活切，徐始锐切，注同。③泠人，乐官。【释文】泠，力丁切，依字作"伶"。④言不敢学他事。⑤南音，楚声。【释文】操，七刀切，下同。⑥婴齐，令尹子重。侧，司马子反。言其尊卿敬老。

公语范文子，文子曰："楚囚，君子也。言称先职，不背本也。乐操土风，不忘旧也。称大子，抑无私也[1]。名其二卿，尊君也[2]。不背本，仁也。不忘旧，信也。无私，忠也。尊君，敏也[3]。仁以按事，信以守之，忠以成之，敏以行之。事虽大，必济[4]。君盍归之？使合晋、楚之成。"公从之，重为之礼，使归求成[5]。

①舍其近事而远称少小，以示性所自然，明至诚。【释文】语，鱼据切。背，音佩，下同。舍，音捨。少，诗照切。②尊晋君也。③敏，达也。④言有此四德，必能成大事。⑤为下十二月晋、楚结成张本。【释文】盍，户腊切。

冬十一月，楚子重自陈伐莒，围渠丘。渠丘城恶，众溃，奔莒。戊申，楚入渠丘[1]。莒人囚楚公子平，楚人曰："勿杀！吾归而俘。"莒人杀之。楚师围莒。莒城亦恶，庚申，莒溃[2]。楚遂入郓，莒无备故也[3]。

①月六日。②月十八日 ③终巫臣之言。

君子曰："恃陋而不备，罪之大者也。备豫不虞，善之大者也。莒恃其陋，而不修城郭，浃辰之间，而楚克其三都，无备也夫[1]！《诗》曰：'虽有丝麻，无弃菅蒯。虽有姬、姜，无弃蕉萃。凡百君子，莫不代匮。'言备之不可以已也[2]。"

①浃辰，十二日也。【释文】浃，子协切，徐又音子答切。夫，音扶。②逸《诗》也。姬、姜，大国之女。蕉萃，陋贱之人。【释文】菅，古颜切。蒯，苦怪切。蕉，在遥切。萃，在醉切。匮，其位切。

秦人、白狄伐晋，诸侯贰故也。

郑人围许，示晋不急君也[①]。是则公孙申谋之，曰："我出师以围许[②]，为将改立君者，而纾晋使[③]，晋必归君[④]。"

①此秋晋执郑伯。②示不畏晋。③纾，缓也，勿亟遣使诣晋，示欲更立君。【释文】为将，并如字，或于伪切，非也，本或作"伪将"。纾，音舒。使，所吏切。亟，纪力切，急也；或欺冀切，数也。④为明年晋侯归郑伯张本。

城中城，书，时也。

十二月，楚子使公子辰如晋，报钟仪之使，请修好结成[①]。

①钟仪奉晋命归，故楚报之。【释文】好，呼报切。

成公十年

【经】

十年春，卫侯之弟黑背帅师侵郑。

夏四月，五卜郊，不从，乃不郊[①]。

五月，公会晋侯、齐侯、宋公、卫侯、曹伯伐郑[②]。

齐人来媵[③]。

丙午，晋侯獳卒[④]。

秋七月，公如晋。

冬十月。

①无传。卜常祀，不郊，皆非礼，故书。②晋侯，大子州蒲也。称爵，见其生代父居位，失人子之礼。【释文】见，贤遍切。③无传。媵伯姬也。异姓来媵，非礼也。④六同盟。据传，丙午，六月七日。有日无月。【释文】獳，乃侯切。

【传】

十年春，晋侯使籴茷如楚[①]，报大宰子商之使也[②]。

①籴茷，晋大夫。【释文】籴，徐徒吊切，一音杜敖切，又土吊切。茷，扶废切，一音蒲发切，又蒲艾切。②子商，楚公子辰。使在前年。【释文】大，音泰。使，所吏切，下"使在"同。

卫子叔黑背侵郑，晋命也[①]。

①晋命卫使侵郑。

郑公子班闻叔申之谋[①]。三月，子如立公子繻[②]。夏四月，郑人杀繻，立髡顽。子如奔许[③]。栾武子曰："郑人立君，我执一人焉，何益？不如伐郑而归其君，以求成焉。"晋侯有疾。五月，晋立大子州蒲以为君，而会诸侯伐郑[④]。郑子罕赂以襄钟[⑤]，子然盟于修泽，子驷为质[⑥]。辛巳，郑伯归[⑦]。

①改立君之谋。②子如，公子班。【释文】繻，音须。③髡顽，郑成公大子。【释文】髡，苦门切。顽，如字，徐音五班切。④生立子为君，此父不父，子不子，经因书晋侯，其恶明。【释文】州蒲，本或作"州满"。⑤子罕，穆公子。襄钟，郑襄公之庙钟。⑥子然、子驷，皆穆公子。荥阳卷县东有修武亭。【释文】质，音致。卷，音权，《字林》丘权切，如淳《汉书》音同。⑦郑伯归不书，郑不告入。

晋侯梦大厉，被发及地，搏膺而踊，曰："杀余孙，不义[①]。余得请于帝矣！"坏大门及寝门而入。公惧，入于室。又坏户。公觉，召桑田巫[②]。巫言如梦[③]。公曰："何如？"曰："不食新矣[④]。"公疾病，求医于秦。秦伯使医缓为之[⑤]。未至，公梦疾为二竖子，曰："彼，良医也。惧伤我，焉逃之？"其一曰："居肓之上，膏之下，若我何[⑥]？"医至，曰："疾不可为也。在肓之上，膏之下，攻之不可，达之不及，药不至焉，不可为也[⑦]。"公曰："良医也。"厚为之礼而归之。六月丙午，晋侯欲麦[⑧]，使甸人献麦[⑨]，馈人为之。召桑田巫，示而杀之。将食，张，如厕，陷而卒[⑩]。小臣有晨梦负公以登天，及日中，负晋侯出诸厕。遂以为殉[⑪]。

①厉，鬼也。赵氏之先祖也。八年，晋侯杀赵同、赵括，故怒。【释文】被，皮寄切。搏，音博。踊，音勇。②桑田，晋邑。【释文】坏，音怪，下同。及寝门，一本无"及"字。觉，古孝切。③巫云鬼怒，如公所梦。④言公不得及食新麦。⑤缓，医名。为，犹治也。【释文】医，於其切。⑥肓，鬲也。心下为膏。【释文】伤我，绝句。焉，徐於虔切，一读如字，属上句。逃之，绝句。肓，徐音荒，《说文》云：心下鬲上也。鬲，音革。⑦达，针。【释文】攻，音工。⑧周六月，今四月，麦始熟。⑨甸人，主为公田者。【释文】甸，徒练切。⑩张，腹满也。【释文】馈，其愧切。为，如字。张，中亮切，注同。⑪传言巫以明术见杀，小臣以言梦自祸。

郑伯讨立君者，戊申，杀叔申、叔禽[①]。君子曰："忠为令德，非其人犹不可，况不令乎[②]？"

①叔禽，叔申弟。②言叔申为忠，不得其人，还害身。

秋,公如晋[①]。晋人止公,使送葬。于是籴茷未反[②]。冬,葬晋景公。公送葬,诸侯莫在。鲁人辱之,故不书,讳之也[③]。

①亲吊,非礼。②是春晋使籴茷至楚结成,晋谓鲁贰于楚,故留公,须籴茷还,验其虚实。③讳不书晋葬也。

成公十一年

【经】

十有一年春,王三月,公自至晋[①]。

晋侯使郤犨来聘。己丑,及郤犨盟[②]。

夏,季孙行父如晋。

秋,叔孙侨如如齐[③]。

冬十月。

①正月公在晋,不书,讳见止。②郤犨,郤克从父兄弟。【释文】犨,尺由切。③【释文】侨,其骄切。

【传】

十一年春,王三月,公至自晋。晋人以公为贰于楚,故止公。公请受盟,而后使归[①]。

郤犨来聘,且莅盟[②]。

①前年七月公如晋吊,至是乃得归。②公请受盟,故使大夫来临之。【释文】莅,音利,又音类。

声伯之母不聘[①],穆姜曰:"吾不以姜为姒[②]。"生声伯而出之,嫁于齐管于奚。生二子而寡,以归声伯。声伯以其外弟为大夫[③],而嫁其外妹于施孝叔[④]。郤犨来聘,求妇于声伯。声伯夺施氏妇以与之。妇人曰:"鸟兽犹不失俪[⑤],子将若何?"曰:"吾不能死亡[⑥]。"妇人遂行,生二子于郤氏。郤氏亡,晋人归之施氏,施氏逆诸河,沈其二子[⑦]。妇人怒曰:"己不能庇其伉俪而亡之[⑧],又不能字人之孤而杀之[⑨],将何以终?"遂誓施氏[⑩]。

①声伯之母,叔肸之妻。不聘,无媒礼。【释文】聘,本亦作"娉",匹政切。肸,许乙切。媒,亡回切。②昆弟之妻相谓为姒。穆姜,宣公夫人。宣公,叔肸同母昆弟。【释文】

姒，音似。③外弟，管于奚之子，为鲁大夫。④孝叔，鲁惠公五世孙。⑤俪，耦也。【释文】俪，力计切。⑥言不与郤犨妇，惧能忿致祸。⑦沈之于河。【释文】沈，徐直荫切，注同，一音如字。⑧伉，敌也。【释文】己，音以，又音纪。庇，必利切，又音秘。伉，苦浪切。⑨字，爱也。⑩约誓不复为之妇也。传言郤犨淫纵，所以亡也。【释文】复，扶又切，下文注"复出"皆同。

夏，季文子如晋报聘，且莅盟也[①]。

①郤犨、文子交盟鲁、晋之君，其意一也。故但书来盟，举重略轻。

周公楚恶惠、襄之偪也[①]，且与伯与争政[②]，不胜，怒而出。及阳樊[③]，王使刘子复之，盟于鄄而入。三日，复出奔晋[④]。

①惠王、襄王之族。【释文】恶，乌路切。②伯与，周卿士。【释文】与，音余，本亦作"舆"。③阳樊，晋地。④王既复之而复出，所以自绝于周，为明年周公出奔传。鄄，周邑。【释文】鄄，音绢。

秋，宣伯聘于齐，以修前好[①]。

①寻以前之好。【释文】好，呼报切，注同。

晋郤至与周争鄇田[①]，王命刘康公、单襄公讼诸晋。郤至曰："温，吾故也，故不敢失[②]。"刘子、单子曰："昔周克商，使诸侯抚封[③]，苏忿生以温为司寇，与檀伯达封于河[④]。苏氏即狄，又不能于狄而奔卫[⑤]。襄王劳文公而赐之温[⑥]，狐氏、阳氏先处之[⑦]，而后及子。若治其故，则王官之邑也，子安得之？"晋侯使郤至勿敢争[⑧]。

①鄇，温别邑，今河内怀县西南有鄇人亭。【释文】鄇，音候，《字林》音候。②言温郤氏旧邑。【释文】单，音善。③各抚有其封内之地。④苏忿生，周武生司寇苏公也，与檀伯达俱封于河内。【释文】檀，徒丹切。⑤事在僖十年。⑥在僖二十五年。【释文】劳，力报切。⑦狐溱、阳处父先食温地。【释文】溱，侧巾切。⑧传言郤至贪，所以亡。

宋华元善于令尹子重，又善于栾武子。闻楚人既许晋籴茷成，而使归复命矣[①]。冬，华元如楚，遂如晋，合晋、楚之成[②]。

①在往年。【释文】华，户化切。②为明年盟宋西门外张本。

秦、晋为成，将会于令狐。晋侯先至焉，秦伯不肯涉河，次于王城，使史颗盟晋侯于河东[①]。晋郤犨盟秦伯于河西[②]。范文子曰："是盟也何益？齐盟，所以质信也[③]。会所，信之始也。始之不从，其可质乎？"秦伯归而背晋成[④]。

①史颗，秦大夫。【释文】令，力丁切。颗，苦果切。②就盟王城。③齐，一心。质，成

也。④为十三年伐秦传。【释文】背，音佩，卷内皆同。

成公十二年

【经】

十有二年春，周公出奔晋。

夏，公会晋侯、卫侯于琐泽[①]。

秋，晋人败狄于交刚[②]。

冬十月。

①琐泽，地阙。【释文】琐，素果切，本亦作"璅"。②交刚，地阙。

【传】

十二年春，王使以周公之难来告[①]。书曰："周公出奔晋。"凡自周无出，周公自出故也[②]。

①周公奔在前年。【释文】难，乃旦切。②天子无外，故奔者不言出。周公为王所复而自绝于周，故书出以非之。

宋华元克合晋、楚之成[①]。夏五月，晋士燮会楚公子罢、许偃[②]。癸亥，盟于宋西门之外，曰："凡晋、楚无相加戎，好恶同之，同恤菑危，备救凶患。若有害楚，则晋伐之。在晋，楚亦如之。交贽往来，道路无壅[③]，谋其不协，而讨不庭[④]。有渝此盟，明神殛之[⑤]，俾队其师，无克胙国[⑥]。"郑伯如晋听成[⑦]。会于琐泽，成故也[⑧]。

①终前年事。②二子，楚大夫。【释文】罢，音皮。③贽，币也。【释文】好、恶，并如字，又上呼报切，下乌路切。菑，音灾。贽，本又作"挚"，之二切。壅，於勇切。④讨背叛不来在王庭者。⑤殛，诛也。【释文】渝，羊牛切。殛，本又作"极"，纪力切，注同。⑥俾，使也。队，失也。【释文】俾，本亦作"卑"，必尔切。队，直类切，注同。胙，才故切。⑦听，犹受也。晋、楚既成，郑往受命。⑧晋既与楚成，合诸侯以申成好。【释文】好，呼报切，尽年皆同。

狄人间宋之盟以侵晋，而不设备。秋，晋人败狄于交刚。

晋郤至如楚聘，且莅盟。楚子享之，子反相，为地室而县焉[①]。郤至将登[②]，金奏作于下[③]，惊而走出。子反曰："日云莫矣，寡君须矣，吾子其入也！"宾曰："君不忘先君之好，施及下臣，贶之以大礼，重之以备乐[④]。如天之福，两君相见，何以代此？下臣不敢[⑤]。"子反曰："如天之福，两君相见，无亦唯是一矢以相加遗，焉用乐[⑥]？寡君须矣，吾子其入也！"宾曰[⑦]："若让之以一矢，祸之大者，其何福之为？世之治也，诸侯閒于天子之事，则相朝也[⑧]，于是乎有享宴之礼。享以训共俭[⑨]，宴以示慈惠[⑩]。共俭以行礼，而兹惠以布政。政以礼成，民是以息。百官承事，朝而不夕[⑪]，此公侯之所以扞城其民也[⑫]。故《诗》曰：'赳赳武夫，公侯干城[⑬]。'及其乱也，诸侯贪冒，侵欲不忌，争寻常以尽其民[⑭]，略其武夫，以为己腹心股肱爪牙[⑮]。故《诗》曰：'赳赳武夫，公侯腹心[⑯]。'天下有道，则公侯能为民干城，而制其腹心。乱则反之[⑰]。今吾子之言，乱之道也，不可以为法。然吾子，主也，至敢不从？"遂入，卒事。归，以语范文子。文子曰："无礼必食言，吾死无日矣夫[⑱]！"

①县钟鼓也。【释文】间，间厕之间。相，息亮切。县，音玄，注同。②登堂。③击钟而奏乐。④贶，赐也。【释文】莫，音暮，本亦作"暮"。施，以豉切。重，直用切。⑤言此两君相见之礼。⑥言两君战乃相见，无用此乐。【释文】遗，唯季切。焉，於虔切。⑦传诸交让得宾主辞者，多曰宾主以明之。⑧王事閒缺，则修私好。【释文】治，直吏切，下注"治世"同。閒，音闲，注同。⑨享有体荐，设几而不倚，爵盈而不饮，肴干而不食，所以训共俭。【释文】享，许丈切，旧又许亮切，本亦作"飨"。宴，於见切，徐于显切。倚，於绮切。⑩宴则折俎，相与共食。【释文】折，之设切。⑪不夕，言无事。【释文】朝，直遥切，朝，日朝，徐音朝旦之朝。⑫扞，蔽也。言享宴结好邻国，所以蔽扞其民。【释文】扞，户旦切。⑬《诗·周南》之风。赳赳，武貌。干，扞也。言公侯之与武夫，止于扞难而已。【释文】赳，居黝切，一音居丑切。难，乃旦切。干，户旦切，本亦作"扞"，又如字，下同。⑭八尺曰寻，倍寻曰常。言争尺丈之地，以相攻伐。【释文】冒，莫报切，又亡北切。⑮略，取也。言世乱则公侯制御武夫，以从己志，使侵害邻国，为搏噬之用无已。【释文】搏，音博。噬，市制切。⑯举《诗》之正，以驳乱义。《诗》言治世则武夫能合德公侯，外为扞城，内制其腹心。【释文】驳，邦角切。⑰略其武夫，以为己腹心爪牙。【释文】为，于伪切，又如字。⑱言晋、楚不能久和，必复相伐。为十六年鄢陵战张本。【释文】语，鱼据切。夫，音扶，本亦无此字。复，扶又切。鄢，谒晚切，《汉书音义》一建切。

冬，楚公子罢如晋聘，且莅盟[①]。十二月，晋侯及楚公子罢盟于赤棘[②]。

①报郤至。②晋地。

成公十三年

【经】

十有三年春，晋侯使郤锜来乞师①。

三月，公如京师②。

夏五月，公自京师，遂会晋侯、齐侯、宋公、卫侯、郑伯、曹伯、邾人、滕人伐秦。

曹伯卢卒于师③。

秋七月，公至自伐秦④。

冬，葬曹宣公。

①将伐秦也。侯伯当召兵而乞师，谦辞。【释文】锜，鱼绮切。②伐秦，道过京师，因朝王。【释文】过，古禾切，又古卧切。③五同盟。【释文】卢，本亦作“庐”，力吴切。④无传。

【传】

十三年春，晋侯使郤锜来乞师，将事不敬①。孟献子曰：“郤氏其亡乎！礼，身之干也。敬，身之基也。郤子无基。且先君之嗣卿也，受命以求师，将社稷是卫，而惰，弃君命也。不亡何为②？”

①将事，致君命。②郤锜，郤克子，故曰嗣卿。为十七年晋杀郤锜传。【释文】惰，徒卧切。

三月，公如京师。宣伯欲赐①，请先使，王以行人之礼礼焉②。孟献子从，王以为介，而重贿之③。公及诸侯朝王，遂从刘康公、成肃公会晋侯伐秦④。

①欲王赐己。②不加厚。【释文】使，所吏切。③介，辅相威仪者。献子相公以礼，故王重赐之。【释文】从，才用切。介，音界。相，息亮切，下同。④刘康公，王季子。刘、成二公不书，兵不加秦。

成子受脤于社①，不敬。刘子曰：“吾闻之，民受天地之中以生，所谓命也。是以有动作礼义威仪之则，以定命也。能者养之以福②，不能者败以取祸。是故君子勤礼，小人尽力。勤礼莫如致敬，尽力莫如敦笃。敬在养神，笃在守业。国之大事，在祀与戎，祀有执膰③，戎有受脤，神之大节也④。今成子惰，弃其命矣⑤，其不反乎⑥？”

①脤，（后）[宜]社之肉也。盛以脤器，故曰脤。宜，出兵祭社之名。【释文】脤，市轸切。盛，音成。②养威仪以致福。③膰，祭肉。【释文】尽，津忍切，下同。膰，音烦。④交神之大节。⑤惰则失中和之气。⑥为成肃公卒于瑕张本。

夏四月戊午，晋侯使吕相绝秦①，曰："昔逮我献公，及穆公相好②，戮力同心，申之以盟誓，重之以昏姻③。天祸晋国，文公如齐，惠公如秦④。无禄，献公即世，穆公不忘旧德，俾我惠公用能奉祀于晋⑤。又不能成大勋，而为韩之师⑥。亦悔于厥心，用集我文公⑦，是穆之成也⑧。"

①吕相，魏锜子。盖口宣己命。【释文】相，息亮切。②晋献公、秦穆公。【释文】逮，音代，一音大计切。③穆公夫人，献公之女。【释文】好，呼报切，下同。戮力，相承音六，嵇康力幽切，吕静《字韵》与"飂"同，《字林》音辽。④辟骊姬也。不言狄、梁，举所恃大国。【释文】辟，音避。骊，力知切。⑤僖十年，秦纳惠公。【释文】俾，本或作"卑"，必尔切，下及注同。⑥僖十五年，秦伐晋，获惠公。⑦集，成也。⑧成功于晋。

"文公躬擐甲胄，跋履山川①，逾越险阻，征东之诸侯，虞、夏、商、周之胤，而朝诸秦，则亦既报旧德矣。郑人怒君之疆埸，我文公帅诸侯及秦围郑②。秦大夫不询于我寡君，擅及郑盟③。诸侯疾之，将致命于秦④。文公恐惧，绥静诸侯，秦师克还无害，则是我有大造于西也⑤。"

①草行为跋。【释文】擐，音患。胄，直又切。跋，蒲末切。②晋自以郑贰于楚，故围之，郑非侵秦也，晋以此诬秦。事在僖三十年。【释文】疆，居良切。埸，音亦。③询，谋也。盟者秦伯，谦言大夫。【释文】询，思巡切。擅，市战切。④致死命而讨秦。时无诸侯，盖诸侯遥致此意。⑤造，成也。言晋有成功于秦。【释文】恐，曲勇切。

"无禄，文公即世，穆为不吊①，蔑死我君，寡我襄公②，迭我郩地，奸绝我好，伐我保城，殄灭我费滑③，散离我兄弟，挠乱我同盟④，倾覆我国家。我襄公未忘君之旧勋⑤，而惧社稷之陨，是以有殽之师⑥。犹愿赦罪于穆公⑦，穆公弗听，而即楚谋我。天诱其衷，成王殒命⑧，穆公是以不克逞志于我⑨。"

①不见吊伤。②寡，弱也。【释文】死我，本或以"我"字在"死"上，非。③伐保城，诬之。费滑，滑国都于费，今缑氏县。【释文】迭，直结切，徐音逸。殽，户交切。奸，音干。费，扶味切。滑，户八切。缑，古侯切。④滑、晋同姓。【释文】挠，乃卯切，徐许高切。⑤纳文公之勋。【释文】覆，孚服切，下同。⑥在僖三十三年。【释文】陨，于敏切，下同。⑦晋欲求解于秦。⑧秦使鬥克归楚求成，事见文十四年。文元年，楚弑成王。【释文】见，贤遍切。⑨逞，快也。【释文】逞，敕景切。

“穆、襄即世，康、灵即位[①]。康公，我之自出[②]，又欲阙翦我公室，倾覆我社稷，帅我蝥贼，以来荡摇我边疆[③]。我是以有令狐之役[④]。康犹不悛，入我河曲[⑤]，伐我涑川，俘我王官[⑥]，翦我羁马。我是以有河曲之战[⑦]。东道之不通，则是康公绝我好也[⑧]。”

①文六年，晋襄、秦穆皆卒。②晋外甥。③蝥贼，食禾稼虫名，谓秦纳公子雍。【释文】阙，其月切，徐如字。蝥，莫侯切，《尔雅》：虫食苗为蝥，食节为贼。④在文七年。⑤悛，改也。【释文】悛，七全切。⑥涑水出河东闻喜县，西南至蒲坂县入河。【释文】涑，徐息录切，又音速，《字林》同。俘，芳夫切。⑦在文十二年。⑧言康公自绝，故不复东通晋。【释文】复，扶又切。

“及君之嗣也[①]，我君景公引领西望曰：‘庶抚我乎[②]！’君亦不惠称盟[③]，利吾有狄难[④]，入我河县，焚我箕、郜，芟夷我农功[⑤]，虔刘我边陲[⑥]。我是以有辅氏之聚[⑦]。”

①君，秦桓公。②望秦抚恤晋。③不肯称晋望而共盟。【释文】称，尺证切，注同。④谓晋灭潞氏时。【释文】难，乃旦切。⑤夷，伤也。【释文】箕，音基，一音其。郜，古报切。芟，所衔切。夷，本又作“痍”，音夷。⑥虔、刘，皆杀也。⑦聚，众也。在宣十五年。【释文】聚，才喻切，注同。

“君亦悔祸之延[①]，而欲徼福于先君献、穆[②]，使伯车来，命我景公曰[③]：‘吾与女同好弃恶，复修旧德，以追念前勋。’言誓未就，景公即世。我寡君是以有令狐之会[④]。君又不祥[⑤]，背弃盟誓。白狄及君同州[⑥]，君之仇雠，而我之昏姻也[⑦]。君来赐命曰：‘吾与女伐狄。’寡君不敢顾昏姻，畏君之威，而受命于吏。君有二心于狄，曰：‘晋将伐女。’狄应且憎，是用告我[⑧]。楚人恶君之二三其德也，亦来告我曰：‘秦背令狐之盟，而来求盟于我，昭告昊天上帝、秦三公、楚三王曰[⑨]：“余虽与晋出入[⑩]，余唯利是视。”不穀恶其无成德，是用宣之，以惩不壹。’

①延，长也。②晋献、秦穆。【释文】徼，古尧切。③伯车，秦桓公子。④令狐会在十一年。申厉公之命，宜言寡人，称君误也。【释文】女，音汝，下文皆同。好，呼报切，一音如字。复，音服，又扶又切。寡君，读者亦作“寡人”。⑤祥，善也。⑥及，与也。⑦季隗，廧咎如赤狄之女也，白狄伐而获之，纳诸文公。【释文】隗，五罪切。廧，在良切。咎，音羔。⑧言狄虽应答秦，而心实憎秦无信。【释文】应，应对之应，注同。⑨三公：穆、康、共。三王：成、穆、庄。【释文】恶，乌路切，下同。昊，户老切。共，音恭。⑩出入，犹往来。

“诸侯备闻此言，斯是用痛心疾首，昵就寡人[①]。寡人帅以听命，唯好是求。君若惠顾诸侯，矜哀寡人，而赐之盟，则寡人之愿也。其承宁诸侯以退[②]，岂敢徼乱[③]？君若不施大惠，寡人不佞，其不能以诸侯退矣。敢尽布之执事，俾执事实图利之[④]！”

①疾亦痛也。昵，亲也。【释文】惩，直升切。昵，女乙切。②承君之意，以宁静诸侯。③徼，要也。【释文】要，一遥切。④俾，使也。

秦桓公既与晋厉公为令狐之盟，而又召狄与楚，欲道以伐晋，诸侯是以睦于晋[①]。

晋栾书将中军，荀庚佐之[②]。士燮将上军[③]，郤锜佐之[④]。韩厥将下军[⑤]，荀罃佐之[⑥]。赵旃将新军[⑦]，郤至佐之[⑧]。郤毅御戎，栾鍼为右[⑨]。孟献子曰："晋帅乘和，师必有大功[⑩]。"五月丁亥，晋师以诸侯之师及秦师战于麻隧，秦师败绩，获秦成差及不更女父[⑪]。曹宣公卒于师。师遂济泾，及侯丽而还[⑫]。迓晋侯于新楚[⑬]。

①晋辞多诬秦，故传据此三事以正秦罪。【释文】道，音导。②庚代荀首。【释文】将，子匠切。凡将某军者仿此，以意求之。③代荀庚。④代士燮。⑤代郤锜。⑥代赵同。⑦代韩厥。【释文】旃，之然切。⑧代赵括。⑨郤毅，郤至弟。栾鍼，栾书子。【释文】鍼，其廉切。⑩帅，军帅。乘，车士。【释文】帅，所类切。乘，绳证切，下注同。⑪不更，秦爵。战，败绩不书，以为晋直秦曲，则韩役书战，时公在师，复不须告，克获有功，亦无所讳。盖经文阙漏，传文独存。【释文】隧，音遂。差，初佳切，徐又初宜切。更，音庚。女，音汝。复，扶又切。⑫泾水出安定，东南经扶风、京兆高陆县入渭也。【释文】泾，音经。丽，力驰切。⑬迓，迎也。既战，晋侯止新楚，故师还过迎之。麻隧、侯丽、新楚，皆秦地。【释文】迓，本又作"讶"，五嫁切。

成肃公卒于瑕[①]。

①终刘子之言。瑕，晋地。

六月丁卯夜，郑公子班自訾求入于大宫，不能，杀子印、子羽[①]。反军于市。己巳，子驷帅国人盟于大宫[②]，遂从而尽焚之[③]。杀子如、子駹、孙叔、孙知[④]。

①訾，郑地。大宫，郑祖庙。十年班出奔许，今欲还为乱。子印、子羽，皆穆公子。【释文】班，本亦作"般"。訾，子斯切。大，音泰，下同。印，一刃切。②子驷，穆公子。③焚，烧也。④子如，公子班。子駹，班弟。孙叔，子如子。孙知，子駹子。【释文】駹，武邦切。

曹人使公子负刍守，使公子欣时逆曹伯之丧[①]。秋，负刍杀其大子而自立也[②]，诸侯乃请讨之，晋人以其役之劳，请俟他年。冬，葬曹宣公。既葬，子臧将亡[③]，国人皆将从之[④]。成公乃惧[⑤]，告罪，且请焉[⑥]。乃反，而致其邑[⑦]。

①二子，皆曹宣公庶子。【释文】刍，初俱切。守，手又切。欣时，如字，徐或作"款"，亦音欣，案，《公羊传》作"喜时"，宜音忻。②宣公大子。③子臧，公子欣时。④不义负刍故。⑤成公，负刍。⑥请留子臧。⑦还邑于成公。为十五年执曹伯传。